总　序

尽管教育领域存在很多问题，尽管人们对教育如何改革存在不少争议，但没有人否认教育对人的发展、对国家发展、对社会发展的重要性。尽管人们一度对教育学科的前途命运忧心忡忡，但教育学科的不断分化和发展却是不争的事实。世界各国对教育越来越重视，教育改革与发展如火如荼，教育理论研究日益繁荣，相关著述大量出版和发表。

教育研究的繁荣和教育学科的分化，既是教育实践推动的结果，又是推动教育实践的原因。实践呼唤理论发展，实践推动理论发展。教育是一项伟大而崇高的事业，在教育事业的发展中，在教育实践与教育理论的互动中，教育理论研究不断分化，产生了很多新的分支学科，在教育学的每个分支学科中，都有一些优秀的研究成果。这些优秀成果是各个分支学科的代表性著作，代表着世界范围内教育各分支学科的研究深度和理论高度，是后人传播和生产教育知识时不能绕过去的知识界碑，是教育改革与发展必须吸收和借鉴的理论营养，是全人类共同拥有的文化财富。

在经济全球化和教育国际化的大背景下，系统引进翻译世界范围内教育学科最有代表性的著作，有利于我们整体把握世界范围内教育理论研究的总体状况，有利于我们全面吸收世界范围内教育理论研究的最新、最优秀的成果，有利于提高我国本土教育研究的理论水平，有利于完善我国高校教育学科的课程体系，有利于提升我国教育改革与发展的实践水准。把世界上最好的教育研究成果全面、系统地译介进来，为我所用，是我们组织翻译这套《教育学经典译丛》的基本宗旨。

20 世纪 80 年代尤其是 90 年代以来，西方的教育理论著作不断被译介到我国，拓展了国人的教育理论视野，促进了教育思想与观念的传播与交流。进入 21 世纪，译介西方教育理论著作更呈加速之势，呈现出一片繁荣景象。回顾 20 多年译介西方教育理论著作的历程，有得有失，有很多经验教训值得总结。现在到了以平和、冷静的心态进行深度总结的时候了。

目前引进的国外教育理论著作，最大的不足是没能对世界范围内教育分支学科的发展进行全面、系统的介绍。虽然不少译丛都强调译介的“系统性”，但是，有的译丛失之于少，作品量小，不足以构成一个相对完整的分支学科体系；有的译丛失之于杂，作品量较大，但缺乏学科体系建构方面的高端设计；有的译丛侧重于某一个分支学科；有的译丛偏重于教材的系统介绍，而对非教材类的代表性著作关注不够。结果导致：尽管各类译著总量很大，但系统性却不够。我们现在推出的这套

《教育学经典译丛》力图弥补这种缺失。

本译丛最突出的特点是其系统性。所选书目力图涵盖教育学的所有主要分支学科，诸如教育基本原理、教育哲学、教育史、课程与教学论、教育社会学、教育管理学、教育经济学、教育财政学、教育政治学、教育法学、教育心理学、教育评价学、教育政策学、教育未来学、教育技术学、教育文化学、教育人类学、教育生态学、学前教育学、高等教育学、职业教育学等，力图构成一个相对完整的教育学科知识框架。

本译丛的另一个特点是权威性。这也是《教育学经典译丛》的内在要求。在选择书目方面，力求新、精、实。“新”是指入选书目能代表该分支学科最新的研究成果，能引领该研究领域未来的发展方向；“精”是指入选书目皆为同类著作中的精品，我们力求为读者呈献最有价值的教育理论知识；“实”是指入选书目在内容上对我们确有借鉴价值，能对我国的教育研究和实践产生积极影响。

为保证译丛质量，我们成立了一个由重点高校和科研机构的知名学者构成的编委会，负责确定书目和组织翻译，从选题、翻译、校订各个环节予以严格把关。译丛能够面世，得益于多方的支持与协作。感谢中国人民大学出版社为这套译丛所提供的出版机会，感谢国内外学者为选定书目所奉献的智慧，感谢丛书的译者、校者和出版社的编辑人员所付出的辛勤劳动。

翻译是一种重要的知识传播方式，并会对其后的知识生产方式、消费方式、使用方式产生重要影响。希望《教育学经典译丛》的出版，能对我国教育理论知识的传播、生产、消费、使用产生实质性的影响，希望更多的人从中受益，也希望更多的人为译丛的高质量出版贡献力量。

褚宏启

2006年12月18日

序 言

《课堂中的技术应用（第七版）》一书旨在帮助未来的或者正在实践中的课堂教师、学校人员以及家长理解技术在美国基础教育（PreK-12）中所发挥的作用。作者曾教授过不同年级的儿童和成年人，具有丰富的教学经验，本书试图尽可能清晰地阐述最重要的技术知识及其在教育环境中的应用，尽量避免使用生僻的技术术语。希望读者仔细地阅读以便深入地理解本书中的观点，需要的时候可以重新复习某些主题内容。

本书体现了美国教育技术国际协会（International Society for Technology in Education，ISTE）提出的面向教师的国家教育技术标准（National Educational Technology Standards for Teachers，NETS-T）的内容。本书可以作为本科生、研究生学习了解技术在教育中的功能和如何使用技术的基础教材，也适用于那些认为现有的教育技术书籍篇幅太长或者内容不相关的人。随书附带的光盘中有教师和学生使用技术的视频案例。视频摘要在书中标记为“DVD/视频插图”，符合面向教师的国家教育技术标准。作者鼓励读者反复观看视频教程，这样会提高读者的观察能力和理解能力。每章末提供的活动建议可供有志于深入理解特殊教育以及探索技术在特殊教育中应用的学生使用。

本书通过研究学与教来强调基于技术的教学。书中一直强调美国教育技术国际协会面向教师和学生的双重技术标准，并对《不让一个孩子掉队法案》（No Child Left Behind，NCLB）和有效策略资料中心（What Works Clearinghouse，WWC）提出的教育改革任务进行了介绍。在讨论应用于美国的技术的过程中，本书也阐述了国家教育技术计划内容。以下是本书的其他重要特色：

● 技术在语言、数学、自然科学、社会学和特殊教育领域的教学中应用效果的研究总结，教师可以据此认识到技术是如何影响不同课程领域的教学的。

● 绩效工具和应用软件的概览，提供常用绩效软件的基本操作——字处理软件、电子制表软件、数据库和概念地图工具，讨论了这些应用软件在教育中的应用，并以表格形式列举了每一应用程序所涉及的术语。

● 一些程序的基本概念，包括电子邮件、邮件程序及其使用规范、邮件列表和互联网的教育应用程序。本书一直强调互联网和万维网的电子化交流是基于技术的教学中不可分割的一部分，还讨论了学生在通过万维网探索世界的学习过程中所涉及的安全问题，并附带很多实例。

● 有关规划和设计学习环境方面的信息。阐述规划和设计课堂中使用技术的整个过程，这是基于技术的教学中的核心部分，也是本书的重要内容。

● 强调设计和开发基于技术的课程，可以整合利用网络探究、软件、博客、搜索等技术以及应用万维网来创建基于技术的课程。

● 软件导航阐述了每一种软件类型的独特功能，提出了技术整合实践的建议。

● 用一章的篇幅讲述有关评价的内容，包括电子档案袋和剽窃。

● 特殊教育网站导航、常用的内容资源以及有关语言、数学、自然科学、社会学和艺术学的门户网站网址。

● 有助于基于技术的在线教学设计和开发过程的在线教学模型。第九章提供了儿童早期教育、特殊教育和多学科教学单元中教学内容与技术的整合方案。所有的课程计划都与美国国家教育技术标准中的学生标准联系在一起，这些方案可以作为创建和开发满足学生特定需求的课程的起点。

● 重点关注技术在教育领域应用中所涉及的社会、伦理、法律和人文问题。讲述了计算机病毒、垃圾邮件、邮件诈骗、博客、维基百科、网络钓鱼、短消息和即时消息、个人隐私、平等以及伦理和法律问题，提供了有助于研究无障碍环境和数字鸿沟、适合残疾学生的电子素材、版权、剽窃监听器以及病毒信息的大量网站。在遵守美国版权法相关内容的前提下，概述了课堂教学中教师的版权使用说明。

● 新增游戏和虚拟环境一章，这些主题内容将在未来的课堂教学中得到应用。

● 特别强调儿童早期教育和特殊教育，包括相关的课程和网站。

● 模拟和数据分析一章新增部分内容，包括大量的模拟资源。

● 涵盖了播客、数字化叙事、社会网络和一些演示方法的内容。

补充内容

这本书的每一版本都包含有 DVD 光盘，里面存储了大量的有关教师和学生使用技术的真实教学视频案例。此外，以下两部分资源丰富和充实了学生的学习经验。

配套网上资源

参见网站 www. ablongman. com/bitter7e，其中包括很多门户网站的资源链接、与本书有关的参考文献、重要术语和概念的词汇表、实践测试以及附件资源。这部分内容对学生的学习有很大帮助。

我的实验学校

“我的实验学校”是最新的资源网站，为未来的教师提供可用的资源，以使课堂教学生活化、适应未来社会的要求并有助于提高教师的实践技能。“我的实验学校”中整合的供教师使用的资源能够使课堂更富有乐趣、更有实践意义和更具有交互性。我们确信，如果在教学过程中登录“我的实验学校”，你会发现这个项目会帮助你的学生更有效且更成功地开展专业教育。

“我的实验学校”包括大量经过精心筛选的视频剪辑，演示了有经验的教师和学校领导者如何完成他们的任务以及 12 年级以下的学生在课堂教学中如何表现。其中设计的可观察的问题会帮助学生关注成功教学的关键时刻。

“我的实验学校”中的资源包括适合不同年级和不同学科的课程计划和活动，这些活动由主管教师提供，且都来自真实的课堂教学实践。我们的课程计划生成器支持教师方便快速地创建模板驱动的课程计划，并符合所有州的教学标准。

在《不让一个孩子掉队法案》实施时期，基于实践的教学方法很重要，教师和学校领导者一定要熟悉与其所在领域有关的学术性的研究成果。我们的探究导航器功能支持学生进入具有丰富资源的在线学术杂志图书馆，在这里可以按照主题和关键字进行检索，数秒钟内就可以搜索到结果。通过这一工具，学生可以找到关于教师实践和学习的最新信息。

在“我的实验学校”中，我们还开发了职业中心模块，为学生提供参加认证考试的实践机会、整合简历的建议、校长和主要负责人所面临的现实问题，以及应聘者在面试过程中会遇到的问题。在课堂教学中使用“我的实验学校”中的这些资源，有助于学生为从事教师职业做好充分的准备。

技术缩短了人与人之间的距离，使我们的工作更容易，但也出现一些新的问题，如技术的出现影响了人们的教育和社会生活的方式，教师需要意识到今天坐在教室里的学生在未来信息弥漫的生活中将要面临的各种挑战和复杂的信息。

我们期望本书会给教师提供成功完成基于技术的教学所需具备的知识。祝好运！

致 谢

谨对那些对本书编写有贡献的个人和组织表达我们的谢意。特别感谢美国亚利桑那州立大学、休斯敦大学和南新罕布什尔大学的教师，正因为他们的吁求我们才能够不断地探索在教育中到底应该包含什么样的技术。西莱斯特·格瑞格（Celeste Graig）为本书提供技术整合的例子，卡罗琳·罗伊（Carolyn Roy）提供每一章节的演示文档，亚历克斯·希克斯（Alex Hicks）提供电子档案袋实例，马西·邦普（Marcie Bump）提供辅助技术知识。我们感谢他们的观点。感谢霍尔·戴维森（Hall Davidson）同意我们使用具有版权的教师图表。感谢美国亚利桑那州立大学的技术学习和研究中心（Technology Based Learning & Research，TBLR）为我们提供了视频素材以及休斯敦大学的阿利萨·劳克兰（Alysa McLachlan）对视频的评审和选择工作。感谢马修·比特（Matthew Bitter）对网站链接的仔细检查以及德博拉·斯特林（Deborah Stirling）对本书的所有贡献。感谢第七版的评审员：圣罗斯学院的迪伊·古德曼德森（Dee B. Gudmundsen）、休斯敦大学的朱莉·贾赫内（Julie Jaehne）、维拉朱利学院的邦妮·库内欧（Bonnie Kunel）、普渡大学中北校区的戴维·普拉特（David Pratt）、哈汀赛门大学的朱迪·希普利（Judy Shipley）。

我们期望能够找到将技术整合到课堂教学中的有效方法。特别希望技术会成为你的教学和学生的学习过程中有意义的重要部分。毕竟，技术将大千世界融入课堂的潜力是不可估量的。

——加里和简

目　录

第1章

技术基础知识

焦点问题 ▶▶▶

■ 美国教育技术国际协会制定的每一个技术教学标准的重要意义是什么？

■ 在信息时代，技术的进步对社会发展趋势产生了哪些影响？

■ 多方面的教育措施如何影响教育？

■ 应该以什么样的方式利用基本的技术标准和相关内容设计教育中各个年级水平的技术整合？

■ 为了更新美国教育技术国际协会所制定的教学标准，你需要做哪些调整工作？

■ 在实行国家教育指令——《不让一个孩子掉队法案》的过程中，技术能发挥多大的作用？

■ 列举你所经历的重大技术变革。

■ 为了有效地操作现有的计算机硬件，需要了解哪些相关术语？

■ 计算机的哪些组成部分在课堂教学中是必须使用的？

■ 技术对教育者和教育产生了哪些影响？

■ 技术将会对未来的教育者和教育产生哪些影响？

■ 信息时代在未来将有哪些发展趋势？

弗里德曼（Friedman，2005）在《世界是平的》（*The World Is Flat*）一书中指出，数字化世界的出现转变了经济全球化的发展动力，同时也改变了教育需求。社会不仅需要更多的教育，而且需要正确的教育。我们需要发展新的教育理念：培养学生综合分析能力、高阶思维能力和解决问题的能力。在信息化社会里，一个Google搜索引擎可以在几秒钟内返回百万条与所检索的关键字存在关联的信息，因此，社会对记忆能力的需求减弱，而需要发展那些能够把分散的资源整合成一个连贯的、相关的整体信息的综合性能力，与此同时，也需要新的教学法来检验学生的技能获得情况（Bedigian，2006）。

技术已经成为发展变化的代名词，它加速了我们对时间和空间进行重新定义的速度。据1998年的调查显示，年轻人看电视的时间在过去的50年里首次下降。当今，互联网、视频游戏、手提电脑、便携式传呼器、手机、无线通信技术以及个人数字处理器（personal digital assistants，PDAs）已经成为人们生活中不可或缺的部分（Fleischman，2006）。随着新技术的迅速普及，我们不得不思考如何才能跟上技术发展的步伐。首先，我们需要了解技术的发展趋势。其中一种方法就是预测计算机处理能力（速度和容量）的发展。

1965 年，英特尔公司的创立者之一戈登·摩尔（Gordon Moore，1965）发现了一个惊人的定律。每一个新芯片都具备其前一代芯片两倍的计算速度和容量，每个新芯片都是在前一代芯片产生后的 18～24 个月内产生的。如果这个趋势继续的话，计算能力相对于时间周期将呈指数式上升。摩尔的发现就是现在所谓的摩尔定律，他所阐述的趋势一直延续至今，且仍惊人地准确。它是许多策划者行为预测的基础。在 19 年里，正如摩尔定律所预测的，芯片上晶体管的数量，从 1971 年 4004 处理器上的 2 250 个增长到 Pentium Ⅳ处理器上的 42 000 000 个。而如今芯片上的晶体管数目已经超过了 100 000 000 个。英特尔公司的奠基者预言，晶体管微处理器上晶体管的数量每两年将翻一番。到目前为止，事实已经证实了这个预言是正确的。（关于摩尔定律的图表以及相关信息参见网址 www. intel. com/research/silicon/mooreslaw. htm? iid＝sr＋moore&。）

信息时代的发展趋势

1956—1957 年是信息时代的形成阶段，这一阶段的主要标志是第一颗人造卫星的发射，以及白领工人对蓝领工人在比例上的超越。第一颗人造卫星的发射开启了卫星在通信方面的应用序幕，它提供了多方位发展全球视野的机会，同时也标志着太空事业的开始。工人的数量和能力是判断他们所生产的商品的本质属性的指标。随着我们从工业时代走进了信息时代，工人们不仅制造产品，还更多地参与到创造、管理、传递信息过程中。建立在信息基础上的经济体系开始出现了。人们更加重视知识（认知）和如何学习与思考（元认知），这两方面变得越来越有意义和价值（Geist，2006）。

对教育具有影响力的三个重要趋势标志着信息时代的到来：（1）人口数量的变化；（2）技术的迅猛发展；（3）通过使用搜索、过滤、分类、选取等方法不断扩大的信息库。据估算，世界信息总量每 900 天增加一倍。因此，当传统公共教育系统中的学生完成从小学一年级至高中三年级的所有学业时，信息库中的信息量将会翻两番。

如今，孩子们都生活在数字化社会里，他们的业余时间不是在看电视，就是在玩虚拟环境下的电子互动冒险游戏。先进的现代化计算机和其他技术设备与装置已经进入到了规范化的生产轨道，学校和家长都有责任给孩子们提供学习和使用技术的机会。

技术的快速发展加快了变革的节奏。在农业社会，变革的节奏是根据季节而定的，每个季节都有特定的活动、事务和目标。人们使用日历和年历来标明时间。而目前状态下时间的定位是从工业时代开始的，人们根据每周 40 小时的工作时间来衡量生产效率和利润。而在信息时代，时间已经没有具体的界限了。

与生物技术时代竞争：第三次发展浪潮

第三次发展浪潮被认为是告别过去、迎接新开始的时期。技术的加速发展使得信息的交换和应用范围迅速扩大，特别是在科学和数学领域里。科学家们在信息爆炸的环境中共享信息、建立合作项目，进而确定问题、分析问题和解决问题。

在生物技术时代，有价值的资源是思维和生命。思维作为有价值的资源发挥作用，它要求人们不但要有知识，还要是一个有能力的、批判性和创造性的思考者。人们必须是独立的、终身的学习者，能不断地更新他们的技能、知识和经验。此外，他们还必须能完全参与到技术性社会中，这就需要人们能够浏览整个社会的信息全貌，选择那些与他们的工作任务和想法相关且对他们有意义、有帮助的信息，进而建立检验假设的问题和模型、分析和整合信息、评价结果，最后整合、交流他们的观点，从而形成新的知识。

这种趋势的内在价值

我们知道，在一个学生接受传统的学校教育期间，信息量将会翻两番，那么教师们不得不问，作为信息社会的成员，学生们需要具有什么样的技能、观念和知识？在“地球村”里，来自不同文化群落的孩子必须具备和共享哪些核心价值？教师要具备什么样的技能？教师必须承担什么样的责任？教师的作用将会有什么变化？在这样一个不断发展变化的环境下，教育者怎样才能发挥其作用？许多教育者们认为：传统的3R技能不大可能是学生最终必须掌握的本领，但不可否认的是，3R技能在培养学生独立性、正直感、形象思维和创造力品质方面发挥了重要的作用。而在信息化社会，教师需要设计项目来培养学生思考问题、解决问题和创设问题的能力，在这些项目里，学生需要利用观点、象征符号、抽象概念来完成任务。在完成任务的过程中，他们需要运用可获取的信息来解决问题。

如何影响教育和教育者

教育系统就好像是执行教育功能的警队，当它正常运作时，能够提高国民文化素质；若它运作不正常，文盲数量就会急剧增加。为了适应全球范围内商业运作模式的变化，许多美国公司正在经历一场变革，并且已经配置了国家最先进的技术来确保其工作环境更加有效、经济和安全。这些公司将工作场所进行了结构化调整，而且目前正在重新培训工作人员。随着新技术的引进，公司员工培训需要达到与技术发展相适应的水平。对于那些没有工作技能或者未受过大学教育的员工来说，几乎没有适合他们的工作，那些工作大部分已经转移到了第三世界国家，这些国家劳动法的相关规定还不完善，公司可以把成本压到最低。企业担负起了由于重新配备设备和重新培训员工所需要承担的双重经济负担。然而，大量的再培训花销不能完全由企业承担。教育必须承担起培养人们具有一定技术技能的责任，因为教育不能仅仅是帮助人们维持基本生活，还要帮助人们建立一个平衡的生活方式。

自1977年个人计算机诞生以来，已经有两届（以12年为一个周期）学生完全通过学校系统取得了进步。学生们的计算机技能依赖于他们的老师、管理者以及国家和社区领导的远见及经济实力。在许多情况下，高中毕业生很少能向他们的父母那样已经为工作和向往的生活方式做好了准备。

企业和政府的共同利益形成了新的联盟，其目的是提高教育水平，以使决策更加有效。关于使用有效的资源和在班级里使用计算机等问题，专业的教育组织已经表明了其立场。许多卓越的组织已经为教师和学生开发了相关标准，如美国教育技术国际协会（Roblyer，2003）。

技术标准：国家教育技术标准（NETS）

美国教育技术国际协会的国家教育技术标准项目正在运行中，并且将会随着技术的不断发展而更新，它还将引起基本技能的变化。该项目通过了如下标准，除了体现标准的与时俱进性之外，也规划了清晰明确的发展蓝图。下面我们看看这些标准的主要内容：

- 面向学生的 NETS（ISTE，1998）描述了学生应该了解哪些技术以及如何使用这些技术。
- 面向学生的 NETS：“课程和技术的连接”（Thomas&Bitter，2000）描述了使用学生标准及其主题标准，如何在整个课程中利用技术来进行教学、学习和教学管理。
- 面向教师的 NETS（ISTE，2000）描述了职前教师应该熟悉哪些技术以及如何使用这些技术。
- 面向教师的 NETS：“为教师使用技术做准备”（Thomas，2002）描述了如何将技术用于整个教师的教育项目中。
- 教育技术支持标准（2004）描述了系统、接入技术、人员发展以及支持性服务对于支持技术的有效利用均有重要意义。
- 面向学生评估和评价的技术标准（2004）描述了在学习和教学中评价学生是否进步和评估技术使用的各种方法（http://cnets.iste.org/state/st_overview.html）。

ISTE 面向教师的国家教育技术标准

浏览美国教育技术国际协会网站 www.iste.org，点击 NETS 标签查看最新版本的标准。

ISTE 提出的面向教师的国家教育技术标准（NETS-T）（http://cnets.iste.org/teachers/pdf/Sec_11_Establishing_NETST.pdf）为在教育中应用信息技术提供了指导方针。在教师职前培训中寻求初步认证的所有候选人应该能够达到该标准的要求。面向教师的国家教育技术标准分成六个大类，细分为 23 个绩效指标。[1]

六类标准的内容如下：

技术操作与概念

教师需要熟练掌握技术的操作并充分理解相关概念。教师能够：

1. 具备基本的知识和技能，理解技术相关概念（如“面向学生的国家教育技术标准”所提到的概念）。

2. 不断积累和更新技术方面的知识和技能，不断学习已有的和新兴的技术。

学习环境与学习过程的规划和设计

教师规划和设计基于技术的有效学习环境与学习过程。教师能够：

1. 创设适当的学习机会，应用技术支持下的教学策略满足不同学习者的需求。

2. 在设计学习环境与学习过程时，将已有的研究成果应用于基于技术的教与学的活动中。

3. 搜索和确定相关的技术资源，并对它们的精确性和适用性进行评价。

4. 在学习活动情景中，规划技术资源的管理。

5. 在重视技术应用的环境下，制定管理学生学习的相关策略。

教学、学习与课程

教师实施课程计划，包括方法、策略及应用技术等来优化学生的学习过程。教师能够：

1. 促进体现内容标准和学生教育技术标准中的基于技术提升的经验教学。

2. 利用教育技术支持以学习者为中心的教学策略，以满足学生的不同需要。

3. 利用教育技术发展学生的高级技能和创造力。

4. 在重视技术应用的学习环境下，管理学生的学习活动。

评估与评价

教师应用技术来促进各种有效的学习评价与评估策略的制定和实施。教师能够：

1. 在使用多样化的技术手段评价学生对学科内容的学习效果时，应用信息技术。

2. 使用技术手段来收集和分析数据、解释结果、交流最终成果、改善教学实践并优化学生的学习过程。

3. 应用多种评估方法，确定学生已经能够恰当地使用技术来学习、交流和创作。

工作绩效与专业实践

教师使用技术提高教学效率和专业实践水平。教师能够：

1. 使用技术资源，促进专业能力持续发展和终身学习。

2. 不断评价和反思自己的教学活动，以便将来在利用技术促进学生学习方面做出有效的决策。

3. 应用技术提高工作绩效。

4. 利用技术手段与同事、学生家长和更广范围的群体进行交流、合作，以更好地促进学生的学习。

社会、道德、法律和人文问题

教师要考虑在基础教育教学中使用技术所涉及的社会、道德法律和人文问题，并在具体实践中考虑这些问题。教师能够：

1. 示范并讲授如何在使用技术时遵守相关的法律和道德。

2. 利用技术资源，使具有不同背景、不同性格和不同能力的学生均能得到良好的发展。

3. 明确和使用体现多元化差异的技术资源。

4. 促进技术资源安全、健康地使用。

5. 促进所有学生在技术资源利用上的机会均等。

教师教育应该重视技术课程、基于技术的方法课程、课堂经验等方面的标准。教师要做好在教学过程中使用技术的准备。

汤姆·卡罗尔（Tom Carroll）是美国“未来教师技术培训”组织的前任主任，他曾说过：“技术对学生学习的作用不仅仅是在课堂教学中使用计算机或者互联网。只有当教师得到了很好的培训，并且已经意识到了技术本身的强大潜能时，技术才

能真正在教育中发挥作用。”（www. pt3. org/stories/lessonslearned. html）

NETS关于技术知识型教师的介绍

在ISTE面向教师的国家教育技术标准中，一个主要的组成部分是技能介绍，这部分在教师职前培训中起关键作用，也是确定候选人是否满足教师条件的一个标准。

教师职前培训需要的技能介绍

注意：在以下叙述中，每个技能任务后面括号内所罗列的数字指的是与技能相关的标准分类，分别为：

1. 技术操作与概念；
2. 学习环境与学习过程的规划和设计；
3. 教学、学习与课程；
4. 评估与评价；
5. 工作绩效与专业实践；
6. 社会、道德、法律和人文问题。

基本技能介绍

在完成项目的基本准备工作时，未来的教师需要：

- 对技术系统的本质和操作有充分的理解。（1）
- 熟练地使用一般的输入、输出设备；解决常规的硬件、软件问题；能对技术系统、资源和服务作出明智的选择。（1）
- 使用技术工具和信息资源来提高教学效率、提升创造力和促进理论学习。（1，3，4，5）
- 使用专题内容工具（如软件、模拟、环境探头、图表计算器、探索性环境和网络工具）来支持学习和研究。（1，3，5）
- 使用技术资源来促进高阶和复杂的思维能力，包括问题解决、批判思维、决策制定、知识建构和创造能力。（1，3，5）
- 能通过共同合作来构建强调技术应用的模型，使用出版物等绩效工具来完成其他的创造性工作。（1，5）
- 使用技术从各种资源中查找、评价和收集信息。（1，4，5）
- 使用技术工具来处理数据和汇总报表。（1，3，4，5）
- 使用技术来提出解决现实问题的策略。（1，3，5）
- 观察和体验在各自的主要研究领域里使用技术的过程。（3，5）
- 使用技术工具和资源来管理和交流信息（如财务、时间表、地址、购买品和信件）。（1，5）
- 依据特定任务的具体情况，评价和选择新的信息资源和技术产品。（1，3，4，5）
- 使用各种形式的媒体，包括使用无线电通信工具，与同事、专家和其他参与者进行合作、研讨和交流。（1，5）
- 理解与技术相关的法律、道德、文化和社会问题。（6）
- 对于技术的使用表现出积极的态度，这种积极的态度有利于促进个人的终身学习以及与他人的合作，乃至提高学习效率。（5，6）

- 探讨与电子媒体相关的各种问题。(1，6)
- 探讨与技术应用相关的健康和安全问题。(6)

专业技能介绍

在最终的学生教学或者实习经验之前，未来的教师需要：

- 掌握每一种技术的优点以使学生的学习效率最大化，并促进高阶思维技能的发展。(1，3)
- 当使用电子化资源来设计和实施学习活动时，能恰当地使用技术促进教学和学习。(2，3，5，6)
- 考察学校的可利用资源，能够分析出已有资源是如何影响教学设计的。(1，2)
- 能分析、选择和使用硬件、软件技术资源，尤其是为基础教育教学而设计的那些资源，以用来满足特定的教学和学习目标。(1，2)
- 通过发现课堂中潜在的问题并设计相关的解决方案，来规划课程设计的电子化教学资源的管理。(2)
- 识别那些能够使学生学习效率最大化、满足学生需求且能保证学生多样性发展的技术应用程序和资源。(3，6)
- 设计和教授基于技术的学习活动，这些学习活动要将内容规范与学生的技术标准连接起来，并且满足学生的不同需求。(2，3，4，6)
- 设计和教授一堂课，不但符合内容规范，而且反映出当前在教与学中应用技术的最佳实践水平。(2，3)
- 规划和教授以学生为中心的学习活动和课程，学生可以应用技术工具和资源。(2，3)
- 研究和评价学生使用电子化信息资源的精确性、关联性、适当性、综合性以及倾向性。(2，4，5，6)
- 探讨基于技术的评价与评估策略。(4)
- 检验那些用来评估基于技术的学生作品和这些作品创作过程中使用的策略。(4)
- 检验那些收集、分析、解释、呈现和交流学生成绩数据的技术工具。(1，4)
- 将基于技术的评价策略和工具整合到评估具体学习活动的方案中。(4)
- 开发基于技术的作品的课程作业电子档案袋，其中包括相关的评价工具。(4，5)
- 识别基于技术的职业教育和终身学习的机会，并且参与到这些活动中，其中也包括识别和参与远程教育的使用。(5)
- 为了使学生学习效率最大化，应用互联网和其他技术资源来支持问题解决和相关决策的制定。(3，5)
- 参加与同事和专家的在线职业合作。(3，5)
- 使用技术绩效工具来完成各自的职业任务。(5)
- 识别基于技术的法律和道德问题，包括技术系统、数据和信息的版权、隐私和安全问题。(6)
- 研究学校中使用技术的各种政策，包括应对威胁技术系统、数据和信息安全的策略。(6)
- 识别在学校、社区和家庭环境下公平地获得技术使用权利的相关问题。(6)

● 识别在学校使用技术所涉及的安全、健康问题。(6)

● 识别和使用各种辅助技术以满足学生的特殊生理需求。(6)

学生教学或实习技能介绍

当完成最终的教学任务或实习过程，取得初级教师资格证时，教师能够：

● 应用故障检修策略解决在课堂上发生的常规硬件和软件问题。(1)

● 识别、评估和选择学校网站或者所在区域的课程资源中可用的技术资源。(2，3)

● 使用技术来设计、管理和优化学习过程，这些学习过程需要满足学生的多样化需求并且为学生提供平等获得资源的机会。(2，6)

● 创建和实施一个组织良好的计划，用来管理可用的技术资源，为学生提供平等获得资源的机会以及强化学习结果。(2，3)

● 设计和优化使用辅助性技术来满足特殊群体需求的学习过程。(2，3)

● 设计一个连贯的学习活动，把州和地方、联邦的课程标准与学生技术标准结合起来，在该活动过程中适当地使用技术资源以提高学生的学术成果和技术熟练程度。(2，3)

● 设计、实施和评价以学生为中心的课程活动。这些课程应以当前应用技术进行教与学方面最好的实践经验为基础，并且支持、促进和鼓励以学生为主导的学习。(2，3，4，5)

● 引导合作性的学习活动，在活动中学生使用技术资源来解决与主题相关的真实问题。(3)

● 开发和使用过程性评价标准，用于评价基于技术的学习作品及其创作过程。(4)

● 设计一个采用多种测量手段和灵活的评价策略的评估方案，以评价学生的技术熟练程度以及教学内容的学习情况。(4)

● 使用多种测量手段来评价引进的技术改善规划以及教学和管理的实践。(2，3，4)

● 应用技术绩效工具和资源来收集、分析和解释数据，然后向家长和学生汇报结果。(3，4)

● 选择和应用适当的绩效工具来完成教育任务和专业任务。(2，3，5)

● 模仿安全负责地使用技术并且开发课堂教学程序，以实施学校和地区的技术使用可行性评估，并制定数据安全方案。(5，6)

● 参加与同事和专家的在线职业合作，以自我评价为基础，将其作为个人设计方案的一部分，以求得在技术应用方面的职业发展。(5)

第一学年教学技能介绍

在完成第一年的教学计划之时，教师能够：

● 评估学校网站技术资源的可用性，规划整合这些可用资源，设计一种能获得额外的有利用价值的软件和硬件的方法，以满足学生在课堂学习过程中的特定学习需求。(1，2，4)

● 对那些符合州和地方、联邦标准的技术系统、资源和服务作出适当的选择。(1，2)

● 安排平等地获得适当技术资源的机会。这些资源可以使学生成功地参与到跨学科（内容领域）和跨年级水平的学习活动中。(2，3，6)

● 开展基于过程的课程序列的设计活动，这些课程序列能有效地整合技术资源并且能够与当前整合主题学习和学生技术标准的最佳实践保持一致（正如在ISTE面向学生的国家教育技术标准中所定义的那样）。(2，3)

● 设计和实施基于技术的学习活动，用以提高学生对原创作品的分析、综合、解释和创造能力。(2，3)

● 作为课堂操作的一部分，在具体的教学情形下计划、实施和评价对学生使用技术资源进行管理的活动。(1，2，3，4)

● 实施各种教学技术策略和分组策略（如分组的、合作性的、个人的以及以学习者为中心的策略），其中包括适当地植入对满足学习者多样化需求的评价。(3，4)

● 帮助学生获得学校和社区的资源，提供有关技术和特殊培训方面的专家意见。(3)

● 教授学生一些方法和策略，评估通过技术手段收集到的信息的有效性和可靠性。(2，4)

● 分析学生使用技术的能力，提供学生与老师、同学以及其他人分享其专业技术的机会。(2，3，5)

● 引导学生采用自评或者他评工具来评价具有创造性的学生技术作品和作品创作的过程。(4)

● 帮助学生使用技术来满足他们的社会需求和文化需求，同时助力于他们在整个社区内的交互活动。(3，6)

● 利用采用评价工具（如学生档案、基于计算机的测试和电子档案袋）测量得出的结果来提高教学计划、管理和教学策略的执行效能。(2，4)

● 使用技术工具来收集、分析、解释、呈现和交流数据（学生成绩和其他信息）以达到改良教学计划和学校教学的目的。(4)

● 利用技术工具来加强与学生家长或者监护人之间的沟通。(5)

● 分析当前技术资源和新技术资源的优点与局限性，评价这些系统和工具的潜力以满足个人终身学习和工作的需求。(1，4，5)

● 参与基于技术的合作活动，把它作为专业技能持续而全面发展的一部分，跟上有助于提高基础教育学生学习的最新技术的发展步伐。(5)

● 在使用技术和信息的过程中，示范操作和主张在学生、同事及社区成员间建立规范的法律和道德行为。(5，6)

● 强化引导学生健康安全地使用技术的课堂活动，这些活动也要遵守利于学生使用技术的法律规范和职业要求。(6)

● 提倡所有的学生无论在学校、社区还是在家里都能公平地获得技术支持。(6)

● 实施的活动要和地区及学校的政策相一致，这些政策能够保障学生数据和信息的隐私权和安全性。(6)

除了这些标准，ISTE还为初级与高级教育的计算机和技术项目制定了技能评估标准。这些项目包括：(1) 技术优势的初步认可；(2) 技术领先的高级项目；(3) 中级计算机科学教育准备项目。能够提供此类活动的机构应该主动采用对应的活动标准。(http://cnets.iste.org/ncate)

ISTE 面向学生的国家教育技术标准

浏览美国教育技术国际协会网站 www.iste.org，点击 NETS 标签查看最新版本的标准。

NETS 项目同时也为基础教育学生开发了技术能力标准。该项目建立了整个课程有关技术的具体应用程序，为学校里的技术支持提供了标准，并且提出了学生使用技术促进学习的评价方法（Bitter et al.，1997；Thomas & Bitter，2000）。下面是为基础教育学生推荐的标准和有关介绍。[2]

面向学生的国家教育技术标准分成六个大类。每一类中的详细标准都需要学生熟悉和掌握。这些类别提供了一个框架，将学生技术能力中所要求的技能任务与这些标准联系起来。教师可以使用这些标准和要求作为设计基于技术的活动的指导方针，在这些活动中，学生在学习、交流和生存技能方面会取得很大的成功。

面向学生的技术标准

1. 基本的操作和概念

- 学生能够正确地理解技术系统本身的概念和操作。
- 学生能够熟练地使用技术。

2. 社会、道德和人文方面的要求

- 学生理解与技术使用相关的道德、文化和社会问题。
- 学生在使用技术系统、信息和软件的过程中要承担相关的责任。
- 学生要对支持终身学习、合作学习、个人兴趣和提高效率的技术使用持积极的态度。

3. 技术绩效工具

- 学生使用技术工具来加强学习、提高效率、提升创造力。
- 学生在创建技术提高模型、准备出版物和创作其他创造性作品的过程中利用绩效工具相互合作。

4. 技术交流工具

- 学生使用无线电通信工具与同学、专家和其他听众进行合作、发布及交流信息。
- 学生使用多种媒体工具和不同形式有效地向不同听众传递信息和观点。

5. 技术研究工具

- 学生使用技术来查找、评价和收集各种信息资源。
- 学生使用技术工具来处理数据和汇报结果。
- 学生结合具体任务评价和选择适合该任务的新的信息资源和创新技术。

6. 技术问题解决和决策制定工具

- 学生使用技术资源来解决问题和作出周详的决定。
- 学生在解决现实问题的策略上引用技术。

NETS 关于美国基础教育学生的技术能力介绍

美国教育技术国际协会面向基础教育学生的项目主要是制定学生技术能力的指标，这是他们接受大学教育前的关键发展要素。在学生离开高中进入大学前，他们必须掌握一定的技术能力，而这些技术指标为我们详尽描述了学生所需的能力。

这些指标体现了一些基本的假设，即所有的学生都应该有机会提高技术以支持技能学习、成绩提高、道德培养、决策制定和日常生活。他们以把学生培训成终身学习者为目的，让学生对技术在他们生活中的作用作出明智的判断。

这些指标是基础教育在一定程度上所取得的成绩的指示器。学生的技术能力在孩提时代的协作活动中得到了发展。应该向学生介绍这些知识直至他们掌握这些技术，而且要把这些技术整合到他们的个性化学习和社会活动中。这些指标体现了以下基本原理和假设：

1. 学生能够逐步获得越来越多的关于如何使用技术来提高个体能力和合作能力的技能与知识。

2. 学生能够逐步获得越来越多的技能以制定关于管理其自身学习过程的有效决策。

3. 学生能够逐步获得越来越多的技能，进而能够在与他人合作时使用硬件、软件和信息资源开展工作，能够在技术工具的支持下解决问题。

4. 学生成为负有责任的市民及负有责任的技术和信息使用者。

5. 学生能够获得当前有效的技术资源，包括无线电通信工具和功能强大的多媒体。

6. 学生能够获得关于学习新软件和硬件技术的初级技能知识，这样才能适应日常生活所面临的复杂技术环境。

学生技术能力指标

注意：在以下叙述中，每个技能任务后面括号内所罗列的数字指的是与任务相关的标准分类，分别为：

1. 基本的操作和概念；
2. 社会、道德和人文方面的要求；
3. 技术绩效工具；
4. 技术交流工具；
5. 技术研究工具；
6. 技术问题解决和决策制定工具。

为不同年级水平的学生编写的技能指标，按如下类别进行分类：2年级以下、3～5年级、6～8年级和9～12年级。

2年级以下

在完成2年级学习之前，所有学生应该有机会培养如下技术能力。学生能够：

- 使用输入设备（如鼠标、键盘和远程遥控设备）和输出设备（如显示器和打印机）来成功地操作计算机、VCRs、录音设备和其他技术工具。(1)
- 使用各种媒体和技术资源来支持指导性或独立性的学习活动。(1，3)
- 使用适当和精确的最新术语来交流技术的相关知识。(1)
- 使用适当和最新的多媒体资源（如交互性读物、教育软件和基础多媒体百科全书）来支持学习。(1)
- 在课堂学习中使用技术时要注重与同学、家庭成员和其他人的合作。(2)
- 在使用技术的时候，展现积极的社会和道德行为规范。(2)

● 练习负责任地使用技术系统和软件。(2)

● 在老师、家庭成员或者同学的协助下制作创新性的多媒体作品。(3)

● 使用技术资源（如谜语、逻辑思维程序、写作工具、数码摄像机、绘画工具），这样做既有利于问题的解决和交流，又有利于思想、想法和故事的呈现。(3，4，5，6)

● 在老师、家庭成员或者同学的支持下收集信息，并使用无线电通信工具与他人进行交流。(4)

3～5 年级

在完成 5 年级学习之前，所有学生应该有机会培养如下技术能力。学生能够：

● 有效地使用键盘和其他常用的输入输出设备（包括所需要的自适应设备）。(1)

● 讨论日常生活中使用技术的情况，以及使用技术过程中所面临的优势和不足。(1，2)

● 讨论与使用技术和信息有关的一些基本问题，并描述错误使用技术时可能产生的后果。(2)

● 在整个课程中，使用具有通用性的绩效工具和相关设备来支持个体技能的提高、改进技术的缺陷和促进学习。(3)

● 在个性化和合作性的写作、交流与发布活动中使用技术工具（如多媒体著作软件、演示型设备、网络工具、数码摄像机和扫描仪），为课堂内外的观众创建原创性作品。(3，4)

● 能够有效地使用无线电通信工具来获得远端信息以及与他人进行交流，从而有利于支持个人的独立学习活动，满足个人兴趣。(4)

● 在参加基于问题的合作活动中使用无线电通信工具和在线资源（如电子邮件、在线论坛、网络环境），目的是为课堂内外的观众开发解决问题的方案和创造作品。(4，5)

● 能够使用技术资源（如计算器、数据收集探针、影片和教育软件）帮助开展问题解决、自我指导性学习和扩展性学习活动。(5，6)

● 能够确定使用技术的恰当时机，选择适当的工具和技术资源来解决各种各样的任务和问题。(5，6)

● 能够评价数字化信息资源的精确性、关联性、适用性、全面性和不足之处。(6)

6～8 年级

在完成 8 年级学习之前，所有学生应该有机会培养如下技术能力。学生能够：

● 采取措施来应对和解决日常使用技术过程中可能出现的常规硬件和软件问题。(1)

● 论证当前信息技术变化以及这些变化对工作场所和社会产生的影响。(2)

● 在使用信息和技术的时候，能够遵循相应的法律和道德规范，并且讨论误用信息和技术的后果。(2)

● 使用内容专题工具、软件和模拟设备（如环境探头、图形计算器、探索性环境和网络工具）来支持学习和研究。(3，5)

● 应用绩效（多媒体）工具和相关设备来支持整个课程学习过程中的个体绩效提高、小组合作和学习活动。(3，6)

● 设计、开发、发布和演示作品（如网页和录像带），使用技术资源来向课堂

内外的观众演示课程内容。(4，5，6)

● 使用通信技术和协作工具与同学、专家和其他人开展合作，深入研究与课程有关的问题，争论热点和信息，形成解决方案或作品，公布给课堂内外的人查看。(4，5)

● 选择使用适当的工具与技术资源来完成各种任务并解决问题。(5，6)

● 展示对硬件、软件及相关概念的理解并利用这些技术工具帮助学习和解决问题。(1，6)

● 研究和评估现实生活中数字化信息资源的精确性、关联性、适用性、全面性和不足之处。(2，5，6)

9～12 年级

在完成 12 年级学习之前，所有学生应该有机会培养如下技术能力。学生能够：

● 分析当前已有的和新出现的技术资源的优势和局限性，评价这些系统和服务在支持个人成长、终身学习以及满足工作需求方面的潜能。(2)

● 在技术系统、资源和服务方面作出明智的选择。(1，2)

● 分析在工作场所及整个社会中广泛地使用技术甚至完全依赖技术的优势和局限。(2)

● 能够在同学、家庭和社区中展示和宣传有关技术和信息使用的法律与道德规范。(2)

● 使用技术工具和资源来管理和交流个人或者职业信息（如财务、日程、地址、采购和通信等方面信息）。(3，4)

● 评价以技术为基础的教学选择，包括促进终身学习的远程教学和分布式教学。(5)

● 正确而有效地使用在线信息资源以满足合作、研究、信息发布、交流和提高效率的需求。(4，5，6)

● 在内容学习过程中选择和应用技术工具进行问题研究、信息分析、问题解决和决策制定。(4，5)

● 在现实环境下，比较并应用专家系统、智能代理和模拟。(3，5，6)

● 与同学、专家和他人合作完成下列任务：使用技术来编辑、整合、创作和宣传信息、模型及其他原创性作品，从而建立相关内容的知识库。(4，5，6)

美国大部分州已经制定了本州学生技术标准或者使用 ISTE 学生标准中的一些内容。你可以通过登录你所在州的教育网站获得你所在州的标准。一些使用国家教育技术标准的州可以在网页 http://cnets. iste. org/docs/States_using_NETS. pdf 上查找到。例如，得克萨斯州的标准可以在相关网站查找到，网址为 www. tea. state. tx. us/teks/index. html。

面向学校管理者的技术标准

浏览美国教育技术国际协会网站 www. iste. org，点击 NETS 标签查看最新版本的标准。

面向学校管理者的技术标准（the technology standards for school administrators，TSSA）与学生和教师标准是一个相互关联的指标体系，它随着管理者职业标准的发展而完善。这些标准为学校的管理者提供了具体的指导方针，其中，管理者包括校长、区域项目主管和监督者。这些标准、技能指标和角色的具体任务可以在如下网站找到：http://cnets.iste.org/administrators。以下将引用和阐释这些标准。

领导能力和远见卓识

教育领导者对全面的技术整合要有一个共同的愿景，而且要营造一个有助于实现这个规划的环境和文化氛围。教育领导者能够：

● 促进所有利益相关者共同发展，并且广泛宣传技术使用这一构想。

● 采取一种全面的、灵活的方法去开发、实施和监控一个动态的、长远的、系统的技术方案，最终实现既定目标。

● 培养和提倡一种负责任的、勇于承担风险的精神，倡导不断运用技术进行教育创新的方针和政策。

● 运用数据资料辅助决策。

● 在技术的运用方面，提倡基于研究的有效率的实践。

● 在联邦与州一级的层面上，提倡尽可能多地提供政策、规划及资金以支持基层地区教育技术计划的落实。

学习和教学

教育领导者保证在课程设计、教学策略使用和学习环境中整合适当的技术，以使教与学的效果最优化。教育领导者能够：

● 识别、使用、评价和推广恰当的技术来提高和支持教学和基于标准的课程，以促使学生取得高水平的学业成绩。

● 促进和支持对提高学习效率有帮助的基于技术提高的合作性学习环境的创建。

● 营造以学习者为中心的教学环境，利用技术满足学习者的个性化需求。

● 促进技术的应用以支持和改善教学方法，从而发展学生的高阶思维能力、决策能力和问题解决能力。

● 给教师提供培训机构并确保教师得到良好的专业培训以便于应用技术来改善学与教。

工作效率和专业实践

教育领导者应用技术来提高自身的专业实践能力，提升其自身和他人的工作效率。教育领导者能够：

● 规范技术常规的、目的导向的和有效率的使用。

● 应用技术与同事、员工、家长、学生和更大范围内的公众进行交流和协作。

● 创建和参与学习型社区，激励、培养和支持教职员工应用技术提高工作效率。

● 利用技术资源，参加持久的、与工作相关的专业培训。

● 持续地关注新技术及其在教育应用中的潜力。

● 运用技术推动机构改革。

支持、管理和运作

教育领导者开展技术整合以支持高效率的教育系统，以此来促进学习和管理活动。教育领导者能够：

● 制定、贯彻和监督教育政策和指导方针，以确保与其所应用的技术之间的兼容性。

● 实现并使用以技术整合为基础的管理体制与运作机制。

● 分配资金和人力资源以确保技术应用计划的持续应用与推广。

● 将教育战略计划、技术应用计划和其他改进计划与政策结合起来，合理分配资源以取得更大的效果和作用。

● 采取措施促进技术体系的不断改进，支持技术的周期性更新。

评估与评价

教育领导者使用技术来设计和运行全面、有效的评估与评价系统。教育领导者能够：

● 使用多种方法来评估和评价技术资源在学习、交流与工作中的合理运用。

● 运用技术搜集和分析数据、解释结论、交流发现的问题，用以改善教与学。

● 评估员工在技术运用方面的知识、技能和效果，并依据结果促进高质量的专业发展以及作出人事决定。

● 运用技术来评估、评价、管理行政体制和运作机制。

社会、法律和道德问题

教育领导者了解与技术相关的社会、法律和道德问题并制定关于这些问题的决策。教育领导者能够：

● 允许和授权所有的学习者与教育者使用技术资源，确保资源访问的公平性。

● 识别、交流、规范和推行与技术应用有关的社会的、法律的和道德的实践，促进人们正确地使用技术。

● 促进和加强与技术应用相关的隐私安全及互联网安全。

● 促进和加强与技术应用相关的环境安全和健康实践。

● 参与版权法律和地区资源知识产权政策的制定。

《不让一个孩子掉队法案》和相关法规

著名的联邦教育法案——《不让一个孩子掉队法案》(NCLB)(www. ed. gov/nclb/landing. jhtml? src＝fb)于 2002 年 2 月 8 日正式签署生效，在“2001 年应用技术法案提高教学”部分中特别提出了技术问题。这个法案的主要目标即“通过在小学和初中使用技术来提高学生的学习成绩”，让学生毕业后具有八级技术知识水平，并且能够有效地把技术整合到教师职前教育和课程发展中。技术资源必须达到州标准，并且那些用于提高学生成绩的资源，其有效性必须使用量化工具加以测量证实(Cradler，2003)。遗憾的是，NCLB 所倡导的大规模的科学研究需要付出高昂代价，而且这项研究所需要的资金无论是地方的还是联邦的都不充裕。为了达到这些目标，学生和教师必须能够获得当前的相关技术和可以信赖的互动。但奇怪的是，那些不足5年工作经验的新教师与那些具有20多年工作经验的老教师相比，并没有表现出更愿意使用技术的意向（Fatemi，1999）。这说明，将有与简单地购买足够多的硬件设备所遇到的问题相比更复杂的挑战等着我们。

《不让一个孩子掉队法案》将技术学习规定为学习的基本要素。该法案呼吁在当今技术发展的条件下追求学业上的卓越表现。莱姆基（Lemke，2003）概括了21世纪生存所需要的四种技能——数字时代的文化、创造性思维、有效的交流和高效率，并且强调这些技能是在高科技时代取得成功的决定性因素。NCLB具有强有力的问责部分，技术将会对这些部分产生有积极意义的影响（Education Week，2003）（参见 www.edweek.org/sreports/TC03/article.cfm?slug＝35exec.h22）。

《国家教育技术计划》

美国教育部的《国家教育技术计划》（NETP）通过直接的方式或其他方法将技术整合到系统改革中，它已经成为有效使用技术提高学生学业成就的国家长期策略和方针的一部分。

《不让一个孩子掉队法案》授权教育部长负责制定《国家教育技术计划》。这个方案建立了一个支持有效使用技术提高学生学业成就的国家策略，让学生为21世纪的社会发展做好准备。几十年来，国家在教育技术的应用方面已经取得了一定的成绩，如联邦、州、地方以及私人投资机构为班级接入互联网，为学生提供了计算机硬件并对教师进行培训以提高其在教学中整合技术的能力。NETP使我们对这几十年来国家所取得的进步进行反思。《国家教育技术计划》于2005年2月7日发布，共包括7个行为步骤及相关配套建议。[3]

加强领导能力

对于从信息和技术的迅速发展中受益的公共教育来说，州和地方及学校各个层次的领导者不仅必须负责监督管理，而且要为系统的变化提供广博的、创造性的和适时的领导力。为州和地方及个体学校提供的建议包括：

- 投资领导能力培养项目，培养新一代具有不同水平的、技术悟性高的领导者。
- 重新启动管理者教育项目，培养教师技术决策和应对组织变化方面的能力。
- 在学校、高等教育机构和社会之间建立伙伴关系。
- 鼓励与商业社区建立创造性的技术伙伴关系。
- 在整个方案的实施过程中，提高学生的参与程度。

思考革新预算

我们通常能够通过重建预算系统和重新分配现存预算来为所需要的设备筹集资金，以此来达到提高效率和节省费用的目的。考虑到要利用技术支持学生学习，新的关注重心转移到了教育目标和估算必要的费用（技术和其他项目所需资金）上。目前，《不让一个孩子掉队法案》中的每一个项目都是一个为技术筹资的机会，但是，大家关注的是这些资金如何促进学生达到具体的教育目标。为州和地方及个体学校提供的有关筹资和预算建议包括：

- 确定技术费用总和占消费总数的百分比。

● 考虑重构预算系统以提高效率、降低费用，并且要重新分配预算资金，其中包括教科书、教学供应品、教学场所和计算机实验室方面的开支分配。

● 将3～5年确定为一个资源更新周期。

● 创建技术创新基金，使得这些基金满足每年的预算。

改善教师培训

通过使用技术，教师可以获得比以前更多的资源，但是他们在有效使用技术提高教学方面还没有得到足够的培训。教师需要获得相关研究、实例和创新方法方面的资料，同时他们也需要通过自身发展以训练最好的实践技能。当前美国教育部正为教育研究筹集资金，以此评价使用技术促进教与学的有效性。国家科学基金也为教育研究提供了较多支持。为州和地方及个体学校提供的建议包括：

● 完善新教师在使用技术方面的准备工作。

● 确保每个教师都有在线学习网络课程的机会。

● 通过测量、统计以及不断扩充的技术资源，改善教师教育的质量。

● 确保每个教师都知道如何使用数据来使教学更富有个性化。这是以一系列解释数据的能力为标志的，通过解释数据来了解学生的学习状况、推动日常决策以及设计教学干预，以达到根据每个学生的需求来制定教学过程的目的。

支持在线学习和虚拟学校

在过去的五年里，有组织的在线学习和虚拟学校得到了飞速发展，这使得各个年级水平的学生能够获得适合他们需要的高质量补充性的或者完全的课程教学。传统的学校正转向为扩大学生的选择和学习机会以及扩展教师的专业发展提供服务。为州和地方及个体学校提供的建议包括：

● 为每个学生提供获得在线学习的机会。

● 使每个教师能够参与在线学习培训。

● 鼓励选择使用在线学习，以满足《不让一个孩子掉队法案》中对优秀教师、附加服务和父母选择方面的要求。

● 探究为在线学习筹资的创新性方法。

● 为在线学习开发反映课程信度所需要的高质量的测量手段和鉴定标准。

建议使用宽带技术

大部分公立学校、学院和大学目前都引进了高速、高容量的宽带通信技术。一天24小时、一星期7天、一年365天的宽带，将有助于教师和学生挖掘技术的最大潜力，不过，宽带接入技术需要适当维护。为州和地方及个体学校提供的建议包括：

● 详细地评价现有技术设施和宽带接入情况以确定当前的技术容纳能力，并探讨确保其可用性的方法。

● 鼓励终端用户坚持利用宽带进行数据管理、在线和基于技术的评价、在线学习和获得高质量的数字化内容。

● 尽可能地利用有效的技术支持手段来管理和维护计算机网络、最优化教育运行效果和预测未来需求。

转向数字化内容

一个困扰学校、教师和学生多年的问题是教科书价格持续增长、内容不断更新、形式越来越烦琐。从使用教科书到使用多媒体或者在线资源（数字化内容）的这种转变带来了许多便利，如节省费用、提高效率、改善无障碍获取等，为那些熟悉网络的学习者提供了更多的学习机会。其中，为州和地方提供的建议包括：

● 确保教师和学生在使用在线内容方面获得尽可能多的培训。

● 支持每个学生随时随地接入计算机，与网络资源建立连接。

● 考虑在线内容的成本和回报，与州的标准保持一致，并将这些要素作为创建满足学生个性化学习所需资源系统中的考虑因素。

整合数据系统

整合的、可以共享的数据系统对于改良资源分配、提高管理效率和基于技术的在线学生绩效评价非常重要，它还可以促使教育者改变教学形式和创建个性化教学过程。为州和地方及个体学校提供的建议包括：

● 建立一个整合数据系统的方案，以使管理者和教育者具有他们所需要的信息，从而提高效率和改进学生学习。

● 使用管理系统和教学系统的数据来分析决策、资源分配与学业成绩之间的关系。

● 确保数据的互用性。例如将学校互用性框架协作认证作为所有需求建议和购买决策中的一个必要考虑因素。

● 根据评价结果来设计教学，并实现对不同孩子的个性化教学。

附加资源

评估项目、产品、实践和政策

美国教育部教育科学机构的有效策略资料中心（WWC）于 2002 年成立，当时主要用来论证什么因素在教育中起中心作用。WWC 提供了在线的“研究报告”，主要目的是帮助教育者找到证明项目、产品、实践和政策有效性的可靠证据。该法案类似于教育中有关科学的基础研究的消费者报告（参见 www. whatworks. ed. gov 和 www. ncrel. org/csri/tools/qkey7/science. htm）。

领导能力

● 回顾 20 年教育技术政策

http://nationaledtechplan. org/docs_and_pdf/20yearsdocrevised. pdf

● 在 NCLB 之下，州如何使用信息技术来支持学校改革

www. nclbtechsummits. org/summit1/ChrysDoughertyWhitePaper. pdf

编预算

● 关于基础教育资金的 10 个事实

www. ed. gov/about/overview/fed/10facts/index. html

教师培训

● 满足高质量教师的需求：在线学习解决方案

http://nationaledtechplan. org/documents/Kleiman-MeetingtheNeed. pdf

在线学习

● 虚拟学校如何能成为《不让一个孩子掉队法案》的亮点

http://nationaledtechplan. org/documents/Hassel-Terrell-VirtualSchool. pdf

● 教育技术在满足追加教育服务承诺方面所起的作用

http://nationaledtechplan. org/documents/Fleischman-RoleofEducationalTechnology. pdf

● NCLB的在线学习框架

http://nationaledtechplan. org/documents/S. Collins-e-LearningFramework. pdf

● 公立中小学学生的远程教育课程

http://nces. ed. gov/pubsearch/pubsinfo. asp? pubid=2005010

数字化内容

● 在线个性化教育计划

http://nationaledtechplan. org/docs_and_pdf/XPLANE_iep_030504. pdf

● NCLB的在线学习框架

http://nationaledtechplan. org/documents/S. Collins-e-LearningFramework. pdf

整合的数据

● 通过学生数据管理提高成绩

http://nationaledtechplan. org/docs_and_pdf/XPLANE_data_mgmt_030504. pdf

● 在线测验

http://nationaledtechplan. org/docs_and_pdf/XPLANE_online_030504. pdf

● 纸笔测试

http://nationaledtechplan. org/docs_and_pdf/XPLANE_paper_030504. pdf

●《不让一个孩子掉队法案》成功实施的一个技术框架

http://nationaledtechplan. org/docs _ and _ pdf/Tech% 20Framework% 20for% 20NCLB%20Success. pdf

● 支持责任制和评价过程的一个技术框架：各个州如何评价其自身对《不让一个孩子掉队法案》的立场

www. nclbtechsummits. org/summit1/GlynnLigonWhitePaper. pdf

相关的技术成就

21 世纪工作技能

“21 世纪技能的伙伴关系”是一个定义每个学生如何习得在未来的工作中获得成功所必需的技能的组织。该组织的成员包括教育者、管理者、家长、业务人员以及社区领导者。他们的目的是确定如何定义和评价这些技能及技术基础知识，同时也要为它们的实施提出建议和提供工具。2003 年，一个题为“为 21 世纪做准备”的报告概括了 21 世纪学习的六个要素：

（1）强调核心科目；

（2）强调学习技能；

（3）使用 21 世纪的工具来发展学习技能；

（4）21 世纪新背景下的教学和学习；

（5）21 世纪新内容的教学和学习；

（6）使用 21 世纪的评价方式来测量 21 世纪的技能。

在 21 世纪早期，教育技术领域的领导者已经详细地研究了技术对教学和学习的影响，了解技术不仅不是万能灵药，而且如果技术在教学中没有得到合理的应用，它可能对学生的学习过程产生负面影响。目前，有些管理者质疑技术使用的本身价值，他们认为教育技术应该作为辅助性工具，使用教育技术的最终目的是改善和丰富学生的学习。

教育和技术的 CEO 论坛（2001）声称，当技术用来支持学习目标时，我们可以预料学生成绩的提高将以如下形式呈现：（1）在标准测验中的分数提高；（2）在真实世界中增加知识的应用和知识的产出；（3）学生管理学习过程的能力提高；（4）智障学生提升成绩的能力提高；（5）获取有利于增长知识、增加询问机会和拓宽调查深度的信息的能力提高。为了实现上述目标，CEO 论坛建议关注如下板块：

- 一致性。确保课程、技术使用和评价工作共同支持教育标准和目标。
- 评价。让学生参与到相关的具有挑战性的任务之中以测量高阶思维能力。技术在评价中所起的作用也要像在教学中一样，可以提供持续的反馈意见。
- 责任感。使用技术来监测进展情况，收集和分析成绩数据，研究有效运作的证据，以及汇报不断完善的学校规划。
- 信息技术的获取。使每个学生都能够获取技术支持，要意识到学生技术水平的不平等可能会产生边缘化的、特殊的群体。
- 分析。继续对“技术如何改善学习成绩”开展研究。

所有这些报告和计划都突出了技术在教育中可能发挥的作用。现在是学校重新配备教学工具和教育者重新接受培训的时候了。有些时候，教育可能需要面对双重经济负担，即教学工具和培训。经济不景气已经使得教育系统不得不规定优先次序并制定发展策略来鼓励获取新技术和信息。一些学校系统发现，“合作学习”和“国家最先进技术”等教学策略可以满足大量学生后勤、资源管理和教师教学的需要，所以，20 世纪 60 年代以及 70 年代的一些观点（如开放教室空间、同伴指导、单元课表、个别化教学）现在更容易实现。由于相信培根的名言“知识就是力量”，外部资金、商业伙伴关系、基金会赠款都会给教育带来新的投资机会，并推进相互合作的、相互依赖的社会事业体系的发展。

计算机革命

第一代计算机

1944 年，第一代计算机 Mark Ⅰ诞生了，它由一些用电流控制开与关的机械开关组成，长约 16 米，宽约 2 米，包括 1 000 个组成元件和 500 多米长的电线。大约在同一时间，格雷斯·霍普（Grace Hopper）和其他人开始开发计算机语言，这些计算机语言对于规划新的电子计算机功能来说是必要的。计算机技术的第二次重大发展是电子数值积分器和计算机（Electronic Numerical Integrator and Computer，ENIAC）的出现。ENIAC 由莫奇利（John W. Mauchly）和埃克特（J. Prespert Eckert）联合设计开发，其设计的最初目的是应用于军事。它通过开关和连接的方式来编程。ENIAC 的运行速度比 Mark Ⅰ快 1 000 倍，即每秒运行 5 000 个计算结果。因为 ENIAC 重达 27 000 公斤，包括约 2 000 个真空管，所以它需要耗费巨大的电能而且会释放出大量的热（见图 1—1）。ENIAC 的最主要特征是它引进了真空管技术，执行业务时不再需要移动机械零件。这一特征促进了计算机运行速度的不断提高。

(a) 电子数值积分器和计算机（ENIAC），由John W.Mauchly和J.Prespert Eckert, Jr联合设计开发

(b) ENIAC容纳几乎2 000个真空管

图 1—1

第一代计算机在 1951—1959 年间得到了蓬勃发展，以真空管技术为主要特征。尽管在那个时候，这种计算机是一种令人惊奇的设备，但它们体积庞大、操作代价昂贵而且要求持续地维护才能正常运作。下一代计算机将尝试解决这些问题。

第二代计算机

第二代计算机从 1959 年开始直到 1964 年一直在扩展功能，它以晶体管技术为主要特征。1947 年，约翰·巴丁、沃尔特·布拉顿和威廉·肖克利（John Bardeen，Walter H. Brattain，& William B. Shockley）在新泽西的贝尔实验室里开发了晶体管。他们研究了那些允许有限电流在半导体里流动的物质。使用半导体材料的晶体管具有真空管所具有的功能且占用的空间非常小。因为晶体管体积比较小，所以操作元件的距离缩短了，而且运行速度明显提高。同时晶体管的温度比真空管低很多，所以可以降低那些配备在计算机机房中的空调所要耗费的制冷费用（见图 1—2）。

尽管如此，晶体管也存在一些问题。因为每个晶体管及其相关部件必须独立地嵌入到一个塑料板的孔内，所以它们相对昂贵。同时，浮动的电路板必须把电线固定在熔融焊料池里。而对于零部件的数量，即使是最简单的晶体管都是惊人的。下一代计算机有助于减少其中的一些问题。

图 1—2　电子嵌板包容了晶体管，晶体管的发明使得减小尺寸和增加计算机的功能变得可能实现

第三代计算机

1963 年，集成电路的发展促成了第三代计算机的诞生，这一时期从 1964 年一直持续到 1975 年。生产过程始于硅管被切成薄片嵌入到极薄的磁盘上，这个磁盘是运用纯化学技术生产的，不包含任何电荷。运用激光使一个预想的设计蚀刻在磁盘的表面上，然后把磁盘放在盛有酸溶液的容器里，以消除所有未暴露的区域。为了使得磁盘能够携带电脉冲，必须以一种特殊的形式增加微量杂质。最后，一个好的金刚石可以通过磁盘看到锯片，然后把锯片分割成几十块，就像在一个整版里的邮票。每一小片现在是一个芯片，把芯片包裹起来，然后可以用金属线连接到外面的设备上（见图 1—3）。

(a) 集成电路制造过程中的第一步

(b) 集成电路形成了小型电脑

(c) 一个集成电路的放大视图

图 1—3

第三代计算机是作为一般用途的计算机而设计的，它在数据处理领域是一个巨大的飞跃，不仅速度和可靠性提高了，而且能量消耗也大幅度降低。计算机变得越来越小且价格便宜，从而使越来越多的人拥有电脑，电脑的普及程度进入前所未有的时代。

第四代计算机

工程师们学会了如何更容易地制造芯片，他们设想在单个芯片上进行功能类别分组，以创造一个微型的电子化系统，这种系统可以执行各种各样的单一任务。这一技术即是众所周知的大规模集成电路（large-scale integration，LSI）。于是，第四代计算机在 20 世纪 90 年代中期诞生了。

大规模集成电路除了应用于计算机之外还有许多其他应用领域，如袖珍计算器、数字手表。当然，大规模集成电路的另一个革新是单片计算机。它的制造商把计算机所有的子系统压缩到约 55 平方厘米的范围内，这使得了英特尔公司在 1971

年开发了世界上第一个微处理器。4004 芯片由 2 250 个晶体管组成，而当今的奔腾四处理器嵌入了超过 42 000 000 个晶体管（见图 1—4、图 1—5 和图 1—6）。随着计算机价格和维护费用的不断下降（见表 1—1），大规模集成电路对计算机的普及起了重要作用。

图 1—4 原苹果机 I

图 1—5 苹果机 I 主板

图 1—6 史蒂夫·乔布斯的车库，即原苹果电脑诞生的地方

未来几代的计算机

我们可以在超大规模集成电路（very large-scale integrated，VLSI）中发现潜在的未来计算机的功能，这种超大规模集成电路进一步提高了计算机的运行速度。

表 1—1　　电脑操作成本的降低

发展时代	技术标志	每 100 000 计算量所需要的花费
第一代	真空管	1.25 美元
第二代	晶体管	0.25 美元
第三代	集成电路	0.10 美元
第四代	大规模集成电路	低于 0.01 美元

第五代计算机进一步发展了多核处理技术（即一个计算机同时运行几个程序）。当今，个人计算机已经变成了教学过程中的重要交互工具。多媒体外围设备、CD-ROM、CD-RW、DVD 可以通过接口技术连接到计算机以及万维网上，这样可以扩展计算机的用途。拥有多媒体功能的个人计算机正在不断地融入到课堂教学中。通过使用个人计算机和万维网，教育者可以创建新的学习环境。在新环境中，教师变

成了教学的促进者，而学生成了知识的建构者。教师和学生一起成为知识导航员——这一术语是由原苹果电脑公司的首席执行官约翰·斯卡利（John Sculley）提出的。

计算机常用术语

以下介绍计算机设备的常用术语，这些术语是进行计算机操作的基础。

软　件

软件，也叫计算机程序，是指一些按照特殊的逻辑序列排列组成的指令，这些指令指挥计算机执行任务。写这些指令的人被称为程序员。

硬　件

与软件相比，计算机硬件是组成计算机系统的物理机器。硬件是一些参观计算机机房或者计算机零售店时能看得到、摸得着的设备。计算机硬件是精密的电子设备，我们必须恰当、安全地处理和使用它，并进行适当的维护，以使计算机系统处于最佳运行状态。

CPU

计算机系统的心脏是中央处理单元（CPU）。因为CPU由能够解释和执行软件指令的线路组成，所以它能够控制计算机的所有功能。CPU也能够在解码和执行指令之前，重新检索到软件的指令。CPU的组成部分包括算术逻辑单元、存储器和控制单元（见图1—7）。

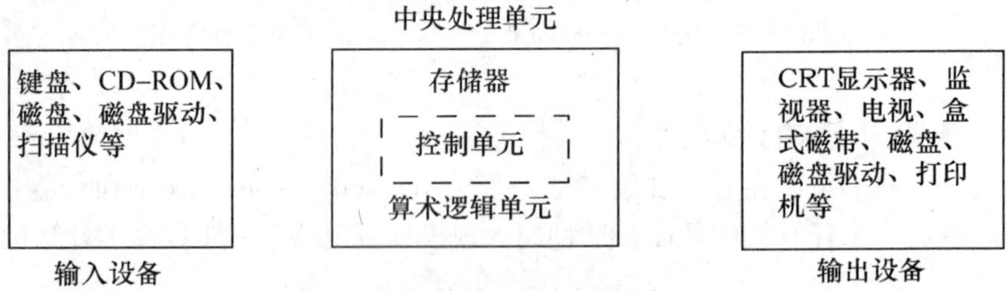

图1—7　中央处理单元（CPU）

算术逻辑单元是CPU中执行满足数据处理应用要求的算术计算功能的部分。存储器由存储信息的集成电路组成。控制单元控制计算机操作的流程，包括数据转换、接受输入、运行算术逻辑单元和其他相关功能（见图1—8）。

麦克风和键盘

通过麦克风和键盘，将指令和数据输入计算机系统。语音技术的进步已经使得计算机系统在应用软件和网络搜索方面的免手工控制成为可能。计算机键盘由字母键和数字键组成，也有一些特殊的符号，例如@、￥、%、*，还有能执行特殊功能的快捷键。现在的无线技术催生无线键盘，使键盘能够与其他计算机、打印机、笔记本电脑及周边设备进行连接。

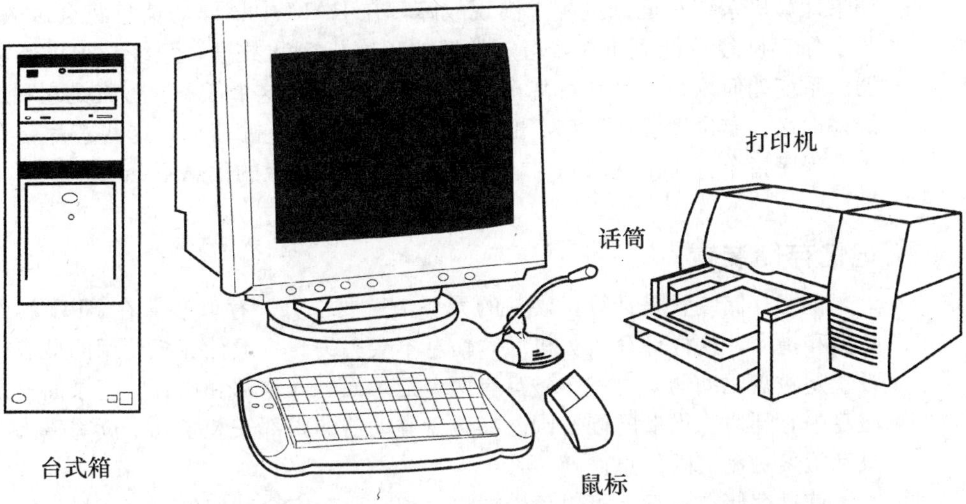

图 1—8 计算机的主要成分：台式箱、显示器、话筒、打印机、键盘、鼠标

计算机存储器

现在计算机的 CPU 存储空间比前几代计算机大很多。在一台个人计算机上增加存储空间是一种简单而且负担得起的过程，大部分使用者可以独立执行这个过程。为了确定个人计算机系统的存储型号，我们有必要了解几种计算机数量单位。一台数字计算机通常使用“0”和“1”的二进制操作系统。一个二进制数字即所谓的 1 比特，它是最小的数字信息单元。1 字节是存储文本信息中一个字母所占用的比特数。

- 1 字节＝8 或者 16 比特
- 1KB＝1 024 字节
- 1MB＝100 万字节
- 1GB＝1 024MB
- 1TB＝1 024GB

1TB 是多少或者 1TB 可以容纳多少数据？弗赖伊（Fry，2006）作如下回答：

> 使用一个便捷的测量方法：一个时长约 4 分钟并以 192kbps 的速度编码的流行歌曲，将会占用 5.6MB 的空间。那么，一个 1TB 的驱动器应该能够容纳 179 000 首歌或者将近 14 000 个唱片集。

不仅计算机的存储容量在增长，它的速度也在提高。正如弗赖伊所说的，每秒钟有数以千计的字节在工作。

个人计算机系统的一个主要优势是用户可以简单而快速地增加额外的存储空间。额外存储空间允许用户以更快的速度操作系统。许多含有冗长指令的复杂程序可以在一个添加了额外存储空间的系统上存储和运行。

有两种主要的半导体存储器：随机存储器（RAM）和只读存储器（ROM）。RAM 设计用来存储新的数据和程序。数据和指令进入 CPU 的存储器中，然后以一种随机的形式取出，或者从存储器中重新检索。RAM 不是永久性存储器。例如，如果计算机系统在运行过程中出现故障，在 RAM 中存储的信息将会永久性丢失。为了保存已经分配到 RAM 指定位置的程序指令和数据，系统必须更新它的存储器。系统如何以每秒钟几百甚至上千次的速度执行这个任务？答案是它利用少量电能来记忆存储位置。与 RAM 相反，ROM 含有计算机芯片，这些芯片含有永久嵌入的程序指令。在出现故障时，存储在 ROM 芯片上的信息不会丢失。

记忆存储装置

记忆存储装置是计算机硬件的另一个重要部分。存储装置在 CPU 的外部保留数据和指令，这样计算机关机后，信息不会丢失。一般计算机使用的最流行的存储设置是磁盘驱动器。每一个磁盘有两个记录面——顶部和底部。记录面上是一些从磁盘中心到边缘衍散的同心圆。在磁盘驱动器的内部安装了几个读写磁头，用来记录和检索磁盘上的信息。

信息存储在磁盘上可以免受损失，相对比较安全。如果存储资料丢失，可能是由于磁盘上的写入信息过多，也可能是由于整体消磁器擦除了磁盘上的信息。不过，存储在磁盘上的信息意外丢失是不常见的，也正是这个原因使得磁盘存储很受欢迎。

软盘的功能与硬盘的功能很相似。软盘的直径一般为 3.5 英寸，封装在一个硬质的塑料容器里。现在的软盘与以前直径为 5.5 英寸的软盘相比，可以容纳 100 倍以上的信息。许多其他形式的记忆存储器具有更大的存储能力，包括具备可擦写能力的 CD-ROMs、DVD-ROMs、各种形式的数据卡以及网络硬盘等。小型的和可移动的硬盘可以用来在外部存储数据（见图 1—9 和图 1—10）。

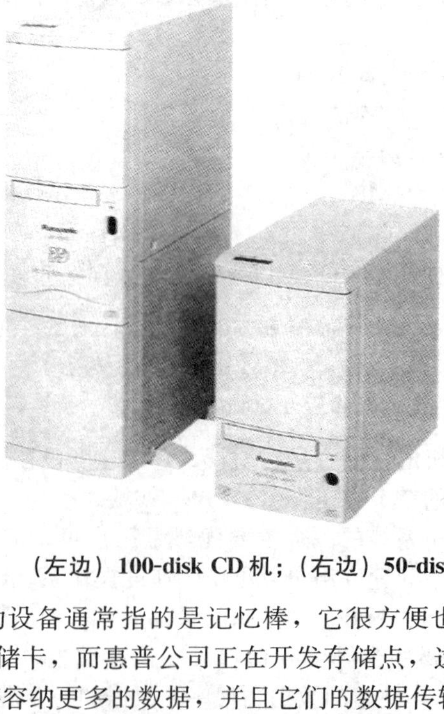

图 1—9　（左边）100-disk CD 机；（右边）50-disk CD 机

USB 记忆存储驱动设备通常指的是记忆棒，它很方便也很流行。东芝公司最近推出了微型的 SD 存储卡，而惠普公司正在开发存储点，这个存储点比米粒还要小。这些设备不仅能够容纳更多的数据，并且它们的数据传输速度也明显更快。这

图 1—10　USB 存储棒

些新设备的存储容量随着每个新型号的出现而变化。弗赖伊（2006）指出，目前 1TB 的存储设备很容易获得。

扫描仪是把数据输入到电脑的另一种设备。文本扫描仪可以“读”所有打印出来的文本信息，图像扫描仪可以“读”黑白和彩色的图像，这些扫描仪把模拟信息转化成数字信息。一些扫描仪还可以将文本转化成语音。

输入数据的其他设备还有光学字符阅读器（OCRs）、光学标记阅读器（OMRs）及条码阅读器。例如，OCRs 可以“阅读”个人支票底部的字符；OMRs 可以用来给客观性测试打分，还可以管理库存的图书，监控课堂出席人数。

显示设备

显示设备可以使人们看到计算机被赋予了什么样的指令，可以反映输入的数据并使人们能够修改错误信息，还可以使人们观看计算机运行的最终结果。个人计算机系统依靠各种视频显示器来显示信息。我们可以将计算机与普通电视显示器（目前社会最常见的视频显示器）相连接。已经嵌入家庭电视的影视游戏就是最好的例子（见图 1—11）。

图 1—11　平板显示器

随着平板技术的发展及其生产成本的降低，液晶显示器（LCDs）将会逐渐代替阴极射线管显示器（CRTs）。液晶显示器用来投影报告和课堂课程（见图

1—12）。下一代电视机和计算机的显示器采用 HDTV 技术，这样的显示器将会呈现更加清晰的影像。HDTV 的到来意味着最后一代真空管，即电视显像管的终止。超薄视频显示器能不断形成各种形状和大小的，包括适用于墙、窗户、汽车遮阳板以及任何平面的视频显示设备。总之，显示设备的发展前景无可限量。

(a) LCD投影仪

(b) LCD面板

图 1—12

打印设备

计算机完成数据处理功能后，有必要产出一些可读的、永久的输出结果副本。将计算机运作的记录打印到纸上是一种硬拷贝，这在需要形成文件或者向其他人报告数据处理结果的情况下是很有必要的。

用打印元素作用于纸张以打印文本的点阵式打印机目前已被两种更常见的打印机所取代——喷墨打印机和激光打印机。喷墨打印机通过喷墨管将墨水喷射到打印纸上从而实现文本输出，属于非击打式打印机。激光打印机应用了一些曾运用于影印机的设计理念。激光打印比针式打印噪声低，而且打印的副本质量很高。最初激光打印机的价格比点阵式和喷墨打印机贵很多，但激光打印所具有的印件不易磨损、不易形成污迹和褪色等优点使得激光打印机比喷墨打印机更具优势。

高保真彩色技术（Hi-Fi）是一种新兴的彩色打印技术。尽管价格仍然昂贵，但是高保真彩色技术给传统的四色平板复印术提供了一种替代方式。通过增加标准彩色的数量，即从四种（青绿色、洋红色、黄色和黑色）增加到六种、七种甚至八种，显示器复制的图像的精确度得到大幅提高。

DVD/视频插图——使用图形计算器验证乘法交换律

在这节课中，学生可以使用图形计算器来巩固他们对乘法交换律的理解。

总　结

既然已经学到了计算机的常用术语，而且能够识别不同种类计算机硬件的功能，你已经为探究计算机的使用做好了准备。现代计算机具有帮助选项功能和自动功能，而且其配备的先进软件使计算机的使用略过了复杂的编程过程，这一系列功能促进了友好用户使用界面的形成。下一章将讲述新兴的硬件、交互软件和迅速发展起来的在线学习环境（早期的计算机先驱者必然会惊讶于这巨大的变化）的使用。

计算机已经在社会生活中得到普及，因此，无论是年轻人还是年长者都迫切需要掌握计算机基础知识。计算机意识指的是认识电脑及利用它们舒适地工作的能力。计算机文化通常也称为技术文化，指的是对计算机操作与概念、计算机在社会中的应用以及计算机技术的优势和局限性等一系列问题的基本理解。在现代社会，计算机基础知识是必备的技能。

了解计算机本身的历史是培养计算机技能和技术文化的起点。基于当前的发展趋势，我们能够预测未来几代计算机的发展方向。超大规模整合技术继续趋向微型化，其结果是计算机系统越来越小，功能越来越强大，价钱却越来越低。随着技术的不断发展，计算机将会越来越受欢迎。从理论上推断，这种趋势将会引起各个年龄段、各个行业的人们对计算机文化的需求不断增长。

当今计算机是我们社会的重要组成部分。随着电子邮件和万维网的出现，个人计算机产业正在蓬勃发展，这表明很多人已经看到了计算机技术所带来的益处。这将需要技术使用者获得技术文化的相关学位证明。

软件是指挥计算机运行的书面指令。硬件是执行软件指令的电子化设备。计算机系统的“大脑中枢”即中央处理单元是由算术逻辑单元、控制单元和两种类型的存储器（RAM ROM）组成的。其他的硬件设备包括存储设备（如磁盘驱动器和记忆存储驱动器）、显示设备（如视频显示器）、输入设备（如键盘）和输出设备（如热敏打印机、喷墨打印机和激光打印机）。

美国国家教育技术标准（包括面向教师的、学生的以及学校管理者的）和《不让一个孩子掉队法案》为学校里使用技术提供了基础性指导。其对标准、技能任务和技能指标的介绍对技术应该在教育中发挥什么作用作了一个清晰的描述。

看看你能做什么！

1. 采访当地的一个商人，撰写一份有关他的公司如何使用计算机的报告。
2. 列举对教育起变革作用的技术的发展趋势。
3. 描述公立学校对计算机文化教育的需求。
4. 描绘你想象中的第三个新千年的场景。
5. 拜访一个专门出售电子设备的零售店。观察并撰写一份主要内容为单芯片计算机的使用如何影响电子元件的大小和容量的报告。
6. 研究当前计算机存储技术的发展变化，分析其主要的发展趋势。
7. 撰写一份以计算机演变历史为中心的报告。
8. 芯片的尺寸以纳米为单位，你将如何向学生描述这种测量单位？
9. 花一些时间分析使用图形计算器验证乘法交换律的 DVD/视频插图的内容。当你首次观看视频时，在不同阶段停止播放，将自己想象成老师，记下接下来你将会采取的步骤。看完视频后，列出你希望对这个视频的教学过程进行哪些调整的想法要点。
10. 设计一个教案，介绍计算机在社会某一领域中的应用。
11. 为 ISTE 面向学生的一个基础技术标准设计一组课程。

12. 根据学生的计算机技能标准开发一个电子档案评价方案。

13. 选择绩效任务并为学生设计一个活动，以确定学生对所学内容的理解程度。

14. 研究和准备一份关于ISTE面向教师的国家教育技术标准在学院和大学教师职前培训项目中执行情况的报告。

15. 概括一个有关在美国的教育中实施NETS关于基础教育学生技能介绍的方案，包括价格、有效性和教育意义等因素。

16. 评论《不让一个孩子掉队法案》，研究设计一个整合技术并使技术发挥作用的项目列表。

17. 评论《21世纪工作技能法案》，阐述这个法案如何与NETS中的学生标准的内容相一致。

18. 评论美国《国家教育技术计划》的七个行为步骤。撰写一份递交给当地学校管理者和董事会的报告。

19. 写一份报告，比较国家的、所在州的和本地的技术方案。

20. 查找你所在州要求的教师技术标准。它们与ISTE的要求相比较有什么不同？

21. 调查女性对计算机发展所作的贡献。

22. 比较针对学生、教师和学校管理者的不同标准。制作PowerPoint演示文稿，演示针对不同群体的标准有哪些相同点和不同点。

23. 制作展示最近三年存储设备发展变化（如价格和传输速度）的图表。

24. 展望下一代计算机的主要发展趋势。

我的实验学校

华盛顿大学的数字化档案袋

华盛顿大学的毕业教育项目从纸张发展到电子档案袋，一直都在变化。你将会观看一个视频，在这个视频里，学生在他们的电子档案袋里展示手工制品。这个电子档案包括课程计划、学生工作、数字化图片和学生教学反思。

● 登录网站 www.mylabschool.com，在“Course”菜单下选择“Educational Technology”，进入“Electronic Portfolios”视频链接，观看视频“University of Washington”。

你也可以在搜索栏中输入ETV28直接找到这个视频。

● 观看视频后，在“Careers”菜单下选择“Preparing a Portfolio”，运行应用程序“21 Questions to Help You Create An Effective Portfolio Planning Your Portfolio”。

你也可以在搜索栏中输入PORTQ直接找到这个应用程序。

根据所学知识设计自己的个人档案袋并创建一个展示你的教学计划的存储空间。

配套网上资源

登录网站 www.ablongman.com/bitter7e，获取本章的教学目标、实践测试、网站链接、词汇表、动画卡片以及本章完整的参考书目。

注　释

［1］摘抄许可由面向教师的国家教育技术标准提供，版权所有 © 2000，ISIE，800.336.5191（美国和加拿大）或者 541.302.3777（Int'I），iste @ iste.org，www.iste.org。保留所有版权。需要说明的一点是许可不包括与 ISTE 签署协议。如需了解更多关于 NETS 项目的信息，请联系该项目负责人，318.257.3923，lthomas@latech.edu。

［2］摘抄自面向学生的国家教育技术标准：课程和技术的连接。版权所有 © 2000，ISTE 800.336.5191（美国和加拿大）或者 541.302.3777（Int'I），iste @ iste.org。www.iste.org。保留所有版权。需要说明的一点是，许可不包括与 ISTE 签署协议。如需了解更多关于 NETS 项目的信息，请联系该项目负责人，318.257.3923，lthomas @ latech.edu。

［3］摘抄自《国家教育技术方案》，见 http://nationaledtechplan.org。

第2章

绩效工具的基本操作

焦点问题

- 在教与学的过程中如何使用绩效软件？
- 如何使用电子制表软件和数据库来陈述不同的学习目标？
- 如何使用概念图工具来陈述不同的学习风格？
- 应用软件在教育中的作用是什么？
- 设计一个解决问题的练习，在解决问题的过程中要求使用计算机软件和概念图工具。

通常计算机都会安装一些绩效软件，而初学者也能很容易地学会这些软件的基本操作。这些软件具有强大而完善的功能，能大大提高人们生活和工作的效率。我们认为，如果脱离现实情境而孤立地学习软件程序，将不利于教师成为一名精通技术的教学人员。如果学生针对一个现实的问题而学习，那么他将会更加牢固地掌握知识。本章不拟讲解软件的具体操作步骤。要想获取这些详细信息，我们鼓励学生去查阅所用软件的帮助文档或者软件程序使用手册。本章主要是对最常用的绩效软件在教育中应用的可能性进行概述，如字处理软件、电子制表软件、概念图工具和数据库应用程序。

大部分的绩效软件都可以从发布者提供的软件套件中获得，这个套件将绩效软件的功能整合到一起，给使用者提供了更加有效的选择，并且软件之间可以兼容使用。套件中的所有软件都具有一些共同特征，以使用户能够对套件中的软件操作进行简单的迁移。表2—1中的术语描述了大部分绩效软件所具有的常用功能。这些命令可以从软件的下拉菜单、按钮栏里的按钮和快捷键中找到。

表2—1　　绩效软件的常用功能

Bold	加粗某个字符、词和区域文本以表示强调。
Center	将标题或者其他文本自动地放在页面左边缘和右边缘的中心位置。
Copy	用户可以对文本中高亮选择的部分执行复制命令，可以自动地将所选择的文本粘贴到文本中的其他区域，而无须重新输入。
Find	使用查找命令，软件将会定位所查找的字符、词、段落或者数字，并在每次出现的地方暂停。

Footer	页脚是指出现在页面底部的文本，如页数或者段落标题。可以在所有的页面或者指定页数的页面上添加和编辑页脚。
Header	页眉是指出现在页面顶部的文本，这部分由标题、图像、页码或者其他文本组成。可以在所有的页面或者指定页数的页面上添加和编辑页眉。
Macro	宏是经常使用的命令的快捷方式，在文件中记录和保存一系列按键，方便以后使用时调用。用户可以给每一个宏命令指定一个名字，让它执行它所代表的一系列按键或者数据。
Margins	指定文本与页面边缘的距离，包括上下左右四个页边距的数值。
Paste	在文件其他区域插入互用已经复制的文本，而无须重新输入。
Print	打印命令，指示计算机打印整个文本或一部分文本，并设置打印份数和格式。
Replace	查找指定文本中的字符、词、段落或者数字，将其替换为其他指定字符、词、段落或者数字。
Save	保存命令将文件复制到指定磁盘中保存。可以将文件保存成各种其他软件程序能够识别的格式，也可以保存成在万维网中可以显示的格式。
Scroll	滚动是指使整个文本在水平或者垂直方向上快速移动。
Type Style	字体样式是指文本的字体、字形和字号。
Underline	可以在字符、词或者区域文本块下面加连续的或者分隔的下划线。

字处理软件

字处理软件是在计算机中对文本信息进行创建、编辑和存储的软件，它已经成为课堂教学、办公和家庭中必不可少的功能强大的工具。软件的高级功能支持用户在不同软件之间进行操作上的迁移，与其他软件交互使用，在文本中嵌入多媒体元素，以及以网络预定的格式保存文件等（见表 2—2）。

表 2—2　　字处理软件的基本功能

大部分字处理软件都具有相同的功能，一旦掌握一种软件的基本操作，使用者就可以很容易地操作其他不同的软件程序。	
Break	分隔符是一种手工插入的，用来分隔页面、列和段落的标记，它可以用来对文本分段或者设置个性化的文本。
Bullet	圆形符号是指用来标记列表中条目的一项个性化字符。
Columns	与新闻报纸类似，有些文本经常需要以垂直列表的形式显示。专栏文本可以在同一页里一栏一栏地呈现，也可以在下一页里呈现，使用换行符功能保持文本以一定的宽度显示。
Grammar Check	语法检查命令能够指出文本中的语法错误，并提出词语的修改建议。
Insert	用户使用插入命令在文本中添加项目，如图片、其他文件、对象、评论、标识图等。
Justify	字处理软件支持将文本设置为水平居中、两端对齐、左对齐和右对齐。

Merge	合并功能可以将两个或者更多的文本信息合并在一起。教师可以使用合并功能将一封信件与包含学生和家长名字及地址信息的文本合并起来，这样可以使每一封信都是针对每一个家庭的个性化信件。
Spacing	行间距是指在文本中每两行之间有多少距离，默认值是单行间距和两行间距，用户也可以设置为半倍行距。
Spell Check	拼写检查功能使用一个预先加载的通用词汇字典。拼写检查器将使存在拼写错误或不能识别的单词出现高亮显示。当输入单词时，这项功能可以自动加载或者手动启用。用户可以从提示的选择列表中选择一个拼写正确的词语。一些常用的单词在用户输入时将会自动地被修改为正确的形式。
Tab	与打印机的制表符类似，每当按下 Tab 键时，光标在当前位置添加一定数量的空格，光标相应地移动到右边。
Tables	表格由布置在任何位置的行和列中的单元格组成，仅受文本本身的宽度限制。可以对表格的列和行进行编辑，这和对其他文本的编辑一样，如插入、删除、移动和复制。在修改文本时，每一列都被认为是一个独立的文本区域块或者媒体元素，而且对某一列的修改不会影响其他的列。
Thesaurus	字库将会产生一个与指定的单词意义相近的、可以相互替换的词语列表。如果列表中包括很多合适的词汇，用户可以指定其中一个词来替换所选定的词语。
Track Changes	这项功能可以使不同的使用者共同编辑一个文档，每一个使用者用不同的颜色来标记其自身的增加和删除操作。

教育中字处理软件的应用

字处理软件通常是课堂中使用计算机的首选软件，因为它能够快速提高学生的学习效率和教师的教学效率。课堂教学中使用字处理软件可以扩展学习方式，而这些学习方式在将技术引入课堂之前是不可能实现的。使用者可以创建专业的文件，并对文件进行无限制的编辑、修改布局和重新格式化。在教师和学生创建文本的过程中，字处理软件能提醒他们要考虑打印的页面信息格式，包括对页边距、行距和字体等的选择。

拼写与词汇功能具有给学生提供即时反馈的功用。使用拼写检查功能，学生能够知道单词是否拼写正确，并可以从提示的下拉列表中选择正确的单词。词典功能能够提供一个具有相同意义的词汇列表，学生可以变换所选单词从而扩充他们的写作词汇量。语法检查功能将有问题的语法结构进行高亮显示，提示学生重新输入语句。这些个性化的帮助功能能够不断地促进学生学习，避免学生犯同样的拼写错误，也扩展了教师对学生的帮助范围。

使用字处理软件提供的功能，学生能够写出质量更高、令人大开眼界并易于教师阅读和评分的初稿。学生会认为他们的学习更有意义，他们能够方便地获得原稿并对其作必要的修改，而不用自己重新撰写整个文本。

在屏幕上撰写文字是字处理软件所引入的一个新技能（见图 2—1）。根据学生的年龄、能力以及文章的类型，使用者可以省略撰写初稿以及键入最终版本的步骤。屏幕上撰写需要不同的组织能力和智力水平，这也是学生未来的职业工作所需要的基本技能。教师也更倾向于在屏幕上对学生的作业进行批改，而不喜欢阅读打印稿。合作写作功能支持教师与学生之间以及学生与学生之间的合作撰写。一段写作内容能够由多人去修改，这样就包含了许多专家意见与观点。对教师和学生来说，字处理软件能够为他们省下很多的时间。

图 2—1　学生使用字处理软件创作小说

字处理软件的使用能够提高如历史、社会学、外语、物理和文艺等学科教学的效率。针对不同年级的学生，教师可以使用字处理软件准备课程教学计划、考试和其他教学资源（参见第 8～10 章）。每一学年度都可以对教学信息进行更新，而不用重新创建所有的教学资料。此外，教师可以利用字处理软件来管理考试和小测验，并进行打分（参见第 15 章）。字处理软件能够辅助教育者满足职业和管理需求，如撰写稿件、研究报告、补助金提议和公共材料等（参见第 12 章）。

在课堂中尝试如下教学方法

1. 使用字处理软件的编辑功能，教学生开展合作编辑。让一个学生将一段文本发送给其他学生，文档修订功能将会以不同的颜色自动保存每一个学生的编辑状态。如果使用者能够改变他们的用户信息，在每一位学生的评论中将会附加个人信息。

2. 让学生使用不同的字体和文本样式来设置文档的格式。让他们讨论以不同方式设置文档的格式时原文本样式是如何变化的。

3. 表格是格式化学生作业的一种简单方法，如在实验报告的空白处输入文本等。可以将表格打印在纸上，或者将表格保存在电脑中，让学生在电脑屏幕上学习。

4. 可以通过设计可重复使用的模板来准备大量的作业，学生可以向其中输入文本，插入剪贴画或者图片。让学生打开一个容易找到的模板文件，并将其保存在他们自己的文件目录或者磁盘中。

5. 使用自动样式表的格式来显示具有不同标题层级的文档。学生可以在文档结构图中迅速发现这些具有一定组织结构的标题。

电子制表软件

电子制表软件是在计算机屏幕上用由水平的行与垂直的列组成的阵列将会计师的总账可视化为具体的电子表格。每一行和每一列都包含一些信息，如字符和数字，这些信息以一种使用者能够理解的方式组织起来。虽然电子制表软件具有函数的功能，但这仅是其功能的一部分。输入电子制表软件的每一个数据都是与表中的其他数据相互关联的。因此，一个单元格内数值的改变可能会影响整个表格的数据，计算机也会自动地重新计算和更新相关数据。不难想象，使用软件现有的橡皮擦和计算器功能将会给从事财务电子数据的人节省时间，并使他们避免在从事相同工作时犯同样的错误（见表 2—3）。

表 2—3　　电子制表软件的基本功能

电子制表软件有三种操作模式——预备模式、输入模式和命令模式。使用者在开始使用时处于预备模式，即在电子制表软件中使用方向键、箭头键和输入键。使用者向电子表格输入数据时，输入模式被自动启用。命令模式用来控制和执行对数据的计算操作。	
Analysis	分析功能是指对数据进行检验和评估。
Cell	单元格是电子表格中行与列的交叉点。大部分程序都能够给列加标题，给行指定序号。因此，单元格 D3 表示第 D 列和第三行交叉的部分。
Chart	图形选项支持使用者创建可视化的辅助图，如基于表格中数据生成的饼形图，用户能够很容易地对数据进行比较和评估。
Cursor Movement	方向箭头向左或右、上或下移动光标。当按下“Home”、“End”、“Page Up”或“Page Down”键时，一些软件支持光标迅速地移动。此外，用户可以使用“定位到……”命令移动到指定的页面。
Fill	点击单元格拐角处的填充手柄，将其拖拽到相邻的单元格时，公式将会被复制，页码、日期、时间等可预见的信息也会被自动地加载。
Format	格式命令支持对所选择数据的位置和格式进行定义。用户还可以定义数据的显示格式，如数字格式或者日期格式。
Formulas	电子表格使用的公式和常用的数学公式类似。在单元格中输入公式，就会显示结果。尽管单元格中包含公式，但使用者看到的只是计算后的显示结果。当公式所涉及的单元格中的数值发生改变时，计算结果也会被自动更新。
Functions	函数是电子表格中提供的预先编辑的公式（如函数“sum”将指定的某一组单元格中的数值相加）。
Graph	图形选项支持用户以表格中的数据为基础创建一些视觉化的辅助图形，如直线图、垂直或水平的柱形图，以方便用户对数据进行比较。
Insert	插入功能支持用户插入一整行或一整列，而不用重新打乱已经输入的数据。
Labels	标签包括标题、名字和其他指定的描述表格行与列内容的信息。
Modeling	用户可以使用假设陈述来建模，例如，如果一定的情形存在，那么将会产生什么样的结果。其中的变量可以改变成真实的数据或者按照一定的百分比增加或减少数值。

Projection	映射是以收集的数据为基础，使用电子表格软件提供的计算功能来预测逻辑上将要出现的情况。
Status Line	对数据输入进行正确提示的辅助工具就是状态栏，它提示使用者光标的位置以及单元格所包含的内容。
Values	数值是输入到任何单元格中的数字。计算机通常将数字解释为数值，除非对数字进行额外的设定。
Worksheet	电子制表软件支持打开一个包含多个工作表的文件，它可以同时在多个工作表中执行计算功能。

在课堂中尝试如下教学方法

1. 在网上查找并下载原始数据（尝试点击 Raw Data 网站中 www. landmark-project. com/index. php 上的链接——“学校的里程碑”）。让学生提出问题，并通过操作数据来得出答案。

2. 学生可以基于所研究的主题展开调查。将调查数据输入电子制表软件中制成表格，从而辅助学生对数据的意义进行分析。

3. 设计一个包括多个工作表的工作簿，将成绩手册中学生的主要成绩导入工作簿中，生成学生个体成绩表，从而对其他学生保密。使用自己的成绩跟踪模板，学生可以监测自身的进步情况，还可以应用假设理论预测未来的作业中应该达到的成绩。

4. 让学生使用函数功能来设计自己的数学计算器模板。学生小组可以比赛设计最有使用价值的数学计算器。

5. 创建一个具有弹出菜单的交互式地图，包括城市名称和人口数量等（详细信息参见 www. infotday. com/MMSchools/jan02/lehmann. htm）。

教育中电子制表软件的应用

电子制表软件在教育中最明显的使用就是数字上的应用，如对数学和自然科学信息的操作以及对数学公式的理解。以公式的形式输入指令，学生可以强化数学符号和定理的优先学习次序。十进制、百分率或者复利计算是数学的重要应用领域，当它们以电子表格的形式呈现时，可以得到更加深入的探究和解释。

除了数学学科之外，其他学科也可以通过使用电子制表软件得以更好地阐述，而且整个过程会更加有趣。社会学的数据研究（如人口增长率、收入分配、人口统计信息）和自然科学研究都是电子制表软件在课堂教学中的潜在应用领域。电子制表软件在教育中的另一个重要功能就是对研究数据进行管理。通过调查问卷收集大量人口统计信息，然后将其输入到计算机的数据库中。此时，可以根据研究项目的需要，利用电子制表软件来编辑和分析这些数据（见图 2—2）。

图 2—2　学生使用电子制表软件来汇总和分析研究数据

学生将来要踏入社会，他们会在工商业领域、教育领域、政府部门或者非营利机构从事工作。因为电子制表软件将会不可避免地成为他们工作的一部分，所以学生将会从课堂教学中关于电子制表软件的使用经验中受益。

教师使用电子制表软件来保存学生的学习过程状况和学习成绩报告。为了借助计算机的强大功能来更加有效地操作数据，可以将学生的分数合并到一起，这样可以以班级或者小组为单位进行计算平均分、标准分、中位数等运算。特殊指定的数据也可以与其他数据分离开来，如查看个别学生的学习记录。事实上，任何需要的信息片段都可以在使用者的指尖上找到。

数据库

在计算机时代之前，信息文件都是靠人工管理，在纸上记录信息，用字母卡片做索引标记，并将其放在盒子、抽屉或者文件夹中。数据库软件出现后，人们可以使用计算机管理文件，当文件发生变化时，可以节省处理、更新和移动信息所需要的大量时间（见图 2—3）。

教育中数据库软件的应用

教育机构一直是数据库软件的受益者，因为数据库软件具有对人口统计数据进行汇编、存储和管理的能力。例如，一旦将学生数据输入到数据库中，就可以以使用者所希望的规则来获取信息，而且汇编之后的信息可以生成特殊且个性化的设计报告。多数大学已经建立了能够处理学生信息的数据库，其中包括关于在校学生、班级、财政账户、年级和课程表的最新信息。

对教师而言，数据库也是一种强大而有价值的工具。将每个班级的成员信息创建成数据库，并用其来组织信息，这正是教师所需要做的。利用图书馆数据库和其他参考资源可以强化课程的教学。与到图书馆查找信息相比，教师在数据库中对相使用者使用数据库软件可以创建新的文件，添加、删除、修改文件中的条目信息，对数据执行有限的计算，根据不同标准对记录分类，将两个文件合并成一个文件。

要成功地创建、测试和管理数据库，有必要先理解存储的数据及它们存在的原因，知道如何有效地管理数据库才能获得期望的终端产品。基于信息存储的类型不同，数据库结构主要有三种类型：层次数据库、网状数据库和关系型数据库。

层次数据库：最简单的数据库都是层次型的或者树结构型的，这种模型的数据信息是由最上面一层获取的。例如，如果使用者想要搜索记录以获取学生的名字，一个社会保障号就可以用来找出学生的名字和地址，系统一定要遵循树状的路径。这种方法也可以称为父子关系层次图，即每一项数据只与其上一层或下一层的数据有关。

网状数据库：与仅有从上到下的层次关系不同，网状数据库允许多重关系的存在。网络模式使用灵活的搜索结构，遵循所需信息的最短路径原则，而不是从上到下的路径。这种系统的复杂性在于它使数据的修改过程变得比较复杂。

这种模式适用于每次都按照既定路径发生的标准化操作，如银行交易、机票预定系统和目录控制等。

关系数据库：关系模型支持多个数据库的公用字段的多种关联。关系数据库是以二维表格的行和列来表示的数据库。前面所讲到的两种类型的数据库文件在这里都只是一种关系。一条记录是一行，一个字段是一列。为避免混淆，下面我们仍然使用文件、记录集和字段等概念。关系数据库有以下三种基本功能：

连接：将两个文件合并为一个。

映射：从不同的文件中抽取数据。

选择：根据用户的不同需求选择不同的记录集。

关系数据库对学校资料库的数据管理很有帮助。学生信息、课程信息、班级信息和教学信息都可以存储在数据库中，还可以通过数据库记录保存学生的分数，计算其平均分，比较和打印成绩，并向其他学生发送电子邮件。图书馆是关系数据库的另一应用领域，可以根据使用者的需求获取相应的资源。

大部分数据库软件的常用命令和操作有：

编辑：编辑命令用来修改和改变文件中的数据。系统可以显示全部记录，并可以根据需要改变字段。通过输入字段替换掉原来的条目。

输入：使用者选择输入命令，即创建一条新记录，并将其存储在文件中。

字段：字段是对信息的分类。多个字段组成一条记录。

文件：一组关联的记录称为一个文件。

表格：创建表格可以用来辅助数据条目的输入和对数据的视图化查看，表格包括对数据库字段的输入区域。

查询：查询功能支持使用者根据一组条件在文件内选择特定的记录。例如，一个条件是要求生成指定学生的父亲的邮箱列表；然而，数据库包括所有学生的父亲的邮箱地址。这时可以利用查询来搜索满足指定条件的父亲的邮箱列表。

记录：记录是数据库的基本组成单元。例如，在存有联系地址的数据库中，每个人的信息都是一条独立的记录。

报告：一旦执行查询功能，将显示所选择的数据，并以格式化的报告打印出来。

排序：通过对一条记录的任何字段执行排序操作，用户可以对记录进行排序。例如，已知学生的记录是根据学生姓名的首字母或者以邮政编码的数字来组织的，就可以对所选字段进行升序或者降序操作。

图 2—3　数据库的基本功能

关的内容信息进行搜索时，可以用很少的时间在大量的数据中进行定位。教师和学生应该意识到数据库在社会其他领域中的应用，可以获取网上在线数据库的信息为教育教学所用。政府、非营利机构、商业企业和私营个体户都可以在数据库中存储信息。

在课堂中尝试如下教学方法

1. 让学生收集其他学校的学生有关身体特征的信息（如眼睛的颜色和身高等）。以每个特征为一个字段设计一个数据库。学生通过对数据进行管理和分析，得出学校里学生不同体格特征的构成比例。

2. 学生研究周边地区的情况，记录学校附近的商业类型的信息并判断学校周边比较有商业前景的区域。

3. 在学校的图书馆数据库中对课堂教材进行分类。和学生共同设计一个能够正常运行的检索系统。

4. 记录某一主题的学习情况。每一个学生都要参与到主题学习中，回答关于所搜集数据的相关问题并撰写报告。

5. 比较学生使用搜索引擎的经历。鼓励学生思考一个问题：当他们利用网络搜索引擎搜索信息时，数据库将会进行哪些操作。

在线数据库

大部分互联网使用者都能够熟练地使用在线数据库，但他们却没有意识到这一点。你曾经使用过搜索引擎吗？是否在网上购买过图书？是否预定过航空机票？如果你对这些问题的答案是肯定的，那么你就使用过在线数据库。当你使用搜索按钮或者搜索栏输入检索的关键字时，你就与数据库进行了交互操作。你请求的关键字将会和数据库中的关键字进行匹配，任何相似的词汇都会作为“提示”显示出来。当你输入个人信息，如创建一个账户或者输入你的个人身份证号时，事实上你就是在向其他数据库输入信息。公司也会汇编数据库中的客户信息以供使用。它们可以记录顾客文档，保存个人偏好信息，这样网站会在你下次访问的时候记住你的个人信息。例如，你只需输入一次电子邮件地址，在下次登录购买商品的时候，可以请求数据库自动显示你的电子邮件地址。

更复杂的网站是建立在数据库架构基础之上的，尽管它向客户端用户呈现的仅是简单的网页。这些网站使用数据库中存储的字段，能在页面中加标签来生成模板页。当访问网页时，这些字段标签会自动地在数据库中查询保存在该字段上的信息。

数据库是组织和理解网上大量在线信息的关键工具。尽管用户不需要理解数据库本身的复杂工作机制，但他们应该意识到，一旦信息发布到网上，信息将被保存，并被他人以不同的方式使用。用户需要了解某一网站的用户信息使用策略，以确保他们的个人信息可以安全地被其他公司使用。

概念图工具

Inspiration、Kidspiration 和 The Graphic Organizer 都是将学生思考、写作和理解过程以一种可视化方式显示的软件。Inspiration 提供了将绘图和概述功能整合到一起的环境，以帮助学生理解概念和信息。Inspiration 在实际操作过程中将思考和学习过程可视化。教育者可以利用 Inspiration 软件来定制教学过程、完成教学目标、评价学生进步情况以及激发学生的学习动机。学生使用 Kidspiration（见图 2—4）和 Inspiration（见图 2—5）来建立知识网络图，可以将图片、文本和语言结合起来用以展示思维过程并呈现信息。

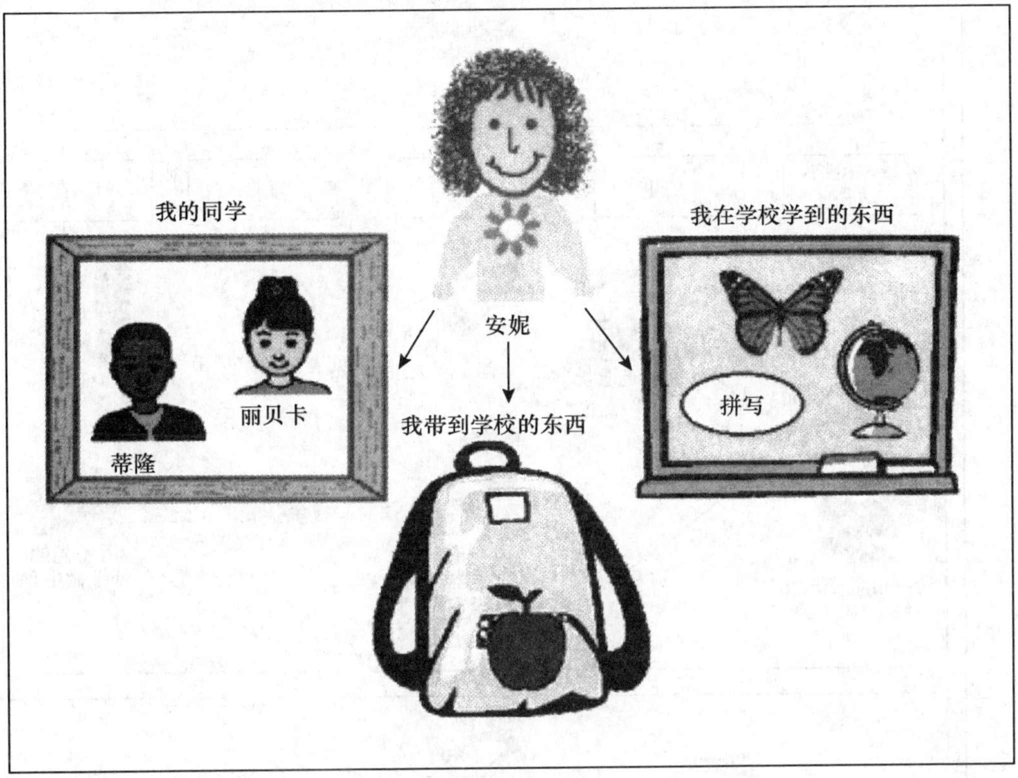

图 2—4　使用 Kidspiration 概念图工具的例子

Inspiration 适用于头脑风暴、创新、计划、组织、过程设计以及理解概念间的相互关联。

Inspiration 支持下列活动：

- 课程学习；
- 课程与技术整合；
- 头脑风暴；
- 网络广告；
- 过程设计；
- 绘制图表；
- 教学计划；
- 批判性思维；
- 概念图；
- 思维导图；
- 根据信息推导结论；
- 思维组织；
- 概括细节信息。

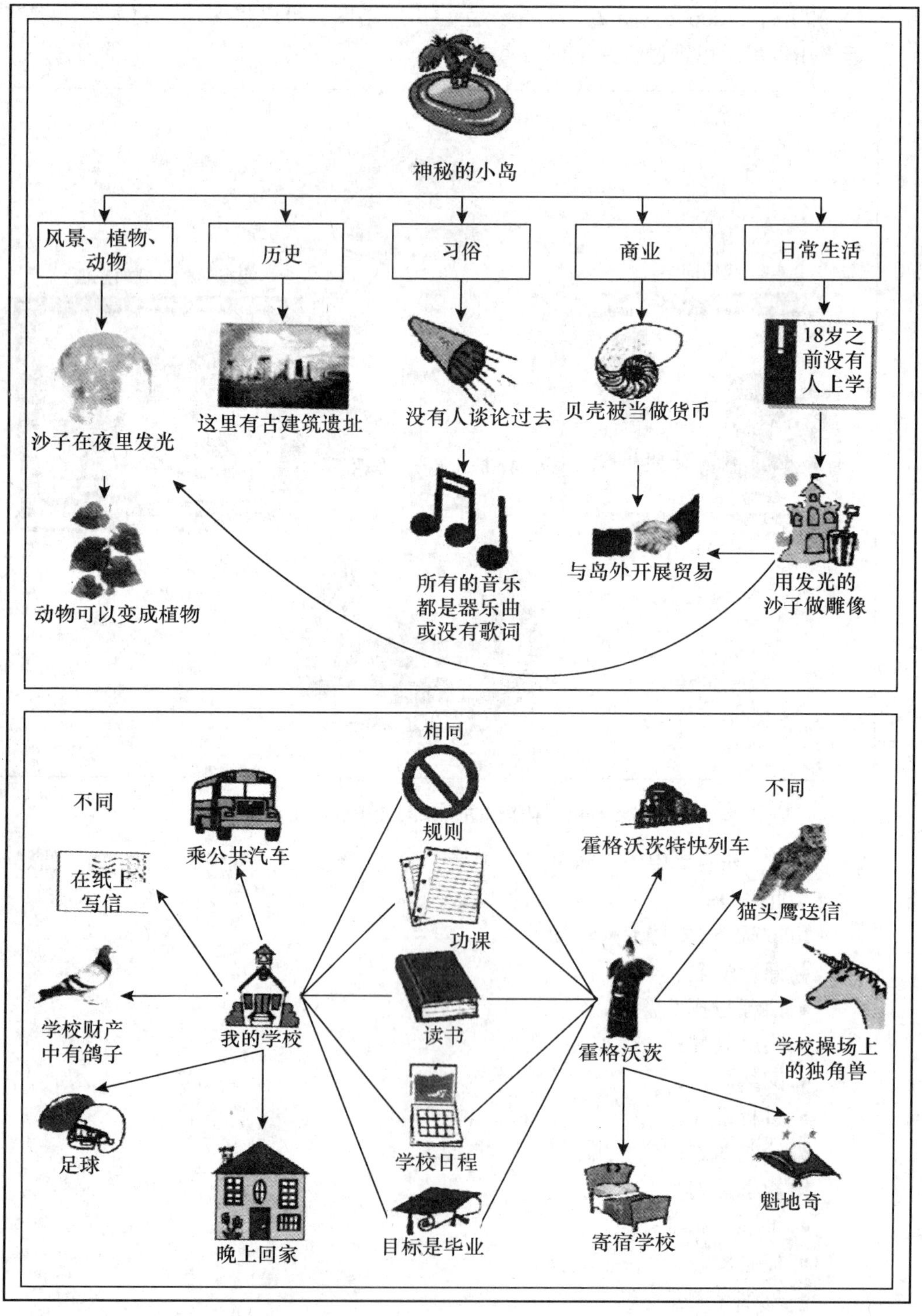

图 2—5　使用 Inspiration 概念图工具的例子，使用 Inspiration 开展头脑风暴活动、设计教学计划和组织信息

在课堂中尝试如下教学方法

1. 选定一个主题，开展头脑风暴活动。
2. 记录大家的观点和想法。
3. 在 Inspiration 类型中选择 Selected 主题模式。
4. 点击 Rapid fire，输入所选择的主题观点。
5. 使用拖拽功能匹配相关联的观点。
6. 从 Inspiration 调色板中选择关联的图片，或者从视频数据库中选择视频。
7. 将调色板与目录匹配。
8. 用箭头链接方框图。

总　结

本章对概念图工具和最常用的绩效软件——字处理软件、电子制表软件和数据库应用程序的潜在应用进行了概述。绩效软件目前很容易获取，而且对新手来说操作也非常简单。计算机也提供了灵活的方式来提高个人及企业使用的效率。大部分绩效软件可以整合为一个套件，里面的工具具有共同的特征，这样用户可以很容易地在套件中各组件之间迁移。利用计算机可以有效地完成撰写、编辑、存储和复制文本等工作。先进的软件功能使使用者通过简单的操作即可实现与其他软件交互、在其中插入多媒体元素、在网络中保存文件等目的。

字处理软件是课堂教学中的首选软件，因为它能够迅速地提高教师教学和学生学习的效率。字处理软件能够即时反馈学生拼写和词汇的错误，其他功能也能协助学生创作令人满意、具有可读性的初稿。根据学生的年龄、能力以及文章的类型，通过在屏幕上创作，使用者可以省略撰写初稿以及键入最终版本的步骤。

电子表格是财务表格的电子化版本。它在教育中最明显的用途是数字方面的应用，如管理和操纵数学及自然科学的数据信息。

用户还可以对数据库文件进行电子化操作，这样可以节省处理、更新和移除文件的时间。教育机构也是数据库软件的受益者，可利用它对大量人口和统计方面的数据进行汇编、存储和操作。教育者还要意识到数据库在社会其他领域中的应用，这样可以获取网上在线数据库的信息为教育教学所用。数据库是组织和检索网上大量在线信息的关键工具。

概念图工具适用于头脑风暴、创新、计划、组织、过程设计以及理解概念间的相互关联。本章提供了一些例子。

看看你能做什么！

1. 打开字处理软件，键入一些实例文本。尝试对文本进行不同样式的格式化，如加粗、斜体和下划线命令。使用下拉菜单中的命令，设置菜单栏图标以及功能快捷键。

2. 键入文本，尝试格式化文本，使用左对齐、居中、右对齐和两端对齐功能。考虑这几种文本格式都应用于什么情况。

3. 获取一个长篇幅的文本，使用替换功能，将你经常使用的一个词替换为另一个词。看看在文本中这个词被替换了多少次。

4. 在某一文本中开启拼写和语法检查功能。看看在文本中有多少不正确的项目。

5. 使用 Inspiration 创建一个包括图片、视频和声音的知识网络图。

6. 在电子表格单元格中输入学生的成绩信息，利用列标题来组织信息。然后使用简单的求和和平均数计算功能。尝试复制精确的数字和相关计算公式信息。

7. 在电子表格中插入图表来显示表格中的数据关系，格式化表格，将其插入到字处理软件文件中。

8. 呈现相关的信息列表，如课堂教学的日期和时间，在表格中插入字处理软件文档。调整列宽并格式化列和行的标题，使其具有良好的可读性。

9. 创建关于学生联系信息的数据库文件后，在字处理软件中键入信函。插入你所希望的信息的合并字段，执行合并功能。合并功能能够成功地为数据库中的每条联系信息都创建单独的信函吗？

10. 你经常使用哪些在线数据库？在检索的大量字段中哪些数据库字段能够被识别？

11. 使用 Kidspiration 工具开发一个低年级课程教学计划。

12. 使用 Inspiration 工具开发一个高年级课程教学计划。

13. 选择一个主题（我的自传、我的电子档案、教学中如何使用技术），并建立一个概念图。

14. 为统计学生的年级建立一个电子表格。

15. 使用字处理软件，为你所写的文章建立一个内容表格。

16. 使用 Inspiration 开展某一主题的头脑风暴、组织、计划和创建活动。

17. 打开一个新数据库文件。插入至少五个字段，输入关于你个人和你的同学的信息，并输入至少五条不同的记录。然后尝试至少根据两个字段对记录进行排序。

18. 使用 Inspiration 设计一节教学课程，要包括完成课程的每一个步骤。思考你所期望的最终教学结果是什么。

19. 找出一个“开源”的概念图软件程序。

我的实验学校

技术在教学中的整合

本视频讲解了高年级的社会学教师如何使用数字文本、文本阅读器、合作学习和其他技术来提高阅读者的自信和成就感，以及帮助学生更好地理解核心内容。

- 登录网站 www. mylabschool. com，在“Course”菜单下选择“Educational Technology”，进入“Digital Text”视频链接，观看视频“Using Technology to Teach Reading”。

你也可以在搜索栏中输入ET24 直接找到这个视频。

对专业写作工具中字处理软件相关文件的学习有助于学生掌握基本的阅读技能。

配套网上资源

登录网站 www. ablongman. com/bitter7e，获取本章的教学目标、实践测试、网站链接、词汇表、动画卡片以及本章完整的参考书目。

第3章

万维网基础

焦点问题

- 万维网的超文本结构是如何促使非线性地、动态地获取信息的？
- 如何利用电子邮件来提高教育社区的沟通效果？
- 使用电子邮件应该遵循哪些良好的操作规范？
- 在电子化交流中应该注意哪些隐私问题？
- 互联网如何影响教育？
- 什么是维基？在教学中如何使用维基？
- 教师如何利用 RSS 和 Atom？
- 什么是博客？如何使用博客？
- 我们能够在课堂教学以外利用互联网来扩展学习环境吗？
- 教师如何利用博客全球作业功能的优势？

最初，互联网是政府做的一个实验，目的是想在军队和研究机构之间建立强有力的、透明的连接。之后，互联网以其势不可当的发展势头，最终形成一个强大而又意义深远的信息网络，这个网络把各地的计算机连接起来。人们只需要坐在电脑前，在几秒钟内就可以访问与互联网连接的任何其他电脑。然而，互联网的动态性也预示着不断发展前进、超乎我们想象的未来世界。尽管我们可以认为互联网现在只处于发展初期，但是教育者不能忽略互联网上所提供的无限的可利用资源。本章主要介绍什么是万维网以及它的结构，后面的章节将邀请教育者来探索网络上可用的在线资源，参与设计他们自己的基于网络的教学（请浏览配套网站上关于本书的参考资源，网址为 www. ablongman. com/bitter7e）。

互联网，其最简单的含义就是可以被看做为由网络组成的网络。许多机构和学校发现，将其全部的计算机接连成一个局域网，可以增强沟通效果，进而提高效率。这些局域网与已经连接到其他网络的局域网相互连接，就构成了互联网的基本结构。然而，互联网不仅仅是看得见摸得着的物理电缆和机器，它也是由这些连接所构成的可用资源组织。任何主题的信息，无论是精确的还是模糊的，都可以在已联网的计算机上搜索到。很明显，这些信息得以实现是得益于那些创造信息的人。用户自己选择与其他人建立连接进而在网上为其他人提供可获得的信息；同时，也是用户自己决定如何使用可利用的资源。所以，互联网可被视为包括物理设备、信息和人三种要素的“伙伴关系”。

无论是前文提到的网络的伙伴关系，还是最初用于军事设计的网络结构，都不存在中央主机。也就是说，不存在所有的电线最终都连接到一个中央计算机上的情况；恰恰相反，每一台计算机都同样地享有成功连接后网络所赋予的权力和责任。正因为如此，互联网一直都很强大，不容易瘫痪，信息可以绕开不起作用的电线和机器设备而朝着其他方向传送。与此同时，互联网也有自身的不足。首先，缺乏一个存储知识和信息的主要容器；其次，它的用户既是信息的提供者也是信息的使用者，这样就使得互联网充斥着大量的不规范动态信息；最后，没有主管部门负责维护网络。互联网是一个合作的环境，参与者在大部分情况下由自己控制自己的活动过程。互联网协会（ISOC）是一个由志愿者组成的非营利组织，这些志愿者承担着改进互联网技术以及通过实践检验这些技术的责任。互联网协会成员提出了关于采用什么样的协议来支持通信和新技术的建议，也给互联网上的每台主机分配了地址。除了这些“家务”职能之外，互联网协会对于互联世界里自动弹出的信息并没有任何规范、评价，或者以其他方式进行约束。因为缺少中央监控，网络上出现了许多过剩的、质量差甚至有异议的信息。不过，从另一个角度来说，互联网也为人们建立了一个前所未有的民主环境。

然而，世界范围内的计算机不是由同一家公司生产的，也不是以同样的速度和能力制作的，所以需要一个一致的方式以使所有的计算机之间可以通信。互联网支持标准通信，即这种通信是在标准的规则和协议操作下进行的。要通过互联网传输的每一类信息必须分解成可处理的片段或者数据包，只有以这种方式处理的数据才能在连接网络的通信线路上传输。这些数据包必须遵从传输控制协议/互联网协议，或者叫 TCP/IP 协议。按照这个协议来规范信息，任何连接到网络上的计算机都有能力来接受和重组数据包并获得完整的信息。互联网以这种方式来实现与所有计算机硬件的关联。

万维网

与具有强大功能的互联网连接有很多种方式，一种是通过电子邮件，另一种是搜索不同类型信息的流行方式，即访问万维网（WWW），也称为网页。2004 年 4 月，提姆·伯纳斯·李（Tim Berners-Lee）因为发明了万维网而被授予第一项千年技术奖（奖金 120 万美元）。20 世纪 90 年代早期，他提出了万维网的基础概念，即一种图形化的、支持点击的浏览器，这也正是目前使用的大部分浏览器的基础（详细信息见 www. infoworld. com/article/04/04/16/HNbernerslee_1. html）。

超文本

网页以一种能引人注意的、图形化组织的和非线性结构的方式来获取互联网上的可用信息。网页导航的关键在于超文本。前缀词“hyper”意味着可以超越一定的范围，“text”是指一个网页上出现的文字，也就是网页结构的基本单元。“超文本”这个词的意思就是，点击某一个词后会出现这个词以外的其他信息。如今，在技术不断发展的多媒体网络环境中，信息可以是音频或者视频的，但是超文本最常用的功能是将一个页面链接到其他页面。通过点击带有下划线并与其他文本颜色不同且具有超链接功能的词，用户就可以跳转到另一个信息页面，甚至可以浏览一个完全不同的网站。网站是在一个网络地址上有一个主页导航或组织了多个页面的集合。通常，点击一张图片或者一个小图标就可以链接到不同的网站。与其他页面链接的超链接或者超文本可以使你迅速浏览你所期望的其他信息，而不像你在读一本书时那样，需要翻阅好多不相关的信息。这种通过三维的方式来搜索文件所带来的方便与自由也正是互联网的魅力所在。

网页浏览器的功能

为了能够实现对互联网不间断访问的目标，任何安装有浏览器软件的电脑都可以获取网络上的文档。当你浏览网络文档时，浏览器要做两件事情。第一件事情是，浏览器根据用户点击的超链接或者输入的网址（也称作统一资源定位器——URL）搜索出用户所需要的文档。一个 URL 与电子邮件地址相似，它能定位出请求文档所在的、由“.”分隔的指定计算机域名的特殊位置。这个地址不包含像电子邮件那样带有@标志的个人注册名字，相反，它在地址末尾指定了一个特定文档的名字（见图 3—1）。此外，一个 URL 一定是以“http://”开头，即表示这个文档遵循超文本传输协议或者在万维网环境中为传输文档而建立的一些特殊规则。

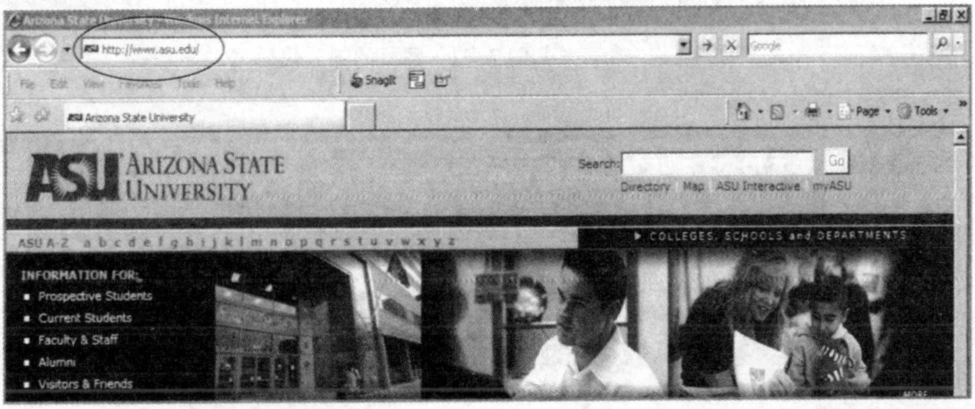

图 3—1　超文本传输协议的前缀和 URL

浏览器要做的第二件事情是查看用户所请求的文档。网页上的文档一定要用超文本标记语言（hypertext markup Language，HTML）编写，它也是一种编码语言，能够使文档具有一些特殊的附件，包括图形和格式化的文本。HTML 使得任何安装有浏览器的电脑都能够浏览网页。浏览器能够解释页面标签中的 HTML 代码，在客户端的屏幕上显示页面，这也正是页面制作者所希望的（见图 3—2 和图 3—3）。

如何使用网页浏览器

启动浏览器软件后，它首先显示设置为主页的网页。这个首页面可以更改为任何网页，但通常首页设置为所在学校网站的主页或者某个人的个人主页。这里，浏览器有两种方式帮助你浏览网页：简单浏览（即所谓的冲浪）和直接访问网站。

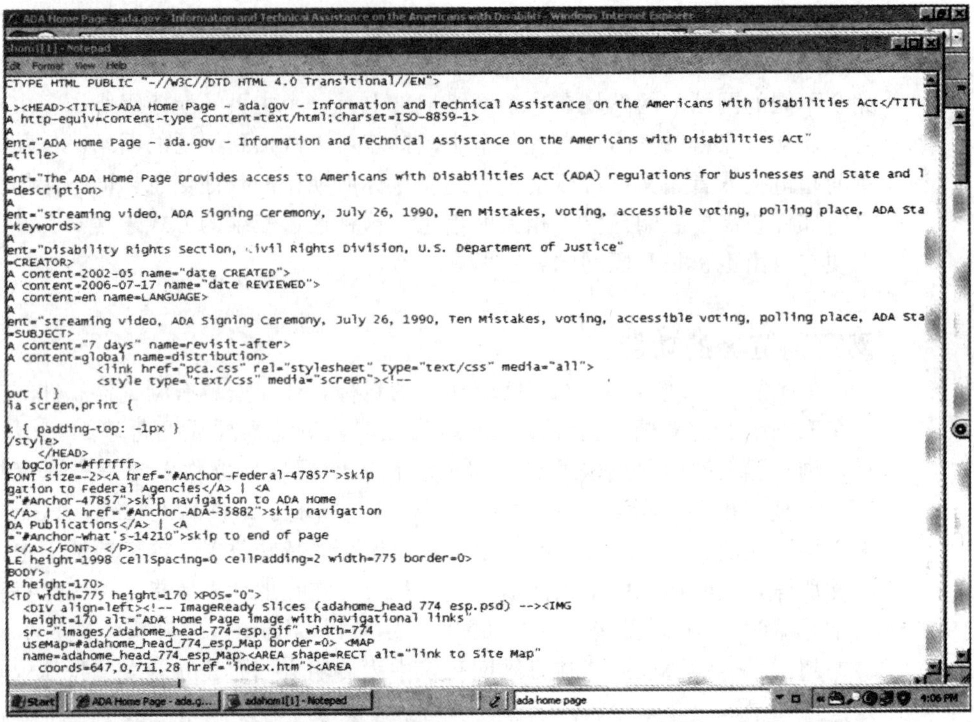

图 3—2　网页的部分代码

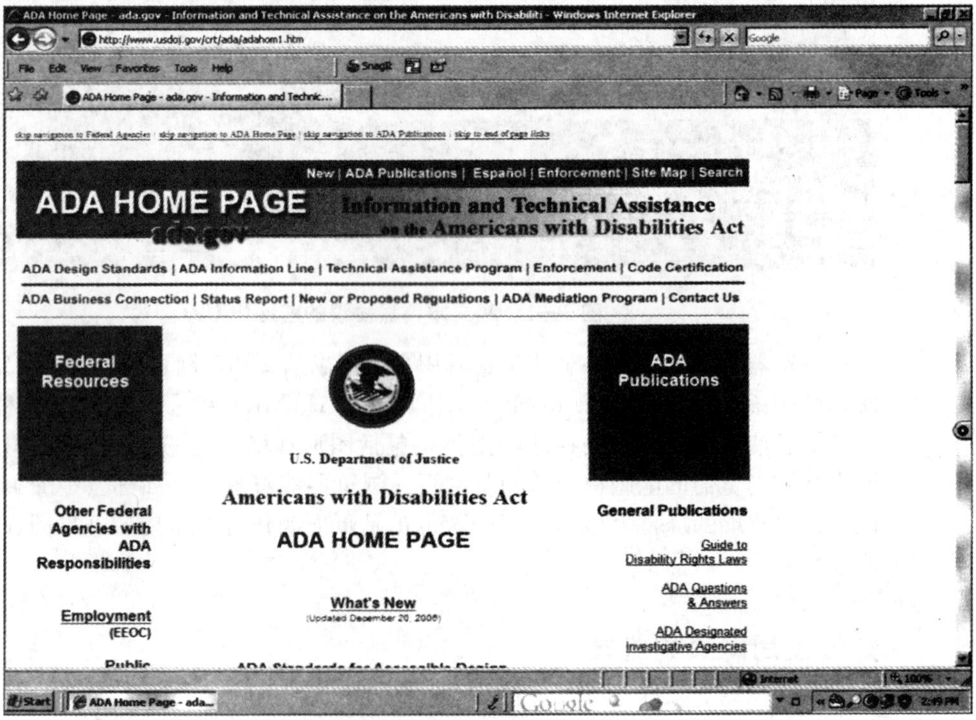

图 3—3　浏览器中的文本信息

如果你知道所要访问网站的URL，直接在地址栏中输入地址，然后点击回车键。如果地址是正确的，并且网站目前还可用，你就可以直接访问这个页面。如果你输入的是一个错误的URL，或者访问的网站已经不存在，则会显示一个页面，提示你已经请求了一个无效的地址。如果是这样，就请检查你输入的地址是否正确。

为了避免重复输入你经常要访问的网站地址，你可以点击收藏夹或者书签，将网址添加到你的书签中，保存网站的URL。如果你再次访问这个网址，点击书签或收藏夹，选择你要访问的网站名字即可。

万维网的搜索

如果你不知道所要访问网站的URL，那么你将需要一个网络搜索引擎。搜索引擎除了能搜索文本信息外，还可以搜索图片、声音和其他类型的信息。搜索万维网上的信息主要有两种方法（Pierson，1997）。一种是使用层次化的主题目录，如Yahoo！和LookSmart，它会在搜索之前显示一个常用主题的列表，从这些列表中选择会缩小你的搜索范围，直到搜索到你所需要的页面为止。你要花一些时间去浏览这些列表以找到你所需要的主题，因为目录的设计者对信息组织的观点可能与你的观点不同。如果你想要快速查找信息，主题列表一般较难满足你的需求。

另一种在互联网上更直接查找信息的方法是使用搜索引擎或者元搜索引擎，目前比较流行的引擎有Google、Excite、Lycos、Alta Vista、Dogpile。在元搜索中，如Dogpile，当你提交关键词后，被称为蜘蛛程序的搜索软件会将你的搜索请求同时发到几个独立的搜索引擎，如Google和Alta Vista。你会立刻看到所有搜索引擎上的搜索结果。点击网页上的搜索按钮，你将看到一个链接到所有大型搜索引擎的页面，或者可参见表3—1中的URL列表，表中将会介绍不同的搜索引擎网站。

表3—1　万维网搜索引擎

搜索引擎			
All the Wed	www.alltheweb.com	Lycos	www.lycos.com
AltaVista	www.altavista.com	Netscape Search	http://search.netscape.com
Excite	www.excite.com		
FindSpot	www.findspot.com	Northern Light	www.northernlight.com
Google	www.google.com	Search	www.search.com
GoTo	www.goto.com	Search Engine Watch	www.searchenginewatch.com
		Webcrawler	www.webcrawler.com
Hotbot	www.hotbot.com	Yahoo!	www.yahoo.com
元搜索引擎			
Metacrawler	www.metacrawler.com	Dogpile	www.dogpile.com
主题分类方式			
LookSmart	www.looksmart.com	Yahoo!	www.yahoo.com
网络搜索服务			
PubSub	www.pubsub.com	Rollyo	www.rollyo.com

搜索引擎和元搜索引擎能够查找出大量的信息，并通过具有自动搜索资源功能的计算机程序将信息自动地汇集起来。你在搜索网站上输入关键字或者搜索字符串，网站就会对结果数据索引进行导航。所有可用的搜索引擎都会根据大小、速度、选项和文档索引方式的不同而有所不同。例如，一些搜索引擎只搜索页面标题或者文章标题的关键字，还有一些搜索引擎在整个页面的文本中搜索请求的关键字。大部分搜索引擎都已经成为门户网站，因为它们都提供了一个具有多个流行网站链接的主页面。

搜索策略

打开一个搜索引擎的网站后，你所要做的事情就是查看这些网页上所提供的帮助文档部分，里面包含一些关于这个搜索引擎的帮助信息。深入了解搜索引擎的功能会有助于你更高效地进行查询。然而，由于搜索引擎不断地升级和改进，你几乎不可能成为对每个引擎的所有功能都十分熟悉的专家。了解大部分搜索引擎所具有的一些共同特征和基本搜索策略，将会对你很有帮助。表 3—2 给出了一些很有用的搜索引擎的帮助提示以及一些搜索字符串的实例。图 3—4 显示了使用一个常用搜索引擎进行简单搜索的结果。不过，任何时候都没有满足你需求的最好的搜索引擎。因此，要想获得最满意的结果，你可以在不同的搜索引擎中输入同一个查询字符串，以确保获取全面、综合的结果。另一种方法就是访问 www.noodletools.com/debbie/literacies/information/5locate/adviceengine.html，这个网站会指引你如何选择搜索引擎来满足自己的需求。

表 3—2　　万维网的搜索策略

搜索这个单词，搜索引擎会同时找到 convertible 和 convertibles 这两个单词的搜索结果。	convertible
输入指定单词所有可能的拼写，用空格隔开。	Hanukkah Hanukah Chanukah
将短语用双引号括起来，否则，搜索引擎将搜索短语中每个单词的所有结果。	“Grand Canyon”
关键词尽可能精确。输入一个常用单词，如“book”，你将会搜索到很多没用的网站。可在句子中包括限定词以缩小搜索范围。	“antique book dealer”
在词语前加“＋”，表示搜索的文档中一定要包括这个词。	＋ mineral
在词语前加“－”，表示搜索到的文档中一定不包括这个词。	－ music
在一个搜索字符串里区分需要的词和禁止的词。这个例子表示搜索的文档包含矿物质的岩石，但不包括 rock music 或者 rock bands。	“rock” ＋ mineral－music－band
在短语的最后以“＊”结尾来代替没有输入的几个词。例如 AltaVista 搜索引擎使用“＊”作为通配符。这个搜索将会搜索到 vegetable、vegetarian 和 vegetation 等词。	vege＊
使用布尔操作符 AND、OR、AND NOT 和 NEAR 来缩小搜索范围。	
使用 AND 来查找包含多个单词的文档。	Scholarship AND loan

使用 OR 来指定这个词或者其他词。	Kansas OR Illinois
使用 AND NOT 表示在搜索结果中排除这个单词。	farming AND NOT wheat
使用 NEAR 来查找在文档中包括意思相近的两个词，通常在 10 个词以内。	"United Nations" NEAR Bosnia
将布尔操作符与短语和带有括号的逻辑词组连接起来。	(African OR Asian) AND elephant

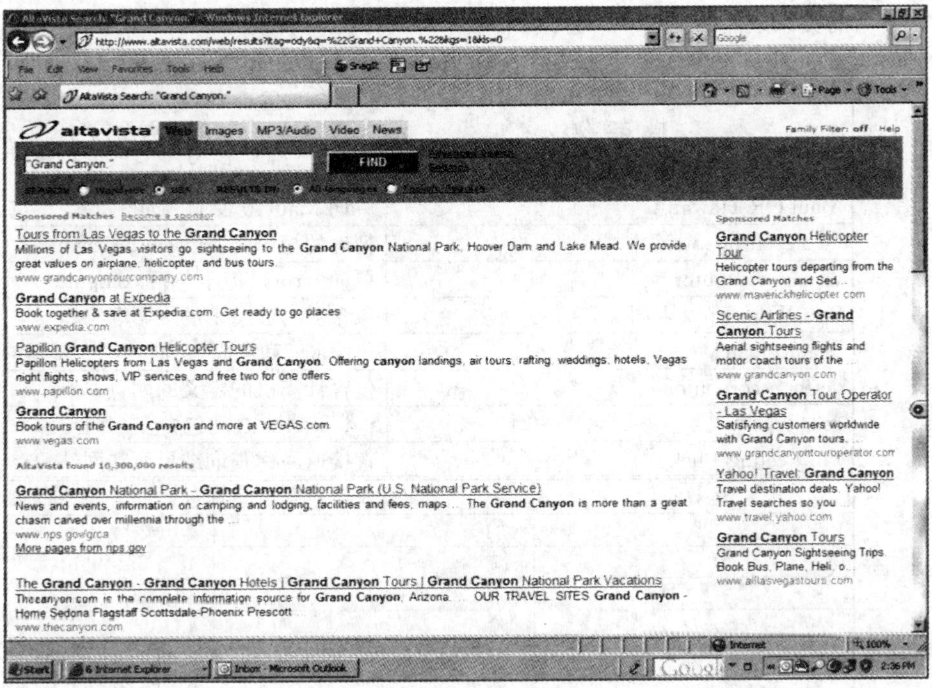

图 3—4　使用 AltaVista 搜索"Grand Canyon"的结果

目前搜索引擎的市场在不断扩大，市场上有很多针对某一领域知识的专业搜索引擎。在地址栏中输入 www.scarchenginewatch.com/webmasters/index.php，点击搜索按钮，你会找到很多专业搜索引擎，如与健康有关的网站和资料、与计算机搜索有关的信息等。此外，搜索数据库如 Ask Jeeves（www.ask.co.uk/docs/about）会给出以通俗语言提出的问题的答案。例如，如果你想要知道关于邮局的信息，你可以输入这样的问题："什么是邮局?"该引擎将会显示答案的相关链接。

目前最流行的搜索引擎是 Google。你可以很方便地将 Google 工具条加到电脑上。在网站 http://toolbar.google.com/deskbar/index.html 上可以找到相关的帮助文档。可以使用的 Google 应用程序包括：

- 空中摄像；
- 电子地图；
- 航班跟踪系统；
- 机动车/车辆认证号码信息；
- 新闻；
- 包裹跟踪信息；

■ 产品查询；
■ 股票报价器；
■ 计量单元转换器；
■ UPC 磁条读码器；
■ 黄页；
■ 邮政编码查询。

表 3—3 给出了使用 Google 网站的一些建议指南。使用这些信息有助于提高你的搜索效率。

表 3—3　　　　　　　　　　Google 使用指南

操作实例	查找到的页面包含的内容
vacation Hawaii	词语 vacation 和 Hawaii
Maui OR Hawaii	单词 Maui 或者 Hawaii
“To each his own”	精确的短语“To each his own”
virus－computer	单词 virus，但不包括 computer
Star Wars Episode ＋1	包含罗马数字Ⅰ的电影名字
～auto loan	包含 auto 和它的同义词 truck、car 等词的贷款信息
define：computer	包含计算机的定义的网页
red ＊ blue	red 和 blue 之间包含多个词
I'm Feeling Lucky	直接返回你查询结果所在网站的首页

运算符	含义	输入的文本
＋	加	45＋39
—	减	45－39
＊	乘	45＊39
/	除	45/39
%	百分号	39 的 45%
∧	次方	2∧5（2 的 5 次幂）
高级运算符	含义	输入的文本（对结果的描述）
site	仅搜索一个页面	Admission site：www. stanford. edu（搜索有关斯坦福大学录取信息的网站）
[＃]…[＃]	搜索一定范围内的数字	DVD player ￥100…150（搜索价格为 100～500 美元的 DVD 放映机）
date	搜索日期范围	Olympics date：3（搜索过去三个月有关奥林匹克的相关信息，也可以选择 6 个月和 12 个月的日期限制）
safesearch	不包括成年内容	safesearch：sex education（搜索性教育的相关资料，其中不包括成人网站）
link	链接的页面	link：www. stanford. edu（查找链接到斯坦福大学的网页）

info	关于页面的信息	info: www. stanford. edu（查找关于斯坦福大学网站的信息）
related	有关联的页面	related: www. stanford. edu（查找与斯坦福大学有关的网站）

Google 服务	URL	描述信息
Google Images	images. google. com	查找与你搜索的关键字有关的图片
Google News	news. google. com	查找与你搜索的关键字有关的最新新闻事件
Froogle	www. froogle. com	查找你所要购买的产品的网站
Google Groups	groups. google. com	1981年至今的用户讨论群文档
Google Catalogs	catalogs. google. com	搜索数百条在线目录
Google Lab	labs. google. com	Google 未来的潜力产品和服务的测试
Blogger	www. blogger. com	启动你的博客，免费发布个人信息

资料来源：Google help：Cheat sheet. Retrieved from www. google. com/help/cheatsheet. html. © 2007 Google Inc. Reprinted with permission。

电子邮件

教师职业的孤立性对于教学来说是一大缺陷。传统的教学方式要求教师和学生单独地在封闭的教室里进行教学活动，因而教师几乎很少与同事们接触。电子邮件在教学中具有很大的应用潜力，它可以缩短教师和学生的物理距离，为师生之间的合作提供了便利的途径。它使用起来很方便，能够很快被计算机初学者所掌握。使用者也不必因过多考虑个人隐私问题而影响到它的使用。电子邮件可以在全世界范围内的教师、学生和专家之间成功地用于计划和教学。

电子邮件可以支持一台计算机向另一台计算机发送无纸化的邮件。据专家预测，在2010年前后，美国大约60%的人口将成为电子邮件使用者（KenRadio Broadcasting，2006）。我们可以将电子邮件的概念与大家熟知的传统邮件相比较，以便我们能更好地理解它们的异同点。电子邮件信息必须被发送到特定的地址，在信息被投入到对方的邮箱后，收件人可以打开邮箱查看邮件。显而易见，使用电子邮件软件发送和组织信息的速度和灵活性的确与以前的通信介质截然不同。目前有很多可以使用的电子邮件软件包，只要掌握其基本的操作程序，如发送、回复、转发和组织信息，用户就可以很容易地使用任何电子邮件的软件产品。

发送信息

每一个拥有电子邮件账户的人都有一个单独的邮件地址，并可以将邮件直接发送到另一个邮件地址，即发送到收件人能够接收到的计算机或者服务器账户。电子邮件地址由两部分组成，用@分隔开，表示某一个特定地点的某一个人。地址以用户名或者用户 ID 开头，通常是一个名字的缩写，如姓和名（见图 3—5）。在@符号之后的是域名，它指定了某一邮件服务器（连接到网络的一个计算机），该服务器存储了大量的个人邮件账户并由很多子域名或者三级域名组成。在地址的结尾处是对指定域名类型的扩展。在美国，域名类型由企业的性质指定：. com 表示商业公司，. edu 表示教育和研究机构，. gov 表示政府机构，. int 表示跨国或国际准政府组织，. mil 表示军事机构，. net 表示网关或者主机，. org 表示其他的公益性或非营利性组织。在美国以外的地区，域名类型由两个字母代码指定：. ca 表示加拿大，. es 表示西班牙，. tw 表示中国台湾，. uk 表示英国。其他常用的域名如下：

- . arts 表示关注文化和娱乐活动的实体机构；
- . biz 表示商业；
- . firm 表示商业或者公司；
- . info 表示提供信息服务的实体机构；
- . name 表示为个人所使用；
- . rec 表示关注娱乐游戏的实体机构；
- . store 表示提供所要购买的产品的商业公司；
- . web 表示关注万维网相关活动的组织。

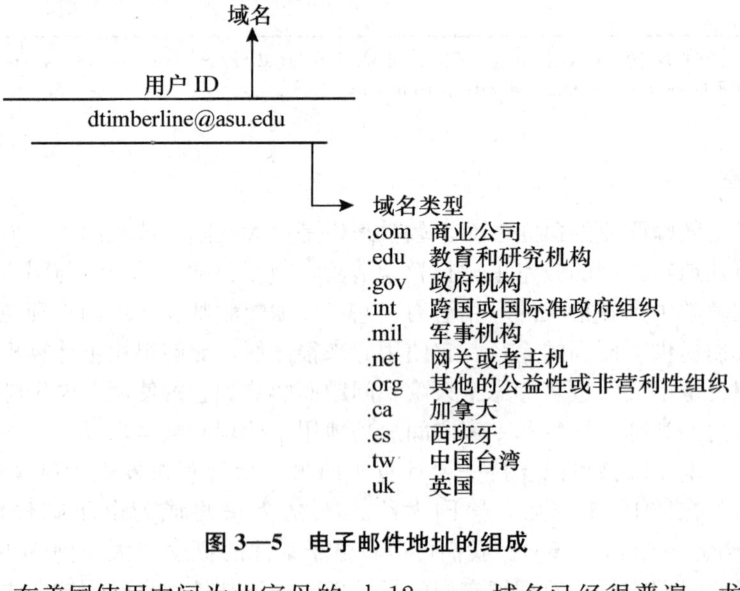

图 3—5 电子邮件地址的组成

此外，在美国使用中间为州字母的 . k-12. _. us 域名已经很普遍，尤其是教育机构的电子邮件地址。电子邮件地址的组成部分都用“.”分隔开，在整个地址中不能出现空格字符。

电子邮件地址的每一段都必须填写。如果地址信息错误或不完全，邮件信息将不会发送到指定的收件人邮箱里，发送者一般会收到一封提示发送失败的邮件，或者原邮件将会永远丢失。

由于电子邮件地址的准确性很重要，电子邮件程序提供了将邮件地址保持到地址簿中的功能，这一功能用处很大。通常，你可以把常用联系人的地址保持到地址簿中，用一个简单的别名标记，这样你就不用记住冗长的、包含多个域名的地址，你只需输入简单的别名，所对应的地址将会自动插入。

在输入标题信息后，发送者可以列出其他人的地址，并将信息副本发送给他们，通常用Cc来标记抄送，用Bcc来标记秘送。当你不希望接收方看到其他收件人时，可以使用密送功能来处理Cc列表中的人。其他文件，如文字处理文档或者电子表格可以被附加到信息中。最后，需要一个简短的主题，以使收件人知道信息的大体内容。在发送信息时，主题不是必须填写的，但出于对信息阅读者的礼貌最好填写，这样可以避免让对方猜测信息的内容。写信息的过程和在字处理软件中输入文本信息一样，可以纠正一些简单的拼写错误，可以对文本进行格式化，如使用黑体或者其他不同的字体。不过，电子邮件不要求严格遵守正式的书信写作规则。

电子邮件与传统邮件相比的一个明显优势在于，它可以很容易地将信息发送给多个收件人。如果你经常将信息发送给一组收件人，你可以将这些人的地址汇成一个群组，下次当你给这些人发邮件时，不用再输入这些人的地址。可以为这个群组指定一个名字，之后，只需要在地址栏中输入这个名字，信息就可以发送给整个群组中的所有人。

回复信息

当输入账号和密码进入邮箱后，你所要做的第一件事就是查看你的收件箱里是否有要阅读的信息。可以在列表中浏览信息，每条信息都标有发送日期、发送者的名字或电子邮件地址、邮件主题。没有被阅读的信息被特殊标记，以使它们和已经阅读的信息明显区别开来。点击信息行，你会看到信息的全部内容。在读完信息后，再来决定你下一步要做什么。

如果你要回复邮件，通常可以选择在你的回复中包含原始邮件信息，以提示发送者所发送的内容，或者你也可以简单地就问题进行回复。标题会自动输入，其中包括收件人的地址和带有前缀"Re:"的主题行，"Re:"表示这封信是回复以前发送过的信。有时，其他人对你接收的信息感兴趣，这时你可以直接将你收到的信息转发给那个人。你也可以在转发信息的过程中添加你的信息作为序言。

你可以保存重要的邮件信息。保存的信息可以像电脑的其他文件一样存放在磁盘文件夹里，这样，日后你就可以很容易地找到它。也可以通过电子邮箱保存信息，收件夹中的信息将会自动保存，直到它被删除。如果信息不再有用，你可以在收件箱中删除这条信息。

电子邮件应用程序的高级功能

目前可以使用的邮件产品有很多，包括简易版邮件以及具有提醒功能的高端软件工具，但这些产品的作用实际上大致相同。市场上新的软件产品不断涌现，每种产品都会增加一些新改善的功能以供用户使用。当前的流媒体技术支持在邮件中插入视频和音频信息。

大部分互联网浏览器程序从20世纪90年代开始流行，互联网浏览器程序内置了电子邮件组件，它为用户提供了一个更完善的交流软件包，该软件包利用图标或者图片来标示信息是新的还是已经被阅读，并为执行标准邮件功能提供导航提示。优先级的信息可以在发送的时候加以标记，这样收件人能够意识到信息需要立即回复。在图形化程序如 Netscape 中，能够比较容易地编辑文本信息，因为用户可以像使用字处理软件那样对文本进行格式化和拖拽操作。电子邮件信息中的 URL 是用户通过点击直接浏览网站的热链接。Netscape 的 AOL 即时消息功能（其他邮件程序也具有）可以支持用户聊天。不过，聊天是实时的，这意味着收件方一定要在线，并愿意参与到电子化聊天过程中。

微软的 Outlook（见图 3—6）支持用户对界面进行个性化设置，即对用户看得见的界面进行设置，以满足个性化的需求。用户可以使用收件箱助理程序，这样即使在接收邮件之前，你也可以对邮件信息进行组织。例如，如果你从邮件列表中获得大量订阅的信息，你也许会希望将那些信息自动存放在另一个独立的文件夹里，这样你就可以在闲暇时间浏览，而不会影响到你查看其他邮件。Outlook 具有日程表功能，该功能对你安排工作会议很有帮助。其他程序，如 Lotus Notes，也支持发送者附加文件，如电子表格和图形文件。你可以在互联网上找到大量的免费邮件程序，如 Eudora Light、Pegasus Mail 和 Phoenix Mail。随着技术的不断发展，邮件导航的新模式也会陆续出现，如包括视频和音频选项的多媒体功能。除了一些新颖的、特有的功能外，你所使用的邮件程序都能够执行一些基本操作，如发送、回复、转发和保存。

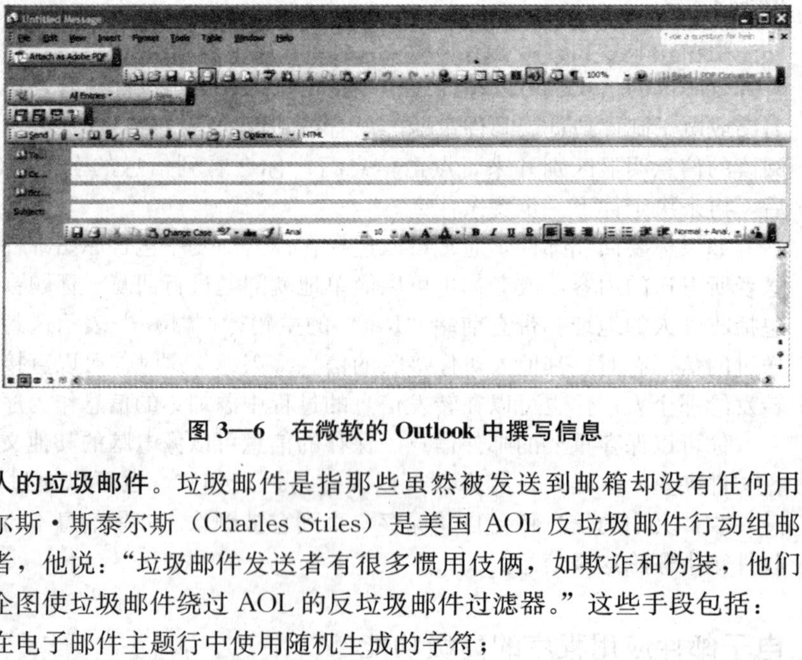

图 3—6　在微软的 Outlook 中撰写信息

恼人的垃圾邮件。垃圾邮件是指那些虽然被发送到邮箱却没有任何用途的邮件。查尔斯·斯泰尔斯（Charles Stiles）是美国 AOL 反垃圾邮件行动组邮件小组的管理者，他说："垃圾邮件发送者有很多惯用伎俩，如欺诈和伪装，他们利用这些手段企图使垃圾邮件绕过 AOL 的反垃圾邮件过滤器。"这些手段包括：

- 在电子邮件主题行中使用随机生成的字符；
- 使用变换的字符，包括在字符内插入空格等来避开反垃圾邮件过滤器；
- 利用常用垃圾邮件的错误拼写；
- 在常用的垃圾邮件字符中用数字来代替特定字符，如用"3"代替"E"，用"1"代替"I"；
- 在主题行中使用古代斯拉夫语的字符。

当然，垃圾邮件发送者并不聪明，恰当的邮件过滤配置就可以清除垃圾邮件。

随着对邮件程序的了解不断加深，你将会逐渐学到一些关于电子邮件的标准操作和使用习惯。图 3—7 给出了电子邮件入门的一些帮助提示。

● 经常查看你的邮箱。当人们知道你有电子邮箱时，他们会通过它与你保持联系，同时他们希望你也会这么做。

● 填写主题行的内容以使收件人能够迅速地确定收件箱中信息的查看顺序。

● 当你要强调你的信件内容很重要时，使用大写字母。当信件内容被大写时，它表示信息对发件人很重要。

● 在发送前你要阅读你的信息。拼写和语法错误会使你的信件内容很糟糕，并会使人怀疑你的写作能力。

● 邮件文本的末尾要标明你的名字、地址和电话号码，或者使用签名卡片，大部分邮件程序都有此类功能。

● 如果你想保存邮件副本，确保密抄自己的邮件地址。（大部分邮件程序，如 Outlook Express 会自动地在发送夹中保存发送信息。）

● 在打开邮件前一定要用病毒软件扫描邮件中的未知附件。

● 不要将信息发送给目标收件人以外的其他人。

● 避免转发那种重复转发了多次的信息。

● 当需要回复具有争议性和煽动性的信息时，先给自己一些冷静思考的时间。有时，书写的信息的含义并不像你脑子里想象的那样。网规（Netiquette）的创立者弗吉尼亚·谢伊（Virginia Shea，1994）建议询问你自己：如果是和他面谈的话，你是否会说这些话？如果答案是“否”的话，你就要重写这封信，直到信的内容可以被人接受。一旦信息发送出去，此操作将不可撤销，而且当信件发送到对方的收件箱中，它就不在你的掌控之下了，这封信就可能会被轻易地转发给其他人。

● 谨慎使用讽刺语言，这种类型的语言仅对那些见过面的或者熟悉你所具有的幽默感的人适用。在人际交往时具有讽刺意味的面部语言不能通过电子邮件传送，而单纯的讽刺语言很容易被人误解。

● 你的附件不能超过邮箱允许的最大附件容量大小。

● 从转发多次的信件信息中删除早先的标题，以使收件人不用去滚动很长的文本才能找到你发送的信息。

● 如果你想给邮件名录或者发布列表中的收件人回复信息，选中收件人，确保只回复给当事人。如果你没有将垃圾邮件发给他们，列表中的其他人也会感激你的礼貌行为。

图 3—7 良好的电子邮件使用方式

邮件名录服务机

在你拥有一个电子邮件账号并熟悉电子邮件的基本操作后，你就可以尝试使用邮件名录服务机。邮件名录服务机提供了一个很大的交流平台，用户可以在此就某一感兴趣的主题进行讨论。邮件名录服务机的即时对话功能能够使教师接触到当前最新的教育主题。在你订阅邮件名录服务后，你的电子邮件地址就会被添加到成员列表中。每当信息发送到列表地址后，信息的副本将会被发送到列表中的每一个邮件地址中。

加入邮件名录

每个列表的订阅程序差异不是很大，但通常你要给列表管理员发送一条邮件信息。管理员可能是一个人，他的工作是及时管理列表呈现的信息以查看列表成员是否就相关的列表主题进行讨论。如果管理员是一台计算机，它会自动向列表成员发布信息副本。在你发送请求后，保留主题行空白状态，在信息正文处输入以下内容：

订阅　列表名　名　姓

由于你正在与计算机进行交流，所以你的教学信息一定要准确，否则就会被误解进而不能参与订阅活动。大部分的邮件名录服务机会给你发一封确认信，要求你在特定时间内回复以确认你想要成为邮件名录的成员。一旦参与订阅服务，你就应该准备等待接收信息。你参与讨论的级别将会根据你所参与的列表主题和个人的参与情况有所不同。邮件名录成员可以自主选择成为积极参与者，即向主机贡献自己的观点和建议；也可以选择成为消极的观望者或者“潜水者”，即只读讨论组的内容却不留言，也不对讨论作任何贡献。任何级别的参与者都可以被加入到邮件名录中。然而，切记，在邮件名录系统中的任何信息和观点都来自邮件名录中的人。这些人未必是这个领域的专家，其回复的信息也可能不是很准确。

很多邮件名录都有一些正式和非正式的参与规则。出于对其他订阅服务的人的礼貌，参与名录的人最初的时候要保持沉默。注意观察可接受的行为准则以及有代表性的信息和评论的类型，注意信息的语气。遵守规则的邮件名录成员通常不能容忍不遵守规则的新手，他们会在互联网上向你发送恐吓性的或使人不愉快的电子信件。

当你准备参与邮件名录服务时，给列表地址发送电子邮件。这个地址已经包含在你订阅服务时给你发送的信息里。注意，它和你订阅时发送给管理员的地址并不一样。尝试花点时间订阅邮件列表服务。如果发现你参与讨论的主题并不是你所期望的，你可以在任何时候按照在你订阅服务时发送给你的退订指南的提示离开邮件名录。你还要注意，大部分的邮件名录服务机会警告使用者不要回复发送给邮件名录成员的非官方邮件信息，甚至不要退订服务。回复会鼓励发送者继续向你的邮箱地址发送信息，因为你已经校验它是一个有效的地址。图 3—8 给出了邮件名录使用者的网络行为准则。

- 邮件名录服务是一种一对多的交流方式，理解其工作方式是遵守正确的准则的关键。
- 在新列表中潜伏一会，这样你将了解列表中发布的信息和回复的类型。
- 查看帮助文档，或者阅读关于列表的常见问题。
- 订阅后保存你收到的目录信息，将其保存到你新创建的存储这类信息的指定文件夹中。这些信息包括一些必要的信息，如退订服务的操作步骤。
- 如果你将相同的信息发送到关系紧密的其他邮件名录中，你就要考虑为你的行为进行道歉。
- 如果你发送的信息特别长，考虑在主题行中加入注释信息（如“长篇幅的信息”）。
- 分享你的学识修养，这会使邮件列表名录更有意义。
- 如果你要离开一段时间，并且当你回来时不想有很多条信息等着你去处理，查看一下是否有拒绝邮件功能或者从列表名录中退订服务的功能。
- 新手会犯一些错误。一定要专业而有耐心。
- 当收到私人信件时，不要发送给列表里的所有成员。
- 不要设置邮件自动回复功能（如当你度假时），否则当你收到信息时，你会给邮件名录的所有成员发送一条信息。
- 不要在互联网上发送恐吓性的或使人不愉快的电子信件，如针对某一个人或者一些人接二连三地发送愤怒的邮件。
- 不要重复肯定一些已经存在的观点，如将一句“我同意”发送给列表成员后，他们会对必须要删除一条没有意义的信息而感到气愤。
- 不要提交批评同伴的信息（或者可能被认为是批评的信息），这样会影响某一人日后提交信息或者参与活动的积极性。
- 不要提交日后不希望出现的信息。很多邮件列表服务器会保存其中的信息。

图 3—8　良好的邮件名录服务使用规范（互联网的行为准则）

资料来源：Netiquette for Educators（www. techlearning. con/db _ area/archives/WCE/archives/netiquet. htm）. Reprinted by permission of *Technology & Learning* magazine，New Bay Media，LLC。

交流平台

邮件名录服务支持所有你可能感兴趣的领域，从专业领域到个人问题。公共邮件服务包含的主题涉及医药、政治、宗教和娱乐，并允许任何拥有电子邮箱的人享用订阅服务。私人邮件服务只对特定用户群组的成员开放，如让特定的本科学生或者小组在年度会议上使用其服务来保持彼此的联系。在邮件名录服务器上进行搜索，会搜索出你感兴趣的邮件名录列表。在图书馆网站上可以进行更精确的查询，如亚利桑那州立大学图书馆主页（www. asu. edu/lib）；在邮件名录服务目录里也具有精确查询功能，如 tile. net 网站（http://tile. net/lists）。图 3—9 提供了教育者可能感兴趣的普通教育和具体学科教育的邮件名录服务。

在每一个列表描述下面是列表名字的大写字母，之后还有邮件名录管理员的电子邮件。	
具体学科	普通教育
生物与教学讨论 BIOPI－L listserv@ksuvm. ksu. edu	儿童早期教育（8～9 年级） ECENET－L listserv@postoffice. cso. uiuc. edu
外语教学论坛 FLTEACH listserv@ubvm. cc. buffalo. edu	教育管理讨论 ADMIN listproc@bgu. edu
语言学习和国际化的技术 LLTI listserv@listserv. dartmouth. edu	教育中的法律热点 EDLAW listserv@ukcc. uky. edu
音乐教育讨论 MUSIC-ED listserv@artsedge. kennedy-center. org	教学中的技术整合 ITS listserv@unm. edu
中学的社会学教学 H-HIGH-S listserv@h-net. msu. edu	未来网络：技术和人类的责任 NETFUTURE listserv@maelstrom. stjohns. edu
儿童的非母语教师 TESLK-12 listserv@cunyvm. cuny. edu	美国教育部门的信息更新 EDINFO listproc@inet. ed. gov
万维网与教育 WWWEDU listserv@lists. lightspan. com	——

图 3—9　普通教育和具体学科的邮件名录服务

网络博客、视频日志和维基

网络博客

网络博客，或通常所称的博客，为个人提供了一个表达观点、交流想法和共享链接的平台（Holzberg，2003）。它是一种简单易行的网上发布信息的方式，不需要掌握特殊的编程语言。在网站 www. blogger. com 上可以浏览博客入门教程。博主是指写博客或者更新博客的人。在博客空间里，在线博客的数量数以千计。点击 www. technorati. com，你会搜索到大量最新的博客。网站 www. noahgrey. com/greysoft 上有免费的博客发布软件，利用这些软件，所有人都可以创建博客、更新博客的信息和链接。博客就像短途旅行一样，其中有很多信息，如图片、小说、数字视频和任何相关的链接，用户所提交的信息都存放在列表中（Franklin，2005；Lamb，2004；Stahmer，2006）。

网站 www. weblogg-ed. com 上列举了很多关于教育中使用网络博客的网站，并对常见问题给予答复。

1. 什么是网络博客？网络博客是易创建、易更新的网络页面或者网站，可以利用各种网页浏览器来访问和编辑这些页面，也可以把它们看做数字化的纸张。网络博客已经变得越来越流行了（见表 3—4）。

2. 谁使用网络博客？任何人都可以创建和编辑一个博客，而且不需要使用者具备太多的技术知识。因此，在教育环境中，教师和所有阶段的学生（幼儿园到大学）都可以使用网络博客。

表 3—4　　在美国写博客的人喜欢阅读博客的原因

新闻（其他地方找不到）	79.7%
新的观点	77.9%
即时新闻	65.9%
真实性	61.4%
明显的偏好	50.3%
较个性化	47.0%
最新动向	35.0%
其他	14.0%

3. 在课堂中如何应用博客？在课堂中应用博客的方式很多。博客可以作为在线的学生文件夹或者存放学生作业和学习成果的收藏夹。博客还可以作为班级的门户网站，教师可以存放学生作业、链接、学习资料和教学大纲等。也可以将博客作为学生合作写作的空间，在这里，学生可以阅读文章并给彼此提供反馈意见。博客扮演着多重角色，它既可以是文学研究指南，也可以是新闻中转站，还可以作为学生创建和发布信息的项目网站。

BoardBuzz 是网络博客在教育中应用的一个例子，它由国家教育委员会创建（参见 www. nsba. org/boardbuzz）。这个博客的目的在于回答关于大众教育的一些关键问题，并提供教育新闻和分析。BoardBuzz 是一种支持大众教育活动的在线资源，它覆盖了从国会到个别州，下至区和部分学校的范围。事实上，通过浏览大部分新闻、体育和技术网站，你可以加入任何主题的博客。

可以在下列网站找到博客资源：

- www. blogger. com
- www. livejournal. com
- www. xanga. com
- www. schoolblogs. com
- www. weblogg-ed. com

视频日志

视频日志，正在迅速普及。一些主要的网络新闻都提供当天精华事件的视频预览功能，而视频日志记录就是根据视频内容对视频加入脚本信息和标签信息的过程。视频日志充分利用了网络企业联合组织来考虑使用 RSS 或者 Atom 联合格式以在互联网上发布视频，同时也考虑到移动设备和个人电脑或者 MP3 播放器的自动聚合和回放（Wikipedia，2006）。随着连接网络的速度越来越快，视频日志的呈现方式也越来越普遍。

维基百科

维基百科（http://en. wikipedia. org/wiki/Main_Page）将维基定义为支持使用者无须注册就能够很容易地添加、删除、编辑和修改内容的一种网站。交互功能和操作的便捷性使维基成为合作著作的有效工具。维基也是一种便于共同编辑网站（参见 http://en. wikipedia. org/wiki/Wiki_software）的合作性软件，它可以包含一些特殊的维基网站，如计算机科学网站（http://en. wikipedia. org/wiki/WikiWikiWeb）和像维基百科这样的在线百科全书。任何人都可以使用简单易用的维基软件来创建在线内容。最有名的维基就是维基百科，它是由来自全世界的用户共同创建的在线百科全书。一些公司也使用维基，如易趣网目前已经将维基添加到它们的拍卖网站中，这样所有的员工都可以共同发布关于买入和出售的信息。美国基础教育学校也在充分享受维基所带来的合作教学的机会（Jakes，2006）。总之，维基是一款出色的课堂合作学习软件。

教育维基(Jakes，2006)

- 巴德·亨利（Bud Hunt）的维基

www. budtheteacher. com/wiki/index. php? title=Main_Page

- 教育博客维基

http://supportblogging. wikispaces. com/Educational+Blogging

- 高中在线合作写作

http://schools. wikia. com/wiki/Main_Page

- 图书馆成就：一个最好的实践维基

http://schools. wikia. com/wiki/Main_Page

- 播客维基

www. podcastercon. org/share/index. php? title=Main_Page

- 集体素描

http://swarmsketch. com

- 沃里科（Warlick）的维基

http://davidwarlick. com/wiki-warlick/index. php? title=Main_Page

- 维斯特伍德学校维基

http://westwood. wikispaces. com

- 维基书库

http://en. wikibooks. org/wiki/Main_Page

- Wikiville

www.wikiville.org/uk/index.php/Main_Page

学校趣事

在课堂教学中使用维基

萨拉和她的小组成员从教学第二周开始就一直在研究维基项目。为了使事情进展顺利，萨拉首先向她的小组成员介绍了维基的概念。她在上学期就开始使用维基，而且非常推崇这种不用特殊软件和专门培训就可以共享文档并合作编辑文档的方式。她也非常喜欢维基的网页形式，因为它在网页中可以包含很多相关的链接。

小组成员已经使用维基和电话会议完成了大部分工作。他们确实很喜欢使用维基，因为小组里的任何人都可以像使用网络浏览器那样简单地浏览和修改维基。在电话会议中，每个人只要提交一个文件初稿或者会议议程，其他人就可以即时对其进行修改。

维基增加、修改和删除信息的方式给萨拉和她的小组成员都留下了深刻印象。完全不用学习 HTML 相关的编程知识就可以掌握使用维基。他们只需点击维基页面的编辑按钮就可以编辑修改页面的内容，点击保存按钮则可以保存页面内容并更新维基。维基的使用方式就是如此地简单和直接，小组中的任何人都可以阅读和发布信息并对信息进行修改和校正。自从把他们的维基存储在网络上之后，小组成员只要拥有一台能够连接到网络的计算机就可以随时就任务进行学习。她还提醒她的小组成员在删除维基信息时要十分注意。她曾经就删除过其他人的信息而没有意识到自己的行为。

出于好奇（同时也想获得项目的反馈意见），萨拉通过发布小组维基的 URL 来征求意见。她希望这个领域的专家能够仔细地审视他们正在进行的项目。目前，反馈都是积极的，他们获得了关于项目重述和增加新内容等一些具有建设性的意见。最终，萨拉确信他们已经完成了十分彻底的调查，并感觉到小组成员可以做出一些超出班级教学任务的贡献。

资料来源：Educause Learning Initiative.（2005）. 7 things you should know about a wiki. Retrieved on August 27，2006，from www.educause.edu/ir/library/pdf/EL17004.pdf.

短消息和即时消息

《今日美国》（USA Today）报道，在很多年轻人中，前文提到的曾受人青睐的电子邮件正在失去其地位，而被短消息和被称为 IM 的即时消息所取代（Irvine，2006）。即时消息是一种实时同步的交流工具，双方一定要同时在线。目前最流行的即时消息软件供应程序有 Skype、AIM、Windows Live Messenger、Yahoo! Messenger、ICQ 和 QQ。博客和社交性网站如 MySpace 和 Facebook 提供的聊天功能也逐渐对电子邮件的地位产生影响。如今，人们比较关注即时性的喜悦，学生和刚毕业的大学生都习惯于立即得到反馈，并认为电子邮件是一种比较慢、不方便的交流方式。短消息是篇幅少于 500 字的文本信息，并且收件人不必时时刻刻都在线。信息保存在收件方，当收件方的设备连接到网络时就可以查看到信息。

维基百科提供了一个集合列表，列表里存放了许多象征笑脸和情感的缩写词和符号（参见 www.webopedia.com/quick_ref/textmessageabbreviations.asp），这有助于使用尽可能少的文字来更准确、更富有表情地传达信息。

在线的社交性网络

社交性网络即我们通常所说的虚拟社区，它已经成为人们与其他人进行交流的流行方式。人们经常使用在线的互联网来与朋友见面或者分享彼此的兴趣。这类软件提供了输入信息的模板，使用者可以使用维基、语音、即时消息和博客进行交流活动。

Web 2.0、RSS 和 Atom Feeds

Web 2.0 即是第二代万维网，它支持发布免费合作性的在线应用程序。社交性网络、博客、维基都是目前流行的应用程序。所有的信息都可以存储在服务器上，任何连接到互联网的电脑都可以访问它。RSS 是指简易信息聚合（real simple syndication）或者丰富的网站内容提要（rich site summary）。无论博客、维基或 RSS 新闻聚合网站什么时候发布新内容，RSS 使用者都能收到更新的信息。换言之，RSS 支持使用者以积极的方式接收新发布的以文本形式存在的新闻，内容包括新闻标题、整篇文章，也可以包含视频、音频或者以其他媒体格式存储的信息。Atom 是网站内容提要的另一个名字。RSS 和 Atom 内容提要支持用户订阅那些定期修改或者增加内容的网站。大部分网站的订阅服务是免费的，播客（Podcasting）也属于此类，本书将在第 14 章中讨论它。

以下是一些对你有帮助的网站地址：

合作和共享网站

- 网络字处理软件

  www.writely.com
- 创建一个个性化的在线博客

  www.bloglines.com
- Gmail 聊天

  www.gmail.google.com
- 制作列表

  www.tadalists.com
- 可以增加新的 RSS/Atom 内容提要的个性化网页

  www.netvibes.com
- 在你网页中加入 RSS 和 Atom 内容提要

  www.feeddigest.com
- 存储、搜索和图片

  www.flickr.com

技术在教育中应用的意义

随着电子邮件在课堂教学中的应用逐渐普及，教师开始有机会和本校的同事、其他学校的教育者、家长、行政人员甚至全世界的教育人员交流。电子邮件的便捷性和即时性对教育和管理人员都将产生深远的影响，他们可以共享思想观点并进行日常交流。电子邮件可以提高教师的工作效率，使教师省下更多的时间与学生交流。可以利用电子邮件来组织会议，同时给所有人发送会议计划。教师小组之间可以利用电子邮件来对决策作出决定，而不用把桌椅搬到一起坐下来开会。在最后作决定时，即使是腼腆的参与者的意见和共享成果也会被同等对待。一些学校正在通过电子邮件发送考勤，以确认哪些学生缺课。家长也可以通过电子邮件来联系教师，询问一些问题，而不用去学校亲自咨询。由于电子邮件是异步的，信息不一定要在收到之后立刻回复，教师可以在方便的时候给予回复。

当然，学生也可以使用电子邮件。在分发给学生邮箱账户前，学校会要求学生签订一个可接受使用协议（AUP）。学校或者所在区制定的 AUP 要规定学生可接受的网络行为，阐明电子邮件和互联网的使用规则。家长也需要签订 AUP，授予他们的子女登录电子邮件账户和使用互联网的权限。利用电子邮件鼓励学生进行教育调查的可能性是无限的。可以让学生在班级里演示电子邮件软件的使用。

班级同学可以协助导师完成项目，即通过电子邮件将课堂中的学生与各地各知识领域的专家联系起来。1995 年以来，国际导师制项目促进了专家和学生之间的电子化师友关系的发展。教师、学生和专家共同工作来设计具有目标导向和基于课程的项目，教师和学生与专家共享项目并向专家请教，从而获得指导性的建议。这个项目利用在线的便利条件实现学生和专家之间的沟通，从而缩小不同年龄参与者之间以及不同环境之间的差距。学生在这种指导关系中不仅学到了学科知识，也获得了真实的交流技能、职业发展的激励和学习的动力。

项目需要学生与其他班级的学生进行的合作也可以通过电子邮件信息来完成，而不需要离开班级走到操场与其他年级的学生进行交流。学生可以撰写邮件发送自己的信息，另一方收件人可以修改学生的信件，以这种方式实现合作编辑。

高年级的学生甚至可以完全通过网络提交作业以及接受教师的反馈，整个过程都不需要使用纸张（Dowden & Humphries，1997）。教师让学生以电子邮件的形式提交作业，可以减少书面工作，而且这种形式的作业具有更高的精确性。

视频会议、数据会议和网上实时聊天都是可供选择的合作工具。视频会议是一种在线的、双向的、交互式的网络信息交换方式。访问 Global Schoolhouse 网站 www.globalschoolnet.org/index.html 上的列表，可以选择安装一项全球的或国内的视频会议交流软件。

网上实时聊天是一种实时、真实的会议对话工具，可以让多人同时一起进行讨论。Kidink IRC（参见 www.kidlink.org/IRC）鼓励学生使用 IRC 参与全球化的网络交友活动。

不同地区甚至全世界的学生都可以与网友见面。每一个年轻的学生都可以在有趣、有意义的活动中学习写作技巧，而不用去手写内容或者支付邮寄费。为使网友能够理解信息的内容，学生要学习使用一些习惯用语。网友可以相互交换图片、小册子、匿名物品并以此作为不同地区、国家和世界文化沟通的桥梁。由于网络信息是以文本信息传递的，不同民族、种族、宗教背景的学生可以进一步了解其他人的内在特征，从而认真考虑其他地区人们的生活环境和文化，这将有助于学生确认并更好地理解在他们自己的人生中什么是最重要的（Rice，1996）。网友约会项目可以在两名教师之间实施，或者教师可以通过教育杂志让学生与网友见面。

数据会议

数据会议（也称为网络会议）支持处于不同地理位置的人群通过网络共享计算机上的信息。你可以利用数据会议软件主持会议，邀请参与者通过互联网或者公司内部局域网来参与会议，并维护安全，限制外来人员进入。局域网是局部控制的计算机网络，只有小组内的人才能访问网络。数据会议支持多组织的合作，它为开展培训、交流信息、预览或演示文档以及共享数据提供了一个良好的途径。

网络环

网络环工作基于以下假设：对某一主题网站感兴趣的人也许会对同一主题的其他网站感兴趣。因此，网络环是彼此连接的相互关联的一组页面，它们以环的形式形成。当搜索网页的人偶尔发现网络环中的一个页面时，他就可以点击关联内容的其他网页。网络内容提供者也可在网络环中添加链接，进而添加新内容，这样，网络用户就更有可能浏览到其网页。通常网络环具有一个适配器，它能控制哪些页面是相关的，以及哪个页面与网络环的内容主题有直接关系。对教育者有益的大众教育或者学科教育的网络环种类较多，如图 3—10 所示。

一年级网络环 http://m. webring. com/hub? ring=grade1&list	历史老师的网络环 http://h. webring. com/hub? ring=teachhistory
一至三年级网络环 http://o. webring. com/hub? ring=1st2ndand3rdgrad	中学网络环 http://v. webring. com/hub? ring=cps_ms&list
二年级学生网络环 http://f. webring. com/hub? ring=secondgradeclass	音乐教育网络环 http://b. webring. com/hub? ring=mels&list
所有孩子都可以学习的网络环(特殊教育) http://b. webring. com/hub? ring=childishkaren&list	OJK 的数学世界网络环 http://d. webring. com/hub? ring=fhsmath&list
艺术老师的网络环 http://h. webring. com/hub? ring = artteacher-swebri	美国基础教育主页环 http://o. webring. com/hub? ring=k12hp
小学老师的网络环 http://i. webring. com/hub? ring=teachkids&list	中学英语老师的网络环 http://k. webring. com/hub? ring=secondaryenglish
神奇的五年级网络环 http://e. webring. com/hub? ring = fabulous-fifthgra	教师网站网络环 http://w. webring. com/hub? ring=teachersnet&list

图 3—10　网络环

新闻组

新闻组和邮件列表一样，你可以在此就自己所选择的主题与其他具有相同兴趣的人进行实时讨论。新闻组的不同之处在于，信息不是自动地发布到每一成员的电子邮件账户里，而是由某一成员将其提交到电子公告板上以供其他人随时查看浏览。新闻组的交流模式是一对多的。你可以只查看信息，或者提交对信息的回复以供所有人浏览。大部分浏览器软件都包含一个新闻阅读组件，你可以添加你所喜欢的新闻组。在加入一个新闻组后，你会看到标有主题、作者名字和文章行数的信息列表。信息以串的形式组织，在每个新闻下面都有与之相关的回复信息，这样就可以很方便地在其下添加信息。你也可以点击信息，只阅读你感兴趣的内容，跳过你不感兴趣的内容。图 3—11 是有关新闻组和信息公告板的使用准则。任何有着共同兴趣的人都可以使用网络公告板、在线论坛、会议、网络课程等形式来进行交流。任何用户都可以浏览发布到网络上的信息。

图 3—7 和图 3—8 提出了一些对电子邮件和邮件名录服务的使用准则。下面将提出使用新闻组和信息公告板的一些建议。

- 它在世界范围内普及。全世界的人都可以浏览到你提交到公共讨论组和新闻组上的信息。即使是电子邮件也不能完全保证个人隐私。
- 在线网络世界就像一种新的文化。当你到另一个国家旅游时，你要遵守当地的社会习俗，而在线网络世界就不一样了。
- 记住你通过电子邮件、邮件名录服务和讨论组进行的交流活动也是对你和你的组织活动的一种反思。

使用在线交流也许是非个性化的，但切记在你的电脑屏幕的另一端存在着有正常知觉的人类。

图 3—11　新闻组和信息公告板的使用准则

资料来源：Netiquette for Educators（www. techlearning. com/db_area/archives/WCE/archives/netiquet. htm）。

参考工具

网络是一个集字典、辞海、谚语、年鉴、百科全书、地图和统计数据于一体的优秀的资源。下面是参考资源的简要列表。

年　鉴

- 中央情报局各国实况资料

www. cia. gov/cia/publications/factbook

- 怪物丛书

www. factmonster. com

字典、辞海和谚语

- 阿尔法字典语文目录

www. alphadictionary. com/langdir. html

- 答案网站

www. answers. com

● 巴特尔比

www. bartleby. com/quotations

● 网络图片词典

www. pdictionary. com

● 儿童数学字典

www. Amathsdictionaryforkids. com

● 韦氏在线词典和词库

www. m-w. com

● 你的字典

www. yourdictionary. com

百科全书

● 不列颠百科全书

www. britannica. com

● 哥伦比亚百科全书

www. bartleby. com/65

● 数位多媒体百科全书

http://encarta. msn. com

● 格罗里埃在线

http://auth. grolier. com/cgi-bin/authV2？bffs＋N

● 维基百科

http://en. wikipedia. org

● 世界书籍百科全书

www. worldbookonline. com

儿童安全

● the NetSmartz Workshop，这是教授青少年如何安全使用互联网的交互式教育安全资源

www. netsmartz. org

● 网络在线安全

www. staysafeonline. com

● 安全使用万维网

www. playitcybersafe. com

地　图

● 蓝色大理石

http://earthobservatory. nasa. gov/Newsroom/BlueMarble

● 美国彩色地形图

http://fermi. jhuapl. edu/states/states/html

● 地球图片网站

http://education. usgs. gov/commom/map_databases/htm

http://rockyweb. cr. usgs. gov/outreach/mapcatalog

● 谷歌地图

http://maps. google. com

● 预测距离的远近

http://indo.com/distance

● 地图查询

www.mapquest.com

● Perry-Castaneda 图书馆地图收藏

www.lib.utexas.edu/maps/index.html

统计数据

● 联邦数据

www.fedstats.gov

● 美国人口调查局

www.census.gov

数字图书馆

美国国家科学基金会将数字图书馆描述为一个严整有序的资源集合，通过互联网就可以访问到这些资源。数字图书馆是一个大的实体机构，但通常也与其他图书馆和信息机构保持链接关系，从而使终端用户能够访问到有关某一主题的比较全面的资源。从字面意思来看，图书馆包含大量的印刷资料，而数字图书馆不仅包含文本形式的电子资源，也包括任何数字化或者可以转化为数字化格式的文档资源。美国国家科学基金会建立了国家自然科学数字化图书馆。下面是一些可用的数字图书馆列表。

● 先进的数字化图书馆

www.nsdl.arm.gov

● 亚历山大数字图书馆

http://webclient.alexandria.ucsb.edu

● Alsos 数字图书馆

http://alsos.wlu.edu

● 在线生物教育

http://accessexcellence.org/LC/BEOn

● 就业资源教育网络

http://thefunworks.edc.org

● CephSchool

www.cephschool.utmb.edu

● 物理和航天

http://compadre.org

● 康奈尔鸟类实验室

www.birds.cornell.edu

● 地理教育数字图书馆

www.dlese.org

● 地球探索工具书

http://serc.carleton.edu/eet/index.html

● 民族数学数字图书馆

www. ethnomath. com

● 在线探索活动演示

www. exploratorium. edu/exhibits/f_exhibits. html

● 性与自然科学数字图书馆

www. gsdl. org

● 健康教育资源数字图书馆

www. healcentral. org

● 教学设计师

http://ia. usu. edu

● 网络搜索报告

http://scout. wisc. edu/Reports

● 数学论坛

http://mathforum. org

● 美国国家科学基金会

http://nsdl. org/index. php

● 美国国家科学基金会中学门户网站

www. msteacher. nsdl. org

● Shodor 教育基金会

www. shodor. org

● skeletons. org

http://eskeletons. org

● 教学工程师

http://teachengineering. com

● 多样化生物的生命之树项目

http://tolweb. org/tree/phylogeny. html

● 虚拟化学实验室

http://ir. chem. cmu. edu

● WGBH 教师领地

www. teachersdomain. org

隐私和安全

网络已经成为人们进行交流的重要社区，所以它也会像现实社区一样面临着一系列问题。如同人们为了保护家人在院子里建立一堵围墙、在车上安装报警器一样，网络社区的成员也需要十分小心地保护自己免受互联网社会潜在的隐私入侵以及其他潜在危险的威胁（参见第 5 章）。

网络隐私权

即使你独自一人坐在自己家的电脑前，很多人也可能会精确地知道你是谁以及你正在做什么。他们所知道的关于你的一些信息是你自愿告知的，例如，当你想使用免费软件从而填写在线注册信息时，你的信息已经发布在网上了。你的个人信息通常会被卖到公司的市场部，很有可能从此之后他们开始给你发送垃圾邮件。为阻止你的信息被卖给其他人，你要仔细检查在线注册表格是否有保证不出售个人信息的相关协议和法规。如果你没有查看任何形式的声明，你就要拒绝泄露你的个人信息。

其他信息也可以在你无意识的情况下被搜集到。网站可以检测到你所使用的电脑的型号、所使用的浏览器类型，并由此获知你最近访问的网站（Mann，1997）。在一些网站获得这些信息后，它们会在电脑的 cookie 里留有信息。cookie 是你所访问的网站在你的电脑上留下的文本信息。当你下次访问该网站时，网站将会从硬盘中请求你的 cookie 以获取你的个人信息以及你最近所进行的与商业有关的活动。在某些情况下，让一些网站知道你的个人信息是有益处的，如当一个经常访问的网站需要给你定制一个满足特殊兴趣的网站路径时。也许这会令人感到不安，然而，这种信息的流通在你不经意时就已经发生了。所有这些隐私问题都可以通过使用一些在线的商业软件工具来解决。不过，你要意识到潜在的个人隐私威胁，毕竟在网上有很多人在关注着你。

随着儿童上网人数的增多，安全和隐私问题成为教育者和家长极为关注的问题。联邦贸易委员会（The Federal Trade Commission）在于 1998 年提交到国会的报告中提出了这个问题，国会因此通过了《儿童在线隐私保护法案》（COPPA）。这个法案在 2000 年 4 月生效，它建立了保护在线儿童的隐私权的一系列规则。适合 12 岁及 12 岁以下儿童浏览的网站一定要经过家长同意才能获得儿童信息。为帮助家长和教师更好地理解隐私问题，Classroom Connect 和 TRUSTe 发布了《家长和教师指导手册——有关在线隐私问题》（参见 www. truste. org/education/users_parents_teacher_guide. html）。

电子邮件隐私权

邮件干扰是多种因素造成的。如果没有任何不可抗力或者违反法律的人，我们会感到很安全，因为我们的邮件会到达期望的收件人那里而不致丢失。一旦收件人拿到了邮件，他就是邮件的拥有者，可以扔掉或者保存邮件，从而结束这封邮件的历程。然而使用电子邮件却不是这样的。信息的发送者或者接收者不独自具有电子邮件的所有权。事实上，如果发件人是作为公共机构的学校，那么信息甚至可能会认为是公众信息（Descy，1997）。当你把信息发送到其他人的邮箱后，可能很多人都能阅读到你的机密信息。大厦管理员、地方网络监管人员甚至任何操作电脑的人都可以利用你的邮件信息传递的途径获取信息内容。与政府针对传统邮件干扰的法律规定不同，如今对电子邮件内容的监管是完全合法的。即使是从收件人的账户里删除的信件还可以被恢复，因为计算机服务器通常都会保留备份文件。送给电子邮件使用者的一条建议是：在书写不想让其他人看到的邮件时应该十分谨慎。如果你听到了一个谣言说你的领导正在偷看下属的信息，要相信这是完全有可能的。当指导年轻人如何使用电子邮件时，一定要提及隐私问题，还要提及关于互联网的其他问题。例如，网络躲懒是指在工作时出于工作之外的目的过度使用互联网；网络烦恼是指具有威胁性或者恐吓性的、淫秽的或令人厌恶的电子邮件，或者是包含一些侵犯性内容（如性别歧视或种族主义资料）的电子邮件。

间谍软件

间谍软件是在你没有察觉的情况下安装在你的计算机上的计算机程序。间谍软件搜集你的电脑文件信息和邮件信息，并将其发送给在你的电脑上安装间谍软件的人。通常间谍软件由黑客安装，他们专门贩卖获取的信息。这类活动不但涉及安全问题，也涉及隐私问题。有些共享软件能够检测你的电脑里存在的间谍软件，删除所查到的不必要软件（参见 www.lavasoftusa.com/software/asaware）。

安　全

由于互联网还是一个不受监管的空间，学生会偶然找到那些有争议的或者对他们来说不合适的资料。家长和教育者需要采取一些积极主动的措施以保证计算机世界是一个可访问的安全空间。毋庸置疑，监管是知道学生上网所做事情的最好方式，同时可接受使用协议（AUP）也明确地阐述了课堂上计算机的适当与不适当的使用方式。另外，互联网过滤软件对学生可以访问的网站实施了不同程度的控制。一些软件能够阻止学生访问标题包含不良关键字的网站，一些软件还可以跟踪记录学生所访问的网站。然而，虽然这些软件的运行机制很完备，但它们也不可能取代成年人对孩子使用计算机警惕而负责的监控。儿童安全或者网络安全也是教师、家长和学校极为关注的问题（参见第5章）。

其他互联网服务

除了能够呈现超文本网页文件外，浏览器还能通过传统的以文字为基础的服务为用户提供方便地获得有用资源的机会。可以利用的服务如文件传输、远程登录和阅读新闻等都是无缝服务，因此，你可能甚至没有意识到你已经离开了网络。

文件传输协议

如果你需要传输或者接收文件，如数据库文件或者图形文件，你就会使用文件传输协议（FTP）。FTP 是在互联网上不同计算机之间传送文件的一组规则。使用 FTP 你可以下载文件，将文件从一台计算机复制到另一台计算机上。你还可以使用 FTP 程序，如支持 Windows 操作系统的 WS-FTP 或者支持 Macintosh 操作系统的 Fetch。可以在网站 www.tucows.com 上下载有效的 FTP 程序。启动这些程序时会出现一个登录界面，当你访问远端系统获取文件时需要输入密码。

一些系统允许你使用匿名 FTP，即如果你没有账号，你只需输入 anonymous 作为登录名，也可以用你的电子邮件作为你的登录密码，这样就可以获取该机构发布的有效文件。FTP 也支持将你电脑里的文件传输到另一台具有不同操作系统的电脑里。

远程登录协议

登录远程系统的另一种方式是利用远程登录协议。远程登录协议也是互联网的一种协议，虽然它不像 FTP 那样支持文件下载，但它支持你登录其他系统，使用他人电脑里的程序，甚至可以检查远端的电子邮件。在 Windows 和 Macintosh 操作系统中已经预先安装了远程登录协议，还有些操作系统支持从网络上下载免费的远程登录协议软件。和其他交流工具软件一样，要使用远程登录协议来连接远端机器前一定要预先建立好网络连接。除了远程登录协议外，虚拟个人网络（virtual private network，VPN）也是利用互联网登录远端系统的一种方式。一个 VPN 可以绕过防火墙和网关来建立一种安全的连接。一般而言，网关和防火墙能够保护网络使用者免受其他网络使用者的攻击，它们能够屏蔽进出电脑的信息，并只允许有权限的使用者访问。

学校趣事

电子邮件在课堂教学中的应用

午饭后，教室前门大开，略显疲惫的五年级学生正在休息。戈麦斯女士站在教室门旁，大声向学生喊道："让我们继续午餐前没做完的事情。如果需要查阅电子邮件，你可以排队使用电脑。"几个正在谈话的学生马上分别坐到了教室里的四台电脑前。

"很有可能我还没有收到卡特先生的回信，因为我今天早上才发送的信息。"明一边向林赛唠叨，一边点击进入她的邮箱，查看收件箱。"有时直到下午他才查看邮箱，因为他要出席太多的会议。"

就在她说话的时候，她发现邮箱里有一条信息，信件图标显示未打开。"他回复了！"她叫道，并迅速打开来自卡特先生（他们班的特使）的信件。卡特是州议员，目前正在协助戈麦斯女士班里的学生进行学习，帮助这些学生熟悉竞选过程，并帮助他们筹划竞选模拟活动。明在当天早上询问卡特先生在讲演时是否会紧张，因为明天她会在另外一个班级进行演讲，她现在已经开始忐忑不安了。

卡特先生在简短的回复中说道，事实上，直到现在，他在面对公众作报告之前还会感觉紧张，但当他发觉观众对他所报告的内容非常感兴趣时，他就没有紧张感了。卡特先生给明提了两条对她很有用的建议，这样她可以在当天晚上进行演练。明迅速地点击回复按钮，感谢卡特先生的建议，并许诺明天演讲结束后告知他结果。

在另一台电脑前，安东尼奥和布雷克刚刚阅读了最新合作的邮件故事的进展情况，并讨论下一情节应该如何展开。这两个学生与其他四个班级的学生合作，其中有两个班级不在本校，一起来为一个故事增添续集。每当结束一段落后，他们便将更新后的故事提交到下一组。到目前为止，"从丛林中逃脱"故事中的两个虚构男孩在跟踪黄金走私犯和躲避敌机的过程中下了山，只发现他们落在桥上的对讲机。

安东尼奥瞪大了眼睛："我知道了！他们应该藏在山后，然后从不同的道路走到桥处，刚好碰到一群猩猩正在尝试着吃掉他们的对讲机。"

"对啊！"布雷克叫道，"但是大猩猩也许是从事秘密活动的间谍！"男孩们键入他们所想到的内容，然后做一些微小的修改，并把故事发送给下一作者。

在活动结束时，戈麦斯女士充满期待地询问她的学生："孩子们，请你们给迪隆老师发送一封电子邮件，询问一下我们使用艺术教室进行绘画的时间，好吗？今天午饭时间我没有见到他。"

DVD/视频插图——网络明信片

在这章的视频中，学生将明信片作为附件发送给其他同学，分享他们所熟悉的社区中的路标。思考如何利用技术来拓展学生的学习。

总　结

互联网是一个将世界范围内所有连接计算机的小型网络链接起来的巨大网络。组成互联网的物理电缆能够为人们传递信息。目前还没有一个负责审计互联网活动或操作的权威机构，也没有一个中心信息库的存在。互联网的精髓在于，它需要使用者自己监测通过互联网发布的公共信息的质量。万维网的超文本链接提供了非线性的信息访问；网络浏览器支持你通过点击超链接或者输入一个 URL 访问其他网站，然后，浏览器按照页面设计者所设计的形式显示你所请求的文档。

利用搜索引擎，你可以搜索到有关特定领域信息的网站。搜索引擎是一个网络应用程序，它根据你所输入的关键字对网页进行索引操作。有很多策略可以缩小你的搜索范围，有助于你更精确地查找所需要的内容。学生可以与其他人讨论专题问题（新闻组），并且通过网络日志、博客和社会性网络进行交流。网络日志、博客、视频日志和维基都对教育者有极大的应用价值，教育者要充分利用互联网和学习社区以助力其教学。开展任何一种在线活动时，都要考虑到互联网不是完全安全的。互联网上存在一些开放的社区，某些资源素材对特定受众也许不合适。认识到这些问题有助于教育者不断地探索学生安全访问互联网的方式。

电子邮件具有在教育体系成员之间建立既频繁又快捷的交流的潜能。所有的邮件程序都支持一些基本操作，如写信、读信、回复和保存信息。高端软件支持使用者对邮箱进行更多的控制和管理，如图标设置、在信息中包含万维网上的链接以及邮箱目录自动分类等。通过参与邮件名录服务，你可以利用电子邮件就任何主题参与即时讨论。当你给邮件名录管理员发送适当的信息订阅服务后，你将会开始接受所有发送到名录中的信息的副本。你可以被动地阅读信息或者通过发表自己的观点来积极地参与到讨论之中。关注邮件名录服务社团的隐式和显式规则会使体验更富有成效，也会使你和其他名录成员之间的关系更加和谐融洽。

教育者一定要关注同时也要使学生关注有关互联网信息的隐私问题。通过合理利用，电子邮件能够为学生、教师、同事以及校外团体提供一个高效的合作学习的论坛。儿童安全以及网络安全也是家长和教育者应该关注的问题。

看看你能做什么！

1. 尝试使用两个不同的邮件程序包，比较两者的功能异同，评价每一种邮件程序的有效性。

2. 列举社会人际关系网的优势与不足。

3. 为了确保儿童安全访问网络，你应该采取哪些措施？

4. 根据专业兴趣或者个人爱好，选择一个邮件名录服务。在几周内只以旁观者的身份查看其信息，在熟悉规则之后你可以发布自己的信息。

5. 花一些时间来分析 DVD/视频插图——网络明信片。如果你是教师，当你第一次浏览视频片段时，停止播放 DVD，并记录你下一步所要做的事情。在预览 DVD 视频后，列举出你在教学时所要做的修改。

6. 研究与网友的接触过程。是否有一些组织或者个人会建立这种关系？能够找到不同年龄的网友吗？

7. 研究有关监管网络交流活动的隐私权法律。你所在的学校或者机构多长时间对邮件信息做一次备份？

8. 设计一个学习活动，让你所教授年级的学生使用电子邮件。为了更好地使用电子邮件，思考学生需要哪些特殊的帮助。在你全部的教学计划中，电子邮件会应用到什么程度？

9. 利用电子邮件组织一场专家之间的虚拟会议。具体活动包括发送会议议程，鼓励主题讨论，总结关键要点并对所得结论进行总结。然后向专家征求对使用电子邮件做出决策的效果反映。

10. 参考本章所给出的一些流行的搜索引擎的 URL。在你选择的引擎中搜索关键字。使用本章中给出的一些搜索策略，并结合搜索引擎的帮助文档来缩小你的搜索范围。在搜索到令你满意的字符串之前，统计一下你对搜索字符串做了多少次修改。

11. 选择你感兴趣的搜索字符串，在三个不同的搜索引擎中进行搜索。搜索的结果如何？仅使用一个搜索引擎时你会丢掉哪些类型的信息？你认为一个好的搜索引擎应该具备哪些功能？

12. 预览互联网过滤程序。对它进行全面测试，查看哪些令人不愉快的信息会被过滤掉，哪些信息会被显示出来。软件具有它所声称的功能吗？

13. 在你的教学中如何使用 RSS 和 Atom 工具？

14. 博客有哪些缺点和不足？

15. 如何为你的学生建立一个教育博客？

我的实验学校

视频作业：使用班级网站开展学习

劳拉克·巴赫曼既是良师又是益友，她带领法语二年级学生开展她所设计的网络探究活动（WebQuest）。巴赫曼使用班级网站和电子邮件，将技术整合到她的外语教学中。

● 登录网站 www.mylabschool.com，在“Course”菜单下选择“Educational Technology”，进入“Mentorships”视频链接，观看视频“Using a Class Web Page for Learning”。

你也可以在搜索栏中输入 ETV9 直接找到这个视频。

你的任务就是观看视频，然后列举出应用互联网教学时可以采用的一些办法。

深入研究

视频日志是根据视频内容对视频加标签脚本和标签的过程。视频日志利用网络聚合功能使用 RSS 或者 Atom 聚合服务在网上发布视频信息，以实现对移动设备、个人电脑和视频播放器的自动整合和重放功能。

在互联网上搜索这种技术，并将你的研究结果整理成文档，以便与班级其他人共享。

配套网上资源

登录网站 www. ablongman. com/bitter7e，获取本章的教学目标、实践测试、网站链接、词汇表、动画卡片以及本章完整的参考书目。

第4章

新兴辅助技术及其未来发展

焦点问题 ▶▶▶

- 新技术如何帮助计算机实现对人类能力的模仿?
- 计算机创新将如何影响未来的课堂?
- 计算机日益增强的存储能力对信息在不同媒介上的传输会产生什么样的影响?
- 写出五种辅助技术并描述它们的具体应用。
- 成立一个学校机器人俱乐部需要注意哪些细节?
- 人工智能将在哪些方面对教育产生影响?
- 陈述几个语音识别和语音合成技术在教育中应用的实例。
- 列出几个使用全球定位系统的课程应用实例。
- 你认为未来的学生电脑会是怎样的?
- 列出十项新技术并描述未来它们对教育可能产生的影响。

新技术在我们的未来世界中会一直扮演非常重要的角色。预测我们将在新的一年体验哪些新技术是一件非常有趣的事。技术的进步不断向教学提出挑战。随着计算机在科学与工业中的使用,技术的发展日新月异。例如,科兹威尔(Kurzweil,2003)曾表示,如果以智能来衡量,现在一台价值1 000美元的计算机的智能水平只能介于昆虫与老鼠之间。直到20世纪80年代,纳米技术才被我们所了解,然而,技术的微型化仍然超出我们的想象。工程与计算机科学专业的学生们经常被告知他们所受的教育在他们毕业后进入专业领域时都会被淘汰。当今的技术光速般的更新使得我们对未来的预测变得更加不确定和困难。然而,过去几年所显现的一些技术的发展趋势使得我们开始去思索技术会如何变革我们的社会及未来的日常生活。

至少可以肯定的是,计算机将势不可当!离开计算机所拥有的速度与精度,我们这个纷繁复杂的社会将无法正常运转。回想起计算机在20世纪30年代后期才被发明,我们会发现技术的变化竟是如此之快。预测技术的未来发展是极具挑战性的。例如,在网站 www.mos.org/exhibits/ComputingRevolution/21st/index.html 中,波士顿科学馆强调21世纪是计算机的世纪,并总结了多位专家对21世纪技术的各种预测。

如果计算机在研究与开发上的多任务处理能力与科学家和工程师的研究相结合，将会生产比我们现在使用的计算机功能更强大的新一代计算机。研究工作将涉及以下几个领域：持续的微型化、更大的存储能力、语音识别与合成、增强的图形显示以及许多其他的新兴技术。

在过去的 20 年中，计算机最值得关注的特征之一就是其不断缩小的物理体积。20 世纪 60 年代，许多功能强大的计算机常常占据整个房间；20 世纪 80 年代，一个家用计算机的拥有者可以拥有并操作一台同样强大的个人计算机，而只需将它摆放在书房或卧室的一角。20 世纪 90 年代，我们见证了可以放进公文包或背包的便携式计算机和笔记本电脑的发明。现在，我们可以看到掌上计算机的应用无处不在，移动计算技术也正处于不断进步之中。那么，是什么导致了计算机硬件在尺寸上的这种缩小？

新兴技术

个人计算时代正让位于移动计算时代，在移动计算时代，数据与信息的生成、存储、传输或处理随时随地都可进行。未来将有更多的人使用各种各样的信息设备，如车载定位系统、个人数字助理（PDAs）、数码相机及移动电话。计算机会变得更小巧、更廉价，拥有更强大的存储能力，能够识别和输出语音，能够生成更精致的图像显示，并且能够利用其他新技术。随着计算机价格的下降，将会有越来越多的人享受到计算机技术带来的无尽好处。语音识别、网络计算机、手持设备如个人数字助理、笔触式掌上电脑（PCs）、闪存卡、DVD、数码摄像机、下一代互联网、全球定位系统（GPS）以及无线技术都将是对教育产生影响的新兴技术。下面是此书英文版出版时的最新技术，它们在 1 年以后又会发展成何种形式呢？

语音识别是指计算机识别与翻译人类语音的能力（见图 4—1 和图 4—2）。拥有语音识别功能的计算机避免了对键盘的依赖。即使没有显示器，也可以使用全息图的概念将文本投影到其他空白处。它有许多优势，比如，语音识别可以替代传统的房间钥匙，防止盗贼。想象一下，一道由计算机控制的“锁”，只能由能够被它识别的家庭成员或客人的声音打开。戴维（David，2006）认为语音识别将变得更具活力，不久将会在移动设备上使用。语音识别技术方兴未艾。早先的语音识别利用离散语音的方法，用户不得不在每个单词间停顿，电话公司就使用这种方法。连续的语音识别较复杂，用户能够以接近正常自然的语速和节奏讲话。语音识别软件

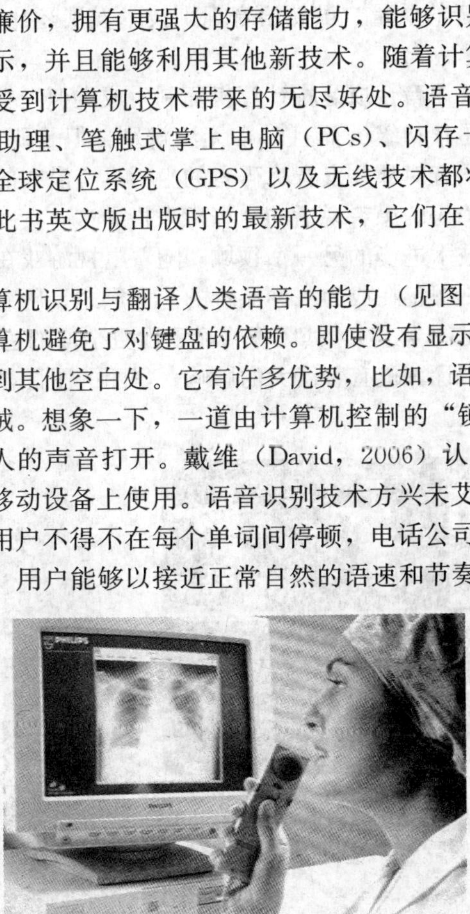

图 4—1　SpeechMagic——飞利浦语音识别设备

图 4—2　SpeechFlow——基于局域网的个人计算机数据识别系统

通常允许计算机通过“训练”识别个人发音的类型、节奏、语法以及词汇，法律和医学专业正积极地使用这种软件，法律公文、信件、病人图表以及数据收集都是其在实践中的应用。在教育领域，科兹威尔和微软等公司已经开发出了语音识别产品，这项新兴技术的前途无限光明。我们将看见这项技术在汽车、程序和软件上的应用，尤其是在教育软件上的影响，这种软件将使学习者参与到能为其提供无限教育资源的对话中。作为一项处于更新中的技术，数字化的语音已经达到接近真人语音的质量。虽然语音识别技术发展还比较缓慢，但它未来的发展潜力却是无限的。

相反地，**语音合成**是指计算机复制生成类似人类声音的能力。虽然当前的语音合成器还都是很初级的而且时常无法辨别，但是研究者都在致力于提高它们的质量。计算机语音对那些发音障碍者的生活具有潜在的巨大影响，我们正在用能够代替发音存在障碍的患者说话的计算机来指导这一实践。

制图是技术进步的另一个领域。随着电视游戏在家庭及游戏厅里的人气直线攀升，计算机制图正在成为一种流行的艺术形式。研究者正致力于使计算机制图变得更加精细（见图 4—3），其图像将显示出更全面的色域以及更真实的效果。这一技术同样对教学计算机有着巨大的影响，华丽的图像显示能吸引学生的注意力并将其集中在计算机上。

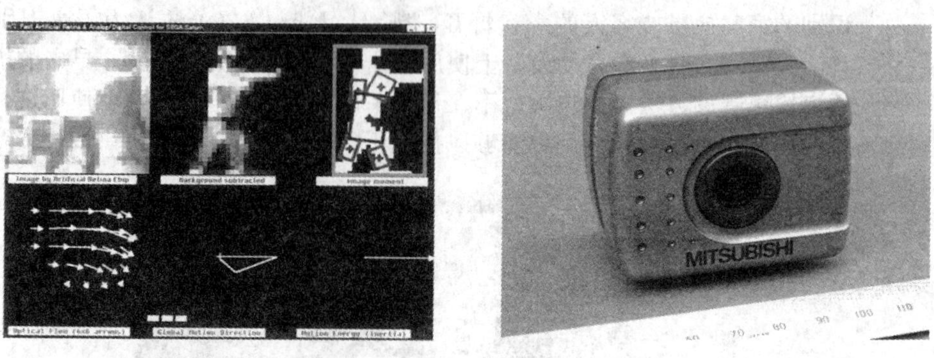

(a) 用户界面系统的图像处理步骤　　　(b) 人性化接口系统

图 4—3

网络计算机（NC）是一种能够连接并使用内外网络的全能且廉价的多媒体计算机，其工作原理与电视和电话相似。单个学生可以拥有他们自己的网络计算机，每台网络计算机都是连接到网络的智能系统，而且它的所有资源都来自网络。网络计算机的单位成本最低，并能够浏览网页、收发电子邮件、使用应用软件和下载网络上的教育软件。学生可以离线完成他们的作业，然后将其上传到学校网络供教师检查或同学讨论。网络计算机能够对教育产生潜在的重大影响。

个人数字助理，也叫知识导航仪，它适合每一个人。个人数字助理代表更小巧精致的计算机，它们具有如消息中心、数码相机、音乐中心、数码相册、私人秘书以及连接无线网络的通行证等功能（见图4—4）。装有探测针的掌上电脑可以帮助研究者收集地表数据，比如水或土壤的温度。

图4—4 无线个人数字助理

闪存卡，包括iPod，是拥有在信息设备上传输数据能力的大容量存储设备。移动存储设备如MP3播放器、iPod、U盘以及闪存设备，使学生能即时轻松地共享数码相片、视频和CD质量的音乐。这些设备将帮助学生创建和共享电子文件夹及多媒体作品。

大容量数字光盘（DVD）是下一代的光媒介。它的压缩对象是多媒体、视频游戏、音乐、消费电子和娱乐产品。由于其出色的视频质量及交互潜力，DVD正在慢慢成为众望所归的录像带代替者。实质上，正是DVD强大的数据存储容量保证了视频、音频、图像及文本播放的高质量。对个人计算机来说，DVD允许高速率的数据传输，它为电视与计算机之间的转换铺平了道路。教育系统能够使用高质量的视频和音频将交互活动整合到复杂的交互学习项目中。

数字视频与流媒体为台式计算机提供了全动画、全屏幕、全彩色视频的功能。QuickTime是计算机通用的一种视频文件格式。数字视频将在互联网视频的传输上扮演重要的角色。在教育领域中，学习技术及万维网能够实现各种媒介的整合、处理和传输。

地理信息系统（GIS）和全球定位系统（GPS）发展迅速。GIS是一种能够捕捉、存储、检索、分析和显示相关地理信息的计算机应用技术。互联网使得任何人都有可能接触并使用GIS技术。GIS在教育中的应用是使学生去做诸如“确定并显示所有班级成员的住址”这样的研究。在课堂中，学生可以使用GIS进行探索与批判性的思考。GPS能够全天候地显示你在地球上的准确位置，它是一种由美国国防部运营，基于卫星的全球范围的无线电导航系统。这个系统由以24颗卫星构成的GPS星座及其地面基站组建而成，它能够以很小的误差计算地球上任意位置的GPS接收器实时的经纬度及海拔。GPS接收器有许多不同的形式，包括掌上接收器，各种形式接收器的成本都在不断降低。许多学校已开始使用 GPS 帮助学生进行问题解决及高层次的思维活动。通过 GIS 或 GPS，学生能够去研究社区或全球的形势与问题。在使用 GIS 或 GPS 时，学生会尝试着分析相关信息以理清关系，这一尝试又可能衍生出新的理解与新的问题。

根据米勒（Miller，2006）的定义，**下一代互联网（I2）**是一个包含全球 47 个系统的协会，这些系统通过一系列的高速宽带网络相连接。在美国，I2 是指联合全美顶尖大学、私人机构与联邦政府的力量所开发的新一代互联网技术。这项开发将使学校能够发送和接收当前传输能力范围内的高质量项目，例如，视频与动画将能够实时全屏传输（见图 4—5）。对学校来说，其潜在作用不可估量。

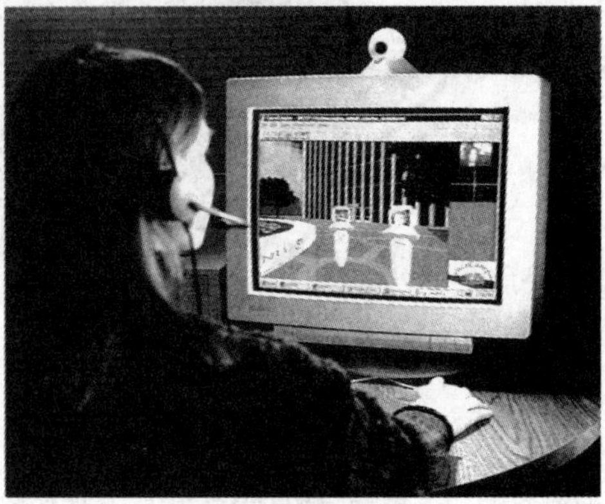

图 4—5　互联网中的虚拟现实

随着软件成本的不断提高，**开放资源**在教育与经济领域的发展势头日益增长。开放资源是指由个人或团体（通常是志愿者）而非商业公司开发的软件，尽管根据应用与版本的不同，开放资源会存在相关的费用，但其源代码通常都是免费的（Villano，2006）。此外，个人或组织可以对源代码进行修改以满足其个人或学校的需要。

无线保真（Wi-Fi）是高频**无线局域网（WLAN）**的热门课题。无线技术的进步将对课堂中的沟通产生影响。随着使用频率和方便程度的日益提高，局域网（LAN）和广域网（WAN）（如万维网）将与课堂实现连接，在课堂上应用网络资源将对学生进行实时数据交换产生重大影响。无线技术与廉价的手持设备及笔记本的结合，使得让每个学生具备移动计算的能力更有可能实现（参见 http://searchmobilecomputing.techtarget.com/sDefinition/0,,sid40_gci213380,00.html）。现在，Wi-Fi 是最流行的无线嵌入功能，而且在大多数新的计算机上都可以找到这一功能。许多地方都有 Wi-Fi 接入点，这使得随时随地进行移动计算的梦想成为现实。现在有许多种无线接入形式，而且它们将会变得更快速、更方便！当然，这些仅仅是会影响教育的新兴技术中的几种。

在未来注定要迅猛发展的另一领域就是**数据通信**，即以电子方式实现数据的传输与接收。许多计算机用户都通过网络系统进行数据通信，这使得公司总部能与其分公司保持连续的通信，实现记录的集中保存，并使总公司协调其所有分公司的努力以最大化地满足客户的需要，它是维持公司健康运转的一种有效方法。这种利用数据网络通信的趋势将持续发展，它将变得比现在更快捷、更可靠。政府肯定会为开发更多有效的数据通信方法而努力，因为它对政府部门之间保持联系，对维持边远军事基地的通信，甚至对国家相互之间的监测都很重要。像光纤和微波这样更复杂的数据通信方法会使未来的通信更快捷、更高效。

随着数据库与数据通信的发展，**人工智能（AI）**将迎来迅猛变革与发展。人工智能是指机器设备能够模仿人类的认知过程，即思维、记忆、认识、推理等。在过去的 25 年中，研究者已经成功研发出具有学习能力的计算机。尽管现在的计算机只能处理数字数据，但是未来的人工智能计算机预计可以用现在全球正在开发的技术去处理非数字数据。人工智能将对学校产生重大影响，幼儿将不必学习输入法或程序语言等技能就可以操作计算机，他们能够让计算机去完成他们想要完成的活动。由于人工智能计算机的角色是其用户的智能助手而不仅仅是由程序控制的机器，计算机将成为更加高效的教师，它会聆听学生的提问，然后根据已存储的信息作出回应，并将相关信息储存起来供以后使用，它将不再机械地依赖预设软件。此外，下一代人工智能计算机将能够解码一般人类语言发出的指令，它们还能够自己编译指令，不折不扣地实际完成任何要求完成的任务。研究者确信这些计算机在不久的将来就会出现。

机器人现在正在从事许多以前人类做的工作，并且预计未来这种工作将越来越多。这个叫做机器人的东西在大多数人脑中的印象就是一个铁皮人，就像《绿野仙踪》里铁皮人或《星球大战》系列里的两个角色——R2D2 和 C3PO。而实际上机器人是能够从事很多工作的高度精密的机器，它们尤其适合那些重复的、危险的或人类难以胜任的工作。机器人可以暴露在可能对人类造成伤害的环境中，此外，它们不用休息，能够全天工作。虽然最初买入机器人的价格很高，但它们却是极具成本效益的工人。机器人在制造业中的使用产生了一个重要问题，即许多人对计算机心存恐惧，之所以这样，是因为他们相信这些技术奇迹将导致人类失业。当大多数劳动力的工作最终实现机械化时将会发生什么？事实上，未来将会提供许多工作机会，但那些工作的性质将和今天的工作大有不同，这就是为什么在工商业中进行重组与再培训是如此艰巨的任务。据美国劳动统计局预计，未来十年对从事计算机相关工作的合格人员的需求将翻一番。许多专家认为，这一估计过于保守，并预测未来三年对这些工人的需求将是现在的三倍。据此合理推测，那些发现自己的工作被自动化取代的工人，将会接受再培训以承担与计算机相关的岗位，但是，离开人类的设计、制造、操作和维护，计算机终究无法存在。到目前为止，工业机器人仅仅是人工智能梦幻领域的一个方面。

学校的机器人俱乐部在地方、州和全美的竞赛中很受欢迎，戴维斯（Davis, 2005）介绍了卡尔海登高中建立机器人俱乐部并赢得全国比赛的过程（参见 www. wired. com/wired/archive/13. 04/robot. html ）。微软和乐高公司也举办过机器人比赛（参见 www. usfirst. org/jrobtcs/flego. htm）。第 11 章中会介绍一个关于乐高头脑风暴教育 NXT 的讨论，这项活动展示了最近的新一代教育机器人，该活动将乐高教育机器人与最新技术相结合，为 8 岁以上的儿童提供各种学习活动。

虚拟现实（VR）模仿一个虚构的或真实的环境，并允许用户操纵虚拟目标在虚拟环境中运动。VR 常常称作虚拟空间，比如在一个布置好的房间内进行虚拟行走，或在虚拟的心脏和循环系统中进行一次“旅行”。更多的信息和虚拟现实的例子请见 www. answers. com/main/ntquery? s＝virtual＋reality&gwp＝11& ver＝

1.0.3.109&method=2。

许多街头游戏都是基于虚拟现实的电子模拟器。在游戏中使用的软件常被称作电视游戏或电脑游戏，这些游戏使用了建模、人工智能（AI）和虚拟现实等工具。关于电视游戏的更多细节请见 http://stuffo.howstuffworks.com/videogame3.htm。

辅助技术：为残疾人服务的计算机

据美国统计局 2004 年报告统计，大概有 300 万学龄儿童存在某种残疾缺陷（参见 www.census.gov/hhes/www/disability/2004acs.html，2006-08-01）。辅助技术一般定义为学生用来强化某一目标技能（包括认知、学习、交流等）所使用的技术。技术正在适用于更多这样的儿童，其在过去十年间的广泛使用已经对残疾人的生活产生了重大影响。辅助技术被用来强化某一特定技能的效果或功能，《残疾人法案》（IDEA，PL101-476）规定，凡是用来增加、维持或改进残疾人的功能性能力的任何项目、装备或生产系统都可以被认为是一种辅助技术设备。不过请记住，技术也有缺陷，现在还没有一种辅助技术能适合所有残疾人（参见 www.ed.gov/offices/OSERS/Policy/IDEA/index.html 及第 9 章相关内容）。未来，辅助性与适应性技术将继续增强其功能性与通用性。

以下是一些辅助技术的例子：

- 自适应键盘；
- 数字文本；
- 屏幕放大器；
- 屏幕阅读器；
- 语音识别软件；
- 移动技术。

通常，残疾被认定为四个区域的损伤，它们是：

- 听力损伤和耳聋；
- 语言障碍；
- 视力损伤；
- 认知迟钝和学习障碍。

应用辅助技术的听力损伤群体包括重听者与耳聋者。重听是指在听力正常和严重或深度耳聋之间的所有水平的听力损伤。重听者通过使用可以放大声音和利用剩余听觉的助听设备，能够听懂他人讲话。残疾人有可能先天患有听力障碍，或可能是后天患病，这两种情况都可能会变得更糟。通过适当的听力协助，并辅以读唇术，重听者可以很熟练地说话。正是由于这一点，特别是如果可以提供听力辅助资源，主流教育通常可以被重听学生所接受。而对那些患有重度听力障碍的学生来说，听力辅助设备没有什么帮助。这一人群又被分为自认为和不认为自己属于重度听力障碍文化中的一分子的人。那些自认为属于这种文化的人，通常认为他们的主要语言是手语，而另外一部分人通常不能熟练地使用手语。用于重听者的辅助技术包括：

电信设备及周边设备，包括放声电话、文本页、移动技术和 TDDs（适合聋哑人的电信设备）。

可以单独使用或可与学生助听器相连的听力设备，包括个人调频系统、声场调频系统及电话线圈（它可以过滤背景噪音并反馈到电话上，可与助听器配合使用）。

提示设备，包括提供类似闪光等功能的视觉提示设备、声音放大设备及振动设备。如果振动器与闹钟连线并置于枕头下，用户就可以被震醒。音频信号有时与视觉提示或振动提示一起使用。通常，聋哑人或重听者家中的闪光信号系统可以通过连线将不同的闪光编码为几个不同的声音以进行提示。三次慢闪表示门铃，三次快闪表示电话铃，或者有规则的闪灭是婴儿哭闹的信号。

语言障碍是一种引发沟通问题的口腔运动障碍，通常原因不详，但有可能是由于听力丧失、脑部损伤、药物滥用、神经错乱、智力迟钝、生理缺陷比如颚裂以及声带受损造成的。语言障碍的辅助性与适应性技术通常以**自适应或辅助沟通设备（AAC）**的形式出现。AAC 泛指任何可以改善障碍儿童沟通能力的设备、系统或方法。理想情况下，一个 AAC 系统包括多种沟通模式，而儿童要使用何种类型的沟通模型才更有效，取决于个人情况、学习情境和即将要进行的学习行为。AAC 程序常用的一种沟通模式是自然语言。

确定用哪种辅助途径实施有效沟通的影响因素包括单个用户的年龄、残疾的原因、残疾人的课程以及用户对环境的要求。强化的沟通模式包括沟通技巧（如讲话、手语、肢体语言等）、符号含义或系统（如 Mayer-Johnson 符号、美式手语），或是沟通与互动行为（如要求与请求、对话）。

对沟通的辅助包括语音输出设备，它可以对用户进行言语反馈并使其同伴更容易理解。简单的电子辅助设备如 BigMack 和 One Step Communicator，可以延迟一条信息，或是按步骤进行学习，或是按顺序延迟几条信息，它们都适合课堂活动。这些设备在一定范围内都有使用的局限性，但可以将它们作为较低技术水平的辅助设备介绍给儿童使用。

视力损伤是指那些眼睛部分失明、弱视的人，他们是法律意义上的盲人或完全失明者。部分失明是指由于某种视力问题导致需要特殊教育。弱视一般指严重的视力损伤，不要将其局限于近视。弱视者是指那些在明亮光线下，尽管有眼镜或是隐形眼镜的辅助，但仍不能在正常的阅读距离内进行阅读的人群。尽管他们需要适应各种光线和书籍字体的不同大小，甚至是要熟悉布莱叶点字法，但是这些人群仍在综合利用视力和其他感官去学习。法定失明是指在配戴了眼镜后，较好的那只眼睛的视力只有 0.1 或是视角很低（视角小于等于 20 度）。全盲学生可以通过布莱叶点字法或是其他非视觉媒介开展学习。弗里奇特曼（Fruchterman，2003）认为，对于残疾人而言，利用无绳电话是使用各种技术的关键所在。提出这种论点的前提是：移动计算机的集成功能包括了语音识别、语音合成，而且个性化的识别选项也会很快嵌入到移动电话的软件中，此外，这些应用程序也会被大量患有视力障碍的人群所使用。

对视力损伤的辅助设备是指能帮助视力损伤者独立阅读、利用盲文相互交流、获取网络信息的特定设备，这些辅助产品包括有声读本（会说话的书）、文本放大设备（手持放大器、大字体图书、闭路电视系统）、文本触摸式设备（使用布莱叶点字输入法写信）、笔记本电脑配套设备（布莱叶点字输入法、演讲录播器）和计算机设备（屏幕放大器、演讲语音合成输出设备、可更新的布莱叶点字法程序、可复制的程序）。目前最新的设备之一是科兹威尔民族联盟盲人阅读器。该阅读器是一个手持设备，盲人使用它可在任何地点，无须任何他人的帮助而进行正常的阅读。该产品将每页纸质文本截取成一张数字图片，并将图片识别成语音，通过话筒或耳机将信息传递给盲人（Mossberg，2006）。

最后，在未来的辅助技术中，技术开发最有发展前途的领域之一就是对残疾人辅助设备的研制与开发（见图 4—6）。许多有希望的设备正在研发之中，并将随着计算机技术的发展变得更小巧、更便宜。

图 4—6 博士伦公司的放大浏览器，可以将计算机屏幕上的信息放大到 150%

学习中利用的技术已经证明了其在特殊教育环境中的良好效果。学习迟缓者可以轻松地使用计算机完成学习目标，而在以前，这些目标对他们来说却很难完成。此外，那些瘫痪或肌肉损伤以致无法执笔的学生也将能够使用计算机写作文、做数学题。严重残障或有特殊需要的学生，如果无法到教室上课，他们也将能够在家使用计算机进行学习（见图 4—7）。计算机还能在其他方面帮助残疾人。语音合成使语言障碍者可以交流他们的思想，这可能还是人类有史以来的第一次。另一些设备则帮助视力损伤者阅读并生成手写文本。由于人工智能研究有希望使计算机模仿人类行为，所以未来肯定会研制出更多辅助残疾人的计算机（见图 4—8）。这使得我们对未来充满了期冀。

图4—7 内嵌语音识别功能的语音电子邮件可以发送到邮件系统中

图 4—8　由脚来控制的鼠标

未来技术对教育的影响

当然，还有许多其他技术将会影响教育。帕斯科派拉（Pascopella，2006）描绘了未来学校的蓝图，它将发展成为宾夕法尼亚学区和微软公司之间的合作者，这种办学模式使用了许多本书中所讨论的技术与网络资源。图 4—9 列出了流视频、游戏软件、文本识别、无线连接、语音识别、高级手持设备、网络接入和虚拟现实等能提高能力且降低成本的技术及其用于教育中可能产生的影响。由于篇幅所限，我们无法具体描述每项技术，但我们应该关注这些技术，它们可能对未来教育质量的提高具有价值。

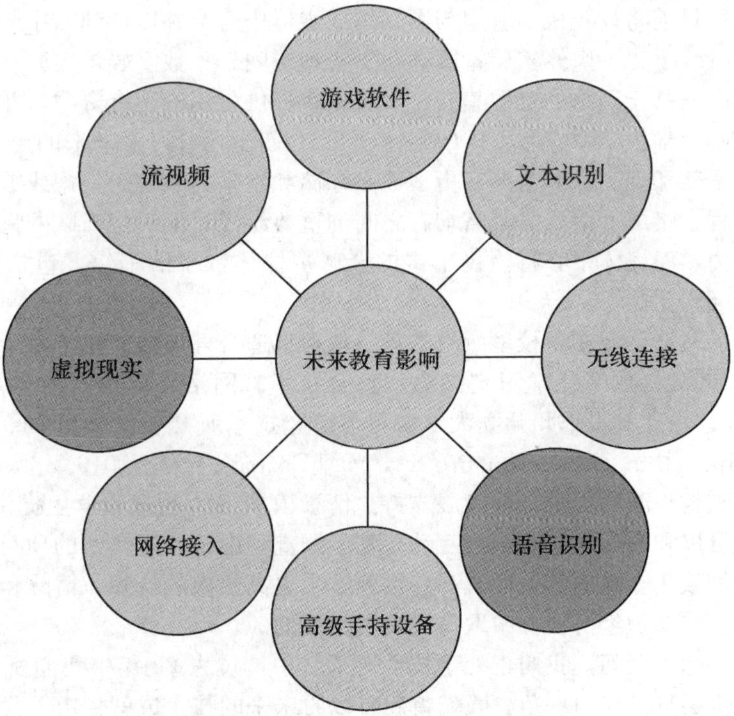

图 4—9　未来技术对于教育的影响

未来的学生个人计算机

未来的学生个人计算机将是具备无线互联网接入、软件程序、输入设备和强大计算能力的掌上计算机或平板笔记本。学生掌上计算机将拥有计算器、画图工具、文字处理和电子表格工具、几何构建工具、模拟器、代数系统和智能指导等功能。这种计算机不久就会出现（Murray，2003），它还能够适应用户的兴趣和能力，甚至可以与用户对话。这种无线设备将有一个像魔术板一样的触摸屏选项，学生不用键盘就能输入或书写。其电池寿命将和寻呼机差不多，可以保持数周。新兴的万能笔记本、寻呼机、电视机、互联网、流视频、Mp3 播放器、语音识别和现在平板计算机上的手写识别（参见 http://abcnews.go.com/sections/scitech/DailyNews/cybershake021111.html）将会催生出一种更加轻薄的学生掌上（手持）计算机。

前面列出的许多技术将出现在掌上计算机上，或者通过 PC 和互联网进行连接。学生为了完成学业需要使用学校所要求的资源或数字内容，这种掌上计算机能够利用许多历史文献并根据需要下载文本资料，因此学生将不会再有笨重的书包了。学生的学习活动和作业经常需要使用这些计算机，计算机会将学生的表现发给教师或家长以供其评价。特殊的需要和功能也将是掌上计算机不可缺少的部分。很显然，未来技术将更具交互性，从而促进学生进行探索、解决问题、开展沟通和更高层次的思考。到 2012 年，每个学生都将有自己的掌上计算机，这将实现真正的随时随地的学习。

变化中的媒体实验室

目前将计算机实验室与图书馆或媒体中心合并以创建数字媒体实验室的趋势将会继续下去。媒体实验室既存在于物理空间——数字媒体实验室，又存在于虚拟空间——基于网络的资源集合。实验室将提供可用的现有资源，并支持创建新的适合教师、学生、个人和团体的媒体项目（见图 4—10）。未来的媒体中心不再是繁多的书架和期刊，而是拥有更多数字存储和检索的系统。数据或数据库存储和检索的过程，将成为信息与其需求者之间的重要纽带。下一代互联网将为图书馆提供网络能力，而媒体中心将提供丰富的全球多媒体数字图书馆，包括实时视频（Miller，2006）。

当然，现在学校里所教的每门课程都适合开展数字化学习。教育技术高峰论坛（2000）将数字化学习定义为“整合技术、网络、学习内容和人力资源的教育方法”。由亚利桑那州州立大学学习与研究技术所开发的项目 Math•ed•ology（参见 http://tblr.ed.asu.edu/Projects/MathEdology/? w=1016），其设计的目的就是随时随地为教师提供专业发展支持。情景模拟将为教师和学生提供解决问题的机会，并可以和校外的专家进行互动。基于调查和虚拟社区实践的项目（Linn，1997）以及细致化教学的其他形式都将培养学生更高层次的认知、情感和社交技巧，这些是学生在知识经济社会中取得成功所需要的。

毫无疑问，我们正处于技术变革之中，过去 20 年中我们所见证的技术的迅猛进步还只是冰山一角。我们将翘首以盼未来的技术成就！由于我们的技术社会将扎根于数学与科学概念之中，故所有年龄层次的人都应具有科学与技术素养。

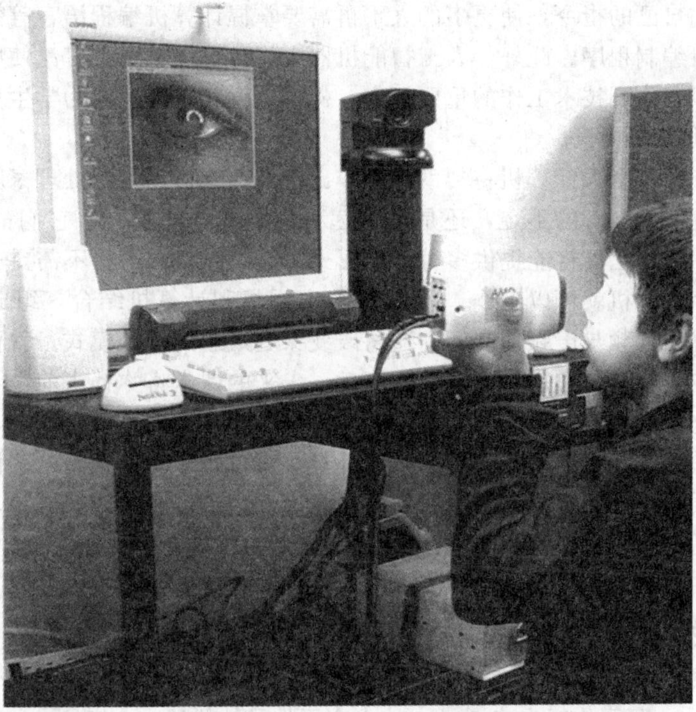

图 4—10　新技术的出现催生了对于传统媒体项目的创新

总　结

在不久的将来，我们将有希望看见计算机领域快速的技术进步。研发正集中于持续的微型化、更强大的存储能力、语音识别与合成、增强的图形显示和其他新兴技术等领域。更多的计算机功能将内置于更小的物理单元中，它们会更便宜并因此更容易为一般人所接受。通过拥有更强大的存储能力的新记忆系统，这些小型计算机的功能会变得更加强大。由于能与人直接交流，语音识别与合成将使计算机的使用更为简单。最后，对那些希望输出虚拟图像的人来说，增强的图形显示能力将使计算机更具吸引力。而全球定位系统也正在迅速普及。

无论是对于社会还是个人，未来的计算机都将应用于很多领域。计算机已经帮助人们管制交通流量、控制飞机起降、监视医院病人的生命体征，甚至可以诊断疾病并开出处方。此外，随着许多学校正在应用新兴信息技术开展课程，计算机在教育领域也会扮演更为重要的角色。

我们还有希望看到公众对数据库的更广泛的应用。数据库为计算机用户提供广泛的最新信息。数据库不仅对医生、律师、执法人员等专业人士非常有用，而且还能提供关于业余爱好、急救护理、时事新闻等特定信息。数据通信，或通过电子手段实现数据的传输与检索将成为大公司与其分支机构保持联络的重要途径，它也将更广泛地用于政府机构和其他必须与边缘地区维持紧密联系的机构。

技术开发的另一个有发展前途的领域是人工智能。未来的计算机将能够模仿人类的认知行为，如思维、记忆和推理，能够根据用普通人类语言发出的命令去编译它们自己的指令，使更多的人不再需要掌握计算机编程语言等额外知识就可以为计算机编制程序。此外，人工智能机器人将继续在工业中广泛使用，并引起劳动力从工厂工作到技术工作的重要转变。机器人竞赛正迅速成为学生和学校中的一项有益活动。

家用个人计算机将帮助房主作出记录、维持预算并处理家庭清单。无论是弥补传统课堂教育的不足，还是作为远程教育的学习媒介，它们都将是重要的学习工具，这种工具将能提供多种娱乐形式。越来越多的人将不需要去公司，只要在家中使用计算机就可以工作。DVD将与电视机和计算机结合，组成家庭娱乐单元，实现优质视频与声频的交互，这将改变家庭娱乐的传统模式。教育将利用这些技术的影响实现学校和家庭的沟通与互动。未来的课堂将弥补当前学习的缺点——现有资源与课堂所需资源之间的差距。

残疾人将能享受到更多由新计算机设备带来的便利，这些设备将改善他们的生活质量。比如，语音合成将使有语言障碍的人进行口头交流。未来充满了希望，技术的进步将会使我们的生活更美好。

看看你能做什么！

1. 就技术的未来这一问题采访一位计算机科学家，并写一篇讨论摘要。

2. 写写你对未来课堂中技术应用的具体描述。

3. 研究几位计算机专家对未来技术的预测，包括对新兴技术成功与失败的研究发现。写下你的发现。

4. 思考人工智能的发展对学习技术的影响。

5. 开发一个实践单元，为学生探究技术的未来提供支持。

6. 写一份报告，总结有关学习技术对有特殊需要的学生的作用。

7. 写一份关于语音识别对教育潜在影响的报告。

8. 写一份关于DVD对未来教育影响的报告。

9. 写一份关于通过经济、工业和教育万维网进行网络教学的意义的报告。

10. 设计一台学生掌上计算机，包括设计图、大小规格及其所拥有的功能与应用。

11. 指出五种将对教育产生影响的尖端技术，并说明这些技术各有什么影响。

12. 使用全球定位系统或地理信息系统开发一节课。

13. 提供一个关于辅助技术应用于现实生活中的详细事例。

14. 列出三种不同的人工智能教育软件。

15. 列出三种不同的应用语音合成的教育软件。

16. 列出五种不同的未来学校模式，并分别列出每种模式所包括的技术。

17. 列出几种不同的记忆设备，并列举这些设备各有什么利弊。

18. 对于本章中所描述的未来的学生个人计算机，谈谈你想做哪些改变。

19. 列出本章中未提到的有关教育的新兴技术，并描述它们将对教育产生什么影响。

20. 列出 Math•ed•ology（参见 http://tblr.ed.asu.edu/Projects/MathEdology/?w=1080）中五种能被课堂教师使用的方法。

我的实验学校

辅助技术的里程碑

本视频记录了那些在学生学习中曾产生重大影响、堪称里程碑的策略，其中有一项策略针对有特定需求的学校，并列出了帮助该校学生提高阅读和写作能力的各种实用技术。

● 登录网站 www.mylabschool.com，在“Course”菜单下选择“Educational Technology”，进入“Landmark ：A Special Needs College”视频链接，观看视频“Ben and Michael”。

你也可以在搜索栏中输入 ETV25 直接找到这个视频。

回答以下问题：对于那些想在学习过程中获取更多成功经验的人群来说，技术可以提供何种类型的帮助?

《对于辅助技术，教师应了解哪些内容》

这本小册子提供了关于辅助技术实践性的核心信息——什么是辅助技术？谁需要使用辅助技术？需要关注哪些法律规定？这本小册子详尽描述了在一般的教育课堂中辅助技术是如何提高残疾学生和正常学生的学习的。

● 登录网站 www.mylabschool.com，在“Resources”菜单中选择“WETSKA”，阅读名为“What Every Teacher Should Know about Assistive Technology”的小册子。

你也可以在搜索栏中输入 WETSKA4 直接找到这个小册子。

在一般教育课堂中，要使用辅助技术来提高残疾学生和正常学生的学习，你认为有哪些具体的措施？写出你的看法，并在课堂上与其他同学分享。

配套网上资源

登录网站 www.ablongman.com/bitter7e，获取本章的教学目标、实践测试、网站链接、词汇表、动画卡片以及本章完整的参考书目。

第5章

技术应用中的社会、伦理、法律和人文问题

焦点问题

■ 技术是如何为解决学校中的社会性和公平性问题提供帮助的？

■ 教育中的技术可以反映出哪些伦理问题？

■ 计算机的操作者可以通过何种方式来避免电脑病毒、垃圾邮件、电子邮件诈骗和网络钓鱼骗术的威胁？

■ 使用何种方式可以克服技术在教育应用中所涉及的伦理、公平和社会问题？

■ 网络犯罪对于教育有何影响？

■ 学生登录的各种社会性网站究竟有多安全？

■ 社会性网站是如何影响教育的？

■ 教师应该如何在课堂中使用社会性网络？

■ 数字鸿沟的现状如何？

■ 列举一些能保护隐私、保护资产、核对身份和防止未经身份核实进入网络的途径。

■ 你将采取哪些措施来确保儿童可以安全登录网络？

■ 对教师而言，你认为网络安全意味着什么？

■ 列举一些违反版权法的案例。

■ 课堂中最常见的版权侵害现象是什么？

■ 你将如何让学生了解版权法？

计算机在社会中应用得很普遍，每个对计算机感兴趣的人都会关注这样一个问题：计算机如何才能最广泛、最有效和最符合伦理道德规范地被加以使用？尽管大部分人使用计算机是为了使个体和社会的利益最大化，但仍然有很多人正在错误地使用计算机。在过去的几十年里，科幻作家、哲学家、教育者和其他人已经警告到我们计算机的巨大变化将会改变我们的生活。我们的生活会改变成什么样？我们将如何适应日常生活中发生的巨大重组？实现并适应这些变化要求我们必须对新技术负责。作为探索者和教育者，我们应该如何鼓励技术的先行者实施符合伦理的行为？如果我们意图建构一个高效而又富有人文气息的科技未来，那么我们现在就必须紧紧抓住这些问题不放。

网络犯罪

网络犯罪是指那些将计算机或互联网作为工具、计算设备来实施犯罪，或是作为实施犯罪或非法行为的场所的违法行为。瓦默斯（Vamosi，2005）认为，现代社会的罪犯从网络犯罪中获得了比毒品犯罪更多的赃款。计算机诈骗、个人隐私侵害以及妨碍自由言论等问题都在影响着我们的生活。美国联邦调查局的报告指出，每年处理计算机病毒、间谍软件、个人电脑信息窃取等与计算机相关的犯罪，大约要损失美国 672 亿美元（见图 5—1）。另外，美国中央情报局的报告指出，远距离通信诈骗每年大约要损失 1 亿美元（Evers，2006）。本章将对计算机犯罪、安全和隐私以及教育所关心的伦理、法律和平等性问题从社会性和人文性角度进行探讨。

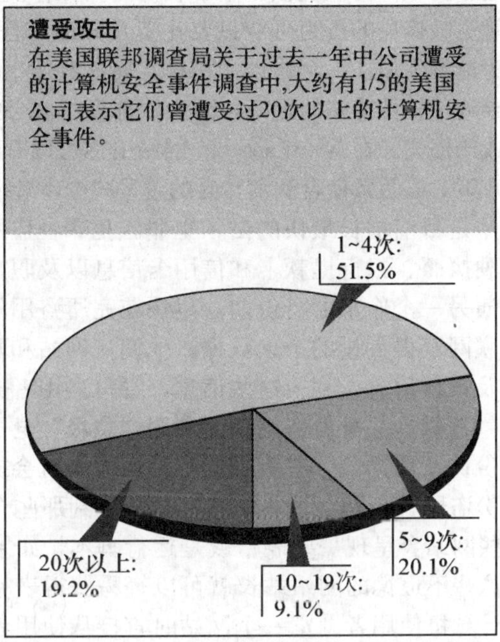

图 5—1　美国联邦调查局计算机安全调查

资料来源：2005 FBI Computer Crime Survey. Retrieved January 15，2007，from www. fbi，gov/publications/ccs2005. pdf。

计算机诈骗和计算机的不当使用

大型计算机主机在美国被大量使用。数以亿计的人们通过这个计算机系统工作，而其他人则通过个人计算机连接到大型计算机主机中。滥用计算机的人数已经上升到了一个让人警觉的高度，而其中的计算机犯罪在未来可能会持续增长。

在我们的社会中，可以利用计算机以多种方式对他人实施诈骗。诈骗金钱通常是利用计算机程序，或是使用故意出错的财务办理软件来实施。从计算机中窃取信息和利用计算机非法获得商业信息都是非常普遍的行为。很多私营公司和政府机构都会统计它们的顾客和客户名单。一旦非法进入的用户获得了这些名单，这些信息将出于各种目的而被出售给其他人。对于将学生记录保存在计算机系统里的学校来说，信息窃取也是亟须关注的问题。进入计算机并破解这些机密记录，学生就知道如何改变他们的朋友和对手所在年级的信息。篡改计算机时间是另一个与计算机有关且正在增长的犯罪。那些未经授权侵入计算机系统的人被称作电脑黑客，而他们这些出轨的行为并不总是无罪的。

软件盗版，或是光碟盗版，都是对计算机程序的窃取。当一个人购买了一个计算机程序后，他会拷贝几份给朋友或是重新出售，这都称作软件盗版。这是违反州立和联邦政府法律的，而且参与该行为的所有人都是犯罪者。软件盗版现状如此猖獗，以至于预计每个月会损失25万美元的预算——其中10万美元为实际的损失，另外15万美元是因丧失出售机会而造成的损失。计算机程序很容易拷贝，也正是由于这个原因，这些违法的行为变得越来越常见和更便于操作。不幸的是，在课堂中也会发生盗版情况。很多教师都会碰到这种情况：在一堂课中很多学生都要同时使用一款软件，但是却没有足够的软件可以提供。鉴于软件拷贝操作的简易性，教师开始做非法的软件拷贝。尽管盗版拷贝的行为可能只要花费几分钟，但它衍生的影响却是长久的。首先，盗版行为给学生作了一个错误的榜样，而这些学生将来都是计算机的使用者。其次，它最终导致了软件价格的提高，因为软件发行商必须通过提高出售价格来补偿由于盗版所造成的损失。在www.spa.org网站上你可以看到软件拷贝的建议和其他关于软件使用的政策。盗版致使合法消费者的数量减少，最终导致软件包价格的提高。

身份盗用是目前增长最快的白领犯罪。犯罪者盗用身份一般是通过盗取社会安全号码、驾驶执照、银行提款卡和信用卡信息以及职工的数据实现盗窃。犯罪者都会在他们扮演另一个偷来的身份前，尽快花完所盗用的钱。盗窃者也会利用计算机数据库和互联网获得大量的个人数据。他们从网站和职工数据库中盗取密码、社会安全号码以及银行信息。利用这些信息，身份盗用者会通过互联网申请贷款或是进行网上购物。有时这些身份盗用者会利用“垃圾”电子邮件或发送主动提供的招聘信息获得身份认证数据，一些天真的邮件接收者就会提供这些信息，而忽视了诈骗的存在。身份盗用者会建立一些网站，并链接到那些合法的网站中获取密码和信用卡卡号。一些网站会呈现一些表格或是运行脚本，如果有人不幸填写并提交了这些表格，那么这些不道德的网站站长就可以轻易获得表格里的任何信息。而其他一些信息则是在计算机使用者浏览一个网站时直接从使用者的电脑中获得的。那些可以进入公司数据库的人员当然也可以由于自身需要或是卖给其他使用者的目的来盗取职工和顾客的信息。现在，社会安全和驾驶执照号码、商业信用报告、个人信用报告、犯罪记录、文明记录、破产记录、执照证明、结婚证、离婚记录、死亡证明、开车记录、贫困记录、公共事业记录以及社会安全号码认证这些信息都可以在网上获得（浏览网站 www.infoseekers.com 和 www.fastbreakbail.com）。信息经纪产业中的网络警察并没有严格控制向公众出售大量个人信息的行为。埃弗斯（Evers，2005）提出，全美的身份诈骗案在2004年的总损失达到了526亿美元，平均说来，身份被盗窃的受害者平均要花费175个小时来弥补身份盗窃造成的损失，并且每个受害者平均要损失808美元。（Benner，Givens，& Mierzwinski，2000）。安全保护技术的新形式应该可以将身份盗用的危险最小化（详见本章中的维护安全）。

恶意软件：计算机病毒、间谍软件、垃圾邮件、邮件诈骗、网络钓鱼骗术

计算机病毒

恶意软件是指那些未经计算机所有者同意而攻击、感染或损害计算机系统的任

何软件。计算机病毒、间谍软件、垃圾邮件、邮件诈骗、网络钓鱼骗术都可归类于恶意软件。病毒是恶意破坏计算机数据的毁灭性程序。计算机黑客将病毒程序隐藏在其他无害的数据中，并且数据发送的手段也是正常的。病毒不再只限于可执行的文件。现在的病毒可以侵入到任何形式的媒介和数据中。只有通过对杀毒程序的持续更新，使用者才能比较安全地抵抗病毒入侵。在加利福尼亚州，一名年仅20岁的黑客曾利用病毒程序控制了由互联网连接的成千上万台计算机，并以此建立了一个僵尸网络用来弹出广告，而且出租给那些要攻击其他网站的人以传播垃圾邮件（Goodin，2006）。

计算机感染病毒后可能不会立即被发现。有些病毒被设计成休眠状态，直到有一系列的键盘操作或是一个特定的日期才会被激活。1988年11月1日，一个人在阿尔巴网（美国国防部计算机防御网，它也是互联网的前身）键入了一个病毒，该病毒一直处于无害状态，也没被检测出来。但是，病毒中的一个设计导致了难以控制的复制情况持续发生。它致使全国6 000多台电脑瘫痪，其中包括研究和发展公司、斯坦福研究院、劳伦斯利物莫国家实验室、马萨诸塞州技术部以及遍布全美的军事基地内的电脑。这种病毒在合法用户的帮助下将自身传递给其他的计算机。由于该病毒可以持续复制，所有被感染的计算机的运行速度都变慢并最终死机。在过去的几年里，我们经历了那些名为“求职信”、“美丽杀手”、“W32蠕虫病毒”、“冲击波”、“振荡波”、“清醒”和“米开朗基罗”的病毒。Sobig-F蠕虫邮件可以创造数以亿计的拷贝，并且比早期的病毒更加迅速地传递到世界各地（参见www. pcworld. com/news/article/0, aid, 112411, 00. asp）。W32. Mydoom. A@mm（也被称为W32. Novarg. A）是一种电子邮件蠕虫，它能够附着在格式为. bat、. exe、. pif、. scr或是. zip的文件上传播。当计算机被病毒感染后，蠕虫通过破解传输控制协议建立一个后门进入系统中，并且允许攻击者连接到被感染的计算机上，进而利用计算机作为代理主机获得计算机的网络资源（参见http://securityresponse. symantec. com/avcenter/venc/data/w32. novarg. a@mm. html）。

特罗特（Trotter，2003）将互联网上的病毒侵入软件归类为以下几种：

（1）后门。一种秘密的计算机程序，创造者可利用它在没有获得密码的前提下进入计算机系统或计算机网络中，通常被感染的系统在攻击后仍可使用。

（2）特洛伊木马。这个程序可以伪装成无害的程序并能通过安全防护系统。与病毒不同的是，特洛伊木马并不能自我复制，但是它们的危害是毁灭性的。

（3）病毒。一个恶意的计算机程序或是一段软件编码可以附属到计算机程序上，这通常需要计算机使用者不知情的协助操作。病毒可以自我复制，它能故意阻塞系统直到系统停止工作。有些病毒可以破坏数据库，在网络上进行自主传递，并可以通过安全防护系统的检查。

（4）蠕虫。这种类型的病毒可以通过计算机网络进行自我复制，通常会实施恶意行为，如耗尽计算机资源和恶意关闭系统。混合性的蠕虫可能包括病毒、后门以及特洛伊木马（参见www. edweek. org/ew/ewstory. cfm? slug＝02virus. h23）。

计算机病毒不再是一句笑谈。为了防止病毒入侵，反病毒程序必须可以检测并根除已知的病毒。为使这些反病毒程序更有效，必须保证程序可以每周更新（更多信息详见www. symantec. com/avcenter）。

垃圾邮件

垃圾邮件（如主动提供电子邮件广告的垃圾邮件）的数量已达到了令人警觉的程度，它迫使美国国会开始制定法律来减少垃圾邮件的数量。查普（Charp，2003）指出，49%的使用者每天会花费 40 分钟或是每星期花费 4 小时不等的时间来删除垃圾邮件。图 5—2 中列出了最常见的垃圾邮件列表。对比 2003 年和 2005 年的垃圾邮件，我们可以发现诸多区别。现在，很多计算机使用者开始使用备用邮件地址与广告商联络，从而可以保护他们的个人和商务邮箱。很明显，拥有多个邮件地址可以终止那些不安全的广告商的频繁骚扰。

2005 年十大垃圾邮件

1. 地产大商唐纳·特朗普想要招募你——请回复此邮件（公认的流行现象）
2. 新产品的双重保障——壮阳广告（以性为导向的垃圾邮件）
3. 全身裹敷：1 小时减去 6～20 英寸脂肪（塑身产品）
4. 免费获得苹果公司的 iPod Nano、PS3 电玩或 Xbox 360 游戏机（提供技术）
5. 我是 Lisa，我一定发送了错误的网址给你（“私人化”的通信）
6. 提供股票信息：小操作就能保证股票上涨 3 倍（股票类的垃圾邮件）
7. 感谢您的商业往来。提货通知【77FD87】(伪造交易的垃圾邮件)
8. 【重要】你的抵押申请已经通过（与抵押相关的垃圾邮件）
9. 感谢：您购买了价值 199 美元的劳力士表（以“交易”结尾）
10. 在线简易生成处方（医药学方面）

2003 年十大垃圾邮件

1. 在线购买伟哥（也包括 xanax、valium、xenical、phentermine、soma、celebrex、valtrex、zyban、fioricet、adipex 等药品）
2. 在线药房（也包括在线出示处方、在线诊断）
3. 摆脱负债（也包括特殊性的服务）
4. 让自己更强壮（也包括让你的伴侣更满意、改善你的性生活）
5. 在线提供学历（也包括提供网络证书）
6. 最低的抵押率（也包括降低你的抵押率、重新申请贷款、重新申请其他事项）
7. 最低的保险费用（也包括降低你当前的保险费用）
8. 在家办公（也包括自己当老板）
9. 某备受关注的行为（也包括年轻人、色情文学）
10. 在线观看欧普拉脱口秀节目

图 5—2　美国在线公司 2005 年和 2003 年列出的十大垃圾邮件主题

资料来源：http://daol.aol.com/articles/spam2005；www.aol.com. Copyright @ 2007AOL LLC. National Consumer's League. Used with Permission。

邮件诈骗

除了垃圾邮件和网络钓鱼骗术之外，还存在很多的邮件诈骗，这在图 5—3 中已经列出。

间谍软件

间谍软件是指那些未经计算机所有者或是法定使用者同意而对计算机的操作进行干扰或是局部控制的恶意软件。目前有多种免费的间谍软件防护程序和反间谍软件程序能够用来移除这些软件，并能阻挡这些恶意间谍软件的攻击。应确保你的计算机反间谍软件随时更新，并保证你的计算机操作系统的安全防护随时更新。

1. 伪造网上拍卖行为，而其实这些被购买的商品从未邮寄给购买者。
2. 故意歪曲网上已被购买的货物，或是采取不发货的行为。
3. 只收取尼日利亚货币。
4. 故意歪曲已被在线购买的计算机设备或软件，或是采取不发货的行为。
5. 伪装成互联网服务提供商发送垃圾邮件，要求消费者为那些未被定制和未被承认的服务付费。
6. 信用卡或电话的付费服务，这些都是未被定制的或是误被理解为"免费"的服务。这些服务通常包含了付费的"成人"内容。
7. 无店面经营极大地夸大了销售和获利事实。
8. 提高费用贷款，消费者在为不会实现的贷款预付费用时被诈骗。
9. 提供假冒的低比率的信用卡交易，需要预先付费才能实现再次使用。
10. 提供商业机会或是在夸大利润的基础上出售经销权。

图5—3 全国消费者联盟列出的十大互联网骗局

资料来源：www.nclnet.org。

网络钓鱼骗术

这个术语是用来描述那些假借一个正当的组织或网站的身份而进行的违法行为。罪犯一般会利用虚假的电子邮件或网页，并利用访问来让消费者相信他们，从而与他们共享使用者的姓名、密码以及个人的财政信息，达到诈骗消费者的目的。网络钓鱼骗术通常也与身份诈骗相关（参见 www.millersmiles.co.uk/identitytheft/phishing.html）。通过假扮那些为人熟知的银行品牌、在线零售商以及信用卡公司，网络钓鱼者可能会使超过5%的信息接收者给予他们回馈（参见 www.antiphishing.org）。网络钓鱼骗术的最新形式是渔叉式网络钓鱼，诈骗的主要目标是公司（Vamosi，2005）。

如何避免网络钓鱼垃圾邮件

发送给消费者的网络钓鱼垃圾邮件的数量和精确程度仍在快速增长。尽管电子商务非常安全，但你必须在互联网上谨慎地公布你的个人财政信息，这是一般性的规则。摩根大通银行编辑了一些建议列表，你可以利用这些建议来避免成为网络钓鱼骗术的受害者（参见 www.chase.com/ccp/index.jsp? pg_name = ccpmapp/shared/assets/page/Report_Frand）。

▲ 对任何要求立刻提供个人财政信息的电子邮件保持警惕态度。
  - 除非电子邮件中有数字签名，否则你不能确定该电子邮件是合法的还是欺诈的。
  - 他们通常会问以下这些典型的问题，如使用者的姓名、密码、信用卡密码、社会安全密码等。
  - 网络钓鱼邮件不会是普通的私人化邮件，但是它从你们的银行或是电子商务公司获得的有效信息却都是私人信息。

▲ 当你怀疑邮件中的信息可能不真实时，不要点击邮件中的任何链接。
  - 拨打公司电话或在浏览器中键入网址，直接进入网站。

▲ 避免填写电子邮件中那些要求你填写个人财政信息的表格。
  - 你只能通过安全的网站或电话来提交诸如信用卡号码或账户名等信息。

▲ 当你利用浏览器传递信用卡号码或是其他敏感信息时，应确保你正在使用

一个可靠的安全网站。

- 确保你处在一个安全的网络服务器上，检查浏览器上网页地址的开头，它应该是“https://”，而不是“http://”。

▲ 经常核查你的网上账户、信用卡、提款卡的状态，确定所有的交易都是合法的。

▲ 确保你的浏览器及时更新，并且已安装所有的安全补丁。

- 微软浏览器：www. microsoft. com/security
- 火狐浏览器：www. mozilla. org/security/shell. html

▲ 以下社区经常会公示一些网络钓鱼骗术或是欺诈电子邮件的常见形式：

- 联邦贸易委员会网站：spam@uce. gov
- 联邦调查局互联网诈骗投诉中心网站：www. ifccfbi. gov

利用网络钓鱼骗术获得身份信息

一个身份窃取者宣称，他利用伪造的公司商标和发送欺骗性的垃圾邮件，欺诈消费者提供信用卡密码和其他财政数据。联邦贸易委员会认为他的这种诈骗行为违反了联邦法律。如果这个观点被法院所认同，那么这个被告——一个未成年人，将会被禁止发送垃圾邮件，并要上缴他的不法获得物。联邦贸易委员会指出了被告利用垃圾邮件诈骗的流程：作为一个欺诈的老手，被告冒充美国在线公司发送电子邮件给消费者，声称他们的美国在线账户存在一些问题。该电子邮件警告消费者，如果不及时更新他们的账单信息，消费者在美国在线上的账户和互联网登录口都将被注销。电子邮件要求消费者直接点击邮件中的超级链接“美国在线账单中心”。消费者点击该链接后会进入一个有着美国在线商标、美国在线风格的网站，该网站与真正的美国在线网页有着相同的颜色，并能链接到真正的美国在线网页。这个网站看起来也像是真的美国在线账单中心，但事实却不是这样。当然，美国联邦贸易委员会也指出，被告伪装成美国在线的身份，并会利用这个虚假身份去窃取消费者的身份信息（FTC，2003）。

社会工程学

莫斯贝格（Mossberg，2006）提供了一个精辟的名单可以让我们避免最新的垃圾邮件诈骗，他把这种诈骗称为“社会工程学”。他将社会工程学定义为利用一系列的策略迷惑使用者，让他们提供敏感的财政数据，从而犯罪者可以利用这些数据窃取消费者的金钱甚至身份。社会工程学包括网络钓鱼骗术，它通过创设看起来像是那些真实存在的银行和其他财政公司的合法信息和网站，并将这些网站链接到一种被称作犯罪软体的恶意软件上，从而窃取私人财政信息。当前，越来越多看似普通的垃圾邮件都会在你的计算机上秘密安装帮助犯罪者窃取数据和监控你的行为的软件。莫斯贝格提出了以下一些注意事项（参见 http://online. wsj. com/article/personal_technology. html? mod=djemptech）：

（1）不要相信从金融机构发来的电子邮件。电子邮件很容易被偷窃者所复制，因此永远不要轻易相信从金融机构发送来的电子邮件是正当合法的。这些信息可能会携带银行或是经纪人的商标，但你永远不要回复此类电子邮件，也不要点击里面的任何链接。这些电子邮件很可能是高水准的欺诈邮件，其中的链接可能会将你带入一个天衣无缝的虚假网站，让你提供密码和账户。该站点可能已经将名为系统监视器的程序秘密安装到你的计算机上，它会记录下你所进行的任何操作，并将这些信息反馈给盗窃者。

2. 永远不要回复那些主动提供投资机会的商务邮件或是垃圾邮件，甚至不要去点击这些邮件中的任何链接。在以前，回复垃圾邮件会导致你收到更多的垃圾邮件。而现在，回复垃圾邮件可能还会导致你的计算机被秘密安装系统监视器软件，或是其他恶意软件。另外，任何需要借助垃圾邮件作为销售工具的公司，可能也不会有好的产品可以提供。你会购买那些在大街上的陌生人所兜售的股票吗？如果你不会，那你为什么要购买那些垃圾邮件中兜售的产品呢？对垃圾邮件最好的处理方式是忽略并删除它。

3. 除非你确定那些免费软件是合法的，否则永远不要下载和使用它们。那些提供免费资源的网站可以在你的计算机上秘密安装所有的恶意软件。这点对于免费安全防护软件来说更为典型，因为安全防护软件有时会将恶意软件当做是安全的程序。如果你突然发现某个安全程序在你的计算机上被打开，请不要相信它们。

安全维护

对于任何规格的计算机系统，从拥有大量周边设备的大型主机系统到学生使用的独立的计算机，对计算机设备和数据的保护都是极其重要的。安全措施可以预防欺诈性使用或是对计算机设备的毁坏。这些措施包括某人已有的一把钥匙或是徽章；有些时候是某人所知道的一个密码；有些时候是与某人相关的指纹、声波纹、面部特征。

很多大型公司都有安全系统，人们只有通过该系统才可以进入机房。这些系统要求插入特殊的卡片，或是正确按下机房外门上的按钮才能进入。其他的一些安全措施包括只允许个人在特定的场所才能使用特定的功能，例如在机房。因此，一旦程序已生成并且应用得当，计算机的编程者将不再被允许进入机房，并不再被允许运行这些程序。但是，在一些大的机构，只让那些可信任的人进入计算机机房的决定是合理的，而在很多学校，使用这些安全措施则是不现实的。不过，要进入那些内含机密记录的管理员计算机还是有限制的。在计算机实验室，安全检测的范围必须扩大。另一种安全措施要求对职工进行调查，并确认那些与机密信息接触的工作者的安全性。还有一种安全措施是建立一个系统，该系统可以有效地调查安全系统中被怀疑的分支。虽然没有一个系统是百分之百安全的，但是我们必须尽各种努力来确保计算机和数据的安全。

生物特征识别装置现在被用于保护隐私、保护资产、核对身份和抵御未核实的身份进入。它可以扫描诸如指纹或是虹膜等身体部件。“智能卡”是一种内部植入集成电路的塑胶型信用卡，用于存储信息。生物特征识别装置和智能卡正在替代那些利用密码或个人身份号码的过时方法。电子签名反映了验证身份的一种新的技术形式，它的出现使得通过互联网来签订合同成为可能。图 5—4 和图 5—5 呈现了联邦调查局在《2005 年犯罪调查》中发布的安全技术及其成本清单。

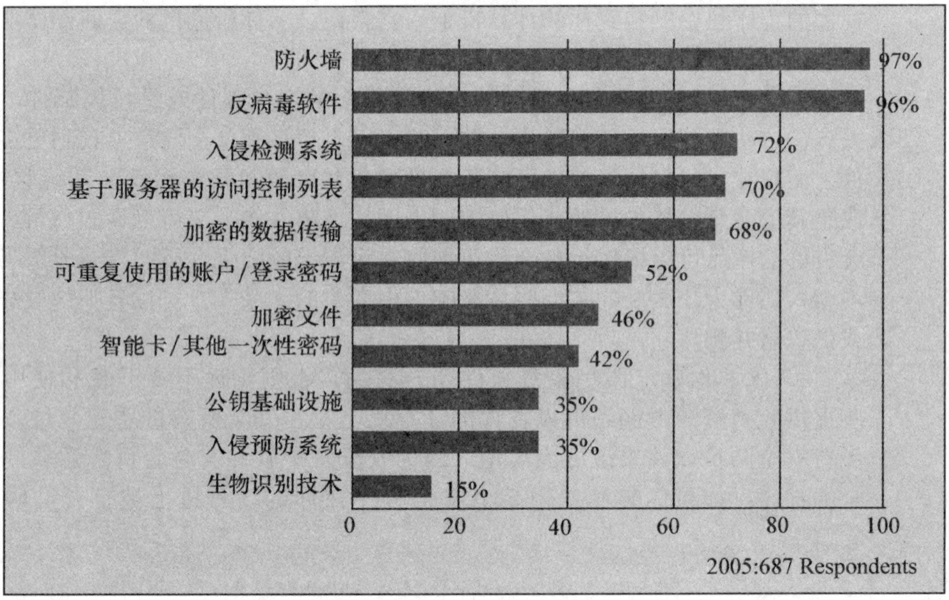

图 5—4　使用的安全技术

资料来源：*2005 FBI Computer Crime and Security Survey*. Retrieved August 15，2006，from www.cpppe.umd.edu/Bookstore/Documents/2005CSISurvey.pdf。

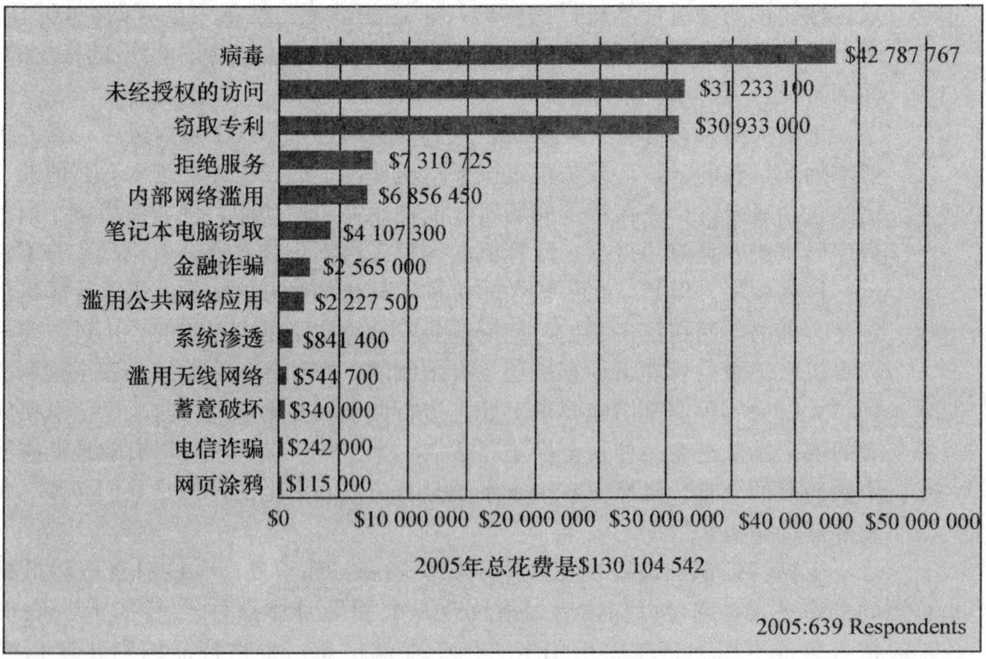

图 5—5　这些技术的成本

资料来源：*2005 FBI Computer Crime and Security Survey*. Retrieved August 15，2006，from www.cpppe.umd.edu/Bookstore/Documents/2005CSISurvey.pdf。

个人隐私

我们的数字化身份已经存储在我们从未听说过的公司数据库中。个人隐私信息不仅可以通过互联网在线获得，同样可以在离线的现实世界中收集到。购买个人隐私信息的模式是利用你的超市俱乐部卡片从销售点终端机中开采数据。生物扫描技术的发展确保我们能对网络世界中的隐私信息进行更为细致的检测。

1974年以前，人们对于数据库相关的隐私问题关注得很少。很少有数据库能够彼此共享信息，因为这样会导致数据库运行缓慢、低效。然而，随着技术的进步和数据库进化成数据仓库，对于个人隐私的关注也在日益增多。杰拉尔德·福特总统于1974年将《隐私权法案》纳入法律中，其目的在于保护由联邦政府生成的机密性文件。该法案的原则被解释为以下几项：

- 不能有任何记录个人数据的系统，任何的个人记录都是保密的。
- 必须存在一种正规渠道，使得个体可以找出和他们自身相关的何种信息被记录，以及这些信息将作何用途。
- 必须存在一种正规渠道，使得个体能够确保和他们自身相关的信息只用于一种目的，并防止这些信息在未经他们允许时被用于其他目的或是用于谋利。
- 必须存在一种方式，使得个体可以修正或改善他们自己的身份信息记录。
- 组织对个人身份数据记录的创设、维护、使用和传播，必须确保用于预定目标的数据的可靠性，并能采取有效的措施预防对数据的滥用。

让我们在一些相关的情境中对隐私问题进行检测。首先，要考虑信用检查。目前，我们处在一个贷款的国家中。我们已经变得如此依赖信用，以至于商业行为离开它可能就无法存在。购车可以分期付款，购物由信用卡来支付，房屋可以用于抵押。所有这些问题都是由延期的付款计划引起的，它们都要求有良好的信用。

当接触到信用信息时，问题总是会被激化。这些问题可能会涉及从谁被批准接触这些信息，到一个人有权知晓多少信息。另外，所获得的信息可能是不精确的。例如，数据导入错误可能会导致拒绝信用卡支付。通常，信息被输入一个系统后，它就不会再被移除。在犯罪记录数据库中录入一条被逮捕的记录，可能无法标明这个人在消费中是否是无罪的。同样的信息可能会导致大学拒绝一份入学申请。不严格使用数据是存在的另一个问题。政府机构的膨胀导致其所收集数据的数量明显增加，而一个机构所收集的数据通常会被其他机构出于其他目的所共享和使用。

税收报表必须每年上交到美国国内收入署；人口调查局负责收集信息和在法律数据库中编译犯罪记录；机动车辆管理部门每年会更新汽车注册用户和持有驾照的驾驶者的数据。随着可获得信息的范围越来越广，这些数据库也被合并成数据仓库。此种合并可以生成某个个体的详细形象，因而也开始对个体的隐私产生威胁。很多医生和其他行业的专家都反对将顾客的信息存入计算机系统中，因为这将是一个威胁。

网络信息环境的转变给隐私带来了额外的挑战。一些流行的电子邮件系统允许需要发送大量商务电子邮件的发送者跟踪电子邮件接收者的网络浏览行为。网页浏览中的cookie可以帮助公司将网页浏览者与电子邮件地址相匹配。当你接收到一封从某网站发送的电子邮件时，电子邮件中的漏洞会为你分配唯一的序列号到一个cookie中，这个序列号将存储在你的硬盘上，并能被其他计算机所读取。当你浏览网页时，这些序列号或是cookie会被暗中传递。

技术的发展对隐私产生了极大的破坏作用，因此对隐私的保护已经成为一个主要的问题。我们要充分地理解谁是数据仓库的管理者，他们的行为出于何种目的，或是未经我们同意，这些个人数据是如何被收集的。计算机在管理和分配信息上的价值是无可估量的。但是，计算机应该升级到可以让那些接触信息的人合法、明智并且符合伦理道德地使用它们。弥补当前法律中的漏洞并让其更为规范是很紧迫的现实需要。为确保法律保护不被忽略，一个大众研究中心——电子隐私信息中心（EPIC）已成立，它的成立是为了传播新兴的公民自由问题，这些问题包括如何保护隐私和对《宪法第一修正案》的关注。

教育者同样越来越关注隐私问题。对学生信息的处理受到1974年颁布的《家庭教育权利和隐私权法案》的保护。该法案赋予家长和学生的权利有：查阅学生所在学校的记录，要求对不精确或是可能产生误导的记录进行修正；学校在移除一个学生的信息之前，必须获得家长或是已达法定年龄（18岁或18岁以上）的学生的书面同意。

在第3章中我们曾提到，1998年颁布的《儿童在线隐私保护法案》（COPPA）保护了儿童在互联网上的隐私。网站或在线服务在收集、使用或披露13岁以下儿童的个人信息之前必须获得家长们的同意。COPPA的承诺是，要求网站或在线服务提供一个显著的链接，以公布它们是如何收集、使用或揭露那些个人信息的。利用诸如cookies技术的被动收集手段是被批判的。

到目前为止，我们关于计算机犯罪和对隐私威胁的讨论已经证实：在我们的社会中，计算机的出现造成了戏剧性的巨大变化。伦理、公平等问题对教育者要承担的新的责任具有重要影响。接下来的部分我们将探索教育中所关注的这些问题。

教育中所关注的伦理和法律问题

教育者利用计算机与家长、社会共享他们的教学伦理标准。为了帮助教师开发一系列可以适用于计算机和互联网的道德标准，学校创建并实施了一个可接受使用协议（AUP）。AUP是学校技术计划的一个关键部分，它阐明了计算机和互联网的使用规则以及违反这些规则将导致的后果。家长和他们的孩子有责任遵守这些政策。现在有很多商务软件产品可供家长使用，他们可以利用这些软件监控孩子在互联网上发送信息和在线聊天的行为。事实上，绝大多数产品都可以限制孩子每天上网的时间，同时也可以保存孩子已浏览过的网站记录。学生是否知道哪些可以合法拷贝，而哪些不可以呢？以下是一次民意调查中对这个问题的回答。

孩子是否在乎这是违法的？

KenRadio.com（2006）发布了一个由《洛杉矶时报》和彭博通讯社发起的民意调查，该调查发现，大多数24岁以下的青少年和年轻人，无论男女，都认为拷贝非法下载的音乐和电影是违法的，而拷贝已购买的CD或DVD却不是违法的。这些年轻的消费者认识到从不可靠的网站下载免费的音乐和电影是违法的，也知道购买走私的CD和DVD是错误的。但是，调查显示，60%～70%的人认为他们有权在朋友之间传递光盘，只要这些光盘是合法购买的。音乐和电影产业的律师指出，当你为一个朋友拷贝一份CD或DVD时，尽管你曾经是全额购买的，但你已经违反了美国版权法并且已构成犯罪，但是这些年轻的使用者却不这样认为（见表5—1）。

表5—1　　美国使用者认为以下行为违法的比例

	12～14岁	15～17岁	18～20岁	21～24岁
拷贝朋友的正版CD	27%	35%	33%	38%
拷贝朋友的正版DVD/VHS	39%	44%	40%	41%
从某个非法网站下载免费音乐	79%	81%	70%	79%
从某个非法网站下载免费电影	83%	83%	74%	79%
购买走私CD	82%	84%	76%	76%
购买走私DVD/VHS	83%	84%	80%	77%
入店行窃价值低于20美元的物品	97%	98%	98%	96%
入店行窃价值高于20美元的物品	99%	99%	99%	97%

资料来源：http://KenRadio.com。

KenRadio.com发布的民意调查显示，69%的12～17岁的青少年认为拷贝朋友的正版CD是合法的，而只有21%的人认为如果朋友的音乐是免费获得的，那么拷贝其CD也是合法的。与此相类似，58%的人认为从合法购买的朋友那里拷贝DVD或者录影带是合法的，只有19%的人认为当原始材料是非法获得时，拷贝依然是合法的。在早些年的另一项研究中，哈里斯民意调查公司发现，年轻人非法下载音乐、电影、游戏和软件的趋势正在下降（见图5—6）。

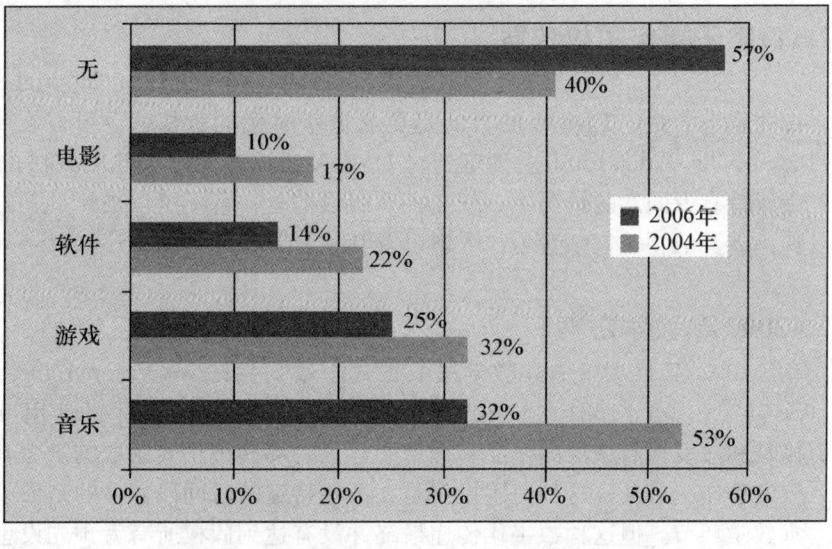

图5—6　美国青少年热衷免费下载的网络内容

资料来源：http://KenRadio.com。

版　权

教师是一种角色模范。因此，并不存在教师伦理行为的替代品，也不存在能够代替教师合理管理学生的行为。当使用计算机或讨论计算机的用途时，教师应树立伦理行为的典范。如果教师在讲解盗版软件的危害时却正在使用着盗版软件，那么这堂课就是毫无意义的。对当前版权问题和教育公平的理解是教师伦理行为最重要的部分。

联邦机构中版权法的执行机构是国会图书馆版权办公室（可浏览网站 http://lcweb.loc.gov/copyright/title17 来阅读该法律，或是通过 www.loc.gov/copyright/circs/circ1.html 来浏览版权法基础知识）。版权使其著者拥有唯一的权力去复制、分配、执行、演示软件或是申请运营执照。当初始的编写工作是“固定”在一个“有形的媒体”上时，版权是自动生成的。例如，你写的电子邮件是有版权的。版权作品拥有最长达 70 年的版权保护有效期；然而，版权保护在合法使用情况下是例外的。

“合法使用”在 1976 年颁布的版权法中第 107 部分作出了定义（参见 www.loc.gov/copyright/title17/92chap1.html#107）。出于批判、建议、新闻报道、教学（包括在课堂中进行多次拷贝）、评定奖学金或研究目的使用版权作品，都没有违反版权法。要确定某行为是否是在法律约束下的合法使用，以下因素可以列入考虑范围：

- 使用的目的和特征，包括这种使用是商业性质的还是出于非营利的教育目的；
- 拥有版权的作品的性质；
- 整体上受版权保护的作品被使用部分的数量和内容；
- 拥有版权的商品对潜在市场的影响，以及该商品的商业价值。

《数字千禧年版权法案》

1998 年，《数字千禧年版权法案》(Digital Millennium Copyright Act，DMCA) 正式发布。制定 DMCA 的目的是更新数字时代的版权法。可以在 www.asu.edu/counse/brief/dig.html.上浏览到对 DMCA 的综述。按联邦版权法的规定，在未经版权持有者同意的情况下，任何拥有版权的著作都不可以被拷贝、出版、传播、放映。涉及的领域包括音乐、电影以及其他有版权的作品。

《2002 年教学法案》

2002 年 11 月 2 日，教学法案正式生效（参见 www.copyright.gov/legislation/pl107-273.pdf#13210）。《2002 年教学法案》中提出，技术的使用可以有效地防止拷贝和散发拥有版权的作品。课堂中，只有那些被正式录取的学生有权使用拥有版权的著作。另外，这种使用仅仅是在某些特定的时间段，目的是为了完成特定的课堂教学环节。但这种数字化传递最终并没有达到版权所有者预先设想的可以利用技术措施避免非法保存著作或是未经授权进一步传播著作的现象。网址为 www.arl.org/info/frn/copy/copytoc.html，以研究图书论文出版为主题的协会，就是一个可以获得最新、最精确的版权问题信息的优质资源。

对教师使用版权和合法使用软件的指导意见

戴维森（2005）在表 5—2 中给出了课堂上的教师在版权法允许的范围内可以享有的权利，并提供了美国的版权指导方针。版权和知识产权已经写入美国宪法以促进学习及保存有价值的艺术，同时用以支持教育者的工作。

版权保护的目的一度被错误地认为是保护作者和其他知识财产的持有者。事实上，版权保护长期以来都是为了保护整个社会尤其是教育机构的利益。学习，或科学，在法律和教育中被定义为允许作者和其他人在有限的时间里所从事的工作。第一版的版权法案在写入联邦法律时，就是以"教育法案"命名的。

教师在课堂上所作出的决定都是和教学领域密切相关的。在课堂上，教师可以行使极大的权力——甚至是他们不曾拥有的权力。霍尔·戴维森，一位教师，编写了一个版权问题表格来指导教师，以使他们明确可以在法律范围内行使的权力。该表格的 PDF 文件可以在 www. mediafestival. org/downloads. html. 上获得，如表 5—2 所示。

表 5—2　　课堂中要注意的版权问题

在 1976 年 1 月 19 日写给国会小组委员会主席卡斯腾迈耶（Kastenmeier）的信件中，代表特设委员会教育机构、版权法的校对组织以及美国作家协会、美国出版社协会的信件撰写者总结了许多建议（见下表），这些意见"并不是想在公平使用、平等决策的基础上限制合法拷贝的范围，以上的这些陈述可以在《版权修正法案》第 107 节中找到。在这个修正法案中，可能存在一些事例是以下这些建议未涉及的（见下表），但是在公平使用的标准下是允许合法使用的"。

在 www. mediafestival. org/downloads. html＃anchor359082. 上可以获取更多与版权相关的信息和参考资源。同样，用户可以在网站上下载该表格的 PDF 文件。

印刷材料	用途	依据	备注
● 字数少于 250 字的诗 ● 从一首多于 250 字的诗歌里选出的 250 字的摘录 ● 字数少于 2 500 字的文章或故事 ● 一部长篇著作中的节选，选取此作品的 10% 或 1 000 字，但不少于 500 字 ● 从一本书或是某份期刊上节选一个表格、漫画或是图片 ● 从一个插画书中选取两页（最多），字数低于 2 500 字（如儿童读物）	教师可以拷贝多份在课堂中使用。	美国版权局第 21 条公告	每个学生手持一份拷贝即可。 用途必须是：由唯一的一位老师进行指导，要求学生在日程安排规定的时间内使用。 仅用于学校的一门课程。 每个班级每个学期使用不得超过九次［现在的新闻发布机构（比如报社）则可以使用多次］ 不要做成选集。 "消费品"不可复制。不要每个学期都使用它（如果时间允许，寻求许可）。不能由"上级权力机构"执行。副本不能代替购买品。只能用通过合法途径得到的原件进行拷贝。

印刷材料（续）	用途	依据	备注
● 一本书中的一章内容 ● 一份期刊上的一篇文章 ● 短小的故事、散文或诗歌 ● 图表、漫画或图书、期刊、报纸上的图片	教师可以单独拷贝一份作为研究的参考书或是为备课作准备。	美国版权局第21条公告	同上。

文本在多媒体项目中的应用	用途	依据	备注
● 与上面的“印刷材料”相同	学生在多媒体项目中可配合使用文本，而教师在教授课程时也可将文本嵌入多媒体中使用。	《多媒体教学合法使用的指导意见》	在得到允许后，教师可连续两年使用该材料。学生则可通过文件夹将其一直保存。
插图和图片	用途	依据	备注
● 照片 ● 插图 ● 照片集 ● 插图集	单幅作品可以整体引用，但是最多只能同时引用一位作者或摄影师的五幅作品。 从图片集中引用的作品不得超过其总数的10%。	《多媒体教学合法使用的指导意见》	旧的插图可以从公共场所获取，而图片集则必须经过授权获取。

视频	用途	依据	备注
● 录像带（购买的） ● 录像带（租赁的） ● DVD ● 光盘	如果没有长度、范围以及多媒体使用的具体要求，教师就可以在课堂中使用这些素材。 可以作为档案存档或者代替丢失、损坏或被盗的副本。	《版权法案》第110节	这些素材必须是通过合法的途径获得的（即合法的副本）。它必须用在教室里或是一个类似的场所（比如用于面对面的教学），而不是用作娱乐或是提供有偿的服务。它必须用于教学。它使用的场所也必须是一个非营利性质的教育机构。 如果无法以一个合理的价格得到替代品或仅能得到一个无法使用的格式（如索尼公司的贝塔曼摄像机）。

视频（移动媒体）在多媒体项目中的使用	用途	依据	备注
● 录像 ● DVD ● 光盘 ● 影片 ● CD	学生在多媒体作业中可以使用通过合法途径得到的注册作品之中的一部分，将其中的 10%或是三分钟（或更少）定义为“移动媒体”。	《多媒体教学合法使用的指导意见》	“必须为多媒体中所有受版权保护的作品作出标注，也包括那些准备在多媒体中使用的作品”（Tina Ivany，12/08/95）。

将视频整合到视频项目中	用途	依据	备注
● 录像 ● DVD ● 光盘 ● 影片 ● CD	学生在多媒体作业中可以使用通过合法途径得到的注册作品之中的一部分。	《多媒体教学合法使用的指导意见》	素材必须是通过合法的途径（正版拷贝，而不是盗版）得来的。

将音乐整合到多媒体/视频项目中	用途	依据	备注
● 音乐	将音乐用于教学时，教师或学生可将授权使用的音乐作品的 10%或更多的部分作为多媒体作品的一部分进行复制、剪辑或播放。	《多媒体教学合法使用的指导意见》	一些权威机构规定：可使用的音乐最长为 30 秒（参见 www.indiana.edu），有的则没有时间限制（参见 Tina Ivany，UCSD San Diego，12/08/95）。

计算机软件	用途	依据	备注
● 购买的软件 ● 被授权使用的软件	软件可从图书馆获得。 在学校和家里都可以安装软件。 软件可以安装在多个机器上。 软件可以拷贝下来存档以替代丢失、损坏或被偷的副本。 用户可通过网络下载软件。 图书管理员可以拷贝软件以存档。	《版权法案》第 107、第 108 节以及之后的修正案	严格监视软件没有被拷贝出售或被租用。 在同一时间内只能有一台机器可以使用此程序。 使用软件的机器数不许超过注册的机器数。 如果此程序无法以合理的价格购买或者它是一个无法使用的格式，同时使用此程序的人数未超过注册的人数，那么多个用户可同时在网上注册。

网络	用途	依据	备注
● 网络连接 ● 万维网	可下载图像供学生使用。可将素材暂时上传至一个网站，此网站的密码仅限学生使用。 不要将这些素材存档。 在项目中可下载的声音文件的部分限制如上所述。	《多媒体教学合法使用的指导意见》 《数字千禧年版权法》	未经允许图像不得放到网上。 未经允许不得从网上复制声音或音乐文件。
电视广播	**用途**	**依据**	**备注**
● 广播（如美国广播公司、美国全美广播公司、哥伦比亚广播公司、联合派拉蒙电视网、公共广播社、地方电视台） ● 广播磁带	直播的 off the air 广播可用于教学。 由广播制成的磁带可用于教学。	国会规定	保存磁带会有两种不同的结果。最小的权限规定可以保留 10 个工作日。而比较宽松的权限规定的时间更长。比如 PBS 的《彩虹阅读》（Reading Rainbow）系列允许租用 3 年。但如果你想保存 3 年以上就必须购买了。
有线电视	**用途**	**依据**	**备注**
● 有线电视新闻网 ● 音乐电视 ● 家庭票房电影频道（HBO） ● 电视录像	经过允许可使用。 许多节目可保存多年——取决于节目本身。 检查教室中的光缆。	有线电视系统（及相关协会）	由于国会对电视广播节目的规定早于对有线电视节目的规定，因此有线电视节目的规定与广播电视节目的规定并不完全相同。
影片或胶片	**用途**	**依据**	**备注**
● 16 毫米影片 ● 胶片	教师可复制单个影片中的一小部分用作教学。	加州学区的版权政策和准则，加利福尼亚州教育局	这些影片必须是教师自己持有的。
下载更新地址	www. mediafestival. org/copyrightchart. html	Hall Davidson	hall@cccd. edu

对有害材料的限制性接触

《儿童在线保护法》（COPA）于 1998 年颁布，它替代了《传播净化法案》（the Communication Dececy Act）以禁止向未成年人发送有害材料（如向未成年人曝光详尽的性内容等）。《儿童在线隐私保护法》（COPPA）于 2000 年 5 月 21 生效，用于保护 13 岁以下儿童的个人信息在互联网上不被泄露。该法案向网站管理者详细解释了他们应该遵守哪些隐私政策，应该何时以及如何获得孩子家长的可被证实的许可，以及在保护孩子的隐私和网上安全方面应承担哪些责任（参见www.ftc.gov/bcp/conline/pubs/buspubs/coppa.htm）。

当网上内容是出于“商业目的”且“对未成年人有害”时，COPA对于发布邮件信息的人会处以5万美元的罚金和6个月的监禁。但是这也有效地打击了那些收费的商业网站的运营者，他们所采取的一般手段是通过“请使用信用卡”或“非正规的有效技术可以获得合法测试”吸引阅读者的注意力。COPA由美国民权联盟颁布，该联盟在1996年还颁布了《传播净化法案》，这是国会第一次试图通过裁定某些特定的网上言论属违法行为来保护未成年人的网上安全。但是该法案并没有很好地服务于政府需求，也没有为各种需求提供逻辑严密的指导对策。

剽　窃

教育者日益关注的一个重点是网络剽窃。从网上获得的信息是逐字的文本和被处理过的图片、动画，这些很适合于学生将信息剪切和粘贴到他们的论文和研究报告中。学生甚至可以下载整篇文章，并将其当做自己完成的作业。商家也可以存储各种散文和研究性论文以供出售。在谷歌或是雅虎的搜集引擎中输入关键词“短文”，不到一秒的时间内，你就可以找到很多列有学生论文的网站！由于可以在网上获得很多资源，对于学生而言在论文和报告中剽窃他人信息成了一种诱惑。关于该问题的详细信息可参见本书第15章并浏览网页www.plagiarism.org/index.html中的内容。

信息的精准性

教育者日益关注的另一个重点是互联网提供信息的精准性。对于当前网上获得的过剩信息，并没有一个机构提供可核实的标准或依据。所以，有必要对网上信息进行仔细检查。

道德行为的角色扮演模型

目前人们对与技术相关的道德问题关注得很少。教师可以利用课堂时间和学生们讨论道德问题。现在有很多的角色扮演模型，学生可以利用这些模型来扮演软件盗版商、软件发行商等角色。教师可提供给学生接触角色扮演模型的机会，对这些问题的讨论有助于学生明确和发展自己的道德规范。浏览www.vuw.ac.nz/staff/alastair_smith/evaln和www.library.jhu.edu/researchhelp/general/evaluating可获得更多信息。

儿童安全和网络安全

孩子的安全，通常指儿童安全和网络安全，是家长、教师和学校所共同期望的。网络安全联盟教给了家长和学生一些基本的网络安全规则。该联盟由许多州的州长及其夫人们发起，并联合了反犯罪组织、法律执行机构、基金会和公司的主管等。研究表明，20%的年轻人在一年的时间里会利用网络接收在线交友联盟的邀请；29%的儿童在被要求的情况下，会免费提供自己的家庭住址（参见www.ikeepsafe.org，2006-08-10）。

有助于儿童安全的援助性网站

- 对不好的或是攻击性网站的重点关注
  www. siteadvisor. com
  www. scandoo. com
- 网页、电子邮件和桌面的在线保护
  www. surfcontrol. com
- 《机器猫互联网历险记》的故事书、可以下载的动画片以及各种教学游戏。
  www. ikeepsafe. org/iksc _ educators/educational-materials. php
- 家长和教育者可以获得的教学材料，包括工作表和测试题
  www. ikeepsafe. org/iksc _ educators/educational-materials. php
- 供学生使用的安全的电子邮件
  www. gaggle. net

社群网站

社群网站是目前日益流行的一种网站形式。几乎每隔几周都有新的网站产生。学生可以在计算机中写下他们的未来职业发展以及他们喜欢的音乐、运动和任何他们希望留存的东西。这种特殊网络关注的是使网络成员共享他们的故事、照片、地址或其他内容。这种网站绝大多数是免费的。

如果这些社群网站中有性别攻击或是隐私侵害情况，通常会导致不愉快的问题发生。教师、家长和学校已经认识到存在一些不安全的环境，并有意识地为学生提供一个安全讨论区。一般说来，提供的信息要能给予教师和家长一定的帮助，促使他们告诫孩子不要把个人的详细信息公布在自己的网页上（Barrett，2006）。现在一些网站开始提供安全标签。以下是一些较流行的网站列表。

流行的社群网站

- 360 雅虎
  http://360. yahoo. com
- 43Things：在你的生活中，你想做些什么？
  http://www. 43things. com
- 博客
  http://blogger. com/start
- Bolt
  www. Bolt. com
- 同学录
  www. classmates. com
- 脸谱网
  www. myspace. com
- Flickr 网络相册
  www. flickr. com
- Livejournal
  www. livejournal. com
- MSN 相册

http://communities.msn.com/content/features/photoalbum.asp

- MSN空间
  www.msnspaces.com
- Myspace
  www.myspace.com
- Myyearbook
  www.myyearbook.com
- Picasa
  http://picasa.google.com/index.html
- Tribenetwork
  www.tribenetwork.com
- Wikipedia
  http://en.wikipedia.org/wiki/Main_Page
- Xanga
  www.xanga.com
- YouTube
  www.youtube.com

教育调研

对于在课堂中使用技术的教育者而言，调研问题是他们关注的重要方面。性别和技术的公平获得是人们关注的主要问题（Siek et al.，2006）。研究发现，相对来说，男性比女性对技术更感兴趣并能更好地使用技术。软件总是趋向于强调以男性为主宰的行为。游戏总是用暴力和竞争作为激励。这些软件的特性更能吸引男性的目光。因此，谨慎地选择学生软件对于在课堂中淡化性别差异是极其重要的。

学生使用技术的程度取决于学校或学校所在地区的经济能力。尽管计算机对学生的比例已经稳步提高，但仍然有很多经济水平差的学校在计算机接入互联网尤其是教室接入互联网方面的能力很有限。学校和图书馆的服务基金会将这种现象归因于“E-Rate”。“E-Rate”这个词产生于1996年，用于统计向公立和私立学校及图书馆提供电子化通信服务和设备的花费情况。该E-Rate计划将100多万间教室连入了互联网。不过，尽管国会和州政府开始利用E-Rate和用其他技术支持的计划来逐步增加接入互联网的教室数，但计算机与学生数量的差距仍然是巨大的。贫困的一种新形式——信息贫困，开始从这种差距或数字鸿沟中显现。

教育者关注的是，信息贫困会导致科技精英的形成。在技术性导向的经济中，拥有更多计算机经验的人会获得更高的工资，而那些具备较少或没有计算机经验的人将处于劣势。美国商务部（2004）指出，自1994年来，美国社会开始出现数字鸿沟。教育者有责任确保所有学生都可以充分接触计算机和互联网，不论性别、种族、社会经济背景以及他们的智力或体力水平。

尽管美国商务部（2000）公布的数据显示，少数族裔使用技术的人数在缓慢增长，但残疾人却只有一半人口（基于国民的平均水平）可以接入互联网。有25%

的正常人从未使用过计算机，而从未接触过计算机的残疾人却有接近60%。只有20%的盲人或是视力受损的人可以接触互联网。当为课堂技术利用选择计算机硬件和软件时，教育者必须以它们是否可以为带有残疾缺陷的学生所用作为标准来对这些硬件和软件进行评估。在万维网协会的网内接入倡议书中，确保可以连入互联网的技术都已经被列出（参见 www. w3. org/wai）。

视力受损的学生可以使用屏幕触摸软件，它可以将屏幕上的信息翻译成合成语音或是盲人专用的点字法。如果一个网站不是仅提供文本版本，那么用屏幕触摸软件阅读这些网站时就会产生复杂的问题。例如，当某图像是一个导航元素，如一个按钮或是一个箭头，该图像以“009. gif”命名，或是这个按钮的标签是“单击”，屏幕触摸软件阅读出的内容就是“009. gif”或者是“单击”。视力受损的学生可能不能理解这些非情境性的文本，并可能会失去导向。尽管针对残疾学生可以装备很多计算机辅助技术，但网络研究可能还不会涵盖无障碍的网页设计。特殊技术应用中心（CAST）是一个非营利组织，该组织致力于利用技术的发展和创新性使用来扩大残疾人的教育机会（参见 www. cast. org/index. cfm）。CAST 开发了一个应对普通网络的程序，该程序可以识别一个网站的可访问性问题及相关解决方法。平等使用软件和信息（EASI）网站在 www. rit. edu/～easi 网页上为教师提供了免费的资源，教师可以利用技术工具为带有残疾缺陷的学生实施技术和课程的整合。

教师必须充分利用技术的优势，使得学生可以参与到更多的教学行为中，而不是只参与到那些通常在经济条件差的学校中推行的操练型行为中。教师必须理解没有把文化交流和身体缺陷列入网站设计的意图。使用技术要关注的焦点是，对技术的有效利用和将技术整合到课程中，而不是简单地提供技术，或是获取各种硬件和软件。

数字鸿沟

卡德尔（Kadel，2006）指出，拥有技术和未拥有技术的人之间的鸿沟已经让我们感到困扰，它的存在时刻提醒着我们，不公平的使用技术的状况已经存在，并将持续存在。我们如何确保对技术适当和平等的使用？有两个策略是起决定作用的：财政和教师的专业发展（Kuperstein & Gentile，1998）。家长组织、财政增长、产业整合以及学校中的精细预算，都能改善技术的使用。备受关注的教育组织如教育公平全国联盟（www. math. ucsb. edu/NCEE）的主要工作是传递各种教育信息。与此相类似，网络数字鸿沟（www. digitaldividenetwork. org）是一个网络资源库，该资源库包括那些存在显著不公平使用技术的资源和社区名称。另外，数字公平网络（http://digitalequity. edreform. net）是一个在线服务系统，它提供高质量的资源，用来帮助呈现在课堂上和社区中出现的数字鸿沟。持续的专业发展和技术协助为教师转变他们的教学实践提供了支持。教师必须致力于谨慎设置平等的机会，并要进一步便于学生使用技术从而突出他们的个性化需求，这些个性化需求包括学生的文化认同以及提升他们和国际社会之间进行交流的能力。萨尔彼特（Salpeter，2006）指出，虽然一些数字鸿沟问题正在不断改善，但这个问题还没有完全解决。

每个儿童一部电脑的创举

麻省理工学院媒体实验室开发了一种价值100美元的笔记本——一种可以彻底改变全世界儿童教育学习方式的技术（Negroponte，2005）。这个创举被称为每个儿童一部电脑，你可以从网站 http://laptop.media.mit.edu 上获取更多信息。尼古拉斯·尼葛洛庞帝（Nicholas Negroponte）——麻省理工学院媒体实验室的创始人之一——于2005年2月在瑞士举办的世界经济论坛上提出了这个计划，并于在突尼斯举办的美国会议上首次展示了100美元的笔记本的原型。尼葛洛庞帝相信，这种笔记本是呈现世界的一个窗口，也是用来思考的一种工具。这种笔记本的出现提高了独立交互和探索的能力，孩子们通过使用它们可以开始“学会学习”。更重要的是，为全世界数以百万的孩子每人提供一台电脑，可以消除数字鸿沟。笔记本电脑上的摇柄可以提供2瓦的电流来运行计算机，网络支持 Wi-Fi 连接。向公众展示的第一台100美元笔记本电脑产生于2006年7月。浏览网站 www.laptop.com 可以获得最新的进展报告。当然，该计算机的维基等相关信息也可以在网站 http://wiki.laptop.org/go/Home 上获得。

学校趣事

一个大学的计算机软件版权政策

你有从朋友或同事那里“借”一个计算机程序的经历吗？现在你在家中或办公室中的计算机上安装了正版的计算机程序了吗？如果你有过以上的经历，你知道这些借来的和安装的程序是否征得了版权所有者的同意吗？联邦版权法赋予版权所有者独有的权利，以决定何人可以安装或是租借他们已取得版权的计算机软件。如果你或者被授权的大学学校代理要从声誉良好的卖方那里购买计算机软件，应该还要购买可能包括的软件购买认证书。

在你使用或分发这些软件前，你必须理解认证书上这些术语的含义。如果软件已被大量生产或是预先包装，包装内应该附有这些认证术语。

这种显示认证术语的方法有时与收缩性薄膜包装相关，因为这些语言通常都显示在外包装上（压缩包装），购买者会先阅读这些认证术语然后再购买该商品。如果该软件的开发或是专门制作是出于特殊的目的，位于协议下面的内容可能会包括一些特定的术语。

如果大学的雇员在他们任职期间开发软件，那么该软件的版权是属于大学董事会的。这意味着，没有人可以在未经许可的情况下对软件进行分配、申请证书或是让其他人使用，只有在持有书面授权书的前提下才有权代表校董事会签约。由学校员工开发的软件必须由技术许可办公室或律师事务所审查后才能采用。

如果大学雇用的是一个顾问或一个独立的承包商来开发软件，与该顾问和承包商的协议如果没有指定学校拥有最终生成的软件的版权，那就是必须在许可术语中规定该软件的使用和分配。所有同意第三方（包括学生）购买、租赁、开发、改编软件，或是提供其他拥有版权的材料供大学使用的行为，都必须要经过采购服务机构或律师事务所审查后才能执行。

认证术语可能会限制个体和授权网站使用该软件。使用的术语、使用的目的以及对软件的分发和拷贝同样要受到认证术语的限制。该认证可能会描述违反这些规定的惩罚措施。

未经授权的软件拷贝或分发可能会导致违反联邦和州法律的违法犯罪行为。大学和个人如果有未经授权的拷贝行为，即使他们是出于教育或是非营利目的使用，也都有可能要负法律责任。

软件出版商会采取严厉的措施来保护其正版软件不受侵害，其中包括核查学校的计算机是否在使用未经授权的软件。未经授权而使用软件会导致学校和参与到未经授权的拷贝过程的个人负大部分责任。换句话说，除非你是被授权的使用者，不然那些“免费”的正版软件的拷贝版本可能都不是真正免费的。

资料来源：Adapted from a document prepared by the Arizona State University Office of General Counsel，2001。

总　结

我们正经历着计算机给社会带来的这种彻底的改变，这是我们所了解的。计算机科学家和社会学家在对未来技术的猜测上有很多不同的观点：有些人预见了stark 1984-type的世界；而托夫勒（Toffler，1981）和其他人一起构造了一个乐观的未来世界，在这个世界里人类得到高等技术的辅助，会享有比以往更大的自由。谁的预言是正确的还需时间的检验，但是有一点是肯定的：计算机必然会用戏剧化的和不可阻挡的方式来改变我们的生活和社会。

计算机诈骗和滥用存在多种形式：偷窃金钱、商品和身份，非法使用计算机存储的信息，以及在未被授权的情况下改动计算机时间。盗窃者在未经许可时进入计算机系统。软件盗版是指盗窃计算机程序的行为，一般会导致软件价格的上涨。计算机病毒是计算机安全需关注的另一个问题。一般说来，病毒和间谍软件很难检测出，但是病毒疫苗和反间谍软件的出现可以有效克服这一缺陷。垃圾邮件、电子邮件诈骗和网络钓鱼骗术都是我们日常电子邮件的一部分。教师必须为学生提供体验式的教育。如今，社群网络开始变得流行。家长、教师和学生必须致力于确保学生的安全使用。

由于计算机数量在社会中的增长，计算机犯罪在某个层面上呈增长趋势。在计算机机房，有大量的方法可以保证安全，其中之一是可以通过限制进入机房的人为被授权的个人。输入密码是控制进入计算机系统和限制获得记录的传统方法。生物测定学开始被广泛应用于保证安全领域中。另外，很多组织开始在雇用过程中监视潜在的雇员安全。

除了关注各组织的安全问题外，人们也很关注个人的隐私问题。1974年颁布的《隐私权法案》旨在保护联邦政府计算机中的机密文件。一些州政府还通过颁布法律来进一步保护普通公民的信息不被非法利用。除了计算机犯罪，在劳动力上的转变也是另一个关注的要点。

在基于技术的教育中，教师面对诸多挑战。首先，不论学生的性别、道德、社会经济背景和能力如何，教师都必须致力于为学生提供平等地使用计算机的机会。其次，他们必须在课堂中提升学生使用计算机的道德水准。他们可以通过举例说明如何更道德地使用计算机，或是利用诸如角色扮演和动画等工具解释道德问题，以促使学生做得更好。教育者和家长会关注学生的隐私及是否进入不当网站等问题。另外，关于学生利用互联网完成作业的剽窃问题也成为关注的热点之一。技术在提供机会的同时也开始让教师和家长担忧。所以，我们必须通力协作才能充分发挥这个功能强大的工具的优势。

看看你能做什么!

1. 讨论不同性别的使用者对计算机的态度有何不同。

2. 技术精英的产生会导致什么危害。

3. 描述最近一些利用计算机诈骗的案例。

4. 描述《儿童在线隐私保护法》和《儿童在线保护法》的不同。

5. 研究通过未经授权而获得记录的方式侵犯个体隐私权的案例。

6. 你关注过哪些计算机病毒和间谍软件?你是如何防止由病毒和间谍软件引起的数据丢失或滥用的?

7. 研究低收入人群使用技术时可能面临的困难。

8. 对目前流行的一个教育软件包实施审查，找出该软件中倡导大男子主义的部分。

9. 找出那些防止学生在学校中进入不当网站的方法。

10. 准备一篇关于尼葛洛庞帝计划通过 100 美元计算机的创举来消除数字鸿沟的课堂报告。

11. 你会采取哪些步骤防止课堂上的剽窃行为?

12. 你预见新技术的使用会导致哪些危险?新技术的出现会导致生活更加公众化，这会威胁我们的隐私保护吗?

13. 比较雅虎在网站 www. yahoo. com 上提出的隐私政策和亚马逊在网站 www. amazon. com 上提出的隐私条款。注意这些网站上的 cookies 和个人信息板块内容。

14. 学校和教师主要关注社群网络的哪些方面?

15. 简述一个在课堂中实施儿童保护的计划。

16. 列出十个社群网站，并鉴别这些网站中的安全要求是如何及时保护使用者的。

17. 找出所有倡议一对一计算的国家，并概述每个国家的计划。

18. 研究数字鸿沟问题，并总结数字鸿沟的发展进程。试着用你的总结去分析 2003 年以后出现的一个数字鸿沟问题。

19. 列出本章中对儿童有影响的版权法案。为家长和教师联谊会准备一份 PPT 陈述。

20. 研究网络犯罪造成的社会影响。

我的实验学校

计算机使用：政策和安全

该视频片段提供了一些附加信息，这些信息是关于教师在将技术融入教育时所要面对的社会、道德、法律和人文问题。

● 登录网站 www.mylabschool.com，在“Course”菜单下选择“Educational Technology”，进入“Planning Technology-Enhanced Instruction”视频链接，观看视频“Learning the Rules for Computer Use”。

你也可以在搜索栏中输入 ETV1 直接找到这个视频。

选取适合你学校的可接受使用协议。

配套网上资源

登录网站 www.ablongman.com/bitter7e，获取本章的教学目标、实践测试、网站链接、词汇表、动画卡片以及本章完整的参考书目。

第6章

利用技术学习和教学

焦点问题

- 在科技含量丰富的综合性课程中，课堂的教学和学习行为发生了哪些改变？
- 在各个教学领域中，教师是如何使用技术来实现专业目标的？
- 将技术整合到一般的课堂教学中会产生哪些积极的影响？
- 在不同层次的教育中，针对不同的基础性技术标准，应采用何种方法为技术整合制定计划？
- 如何形成一个科技含量丰富的学习环境？
- 寻找在教育中使用技术的支持性研究。
- 寻找用来衡量技术对学生特殊需求影响的支持性研究。
- 寻找用来衡量技术对学生数学学习影响的支持性研究。
- 寻找用来衡量技术对学生科学学习影响的支持性研究。
- 寻找用来衡量技术对语言文学、阅读、文化学习影响的支持性研究。

技术和教育

教育系统被认为拥有这样一种影响力：当它能正常发挥功能时，可以用来提升社会文化水平；如果发挥失常，社会上则会出现文盲群体。很多美国的股份公司都在逐步转型，为了更好地适应世界市场的变化，公司在内部使用了最新的技术让工作更有效、更商业化并更安全。它们重新设置工作场所，并对其员工实施长期的培训。随着各种新技术的使用，对员工的培训必须与技术更新同步。现在很少有工作场所需要技能不熟练的员工或是中途辍学的学生。这类工作都已被转移到那些劳动法设置不健全和劳动力廉价的发展中国家了。商业领域开始承受来自设备更新和员工再培训的双重压力。但是，这种代价高昂的内部再培训并不能独立促使工业的发展。教育必须承担起开发技术型文化人才的责任，教育不仅要帮助人们维持现有的生活标准，更要帮助人们建立起一种均衡的生活方式。

自1977年个人计算机出现以来，学校教育系统培养了80后和90后两代人，他们见证了计算机的应用从依赖于教师、管理者以及州和社区领导者的视野的时代，到逐渐受限于财政支持力的时代。诸多案例显示，相对于他们的父母，80后和90后的孩子们在高中毕业以后，不再去考虑他们的工作场所会是怎么样的，也不会更多地幻想未来将要拥有的生活方式。

对技术应用于教育的研究成果的解释

遗憾的是，当技术冲击着传统的教学行为时，教师并没有养成积极了解最新研究成果的习惯。每年有大量的文章主题与教育技术相关，尽管这些海量的信息都呈现给了年轻的教师，但教师应了解这些信息的缺点和优势，因为这将有助于教师改善各种教学实践行为。为了将技术更有效地整合到学生的生活中，教师必须对这些信息加以判断：计算机的使用会使学生更聪明吗？如何将真实课堂中的教与学的行为转换成技术并整合到教学结果之中？技术变革是否真的有利于儿童，或者这仅仅是教育试图去追赶潮流？（见图 6—1）

图 6—1　计算机的使用会使学生更聪明吗？

研究目标的改变

当任何一种新媒体被教育者在课堂和公共场所使用时，它都会变得日益流行，人们希望这种媒体会使教育产生真正的变革。然而历史表明，教育改革虽一直在进行，但并没有强调过要改进学生学习的目标。过去很多对于技术整合的研究注重于将计算机技术与传统的教学方法整合（Berson，1996），以及使教师更快捷地从事日常教学（O'Neil，1995）。教育者发现，仅仅在教室中安装计算机就认为学生正在“使用”技术是不科学的。这种做法是使用计算机而不是让计算机可以有助于教学（Proctor & Burnett，1996；Roblyer，1997）。研究者开始关注于技术是如何改变基础教学和学习的进程，并促使学生达到既定的学习目标，而不再是简单地调查学生在基于计算机的教学下是否能有更高的成绩（Roblyer，1996）。

教育者不应再问诸如“技术应该被用于教育中吗？”之类的问题，而应该自问：“技术如何才能帮助学生达到更高的层次？”（Fouts，2000）目前，对教育技术研究的讨论可以被继续总结为：研究者认为，为了与《不让一个孩子掉队法案》中所强调的基于学生学习现状的科学研究相接轨，需要对技术在教学中产生的影响进行更多实验性的、定量的研究。

新的学习理论和实践

对课堂中利用技术的任何讨论都必须以对当前的学习理论和实践的充分理解为前提，因为这些理论和实践可以展现教师教学和学生学习的基本变化。建构主义的学习理论以理解学习者是自我学习的参与者为前提。这并不是说要给予学习者单独的学习内容，而是指学习者可以将新知识和已有的学习经验联系起来，并在这个基础上形成自己的新知识（Yoder，2006）。此外，社会建构主义提出：在学习进程中学习者会获得社会交往的价值，也就是说，在与他人进行交流时，每个人都持有自己清晰的观点。参与式学习与建构主义紧密联系。学生在主动参与学习进程时，学习效率最高。也就是说，学生可以自己作出决定，对学习中的问题和资源进行批判性思考，并对那些有意义的内容实施管理。真实且具有挑战性的多学科学习任务让学生可以更好地把握学习目标。

教师在由建构主义理论和参与式学习理论设定的课堂情境中，必须建立一个充实的学习环境，这个学习环境可以为那些真实的、基于项目的任务以及各种技术和非技术工具提供应用的机会。教师应该让学生更加便利地安排各种知识的学习，而不是告诉学生他们应该知道什么。学生对他们将要探索的主题有自主发言权，并能和同伴、成年人、专家等进行充分的交流。学生应该在教师的支持下自主地进行学习，而不是在教师的指挥下被动地学习。

明确研究变量

越来越多的人开始接受建构主义理论和参与式学习理论，而且技术应用的研究目标也在改变，这就意味着可以用技术应用于教育的有效性来解释研究结果。在传统的课堂中，计算机的应用使学生关注那些已预先设定好的正确答案，而在新兴课堂中，学生可以根据自己对诸多概念的理解参与学习，使用计算机的效果和传统方式下的效果是截然不同的。技术可以出于各种目的用于各种情境中。

为了能对技术在学生学习中应用的有效性给予解释和研究，首先必须理解以下三个要素（Honey，Culp，& Spielvogel，1999）：

(1) 相对于计算机，技术被谈论得更多，技术中包含一系列用来支持学习的方法和工具（见图 6—2）。

图 6—2　相对于计算机，技术被谈论得更多，技术中包含一系列用来支持学习的方法和工具

（2）技术是如何对学生的成绩产生影响的？评价技术的影响是一个复杂的过程，需要多种可供选择的方法才能对相对独立的事实实施标准化的评价。

（3）课堂中发生的变化应与其他教育因素相关联，如师生分别扮演的教与学的角色。

教育者希望得出这样的结果，利用技术学习是由以下几个独立的学习变量决定的：

（1）谁。谁是学生学习的主导者？学生在自己的学习中是否是主导者并拥有自主权？课堂中的行为主要是教师主导的吗？

（2）什么。利用何种技术？学生是否在使用高效软件、内容型软件、网络工具、手持设备、搜索引擎？

（3）在何处。学生在什么场所接触技术？学生是在教室中根据需要可以随时接触计算机，还是只能在每周有限的时间内在机房接触计算机，这两种方式对学生学习的影响是截然不同的。

（4）为什么。为什么使用技术？使用技术时是否具备清晰的学习目标，或者仅仅是为了使用技术而使用？

（5）如何使用。学生和教师如何使用技术？这些电子信息资源是用于辅助传统的教学，还是在以学生为主体、有意义的、研究性学习的基础上被利用？

研究报告中有时并不会明确说明在课堂中利用技术的学习环境，因此作为研究成果的使用者，教师必须注重研究的背景。如果没有研究背景的存在，结果就仅仅只能被看做是一个复杂的故事，而不是反映技术利用有效性的一个证据。

利用技术教学

教师的行为在很大程度上影响了学生的成绩。因此，要理解技术利用对学生成绩的影响，必须首先理解技术对教师专业性产生的影响。什么样的教师适合使用技术？技术是如何改变教学实践的？它对教职工关系会造成哪些影响？将技术作为教学的一部分时，教师的教学进程和技术整合如何开展？上述问题都是目前研究的热点（Kay，2006）。

使用技术的教师

贝克尔（Becker，1994）曾提出过下列问题：如何根据教师的教学习惯和计算机的使用经验将那些“使用技术的模范教师”与在这个环境中的其他教师区分开来？通过调查 12 年级中的三位老师，我们发现，如果要更有效地促使教师成为使用技术的模范教师，学校环境应满足四个主要的要求：

（1）教师周围的其他教师也应同样使用计算机。无论是专家还是初学者，教师都能和其他教师一起共享教学思想、资源和策略，并从中获益。

（2）当计算机出于真实的、有意义的目的被应用于学校时，如为了写作，教师可以在教学中获益。那些使用计算机的模范教师通常都来自这样的环境中，而不是来自那些只是将字处理软件作为达到预设目标的工具，或是将计算机主要用来玩游戏的环境中。

（3）对学校和学区层面使用技术的财政支持，可以培养更多熟练的计算机使用者。在频繁出现使用计算机的模范教师的学校，通常都会有一个学校或学区的计算机协调者，他会帮助教师开展技术整合。另外，教师可以获得足够的职业发展机会，从而促使他们应用计算机程序，并将计算机和他们所教授的内容相整合。

（4）一个“资源丰富”的环境会促使计算机应用专家的形成。一般情况下，班级的规模较小，两三个学生就可以共用一台电脑。教师是否会因为授课班级规模较小而可以较容易地成为使用计算机的模范教师，或是因为他们是使用计算机的模范教师而可以有更小的班级授课？这些都是不明确的。

通过调查教师的个人背景，研究者发现，这些使用计算机的模范教师相对于其他教师，在课下或是在家里，会花费大量非工作时间使用计算机（Becker，1994）。这些教师基本上接受了更多的计算机培训，有更高的学历，在教授课程时有更多的教学经验，而且绝大多数为男性。后续的研究证实了以上这些特征。研究还发现，那些更有可能利用计算机教学的教师，拥有更强的个人计算机操作技能，会主动探究技术的可行性，并将计算机更多地视为学习计划的一个组成部分，而不是一个“附加的零件”（Higgins，Moseley，& Tse，2001）。在实践中，被调查的使用计算机的模范教师相对于其他教师，更常做出决定去改变已有课程，去掉那些不重要的主题，为更多努力要学习计算机技术的人们提供更多的空间（Becker，1994）。他们允许学生在学习中有更多的选择，并且鼓励学生组成团队来完成教师分配的任务。同时，数据显示，教师对计算机日益增长的个人兴趣及对学习内容更多的操作经验使得他们更易成功地将技术整合到课堂中。其他研究显示，教师利用的大量技术对学生学习的各个领域（如阅读和数学领域）有着积极的影响（例如，Kadek，2005；Middleton & Murray，1999）。

培训是为了加深教师对新技术及其在教育中的应用的了解，这些培训不是仅仅面向特定的计算机教师，而是面向全体教师的。目前教师对这些培训的需求很强（Yaghi，1996）。对技术的整合是否有效，取决于教师是否具备利用技术满足教学目标的知识。然而，社会经济地位较低的学校在教师专业性发展上花费得较少（Anderson & Becker，2001）。遗憾的是，目前技术开支的66%用于硬件，19%用于软件，只有15%用于教师的专业发展（Technology in Education，2002）。管理者必须在提高技术应用的有效性和为技术利用提供合适环境时扮演关键角色（Solomon，2002；Stolarchuk & Fisher，2001）。这样，教师在经常得到技术支持时才会获得更多的成功（Tiene & Luft，2001）。学校的领导者需要提供各种技术支持，包括额外的资源、增多培训计划以及适时的鼓励，这些对于教师成功地利用技术都是至关重要的（Higgins et al.，2001）。

教学实践中的改变

苹果公司推出的明日课堂计划（ACOT）为全美的每个教师和学生都提供两台计算机，一台放在学校使用，另一台则放在家里（David，1995）。该计划的目的是创造一个模式化且富含技术的学习环境，在这个环境中，教师和学生可以在一个真实、正规的平台上使用计算机。ACOT的研究者发现，教学实践的变化并不能即刻发生（Ringstaff，Sandholtz，& Dwyer，1995）。新技术能否很好地融入教学场所取决于传统的教学习惯。那些通常出于个人目的使用技术的教师不会在课堂中使用技术，即使他们在课堂中使用技术，也仅仅是将技术与传统的教学方法相整合（Pflaum，2001）。最初，教师和学生仅仅是利用他们所熟悉的传统课堂模式（O'Neil，1995）。后来，经过多年的参与研究，教师在新思想和新技术冲击的影响下，开始主动改变现有的学习环境。教师发现，作为一个个体，无论是他自己，还是一个学生，都不可能是新技术媒体的通才。对于那些习惯于传统师生关系的教师来说，要认识到学生在与同伴学习时也会产生学习潜能将是个很困难的转变。如果教师可以改变这种以教师为中心的常见教学理念，学生和教师会以学习共同体的形式从各个专业领域的学习中获益（见图 6—3）。

图 6—3　学生和教师作为学习共同体从专业领域的学习中获益

同事间的交流

通过对学习过程的探索，教师会发现与人共享经验和困惑的重要作用（Ringstaff et al.，1995）。在实施传统教学的学校中，教师是完全自主的，只要把教室的门关上，他们的绝大多数时间都会花费在学生身上。在实施 ACOT 计划的学校中，教师开始针对他们不熟悉的经历进行交流，并相互支持。随着他们开始习惯于拥有和使用技术，在教学思维、教学策略以及对硬件和软件的使用上，他们也开始相互帮助。最终，他们和团队的其他成员一起合作来开发创新型的教学方法和课程。技术是交流讨论的主题，通过技术这个媒介可以使同事间的频繁交流成为可能。

技术整合的各个阶段

有关教师在寻求技术整合过程中对先进技术的开发过程，研究者将其分为几个截然不同的阶段（Sandholtz，Ringstaff，& Dwyer，1997）。第一个阶段通常被认为是非常痛苦的阶段，那些经验丰富的教师会发现他们和刚参加工作的教师一样，都面临着一些基本的挑战。每个人都必须学着去适应那些与他们以前习惯的教学和学习截然不同的课堂环境。教师必须能够对付那些利用新抄袭技术的学生，处理好教学问题，并应对那些不是以计算机为基础的教室设备所带来的烦恼。在这个阶段，教师发现他们只是关注小问题，而忽视了要将计算机整合到有效的教学进程中这个大问题。如果当教师再次面对因计算机使用产生的挑战时能有更为前瞻性的立场，教师就过渡到了第二个阶段，即适应阶段。他们与学生一起去学习如何使用硬件和软件，从错误中总结学习，并开始习惯于这种使用计算机的课堂生活，也开始可以接受那些他们原先可能一定层面上接受不了的课堂行为和教学变革。对技术的学习开始优先于对内容的整合，人们满怀着激情和灵感完成了最初的技术计划，然而极具意义的内容整合却需要几年才能完成（Goldman，Cole，& Syer，1999）。

在适应阶段，教师最终可以利用技术来开展教学或是管理工作。但是课堂中传统的教学形式将贯穿于这个研究中，教师可能还会利用过去的教学形式教授技术。在第三个阶段，即使用阶段，教师可能不再局限于简单的计算机使用和将计算机纳入传统的教学日程中，他们开始接受各种新型的教学技术。最终，很多教师都到达了最后一个阶段——创造阶段，在这个阶段，教师不仅仅已经准备好使用技术，而且都渴望能够打破传统的、由教师控制的课堂环境。此时，教师可以和他人进行交流，共享观点和创新，甚至可以彼此组成团队完成各种真实项目。与其他教师和学生一起工作、学习，已经典型地改变了原有的教学方式。在这最后一个阶段，教师开始利用这种新的交流能力来扮演着信息顾问、团队合作者、促进者、课程开发者以及学术建议者的角色（Kook，1997）。

利用技术学习

那些涉及教育技术政策的决策通常会与以下这个问题相关：在课堂中装配计算机所带来的学术目标是否比添加设备的财政花费更重要？遗憾的是，对这个问题并没有一个简明的答复。对学习中技术利用的有效性的研究结果是复杂的。当绝大多数研究者得出积极的研究结果时，另一部分研究者却证明技术的利用是无效的甚至会对学习产生消极影响。对学习中技术利用的有效性的最新研究表明：在学习中利用技术的学生相对于那些没有利用技术的学生，在个人成长方面更能表现出谦逊而积极的品质（Kadek，2005；Waxman et al.，2002）。

技术对学习产生的总体影响

与 ACOT 类似，在新泽西州这个拥有多族裔、经济落后且是全美人口最集中的地区，研究者开展了对集中使用计算机的研究（Honey et al.，1999）。这一计划对该地区课程的板块长度进行了大量更改，为教师提供了更多符合其需求的培训，并进一步改善了教室里的图书角。同时，研究者也开始调查该地区使用的技术资源，该地区现在已发展成为全美最大的有线网络学区之一。研究者发现，这些改革影响了学习结果的标准化测试成绩，尤其影响了那些在学校和家庭中都可以接触到技术的学生。在初中的写作课中，这种改革展现出了最优化的效果。学生期望的进步和教师的准备工作以及其他的革新，共同营造了这些成就。研究者提出，如果革新协调开展，技术将会产生最大化的影响。专业化的教学方法（不仅仅指技术技能）应被提供给教师。应该帮助学生发展他们的学习技能，如在完成个人任务时提升学生在各个层面上的创造性。信息丰富的环境应包括各种可获得的技术和非技术工具。

在信息丰富的 ACOT 教室中学习的学生，与在传统课堂中学习的学生相比，更习惯于一起学习，这使学校生活更加有趣，也改善了学生对于自身的认识和对学习的态度（Sandholtz，Ringstaff，& Dwyer，1995b）。这些在ACOT教室中学习的学生并不满足于任务中要求完成的部分，他们会超越自己的最初目标，不断探索和创造新的项目来挑战自己，并经常利用空余时间学习。实际上，教师在引导学生继续从事其他项目时存在诸多困难。学生不再像最开始学习时那么胆怯，在自己的计算机屏幕前充当着独立的学习者角色，而是会像他们开始承诺的那样，通过与他人共享知识和分析学习进程，不断提高和展示自己利用社会交互活动改进学习的能力（见图6—4）。

图6—4　在计算机面前，学生不再是一个独立的学习者，而是利用各种社会交互活动去丰富他们的学习

在与那些拥有丰富计算机经验的人相处后，一些学生开始厌烦在传统教学中使用技术，如技术的使用仅仅出于虚假的目的，而不是作为课堂教学的一种选择。当技术不再仅仅是技术，而是可以整合到整个课程中时，学生的学习就会达到最优化。

那些在整个高中时期可以一直接触技术的学生，都可以变成成熟的问题解决者和自信的合作者（Tierney et al.，1995）。他们把计算机看做是他们成长过程中的同伴，他们知道如何利用在四年学习中所获得的各种能力来造就他们未来的成功。

对教育技术的各种研究，已经对利用技术的一系列因素的影响度进行了成功评估，其中既有学生变量，如性别和社会经济背景，也有环境变量，如曾被使用的各种类型的技术。但是依据各种不同的学术规范或出于其他目的，不同的评估结果经常是矛盾的。因此，读者应将这些结果理解成是对技术有效性的部分展示，而不是呈现了一个绝对的事实。

研究发现，男孩比女孩更容易把自己当做计算机的使用者，并把计算机中的世界当做是男人主宰的世界，尽管和计算机有关的行为并不普遍与性别相关（Whitley，1997）。男孩更关注于对计算机的熟练操作，在使用计算机时也显得更为轻松，这些可能导致他们在利用计算机学习时感觉更好。而女孩则更愿意利用计算机交流和解决实际问题（Solomen，2002）。我们有理由相信，男孩和女孩对计算机能力的理解出现分歧的关键在于，男孩有更多的机会在家或在学校使用计算机（Nelson & Cooper，1997）。

拥有一台家庭计算机与在数学和阅读课上取得较高成绩有很大关系。一般说来，从在家庭计算机中获得的最大教育利益上来看，上层社会家庭背景的学生高于下层社会家庭背景的学生，男生高于女生，白种人高于少数族裔（Attewell & Battle，1999）。拥有不同文化背景的家庭可以利用家庭计算机搜索所需资源，并连接到学校，从而提高整个社区的语言学习能力（Solomon，2002）。其他研究发现，高中学生的计算机技能和经验、其父母的受教育程度、接触计算机的频度，甚至对学习的自我感知都会影响学生对各种电子化交流工具的使用程度（Fishman，1999）。

在信息丰富的环境中，无论学生带有一般目的还是有特殊需要，都会在各个领域中积极地学习，并且进一步改善学习态度和自我感知能力（Sivin-Kachala，1998）。那些玩计算机教育游戏的学生能更好地发展各种复杂的计算机技能，他们的阅读和数学成绩比那些不玩教育游戏的同伴要高。这种现象的出现可能是由于他们具备理解游戏教学和完成与游戏相关任务的经验（Mayer，Schustack，& Blanton，1999）。技术可以由学习者控制，用来强化学习动机、与现实世界建立连接、在标准化内容中和在学习者需要时提高学习成绩（Valdez et al.，1999）。在家中使用计算机的学生人数在不断增长。2001年，研究发布了这样一组数据，超过1 700万（73%）的青少年在使用互联网（Lenhart，Rainie，& Lewis，2001），其中94%的青少年利用互联网在学校学习（Lenhart，Simon，& Graziano，2001）。互联网已成为青少年的主要研究工具。青少年为完成研究任务寻求帮助可进入www.mylabschool.com网站的研究主题导航，如果要寻求更多的案例支持，可进入www.mylabschool.com网站的案例库。

技术对语言学习的影响

对技术运用于学生语言文学学习时可能产生的影响的研究，已经形成了广泛而丰富的成果（Knezek et al.，2006）。在六年级，利用字处理软件写出的学生作文，和那些通过手写写作的学生作文相比，在质量和复杂性以及语法的精确度上都表现出了一定的差异（Nichols，1996）。那些使用字处理软件的学生，如果他们有足够快的打字速度，就可以比那些使用纸张和铅笔的学生写出更引人注目的长篇作文，而使用计算机对五年级学生写作的质和量都没有显著的影响。也就是说，学生写作能力的不同，并不是由是否使用计算机来衡量的，而是取决于教师教授写作的能力和个人贡献（Dybdahl，Shaw，& Blahous，1997）。

杨西（Yancey，2004）强调帮助学生发展多方面的技能已成为写作教学的关键部分之一。字处理软件对学生写作能力的影响的后续研究表明，一般而言，利用字处理软件可以改观学生对写作的态度，可以使学生写出篇幅更长、更流畅的作文，并且相对于使用纸张和铅笔，利用字处理软件，学生可以更方便、更快捷地修改作文（Reed，1996）。尽管具备以上优点，但字处理软件并没有完全符合写作过程的理论。该程序为打作文草稿提供了开放的空间，但并没有促使学生思考写作前的思路和对一些特殊用法的修订。教师应当明白，软件在写作过程中只是一种工具，而不是写作过程的替代品。事实上，那些五年级学生利用计算机写出了拥有更多词句的作文，改善了自身的写作能力，并不是因为他们喜欢使用计算机，而是由于软件的这些特性便利了学生的写作过程（Barrera，Rule，& Diemart，2001）。当在计算机上写作文时，学生经常会大声朗读他们已写的内容，这会使写作更简易。学生不仅阅读自己的作文，还会和同学交流他们作文的内容。利用纸张和铅笔写作的学生常频繁询问教师何时能停止写作，而利用计算机写作的学生却不想终止写作过程。教师们也发现，与学生一起在电脑屏幕前修改作文比修改纸质作文效率更高。

技术为学生提高自身的写作技能提供了机会，学生可以通过多种方式进行交流，如视频、动画、音频等（Baker & Kinzer，1998）。字处理软件使得教师将写作过程看做是动态和递进的过程，而不再当做是学生在使用纸张和铅笔写作时通常出现的线性过程，从而实现对写作方法的再评价。使用字处理软件的学生很少认为他们的写作过程已经完成，他们通常会对已保存的作文进行再次修改。同伴间的合作更加开放，这可以为学习者在完成任务后提供反馈。这些实践都暗示了在评价上发生的巨大变化，因为对期末作文的传统的评价可能不会有效地估量学生的学习结果。但需要警惕的是，目前存在学生将目光更多地聚焦于创造电子化的陈述，而不是注重于作文的具体内容的趋势。

研究者同时也调查了技术在阅读中的有效性。相对于阅读打印的纸质文章，学生在阅读电子化作品后会获得更高的作文成绩（Greenlee-Moore & Smith，1996；Matthew，1997）。一些研究者发现，学生较少阅读纸质图书，而学生和音频、动画等的互动性交流，激发了学生多次阅读电子化作品的愿望。然而，如果教师对技术利用不当，使得利用技术沦为单一的娱乐，那么这些电子文档将对学生的学习产生危害。

在入学后第一年的学习中，90%的幼儿园学生通过使用计算机的预备阅读程序可以具备更高水平的阅读能力（Alfaro，1999）。来自较差经济背景家庭的六年级学生在使用传统的基础阅读与利用计算机辅助教学时，获得的阅读成绩是相同的（Hamilton，1995）。操作型软件在改正拼写错误时很有效（Ediger，2001）。学生在合作环境中利用计算机展现了他们出众的理解力和反思的深度，并提高了他们的阅读和语言学习的能力（Scardamalia & Bereiter，1996）。

技术对数学学习的影响

利用技术对数学教学有何影响还存在许多未知的问题（Knezek et al.，2006）。我们的研究包括计算机是如何影响数学学习的，教学过程中应用技术可能产生哪些效果，计算机辅助教学和软件工具有哪些应用方式，等等（McCoy，1996）。模拟化的程序促使学生积极地探索数学，从而有效地帮助学生理解几何概念，发展学生对图表的直觉理解。学生在学习代数、几何和微积分时使用数学软件，可以更好地理解学习主题（McCoy，1996）。这些工具促使学生积极地参与数学的各个主题，而这些主题在其他人看来可能是死板的、过时的（Blubaugh，1995）。

学生在学习如微积分等课程时，表现得更主动、更自信，并且相对于之前的思考过程，他们的思维更具有实际意义（Rochowicz，1996）。学生在数学课上使用计算机，可以在不花费课余时间的前提下，解决更为复杂的问题。然而，其他研究表明，学生是否在学习数学中使用计算机，对学习成绩并没有产生影响，这也就证实了技术使用只是改善了计算机使用者的动机和参与性这一论断（McCoy，1996）。

教师的专业化发展和家庭计算机的普及率则积极地影响着数学学习（Education Testing Service，1998）。在使用数学计算机游戏进行练习后，四年级学生获得了较好的数学成绩，而八年级学生则在高级思维能力方面有显著提高。使用技术产生的积极效应对年龄大的学生更为有效，这种提高相当于缩短了 15 周的教学时间，但却达到了相同的学习效果。

技术对科学学习的影响

计算机以各种形式运用于自然科学课程中，其主要目的是帮助学生学习科学知识并为他们提供相关的学习经验。计算机辅助教学已显示出其对科学学习的积极影响（Ardac & Sezen，2002；Bayraktar，2001—2002；Chang，2001；Siegle & Foster，2001）。技术应用于自然科学的最有效形式是能够促使学生开展更积极的学习的模拟型和指导型软件，而操作型软件实际上会对科学学习产生负面影响。模拟型软件使得学习可以等同于自己实际动手分析，在其他学习经验形成之前使用则会更有效（Akpan，2001）。由于教师了解学习目标，因此他们所开发的软件是最有效的。当计算机用来对传统教学进行补充时，其产生的效果是最大的。基于教师指导下的计算机教学，可以帮助学生学习特定的内容，从而在自然科学学习过程中获取所需的技能。而那些利用计算机独立学习的学生，则相对较少获得特定的学习知识（Ardac & Sezen，2002）。问题导向型软件可能会鼓励学生聚焦于中心问题，并在现实世界情境中理解自然科学（Chang，2001；Knezek et al.，2006）。一般来说，在传统教学的基础上添加计算机辅助教学，相对于仅仅接受传统教学来说，学生在自然科学方面会获得更高的成绩（Christmann & Badgett，1999）。

技术对社会学学习的影响

社会学教育研究者认识到，教育技术的潜力在于可以转变社会学教育中教学与学习的性质（Knezek et al.，2006）。通过回顾近期对计算机应用于社会学中的有效性的相关研究（Berson，1996）发现，操作型程序在社会学教育中应用得最为普遍。该类型软件的使用者绝大多数是学习成绩中等的学生，使用的结果显示，学生在学习技能和学习动机上有一定获益。模拟型程序允许学生超越基础的知识层次，去探索那些平时可能无法体验的环境。利用这些程序可以提高学生回忆事实的能力，同时学生在问题解决、好奇心、个人的学习行为和自我控制上也都得到了提高。使用基于计算机模拟程序的学生，比那些在社会学学习中没有使用该工具的学生，具备更好的交流能力，并处在较高的学习层面（Willis，1996）。数据库的使用鼓励学生发展对当前繁多的历史数据进行搜索和分析的能力（Berson，1996）。总之，计算机可以帮助学生获取知识，同时能够激励学生开展调查和学习。

技术对学生特定需要的影响

在写作和阅读两方面，已经显现出教师利用技术对残疾学生的积极影响（Fitzgerald & Koury，1996）。这些积极的影响包括改善学生的理解，提高他们的拼写能力和合作实践能力，并促使学生对利用多媒体工具写作形成积极的态度。目前发展较成熟的听写技术使学生可以通过口述完成一段作文。

技术帮助有身体缺陷的学生参加各种合作性项目，并提高他们的自立和交流能力（Solomon，2002）。这些学生在合作性学习和计算机研究性行为中可以端正自身的学习动机和学习态度，增强自信心和在危险中的应变能力（Gan，1999）。传统的学校教学对有身体缺陷的学生关注很少，只是强调他们在特殊的项目中或是较低层次的学习中，掌握一些基本技能（Means，1997）。有特定需要的学生可能要获取更多有关学习使用计算机技术的指导意见，而目前他们只能从学习经验中或是与其他同学的交流中获取这些意见。

科技含量丰富的学习环境

科技含量丰富的教育环境有以下特征：(1) 学生通过解决问题和分析数据等举动积极地介入学习过程；(2) 合作性学习行为可以提高学生的学习动机、理解能力和自信心；(3) 教育软件可以对学生的行为作出个性化且及时的反馈；(4) 利用互联网可以获得现实世界情境中的材料或是其他可信资源（Roschelle，Pea，Hoadley，Gordin，& Means，2000）。使用技术的教师并不倾向于在整个团队中使用技术，或是不断增加学生使用计算机的时间（Tiene & Luft，2001）。教师扮演的角色发生了转变，他们可以更加简便地开展教学，他们会看到，技术的使用使得教学变得更有效。在引入技术后，教师发现学生的学习状况得到了改善，学生的标准化测试成绩也得到了提高。技术使得学生之间的交互和面向任务的讨论更加便利，并减少了合作小组所面临的课堂管理问题。

社会关系对于学生在学习中利用技术很重要（Lou，Abrami，& d'Apollonia，2001）。在小组中学习的学生，相对于那些独立学习的学生而言，会在认知和情感上获益更多。尽管独立学习的学生会更快地达到学习目标，但在小组中学习的学生会获得更多的社会交互经验，从而改善学生对小组合作和学习策略的态度。如果教师为学生提供合作性学习的策略，并且小组成员较少，那么小组合作将是最有效的方式。通过小组学习，学生可以达到最优的学习效果，这可能是由于小组学习使得学生对计算机的利用更加公平。当学生利用操作型软件或指导型程序进行学习时，小组学习的成效是最显著的。教师熟悉这些特征后，将小组和学生个人的既定目标区分开来非常重要。当计算机与学生的数量比为 2∶1 时，学生在写作能力上将呈现出最大幅度的提高（Owston & Wideman，2001）。学生试图在技术问题上互相帮助，并相互合作完成学习目标。当计算机与学生的数量比过高时，可能会导致有效性降低，因为这样减少了学生使用计算机的时间，而增加了教师处理各种学生管理问题的时间。

大量的先进技术使教师能够为学生提供个性化的学习机会，让学生可以自定步调进行学习，并刺激学生在很长一段时间内聚焦于学习（Tiene & Luft，2001）。相对于组队学习的学生来说，独立学习的学生较少说话并更关注学习任务，但是如果他们组成小组进行学习，则明显要花费更多的时间才能完成学习任务，因为小组学习鼓励无特定目标的讨论（Jackson，Kutnick，& Kington，2001）。对于独立学习的学生来说，操作型软件是适用的。这些发现表明，教师不能为了增加学生使用计算机的时间这个单一目的而要求学生组成小组学习；他们的目的不是完成学生小组的分组，而是要使学习任务最有意义（Adams，2006）。随着技术的发展，电子化课程在教育中的应用日益普遍（见图 6—5）。

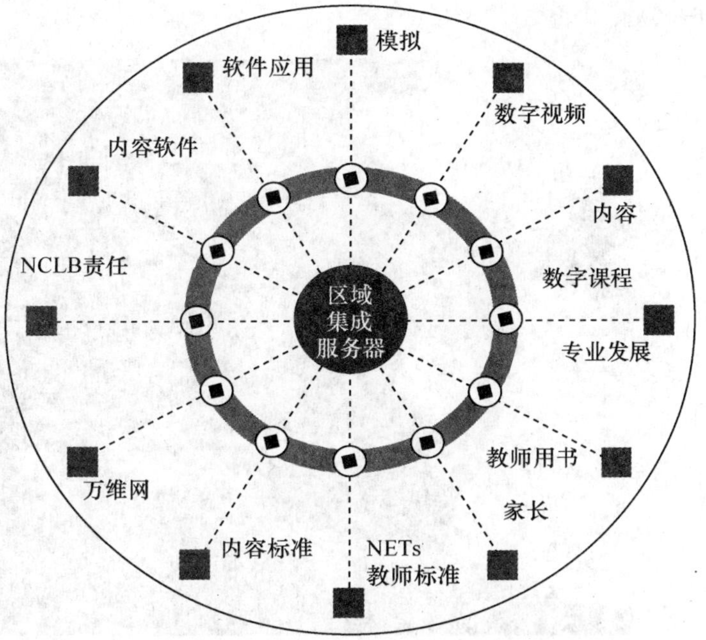

图6—5　电子化课程涉及的主题

手提电脑

由于手提电脑突出的便利性，以及它可以为个体提供技术使用的特点，研究者对教育领域中手提电脑的应用关注得越来越多。在教师和学生都拥有手提电脑，或者仅是教师拥有手提电脑，或者是使用无线路由器的情况下，使用手提电脑的各种行为都可以被监测（Rideout，2002）。如果教师作为强势的领导者，自愿帮助学生使用手提电脑，并对自己所教科目充满兴趣，那么学生不仅对手提电脑，而且对他们的学习内容都会产生积极的情感（Stolarchuk & Fisher，2001）。拥有手提电脑的教师在教学中更多地加入建构性的实践内容，在课堂中提倡讨论而不是讲授，鼓励以学生为主导的调查，注重发展学生的思维能力（Walker，Rockman，& Chessler，2000）。教师感觉他们对课堂教学拥有更多的控制权，并且会更频繁、更自信地使用技术。

研究证明，普遍使用手提电脑可以改善学生的学习评价，提高他们完成课后作业的效率，并能增加他们在家中和在学校使用计算机和互联网的时间（Walker et al.，2000）。在小学里，从三年级到五年级一直使用手提电脑的学生比那些偶尔使用手提电脑的学生表现出了更高的写作能力（Owston & Wideman，1997）。初中生利用手提电脑可以回顾以前的知识、完成学习任务、为测试做准备（Siegle & Foster，2001）。至于那些被认为在传统学校中学习不成功的六年级学生，使用手提电脑可以让他们的学习获益更多，而且使用手提电脑的学生，其成绩一贯优于不使用手提电脑的学生（Stevenson，1999）。手提电脑的使用鼓励学生之间相互合作，促使学生经常以小组形式合作学习。最终，学生变得更加自信、更有组织性，并更有学习动力。使用手提电脑的学生通常会同意这种观点："计算机改善了我的学习质量"，而不使用手提电脑的学生则会赞成这种事实："我喜欢在电脑上玩游戏"（见

图 6—6）。

图 6—6　使用手提电脑的学生认为计算机改善了他们的学习质量

警告说明

对教育中的技术应用的批评越来越多，批评的核心在于技术的作用并不总是那么神奇。一些人提出，学生过于注重学习各种特殊软件的使用方法，以至于他们已经忘记学习这些软件提供的内容（Oppenheimer，1997）。另一个挑战是，在计算机小组合作中，实际上只有那个坐在显示器前的学生才可以随时控制鼠标，其他学生很难参与到决策过程中并引起其他人的关注，他们在没有任何规则约束时，可能没有机会坐上“指挥者的座位”。在充斥着各种噪音和行为的教室中，学生很难集中注意力学习，而只会将注意力转移到科技含量丰富的教室设备上（Sandholtz，Ringstaff，& Dwyer，1995b）。

技术更新的速度非常快。为了给学生提供最好的教育，硬件要及时更新，软件要及时升级，使用人员也要针对最新的技术接受最新的培训。而要解决这些问题，就会对学校和学区造成很大的财政压力。对于这点，学校并没有给予一个明确的回复。因此，最好的建议是，将这些潜在的缺陷看做是整体的一部分，并将持续的决策过程与技术整合挂钩。

如果我们需要在课堂中使用计算机，苹果公司推出的明日课堂计划（ACOT）的相关研究为我们提供了很好的建议和应注意的事项（Sandholtz，Ringstaff，& Dwyer，1997）。

1. 教师必须准备好对自身的教学信条和教学方法进行一些改变，从而为创新提供机会。

2. 技术本身并不能被看做一种教育革新，而应该将技术看做一种可能产生和促进创新性思维形成的工具。

3. 支持性和共享性的环境可以鼓励教师克服各种困难。

4. 将技术引进课堂，并使其对课堂教学产生实质性的影响，必须经过长时间、大量的努力才能实现。

教师作为研究者

教育技术研究的特性和趋势都必须能为课堂中的教师所理解，但更重要的是，这些日益繁多的研究应该是以某种需求为导向的，或是以证实某些行为的实施为目的。技术和使用者的交互可看做是从会话开始的，而这种会话会因使用者、使用情境的不同而不同（Kozma，1994）。这种多样性增加了研究的复杂性和多变性。我们需要更多定性的、多民族的研究，但遭遇的尴尬是，研究并非如此简单，所有与问题相关的回答并不能符合每一个情境（Roblyer，1996）。

传统的教育研究不能很好地与硬件和软件发展同步，教师虽然通常是最早接触创新性方法的人，但却不能写出自己的经验而使别人可以从中学习（Valdez et al.，1999；Willis，1996）。如果学校中的教师可以参与到教育研究中，研究就可以更好地表现教师的日常生活经验。尽管这是教育研究者的职责，但教师大量参与研究却是确保研究结果有意义和具有实践性的唯一途径（Bingham et al.，2006）。

从本质上来说，研究课堂教学过程尽管比丰富教学内容更重要，但它最重要的功能是帮助教师通过细心观察学生来更好地完善教学（Painter，2000）。教师通过与同事或学生合作，可以表达自己的理解，满足个人的学习目标，并通过合作来完成著述。

一般来说，基于技术的研究结果包括以下几个关于在课堂中使用计算机的要点（详见 www.apple.com/education/research 和 http://caret.iste.org）：

（1）实践能力迅速得到提高；

（2）学生参与度增加；

（3）个性化与定制化；

（4）理解能力进一步提高；

（5）思维表达方式更清晰，更具说服力；

（6）退学率下降；

（7）积极性提高；

（8）自尊心得到满足。

DVD/视频插图——世界天气

在这个视频中，教师展开关于天气的课程之前，先向学生介绍学习目标，并向他们描述在使用技术的过程中可能会遇到的困难。在课程中，学生利用手提电脑去研究世界各地的天气，并利用 KidPix 工具创建一条时间线。课程结束后，教师对课堂中利用技术的优点、缺点进行反思。在教学实施过程中，这位教师的教学计划是如何失败的？她又是如何反思教学实施过程的？

总　结

本章开篇讨论了教育技术研究的特征，旨在让教师理解教育技术研究的成果。研究者开始关注技术是如何将教学和学习过程转变成学生应学内容的，而不是简单调查学生在利用计算机教学时，是否取得了较高的考试成绩。最新的学习理论和实践，如建构主义和参与式学习理论，与我们对教学和学习的传统理解有实质性的不同。教育者在探寻指导技术使用的研究成果时，首先必须理解他们所知道的这些研究中的各种研究变量。

使用计算机的模范教师和其他教师相比，是在不同的教学环境中教学，而且他们具备更多的个人计算机操作经验、更多的使用计算机的个人时间以及独特的教学习惯。最初，教师在科技含量丰富的课堂中只会承用传统的课堂模式，但渐渐地他们开始改变课堂中的形式并形成新的逻辑关系。关于教师在寻求技术整合过程中对先进技术的开发过程，研究者将其分为了几个截然不同的阶段。

在学习中利用技术的有效性研究的结果是复杂的。尽管绝大多数研究者证明其结果是积极有效的，但一些研究者也表示其结果没有影响，甚至会对学习产生轻微的消极影响。最新的多元分析证实，使用技术的学生与不使用技术的学生相比，对学习结果会持有谦逊而积极的态度。技术影响着语言、数学、自然科学以及社会学等领域的学习，同时它也影响着有特定需求的学生，以上这些影响都是目前研究所关注的。

当教师认识到技术的潜在效能时，他们会对课堂的物理环境进行重组，使得在课堂中可以组成小组开展学习，并为多种行为提供自由的空间。有效的科技含量丰富的课堂能够促使学生开展积极的学习，并为学生的学习提供合作性的环境、及时的反馈以及真实的信息。科技含量丰富的环境强调了学习的社会性情境，也为个体提供多种学习机会。由于手提电脑的便利性和个人技术获取上的吸引力，在教育领域使用手提电脑的热情正在高涨。

关于技术在教育中的应用，另一个日具影响的批评观点是，技术的魅力并不是总是那么不可思议的。有些人提出，学生所感兴趣的是软件本身而不是学习内容，学生在小组中学习并不能平等地使用技术。

传统的教育研究并不能与硬件和软件的发展同步。教师是最早接触创新性方法的人，他们应尽量写出自己的教学经验，以使得他人可以从这些观点中学习。

看看你能做什么！

1. 在一个月内，通过浏览本地或全国性的报纸、最新的杂志，寻找与教育技术相关的新闻。最新的资讯有哪些？公众是如何看待对技术的有效性所开展的研究的？

2. 采访某位在某种程度上已经将技术融入其教学的教师，探寻教师在技术应用的过程中面临哪些挑战。

3. 对DVD/视频插图“世界天气”进行分析。当你第一次观看这个视频片段时，在不同的地方暂停播放，并设想如果你是教师，你将如何进行随后的教学。把你的设想写下来。

4. 观看DVD/视频插图“世界天气”，找出视频课程中所包含的NETS学生标准，并写出这堂课教学的优势和不足所在。将你的结论与班上其他同学交流、比较。

5. 在你所擅长的领域中研究技术应用的有效性。

6. 各个大学和其他教师制作的准备程序，如何让未来教师在将技术应用于教学前，也可以理解这些技术的应用优势？教学策略是如何用于向学生介绍技术的？它又如何让教师去熟知技术？

7. 开展研究并准备一份报告，对计算机如何应用于音乐或视觉艺术领域进行探讨。如何用计算机谱曲？怎么用计算机教授钢琴指法和训练技能？纺织品艺术家和编织者如何利用计算机对他们手编的作品进行设计？

8. 扮演反对技术的角色。简短地写出反对在学校中购买和使用计算机的意见。

9. 设计一个“研究者教师”计划。在网站 www. mylabschool. com 上搜索 MyLabSchool 中的相关内容。

10. 列出 10 个最新的关于技术课程整合的研究发现。

11. 辨别并总结目前（最近两年内）关于技术对学生的社会学成绩影响的研究发现。评价 MyLabSchool（www. mylabschool. com）为研究提供的帮助。

12. 辨别并总结目前（最近两年内）关于技术对学生的科学成绩影响的研究发现。评价 MyLabSchool（www. mylabschool. com）为研究提供的帮助。

13. 设计一个脚手架课程，并使用技术整合应用。

14. 辨别并总结目前（最近两年内）关于技术对学生的数学成绩影响的研究发现。评价 MyLabSchool（www. mylabschool. com）为研究提供的帮助。

15. 辨别并总结目前（最近两年内）关于技术对学生的语言艺术、阅读、文学成绩影响的研究发现。评价 MyLabSchool（www. mylabschool. com）为研究提供的帮助。

16. 辨别并总结目前（最近两年内）关于技术对学生的特殊需求的研究发现。评价 MyLabSchool（www. mylabschool. com）为研究提供的帮助。

17. 列出一些鼓励使用技术的脚手架活动。

18. 奥本海默（1997）在他题为“计算机迷惑”的文章中提出这样一个观点：学生在这些迷惑人的特殊软件中所关注的学习内容，已经偏离了软件想教授的知识。制作一份 PPT 文件来驳斥他的观点。寻找一些相关的研究发现来支持你的讨论。

19. 浏览 MyLabSchool Videolab 网页（www. mylabschool. com），并选出和本章内容相关的视频，针对每个视频写一个反思性作业。

我的实验学校

利用技术教学：“INTIME”

该视频提供了一个案例，这是在现实课堂中教学的一个实习老师的研究，他在课堂中有效地将诸如智能画板、Kid Pix 和网络探究技术进行了整合。

登录网站 www. mylabschool. com，在“Course”菜单下选择“Educational Technology”，进入“INTIME-A PT3 Case Study”视频链接，观看视频“INTIME”和“INTIME in Action”。

你也可以在搜索栏中输入 ETV8 直接找到这两个视频。

对每个视频后面的问题进行回答。如果专家有所要求，则还要提交这些答案。

艾琳和培根课程/电子档案袋的新建

以下部分呈现了针对开发电子档案袋的一个完整的指导意见。

- 在 MyLabSchool Careers 板块中的导航条中直接点击“Allyn and Bacon Lesson/Portfolio Builder”。

你也可以在搜索栏中输入 PORT 直接找到这个视频。

作品展示：利用这个工具新建一个网络电子档案袋，并开展一节标准化的课程。

配套网上资源

登录网站 www. ablongman. com/bitter7e，获取本章的教学目标、实践测试、网站链接、词汇表、动画卡片以及本章完整的参考书目。

第7章

计划并开展科技含量丰富的教学

焦点问题 ►►►

- 如何利用科技整合为教学做准备？
- 在一节科技含量丰富的教学中，我们应该如何合理利用技术来规划和扩展已有的课程？
- 如何利用科技来完善教学的每个阶段？
- 在制定一个软件审查或教育网站审查计划时，学区要考虑哪些因素？
- 每一种软件的基本特征是什么？
- 教育软件如何被有效整合到标准化课程中？
- 共享软件和开放源代码软件有何区别？
- 识别几个教育软件和共享软件。
- 什么是数据驱动的决策？
- 网络探索可以成功运用于哪些课程领域？

在科技含量丰富的课程中使学生的学习收获最大化的最佳方法是，使其参与一个有思想性的计划从而为其他高品质课程做准备（Tomei，1996）。数以万计涉及教学的相关行为都可以被描述成三个阶段：计划、实施、得出结论。如果在教学前不能制定合理的计划，或是仅制定了传统的课程计划，乃至不能在教学进程中合理地利用技术，都不会有效控制课程流程，从而导致课程失败、无效率或浪费有效教学时间等风险。虽然乍看时，老教师的教案有时简单粗略，会给人留下他们几乎没有制定教学计划的印象，但这些经验丰富的教师通常会在自己的大脑中有一个更全面的教学计划。他们丰富的教学经验、对学生能力和需求的了解以及对教学资源的熟悉，可以使他们在看起来没有详细教学计划的情况下开展教学。本章通过细化技术在课堂中应用的时间、范围及方式来审查教学计划制定过程中经常被忽视的步骤。

什么是整合了技术的教学和学习？

理解什么是技术整合，对制定整合了技术的教学计划至关重要。可以有效利用技术进行教学的教师应具备三种类型的知识：他们教授的专业知识；教育学知识，即如何教学和促进学生理解的知识（Shulman，1986）；技术性知识，包括对特定类型的技术特征的理解，从而引导教师对教学和学习过程中的特殊问题进行分析（Pierson，2001）。一堂科技含量丰富的课程要求教师利用广泛的专业知识，了解如何最佳地利用与内容相关的教育资源以及教育学知识，从而可以利用最适宜的方法来管理和组织技术的应用。

技术在课堂中的应用形式可以概括为四种类型（Smith & Radigan，2003）。要注意的是，这种分类并不是一成不变的，很多行为可用多种类型来描述。

1. 技术作为商业资源。教师刚开始尝试技术策略、使用技术时，通常将技术作为一种交流和管理信息的资源。在教师可以轻松地利用技术和学生交流之前，他们会被那些用于管理和计划的电子化设备所吸引。

2. 技术作为学习科目。如果硬件和软件是学习的焦点，那么技术就是一门学习科目。技术对教学和学习方式的挑战体现在学生的技能水平上。学生在技能上的差异是不可避免的，数字鸿沟问题显著；学校中的一些学生自蹒跚学步以来就已和计算机经常接触，而其他一些学生却很少接触计算机。对于任何一门课程，教师都必须了解学生原有相关知识的水平，必须判定学生需要掌握哪些技能，并决定这些技能在何时以何种方式教授给学生。

一些学校提倡，在学生使用每种工具前，应学习个别化工具的基础使用方法。因此，如果要使用图标软件，学生应上一节对软件的介绍课，介绍课会在学生独立使用软件之前，指导学生了解该软件的各个功能。接着，学生将继续在各种情境中学习使用该软件。而持相反意见的学校提出，一味地学习工具是没有效果的，学习者需要“恰逢其时”的教学，从而可以知道应何时使用技术。在了解技术工具这一理念的影响下，教师让学生出于真实的目的利用技术，而不是将技术作为首要任务去学习。

然而，大多数教师都陷入了两难境地。实际上最好的方法是制定一个计划。教师可以轻松地去尝试各种教学方法，这些教学方法可以直接利用技术工具教学，让学生轮流以个体或小组的形式进行学习，或是让学生使用技术“玩耍”，这些教学方法都可以独立发现技术的新用途。

3. 技术作为内容传递工具。技术通常被理解为教学工具，因此通常被用来传递课程的主要内容，如利用电子软件呈现或是在网页上呈现某个主题并提供下载服务。利用这些方法，技术就可以用于课程的大多数内容中。需要提醒利用技术的新教师的是，大规模利用电子化工具会令学生恐惧和不安。当技术成为主要的信息传递工具时，对技术利用行为的计划和设计可以极大地节约时间。技术在课堂中利用的比例越大，教师教学习惯的潜在变化就越快。

4. 技术作为教学支持。一个容易被忽略的利用技术学习的情况是策略的收集，从简单策略到复杂策略，凭借技术都能为学习机会提供支持。作为教学支持，技术并不是课程的核心部分，它可以作为课程中的某个策略。通过对上述四种技术应用形式的介绍我们可以看出，技术的应用并没有从根本上偏离基础的教学方法。相反，它更加便利、更合乎需求，是教师教学技能中一个重要的部分。

教师在利用技术进行教学之前，应该思考这些电子化工具如何扩展他们的教学能力。技术可以完成传统方法无法完成的事：模拟危险情境和历史现象；利用多媒体构造先进的产品；将晦涩的、最新的资源传递到桌面；吸引普通学生的注意。教师利用这些工具开展教学，可以使学生接触到多种学习模式和类型，也让教师获益良多。当技术和非技术资源实现整合，以至于适当利用工具的每个步骤都可以帮助学生达到学习目标时，技术在课堂中应用的目标也达到了最优化。而对此有错误理解的教师则不同，他们使用技术是因为他们觉得应该使用，他们使用的技术并不能明显提升学生的学习热情。

教师在每堂课中应该自问："为什么要在此时通过这种方式使用技术？"在计划使用互联网资源时，首先要回答图7—1中所列的问题，这些问题与所有的技术使用计划相关。如果对图中问题的答案是拓展教师的技能是为了满足学生的特殊需要，让学生利用可获得的形式参与到强制性学习中，使学生主动学习，那么，课堂中对技术的使用就会得到保证。

1. 我想要学生达到的教育目标是什么？
2. 这是个有意义的教育目标吗？利用电子化方法还是传统方法可以达到该目标？
3. 我能尽力做到让使用的技术符合我的教育目标吗？我能更有效地利用这些工具来满足我的教育目标吗？
4. 和其他可使用的工具相比，这种电子化工具是否能更有效地帮助实现教育目标？
5. 如果有效地使用更多的传统方法，是否也能达到教育目标？
6. 这种电子化媒体是一种有效实现教育目标的方式吗？还是仅仅在工具使用的过程中强化了技能的应用？

图7—1 当计划使用互联网资源时应考虑的相关问题

制定计划模型

技术整合的课程结构应该与教师个人的教学风格和教学理念相一致。例如，如果某节课要以学生为中心而展开，那么，就可以考虑采用基于网络的课程形式。但是，这并不意味着鼓励教师不再探寻新的教学方法，而仅仅利用技术改变他们的教学。我们必须明确的是，任何改变都不是使用技术的单一结果。技术能够为激励教师和学生提供资源，但只有当教师在教学中存在持续使用技术的意愿时，这些改变才会发生。

目前所关注的一个现实问题是：虽然教师谨慎地将技术用于他们的教学中，但这样是否就能提高已有课程的教学水平，或者技术是否可以代替教师对整个课程制定新的教学计划。

所有的实践都是可以接受的，通过这些实践我们可以获得高质量的学习经验。如果某课程已被证实很成功，就可以轻松地利用技术引进最新的资源。我们可以根据课程所支持的技术类型，在不过多修改已有计划的前提下，将技术工具融入到课程中（Smith & Radigan，2003）。

然而，这种在小范围内使用技术的定式思维，不能普遍适用于那些刚刚学会使用技术的人群，因为这种缺乏深度思考的应用会让他们觉得教授传统的课程并在课程结束时"附加"技术就是在教学中整合了技术。举例来说，学生上一节介绍文学书籍的课程，在课程结束后，教师要求学生浏览有关书籍作者信息的网站。表面上看，这一要求在相关内容的主导下使用了技术，然而，如果对网站的浏览是事后才做的，这就不能真正服务于教学目的，更不意味着它能让学生有更多的机会去完成指定的学习目标。

上述例子中的技术是强加在课程表面的，并没有整合到课程当中。在这个例子中，更好地利用网站的方式是，要考虑如何将该网络中的优质内容与学习目标相关联。技术应用的四种类型中哪一类最适合于完成学习目标？学生如何利用工具提高自身的学习？如果教师认为技术策略确实可以让学生获益，则这种策略在理论上必定可以成为课程目标的一部分。

然而，教师很多时候都会倾向于制定一个全新的计划，而不是对已有的课程进行修改。教科书中不标明教学计划可能会让教师更易去尝试新的教学形式，或是利用技术来使学习过程更加便利。详见“我的实验学校”网站中的“课程计划制定与技术整合标准”（www.maylabschool.com）。

课程计划的形式

教师所使用的课程计划的形式，从极端稳固的结构图表到灵活多变的参数形式，数量多到难以统计。通常学校或学区有一套要求教师使用的样板，教师通常使用一些简短易记的步骤，从而可以更方便地利用这些计划，并使它们更好地凸显自己的教学思想。绝大多数的课程计划形式都有一部分已经规定好的步骤，这与马德琳·亨特所著的《有效教学元素理论》（*Essential Elements of Instruction*）中的经典步骤相似（Hunter & Russell，1994）。计划过程中的各个阶段都应该充分考虑到技术的利用，而且在这里，技术的利用作为亨特基础模型的一部分而被加以强调。

前端准备阶段

在课程开始时，为了使学生将注意力转移到课程中而对课程进行的快速介绍，实际上就是让学生做好接受新知识的准备。教师可能会展示一幅从互联网上搜集的相关照片，利用概念图软件创设一个头脑风暴环节，或是在学生的手提电脑上通过呈现一系列问题，来检查学生已有的该主题相关知识。

教学目标

教师基于内容或是技术标准，陈述课程教学的意图或目标。学生会了解他们为什么要学习以及他们即将要学习什么。

在大范围实施基于技术标准的课程时，对基于技术的行为在课程中所处地位的理解会帮助教师形成有意义的、有效的学习经验。教师必须知道他的学生希望了解什么，以及自己所需要准备的东西，从而使得技术标准可以及时符合 NETS 规定的学生标准。

通过使用技术，教师可以用幻灯片来呈现整节课的计划和目标，并将这些信息打印出来指导学生的自我学习进程。

教学输入

教学输入包括信息、词汇、技能等，是学生为了完成学习目标必须学习的内容。要向传统课堂中加入更多的信息，教师有诸多选择。教师可能会选择在技术的帮助下呈现这些材料，如利用网络学习内容检测学生对该主题知识的已有了解，或是利用光盘中的视频指导学生学习。学生同样希望可以独立掌握新的学习内容。为了实现这个目标，学生可以利用教师提供的电子文件，这些电子文件提供文字、图像、视频甚至特定的评价性问题来帮助学生进行自我检测，学生可以自定步调来控制学习进程（详见第 14 章中的创建教学内容的综述）。教师会在帮助学生适应小组学习和在线学习的过程中实现自我提升。

模型化

在呈现材料后，教师必须给学生演示如何呈现他们已学习的内容，尤其是呈现实例或描述他们用来提高学习热情的任意软件。最初的学生电子档案袋可以被当做实例来使用，或是用来展示在学习中要使用的软件。

指导实践

对实践的指导使得学生有机会在安全、能提供帮助的环境中与教学材料进行交互。通常情况是，学生在教师的带领下，通过必要的练习步骤，实现与教学材料的交互。这是教师确定学生可以正确利用技能的最好机会。将项目显示在计算机的显示器上是有帮助的，教师可以按步骤实施程序教学。通过利用个别化指导或计算机提供的一系列指导，学生可能也会实现独立的学习。

对学生理解程度的检查

在指导实践的一系列步骤中，教师都应监控和评价学生在继续学习前对已有概念的理解程度。如果学生“已经理解”，学习进程将继续；反之，教师可能需要让学生重新学习这些概念。如果在计算机实验室内学习，教师可以在实验室内来回走动并观察学生的计算机显示器，以评价他们利用新软件开展学习的进程。那些已经理解了已有概念的学生，可能被要求到教室的第一排带领其他同伴进行电子化陈述。教师检查学生对学习内容的理解程度时，可以在手持设备或台式电脑上简略记录下学生的学习进程。

学生独立性的实践

当教师确定学生已经熟练地掌握了内容和技能，可以进行独立学习时，他们必须准备让学生进行独立性的实践，如让学生独立完成家庭作业。家庭作业的内容可以在课堂网站上列出，学生生成的文件可以被保存到光盘中，或存储在学校服务器上，或直接发送到教师的电子邮箱中。非线性的“教育游戏”行为，如由 PowerPoint 模板创建的行为都是有效的实践行为，因为所示这些游戏形式都可以将学生的注意力吸引到对学习内容的持续回顾上。

终　止

课程的终止会给教师提供一个机会，教师可以利用一些例子或陈述来完善学习经验，从而帮助学习者对已学习的内容有更深的理解。终止是课程的一部分，它看起来好像就是让学生在铃声响起时冲出教室，但它在学习过程中具有重要的意义。它为学生对已学内容的思考提供了必不可少的机会，它将这些新知识融入到连续的理解过程中，并为了这些新知识被确切利用提供了机会。学生利用文字处理器或快速电子幻灯片所学习到的内容会被展示，一个完整的课程计划可以确保每个学生都进入到终止过程中。教师可能会要求学生发送电子邮件来表述他们对于学习材料的看法。

这种经典的课程计划形式还存在有待改进的地方，实践单元强调应对技术的使用给予更多的关注。由苹果公司和国家科学基金会推出的实践单元就重新组织了这种经典课程的结构，使课堂上的教师可以和其他教育者共享课程。实际单元强调使用技术的整体方法，它将其中包含的内容看作是诸多计划步骤中不可或缺的一步，而不认为其是一种附加的特征。尽管实际单元所包含的部分在清单中的呈现方式与那些传统的课程计划相似，但实际单元计划仍被当做是一个非线性的、灵活的计划（见图 7—2）。

- 回顾：课程的相关问题和对项目的回顾。
- 任务：要求学生实施的行为。
- 评价：对学生学习的评价标准。
- 情境：行为实施的场所。
- 交互：学生学习中使用的方法，教师和学生一起学习的方式，以及学生与其他人交流的方式。
- 标准：由学校、学区或国家制定的框架，是开发和评价课程的指导方针。

图 7—2　实践单元的形式

资料来源：http://ali. apple，com/ali _ help/units_ criteria. shtml。

教育流程上的思考

在起始阶段，制定课程计划过程中备受关注的是一节课中可识别的特征，这些特征也会被课堂中的观察者所关注。典型的课程计划还包括其他一些信息，对于那些隐藏在教学情境中的细节，教师必须予以关注，从而使这些构思精细的课程计划避开失败的风险。技术同样可以操控这些领域。

教育学上的考虑

教师在实施传统的教学行为时，必须确定技术是否要当做实证工具而利用于整堂课中、小组中、合作学习中，甚至是独立学习中。这些决定取决于那些已教授的概念和学生能最有效使用的策略。一个优秀的教师会将各种选择混合，使得学生体验各种编制好的、有趣的学习经历，并利用这种步调来开始课程。学生对学习环境的厌倦会形成粗心的习惯，而教师经常变更课程内容会鼓励学生产生学习兴趣。

识别资源

在课程的目标已确定后，对硬件、软件或基于互联网的工具的定位对于课程的开展很有必要。在这个阶段花费的时间和努力都是重要的，所花时间的多少取决于教师对网络资源的熟悉度、以实践性主题作为搜索项可获得的知识的数量和质量，以及在教学中资源利用的方式和程度。通常，确定需要为哪些高质量的资源花费大量时间，会促使教师利用技术来教学。对于互联网上资源的利用，最好的建议是从网站开始，这些网站是指他人推荐的，或是隶属于某些大型门户网站的二级网站。接下来是利用网络搜索寻找与你的研究主题相关的信息。由于各网站内容的质量和对各年龄段学生的适应度不同，如果教师想深入了解整个网站，就必须在学生利用所有或部分网站之前实施探究。

是否可以有效利用教学性工具取决于这种工具所具有的特性，当然，绝大部分取决于技术的实际应用情况。不论一个网站有多流畅，页面有多漂亮，如果教师并没有花费时间把它作为整体教学序列的一部分去使用，并没有对其应用进行精细的计划，那么，学习者的潜能就不能被开发出来。选择一些包括教师的背景信息、课程计划、学生学习行为的资源予以参考。此时，你当然需要考虑利用那些非电子化的信息资源补充在线信息。最终，评价那些你从学校和其他已定项目中获得的工具，并保存和使用这些工具。在学校里使用搜索工具、获取相关政策支持是每个新教师开展教学时的一项重要工作。

网络探究

网络探究是一种用于完成基于网络的学习任务的方法（Dodge，1995）。

网络探究是继课程范式之后日益流行的一种范式（详见网络探究网站，网址为http://webquest.org）。网络中存在大量网络探究实例——在网络中输入“网络探究”和其他所需的主题，就可以得到大量由其他教师创建和上传的电子化实例。教师在开展任何课程计划前，都必须预先查看所有的资源，并考虑针对在全球范围内广泛应用的建构型课程，网络探究应该以何种形式来呈现。网络探究是与课堂的准则相匹配的。网络探究强调创造性、高层次的思维（详见www.ceap.wcu.edu/Honghton/Learner/think/thinkhigherorder.html）以及问题解决技能。网络探究的模板在网络上也可以获得（如http://webquest.sdsu.edu/designpatterns/all.htm或www.spa3.k12.sc.us/WebQuestTemplate/webquesttemp.htm）。利用网络资源可以创建一个基于网络的学习任务。视频、声音、图像、动画以及某些特定的信息都可以涵盖在网络探究中。教师在使用任何课程计划时，都必须预先查看所有的资源，并考虑利用何种方式修改课程来满足特定学生的需求。在绝大多数情况下，在线的网络探究可以被其他教师和学生所共享；任何修改都必须与原始资源相关。例如，教师可以浏览关于美国内战公报的网络探究（详见www.itdc.sbcss.k12.ca.us/curriculum/civilwar.html）。

制定课程计划时使用的技术工具

到目前为止，技术在制定课程计划的过程中是被当做一种资源来使用的，其目的是为了满足学生的学习需求。通常的情况是，如果从不同的角度来看，技术可以满足各种各样的需求。技术在帮助教育者对教学过程本身进行计划时，也是一种强大的工具。

- 所设计的特殊软件，用来帮助这个计划过程生成课程模板，从而可以实现定制化的、与国家标准相关并能以多种形式呈现的课程计划。软件以共享的版本出现时，用户可以像使用商业软件一样，先试用一段时间（见www.lessonplanit.net网站上的Lesson Planit或是www.unicornsoftware.com/windows.html网站上的LessonPlanZ）。此外，很多专业的教育网站也会提供制定计划的工具。
- 模板是教师最好的技术朋友。课程计划的模板意味着教师可以根据课程要求或个人喜好保存关键的课程特征，根据特定的课程，简单地填入切题的信息。
- 教师在教授自己不熟悉的课程内容前，需要搜索一些背景信息，此时，在线资源的作用是无价的。在教授课程前做个小研究就可以获得必需的内容、教学策略和专业化建议。
- 高效工具可以以多种形式去帮助计划的实施。维基·巴雷拉（Vicki Barrera）是一位教师，他建议使用电子数据表追踪国家制定的标准计划的实施情况。

为你的课程选取教育软件

目前存在大量商业的和免费性的教育软件。因此，教育者必须采取有效的计划性措施，对课堂上要使用的技术进行批判性的研究和选取，从而避免教师和学区将时间和金钱浪费在那些虽然有大肆广告宣传却不恰当的软件上。很多软件供应商都因为注重于色彩斑斓的图像和软件包而忽视了对教学设计的强调（Hoffman & Lyons，1997）。现在越来越多的新型软件开始涵盖网站交互、网站中学生的参与等内容，教育软件和教育网站之间的区别开始变得模糊。以下的内容将呈现教育软件的生成策略：首先，要重点强调的是策略能指导资源的选择；其次，在评价过程中应该考虑到软件的潜在用途。提供一份标准的软件评价表格是必要的，同时还要对软件的用途和适用范围进行详细的注解。我们不仅要对教育软件的类型进行讨论，同时还要附上将软件整合到课堂中的实例。

实施资源审查和评价的指导原则

在选择课程计划之初，如果教师只是基于自己的经验、教学风格以及对于学生的需求和能力的理解，而没有真正实施任何结构化的考察，那么他选择到的只是自己所认为的最佳计划。考虑到本书的读者会对那些有利于决定何种软件可以最优化应用于课堂的相关策略最感兴趣，所以这部分将注重于讨论学区对软件的审查步骤，以及个体对电子化资源的选择。

电子化资源对教学的影响取决于它们在课堂中的利用程度，它们会潜在地影响一个学校或是学区的课程开展，甚至会影响教师对所有课程内容的诠释。正是由于这个原因，学区对于学生所使用的教育资源必须制定一个清晰的审查和选择计划。

我们必须明白，在选取电子化资源的开始阶段，仅仅让学生坐在电脑前，然后向他们宣扬使用教育软件的好处，并不能形成一个合理的教学计划（见图 7—3）。这样做只会导致软件发行商忽略学区和任课教师的目标和意图，从而使他们失去对学生的有效控制。资源的利用不仅要与课堂上个体的学习目标和意图相一致，而且要符合学校、学区甚至是各州的教学目标和意图；不仅要考虑内容是否和当地教学

图 7—3　仅仅让学生坐在电脑前使用某个软件，并不能形成一个合理的教学计划

内容的覆盖面相一致，还要将教学设计和材料呈现的方式列入考虑的范围之中。用于支持资源内容的学习理论不仅要与当前的教育文化相匹配，也要和当地所能接受的交流方式相一致。通常情况下，这些现存的规范都应该嵌入到软件或网站的结构和内容中，对于这些价值，必须进行精细的审查以确定它们是否符合那些潜在的学习环境。从本质上来说，电子化资源和其他学习工具是相似的，它们都必须符合相应的使用需求，并要以最佳的方式来呈现以完成特定的教育目标。

对于那些介入学区审查的工作者，以及要在课堂上利用这些审查结果的教师来说，对于评价的概念有一个简单的理解是必要的。不论评价的特殊性和所指向的标准是怎样的，它都是一个高级的内省过程。我们每天都在作出评价，如我们是否喜欢某一新旅馆或是认为某条领带能否搭配某件衬衫。任何人对于一个软件包的评价，都是从他自己的独立视角来评定的。这个人的背景、经验、教育人生观甚至个人兴趣，都会决定他对某个软件的评价程度。因为人类的特性，我们不可能具备完全客观的判断能力，因此审查者通常会考虑软件的已有评论，并根据自己的观点重新对这些内容进行取舍。可能某个评价者不喜欢某个软件，但这并不意味着该软件在所有领域中都是没有价值的。

软件审查和选择的过程

学区必须有一个系统化的软件审查过程，根据自身的购买能力和对新软件的使用程度，对软件进行评定并作出决策。详见以下列出的步骤：

1. 出于审查目的获取软件的副本。这些副本一般直接和软件发行商联系就可以获得。也有很多大学和区域性教育中心是利用这些软件的审查网站对软件进行核实的。

2. 确定第一个查看软件的人是谁。下面的问题都要予以考虑：

- 课程计划的制定者能否从整个学区的角度来审查软件？
- 作为审查者教师委员会能否代表自己的课程领域和所教授的年级？
- 在对软件的审查过程中，教师和社区成员应该充当什么样的角色？
- 学生使用软件程序时，教师是否要予以监控？学生的建议和意见能否被采纳？

教师对于上述审查内容必须有一个清晰的认识，这点是极其重要的。只有这样，教师才能更深刻地理解并选择由谁来对软件包进行审查。如果可以获得来自学区审查者的建议，就可以制定一个计划来向教师呈现审查信息。如果本地审查没有完成，教师就必须清楚自己在选择和审查软件时所要承受的压力。

3. 审查人员需要使用一些标准化的表格，这些表格可以记录审查者的意见，并能将这些意见与对其他软件程序的意见进行对比。用核对清单（见表 7—1）来评价软件是最简便的，表格中可能会包含一些用于等级分类的标准化选项，有时只是简单的“是”或“否”选项，有时是要选择不同的分数等级。表格中要提供足够的作答空间，以鼓励审查人员对特定的问题进行回答，并能发表自己关于将软件整合到课程中的相关建议。

4. 一份学区的软件审查计划应该将以上这些审查结果传达给各学校监管人，让他们能充分理解这些结果，并能进一步促进学生的学习。

表 7—1　　教育软件审查表

<table>
<tr><td colspan="3">软件名称：</td></tr>
<tr><td colspan="2">发行商：</td><td>价格：</td></tr>
<tr><td colspan="2">审查者：</td><td>审查日期：</td></tr>
<tr><td colspan="2">系统需求</td><td>适用的年级层次</td></tr>
<tr><td>平台：</td><td></td><td rowspan="7">幼儿园
1～2 年级
3～5 年级
6～8 年级
9～12 年级
成年人
教师</td></tr>
<tr><td>处理器：</td><td></td></tr>
<tr><td>RAM：</td><td></td></tr>
<tr><td>硬盘：</td><td></td></tr>
<tr><td>CD：</td><td></td></tr>
<tr><td>其他：</td><td></td></tr>
<tr><td></td><td></td></tr>
<tr><td colspan="3">主　题</td></tr>
<tr><td>艺术
□ 音乐
□ 表演艺术
□ 视觉艺术
□ 计算机科学
胎教/学前教育
健康/体育/娱乐
网络/WWW
教学工具
□ 写作系统
□ 课堂管理
□ 计算机辅助抓图
□ 计算机工程
□ 桌面显示
□ 图像生成器
□ 个人能力</td><td>键盘输入
语言艺术
数学
□ 高等数学
□ 代数
□ 几何/测绘学
□ 数字
□ 概率/统计学
多媒体产品
推理/逻辑学
参考图书馆
合作学校</td><td>科学
□ 生物学
□ 化学
□ 地理科学
□ 环境科学/生态学
□ 一般科学
□ 物理学
□ 科学方法/实验室设备
□ 空间科学
社会研究
测试/测验
世界语言（非英语）</td></tr>
<tr><td colspan="3">模　式</td></tr>
<tr><td>□ 写作程序
□ 双语教学
□ 计算机程序
□ 创设性行为
□ 演示/陈述
□ 操作型</td><td>□ 教育游戏
□ 探索
□ 实践指导
□ 互联网
□ 非英语专业学习
□ 多媒体</td><td>□ 问题解决
□ 参考资料
□ 模拟
□ 工具
□ 指导型</td></tr>
<tr><td colspan="3">软件描述（简短地描述这个软件程序的内容）</td></tr>
<tr><td colspan="3"></td></tr>
</table>

附属文件和补充性材料							
其中包含必需的技术性文件	无此情况	0	1	2	3	4	5
主题明确	无此情况	0	1	2	3	4	5
其中提到的学习行为加快了课程整合的进度	无此情况	0	1	2	3	4	5
提供了有助学习行为的丰富材料	无此情况	0	1	2	3	4	5
该部分整体成绩：	无此情况	0	1	2	3	4	5
程序中包含的内容							
与教学目标相匹配	无此情况	0	1	2	3	4	5
教学策略基于最新的研究结果而生成	无此情况	0	1	2	3	4	5
教学中强调多种不同的学习风格和思维活动	无此情况	0	1	2	3	4	5
信息及时且精确	无此情况	0	1	2	3	4	5
程序中未涉及任何定式思维和偏见	无此情况	0	1	2	3	4	5
该部分整体成绩：	无此情况	0	1	2	3	4	5
陈　述							
信息是以一种逐渐递进的、逻辑的方式呈现的	无此情况	0	1	2	3	4	5
例证和事例都是相关的	无此情况	0	1	2	3	4	5
在屏幕上有多种不同的呈现方式	无此情况	0	1	2	3	4	5
文本清晰且打印类型适用于主体用户	无此情况	0	1	2	3	4	5
拼写、标点符号和语法均正确	无此情况	0	1	2	3	4	5
该部分整体成绩：	无此情况	0	1	2	3	4	5
有效性							
学生可以重复使用软件中的某些信息	无此情况	0	1	2	3	4	5
学生利用程序可以体验在未来世界中的经历	无此情况	0	1	2	3	4	5
通过使用软件，学生提高了自己的学习兴趣	无此情况	0	1	2	3	4	5
对教学软件的使用是恰当的	无此情况	0	1	2	3	4	5
该部分整体成绩：	无此情况	0	1	2	3	4	5
对用户的吸引度和适用性							
程序中考虑到了潜在用户的兴趣	无此情况	0	1	2	3	4	5
阅读层次适用于潜在用户	无此情况	0	1	2	3	4	5
事例和例证适用于潜在的用户	无此情况	0	1	2	3	4	5
输入操作适用于潜在的用户	无此情况	0	1	2	3	4	5
必要的操作都能吸引学生的兴趣	无此情况	0	1	2	3	4	5
在恰当的时候，程序可以提供更先进的板块	无此情况	0	1	2	3	4	5
该部分整体成绩：	无此情况	0	1	2	3	4	5

实践/评价/反馈							
实践是用来完成既定目标的	无此情况	0	1	2	3	4	5
实践行为符合教学主题和学生的需要	无此情况	0	1	2	3	4	5
能针对学生的反应作出反馈	无此情况	0	1	2	3	4	5
反馈是及时的	无此情况	0	1	2	3	4	5
反馈是多变的	无此情况	0	1	2	3	4	5
反馈能促使软件完善和提高	无此情况	0	1	2	3	4	5
完善和提高的过程是积极且严肃的	无此情况	0	1	2	3	4	5
评价是与教学目标相关的	无此情况	0	1	2	3	4	5
提供开放式的交互界面或提供建立电子档案袋的机会	无此情况	0	1	2	3	4	5
提供合作式学习的机会	无此情况	0	1	2	3	4	5
该部分整体成绩：	无此情况	0	1	2	3	4	5
使用的便利性							
使用者可以随意使用程序中的导航功能	无此情况	0	1	2	3	4	5
屏幕指导是持续的，且易理解	无此情况	0	1	2	3	4	5
指导意见涉及面广，且易获取	无此情况	0	1	2	3	4	5
程序对操作者的输入能快速作出反应	无此情况	0	1	2	3	4	5
主题目录简短且可以直接省略不看	无此情况	0	1	2	3	4	5
使用者可以自定步调和进程	无此情况	0	1	2	3	4	5
使用者可以在任一机器上退出程序	无此情况	0	1	2	3	4	5
该部分整体成绩：	无此情况	0	1	2	3	4	5
使用者的界面和媒介的质量							
界面可以为使用者提供一个合适的环境	无此情况	0	1	2	3	4	5
图表、视频、音频或动画可以强化教学	无此情况	0	1	2	3	4	5
图表、视频、音频或动画可以激发学生的兴趣	无此情况	0	1	2	3	4	5
图表、视频、音频或动画都有较高的质量	无此情况	0	1	2	3	4	5
该部分整体成绩：	无此情况	0	1	2	3	4	5

各部分整体成绩							
⑤ ④ ③ ② ① ◎	⑤ ④ ③ ② ① ◎	⑤ ④ ③ ② ① ◎	⑤ ④ ③ ② ① ◎	⑤ ④ ③ ② ① ◎	⑤ ④ ③ ② ① ◎	⑤ ④ ③ ② ① ◎	⑤ ④ ③ ② ① ◎
文件	内容	陈述	有效性	吸引度/适用性	实践/评价	使用的便利性	界面/质量

整体评价意见：

教育软件审查表

这里所呈现的教育软件审查表适用于学区中的审查，利用该表格，软件审查人员可以对包括内容（课程）和教学考虑事项在内的整个软件包进行评价。

一般所需的考虑事项

● 软件名称、版本号、发行商以及价格。提供这些细节可以确保列入审查的都是最新版本的软件。

● 审查人员姓名。如果有不同的人参与到审查过程中，要求输入审查人员的姓名是有必要的。

● 软件的系统需求。软件的系统需求一般都显示在软件盒上或是安装说明书中。很多学区有多种型号的计算机，所以建议审查者将每个软件程序安装到各种型号的计算机上，从而可以获得一个全面的需求效果图。

● 适用的年级层次。软件包文件中所列出的适用年级只能作为软件使用的一般指导原则。因此，在其所标注的适用年级外，软件包如何被学生使用也应该是每个审查人员应考虑的内容。

● 主题。审查表中应包括一份完整的主题列表，而不是仅仅让评价者自己在空白处填写这些主题，这样会促使评价者对所有可能的主题有一个全面的考虑，对审查有一个持续的探究过程。由于目前很多软件包的内容跨越了多个课程领域，所以对所提供的各个主题进行审查也是有必要的。

● 模式。软件的设计意图是通过模式来描述的（ISTE，2000）。软件可以根据各种模式来分类，这是因为绝大多数软件都有多种用途。

● 软件描述。软件程序中要包含简要介绍软件内容的文件。

上述考虑事项是一般性的，其中不包括评价者的任何个人意见。如果要对所有软件的评审意见加以统计编译，那么统合后的评价对于教师而言是有帮助的。

内容和技术性信息

● 文件和补充性材料。软件在售出时通常还会附带一些材料，这些材料包括安装说明书、教师指导手册、学生规范手册，甚至是自带的光驱。根据所提供的这些材料，我们是否能成功地安装和操作这些程序呢？文件中的教育目标是既定的吗？

● 程序中包含的内容。这里所说的软件内容是指软件程序的核心内容。软件的内容决定了有效使用软件的方式方法。教学中使用的这种软件能否如实反映研究现状？能否被各种类型的学习者使用？能否实现及时更新，并有效避免错误与成见的产生？

● 陈述。包含具有逻辑关联的相关事例的内容为学习者提供了一个构建有意义连接的良好机会。这些信息的陈述是否清晰？是否具备足够的新颖度来吸引潜在用户的兴趣？

● 有效性。这些带有教学工具或是策略的终极材料是否可以引导学生的学习？让学生参与到评审过程中，就能很好地判断前面提出的这个问题。学生是否能够对他们所学的内容进行应用，或是他们仅仅只是对主题感兴趣？

● 对用户的吸引度和适用性。确定能够保持学生兴趣度的学习内容组织和呈现方式。学生的兴趣一旦被激发，他们就会按照既定的目标去阅读并作出反应。

● 实践、评价、反馈。优良的教学设计要求实践和评价过程要与学习目标以及教学相一致。如果反馈过程与学生的反应相关，那么反馈能否在学生作出反应之后立即发生，并作为强化或是修正学习方法的途径？

● 使用的便利性。如果学生不能简便地获取教学资料，那么任何最佳的教学都会变得毫无意义。首先，我们需要知道的是学生是否可以从屏幕上获取指导或帮助，同时需要考虑的是，何时对学生实施控制，以确保学生能以合适的学习进度开展学习，并能自由地通过软件导航进入各个学习内容。

● 使用者的界面和媒介的质量。理想状态下，所有的媒体因素，如图像、视频、音频以及动画，都可以结合起来构建一个虚拟的学习环境。应考虑使用这些媒介因素是否可以提升学生的兴趣和提高教学，还是仅仅只能起到装饰作用。

评价与总结

通常情况下，使用者在最后阶段所作出的评价只是整体评价的一部分，因此将这些信息浓缩成更为精简的形式是极有必要的。如果你要使用表7—1中的审查表格，那么在每个部分的结尾，都会有一个最终的分数来说明整个程序中这些特定指标的审查结果。现在，只要对各个部分的分数进行细微的调整，就可以将分数转换到各个部分的总结性表格中。这种做法从视觉上呈现了整个审查项目的进度，可以方便地概览项目的进展，并能对各个复杂的项目进行比较。（这些全局性的评价意见可以让你理解整个审查项目的优点和缺点，并能对那些未在评价表格中呈现的任一领域进行评价。）鉴于各个教育软件的评审目的不同，可以对表7—1中的表格进行复制和修改。

最终生成的软件评审报告

最终生成的评审报告可能还需要修改，其中应该对学习情境及评价中所涉及的各种类型的媒介予以更多的考虑。

教育软件的类型

教师在面对各种各样的教育软件时，如有必要，可以使用个别化教学来强化或纠正学生的行为。

一门标准化的课程应确保学生能根据已定的标准得到持续的能力发展，并且教学策略会达到所需的结果。教师要想理解软件是如何最优化地整合到标准化课程中的，首先要明确可获得的软件的不同类型。本部分将会定义并解析一些常用的软件类型。

教师充当课堂上软件利用的促进者时，并不需要分辨不同类型软件的细微区别；事实上，绝大多数对软件类型的说明都是重复的，根据软件的名称就可以简单地将其区分为若干不同的类型。为了提供全面的教育服务，新型的软件涵盖了绝大多数不同类型软件的各种功能，并将其整合到一个学习环境中。在软件工业中，用来描述相似软件类型的各种术语的区别变得更加模糊。对软件类型的描述为教师讨论软件使用提供了一套更为普遍化的词汇。

操作型软件与教学游戏软件

对种类的描述。一般来说，操作型软件让学习者不断接触事实、人际关系、问题以及他们原先学习的词汇，直到这些材料已经被牢记或是这种特定的技能已经可以被熟练使用。最优的操作型软件应该有一个让人感兴趣的形式来鼓励学生重复使用，从而建立记忆某些特定事实所需的“刺激—反应”连接。连续的学习任务和即时的反馈都可以帮助学生熟练掌握技能。利用精简且有效的反馈，高质量的操作型软件既能创造出学生犯错的机会，又能对学生答对题目提供积极的刺激性反应。学生可以控制程序运行的进度，从任何他们想要开始的时候开始，他们也有随时退出程序的权利，并能够在他们停止学习的地方继续开始学习。

教学游戏软件和操作型软件很相似，但是它通过游戏规则、娱乐型环境以及分出胜败的竞争机制大大激发了学生的学习动机。通过利用一些特定的游戏，学生可以和电脑或是其他学生相竞争。一些教学游戏呈现出了很多传统游戏的特点，如棋类游戏、逻辑游戏、冒险游戏、文字游戏，而其他的一些游戏则是作为软件刚刚被开发的。操作型软件只是众多教育型工具中的一种，它能很好地满足各种特殊的教育需求，是一种有效的教育工具。操作型软件通常用来辅助数学教学，因为在数学教学中，那些大量含糊不清的数学事实很容易被操作型软件转变成“正确—错误”这种简单的形式。

整合学习系统

对种类的描述。整合学习系统（ILSs）几十年来为学校提供了全面的教学和管理。在传统的方法中，大量的 ILSs 都是网络软件汇编，它强调核心课程领域中的教学目标。预备考试、教学、实践、课后考试的设计都应该与国家或地区的课程目标相一致。

所选取的样本学生要能够独立进行学习，他们的学习进程可以被自动追踪和报告。当他们熟练掌握了学习目标的某一个部分后，他们会转向下一环节。教师通过系统生成的检测报告来监控学生的行为，并根据需要来选择电子化教学支持。

实践中的整合。ILSs 的应用通常使得技术在学校中的利用简单化。然而，这种打包处理可能并不允许将技术简单整合到其他的外部课程中。软件系统通常倾向于充当教学的唯一资源。该系统可以在学生进行典型的行为主义学习后，通过线性呈现课程来吸引所有学生的注意力。

一些新出现的 ILSs 包含现实世界中的真实方案和项目，从而培养学生在真实情境中的技能（如培生数字化学习中的沃尔特早期阅读计划，详见 www.pearsondigital.com）。一些系统为整个课程提供了诸多选择，选择内容包括课程的管理工具、专属游戏软件以及可以在网上更新升级的多媒体元素，多样化的选择在内容的传递中起到了重要的作用。

诸如此类的系统（如 Knowledge Box，详见 www.pearsondigital.com 及图 7—4）包含了全面服务的选项，这些选项在教师参与的过程中体现出了自身的价值，并为那些预先制定的策略及与标准一致的主题提供了帮助和大量资源。

学校容易犯的错误有两种，一种是在技术进入课堂时，校方领导会假想这些课程传递系统将会有效地取代教师的地位：另一种是认为使用 ILSs 使学生具备了技术技能。学生利用技术开展学习或利用计算机进行评价，增加了他们对技术的使用

图 7—4　Knowledge Box 可以为六年级学生介绍所有教学领域中的数字化媒介

频率，但这并不意味着使用计算机有助于他们获得重要的交流、信息管理以及问题解决的技能。

我们必须注意的是，教师应确保教学的形式和内容能为每个学生提供最好的学习机会。我们发现，在任一学生小组内采用的任一学习类型，其使用方法如果不充分考虑个性化需求，就很难收到理想的效果。

教师必须精心安排 ILSs 的使用，以确保学生利用 ILSs 可以获得最大的学习收益。

如果你所在的学校采用了 ILSs，并且你已经准备好充当一个教学革新者，你就应该了解软件的内容和形式，从而预测学生的需求和问题。这种预测不是单纯地依据每个学生的学习进程所自动生成的数据，而是对数据进行更深入的调查，以确保学生可以学习自己所需要的内容。

问题解决软件

对种类的描述。问题解决软件要求学生在多样的课程领域中应用高层次的策略和综合知识去解决问题。学生在熟练掌握问题解决技能后，可以对假设进行验证，从错误中学习，并从中重新提炼技能。这种类型的软件中包含批判性的思维步骤，它侧重于特定的学科领域，通过创设一个开放式环境，让学生在其中发现适合自己的学习策略，并为问题解决提供实践指导。无论用何种方法，相对于操作型软件和指导型软件，问题解决软件为用户提供了更多的自由，而且它也带有模拟软件的特征，即可以创设真实世界的情境。

实践中的整合。有效的问题解决是建立在各种不同意义的情境中产生的大量实践和经验基础的。教师计划在日常教学中应用问题解决软件时，对以上的这种理解应该很明晰。没有任何一种软件可以作为单独的工具来发展学生的批判性思维能力。相反，软件可看作是用来辅助获取高层次思维技能的行为中的一个有效组成要素。

学校趣事

在课堂中利用问题解决软件

布朗女士在教授小学高年级课程时，总是向她的学生强调问题解决策略的重要性，并努力用口头语言来描述真实问题的情境。在秋季学期，她发现尽管学生在试卷上解决数学问题方面已经取得了很大的成功，但是他们除了可以指出问题的所在并说出数据外，并不能用言语来说明他们是如何解决这些问题的。她决定利用为 Fizz & Martina's Math Adventures（Tom Snyder 公司生产）的问题解决软件作为另一种工具，为学生的学习创设有效的情境（见图 7—5)。

图 7—5 Fizz & Martina's Math Adventures 问题解决软件

在课程开始两周后，她向学生介绍了 Fizz and Martina 软件及软件中内置的影片——巴尼先生的数学课。巴尼先生很喜欢讲故事，他在故事里穿插了一些数学问题。在影片中，巴尼鼓励学生记下他们在故事中获得的所有数字。这个程序之所以引起布朗女士的兴趣，不仅在于它能帮助学生在问题解决过程中获得实践机会，更重要的是它还要求学生具备有效的讨论技能。

学生必须在不参照笔记的情况下描述自己的问题解决策略，并最终学会协助小组成员用言语来表达小组的思想。

很快，布朗女士发现学生对该程序兴趣浓厚，并了解到他们在使用计算机后，可以很好地相互探讨蓝瀑布小学的特点。在程序应用几周后，布朗女士通过和学生单独对话发现了两个事实：一是学生不仅证实了问题解决策略的有效性，也确定了自己所了解的知识是正确无误的；二是学生开始向其他班级的学生展示如何使用这个软件。

参考软件

对种类的描述。在过去的很多年里，学生如果要开展研究，就必须到图书馆内查找笨重的百科全书。而新出现的各种技术设备，不仅具备了强大的存储能力，可以把各册百科全书的内容集中到一张小小的CD光盘上，而且媒介的多样性可以有效地将相关的新型材料融入到生活中。参考软件可以采用传统学习的任何一种形式，如字典、百科全书和辞典。使用参考软件可以链接到学校图书馆提供的资源，从而获得更多的学习机会。

模拟型软件

对种类的描述。教育模拟允许学生经历那些个体不可能见证的、在课堂环境中很难创设或存在危险的事实和现象。使用软件可以模拟被操作的对象，让学生参与到程序中的某一个阶段，或是进入到特定的情境中。通过软件模拟可以对真实的过程作减缓或是加速处理，从而可以研究各种变量的性能。模拟型软件为有意义的个体学习提供了丰富的情境。使用模拟软件要求学生能够将很多技能和理解能力进行综合，做到真正的跨学科学习。模拟型软件能够促进学生开展积极的讨论，鼓励学生基于共同的目标进行合作。由于可以模拟多种情境，软件可以被各种不同的学生团队有效利用。

模拟型软件也可以用作训练学生对不同类型的设备的操纵能力。学生通过这些培训，可以更安全、更精确地实践在操纵这些设备时所需的技能和步骤——这对于学生自身和设备都是没有危害的。社会学、自然科学等学科应用的软件以及商业性和职业化的模拟型软件在使用方法上是一样的，如果可以在恰当的时间将模拟型软件整合进整个课程中，它们都将会成为有效的学习设备。模拟型软件并不是一个独立的单元，而是只有当其被用于举证，或是用于呈现那些原来被其他类型软件探究的技能、观念和经验时，其应用才是最有效的。学生必须具备与内容相关的知识，并知道如何操控这些模拟型软件，以便在面对现实的情境时能够毫不犹豫地作出反应。

当学生在模拟型环境中学习时，教师应该确保学生能够理解这种软件的缺陷所在。不论这种软件可以多么逼真地展现现实生活中的情境，它仍然仅仅是模拟而不能真正达到完全的精确和足够的复杂。与其他使用过该类型软件的人进行交流，所得出的判断和结果都可以帮助学生将模拟与现实联系起来。

工具软件

对种类的描述。工具软件帮助教师和学生成为文本、数字以及图解信息的高效率管理者。由于这类软件是与内容相关的软件，与其他的软件类型不同，它们可以扩展到人类实际参与的任何课程和管理领域。正如教师和学生会使用铅笔一样，文字处理器、电子数据表、数据库、制图程序和写作软件也可以利用在各种日常行为中。另外一些工具虽然被应用于具体的领域，但却允许不同年龄段的用户来创建或从事某些特定行为。这些工具将会应用于学生生活的其他领域中。学生为了完成学习任务，要使用工具软件，而从软件使用中学习到的这些基本技能和习惯，将会迁移到他们以后需要使用的软件上，并继续发挥作用。你的学生可能使用文字处理器来记录那些创造性的写作信息。他们可能直接在文字处理器上写书信，或是在纸上潦草地书写草稿后，再在文字处理器上将字句归类。工具软件帮助学生纠正语法错误和语言的错误用法，进而提高了学生的写作技能（见图7—7）。学生利用电子数据表可以对各种生活开销的关系进行研究，或是学习如何安排自己的时间。学生可能会利用数据库程序来管理研究的内容。比如可以利用制图程序去探寻几何学的关系、地理学的特征以及唯美的呈现方式。概念图工具（见第 2 章）可以将头脑风暴、过程的设计以及理解概念间存在何种联系等问题进一步简便化（见图 7—8）。

学校趣事

在课堂中使用角色扮演软件

当公司生产奥玛尔·马赫什（Omar Mahesh）看到 Decisions，Decisions：The Environment 软件（Tom Snyder 公司生产）出现在最近学区购买的软件清单上时，他知道这对于七年级的学生而言将是完美的工具。该软件模拟了一个小城镇在政治运动中发生污染危机时的情境。学生利用由软件提供的小册子来呈现环境保护者、经济学家、科学家和运动领袖针对环境污染问题对虚构候选者提出的建议。

马赫什先生将学生分成四组，从而可以随机选择一组学习来进行模拟。学生在小册子的指导下，聚集在教室前面的电视监控器旁边，马赫什先生开始了他对模拟型软件的介绍。

当得知池塘已经被污染时，软件提示学生小组先扮演该城镇的市长，并设立首要的解决目标，然后再扮演提供建议者在小册子中寻找信息。基于这个建议，小组决定实施行为和评价行为结果的方式。而在现实世界中，个人所作出的决定会导致新问题的产生，学生会在几节课的时间内持续使用这个模拟软件。对于课堂中某个有较大争议的决定，一些学生提出需要更多的时间去思考和做其他研究。鉴于学生的建议，马赫什先生对课堂行为进行了扩展，在模拟之前加入了家长采访和互联网调查环节。在很短的时间里，即在他们开展研究的几周后，现实的污染问题已经登上了当地报纸。马赫什先生看到，学生在模拟的情境中讨论现实的环境问题时，进一步发展了他们更为细致地解决问题的习惯，为此他颇感欣慰（见图 7—6）。

图 7—6　Decisions，Decisions：The Environment

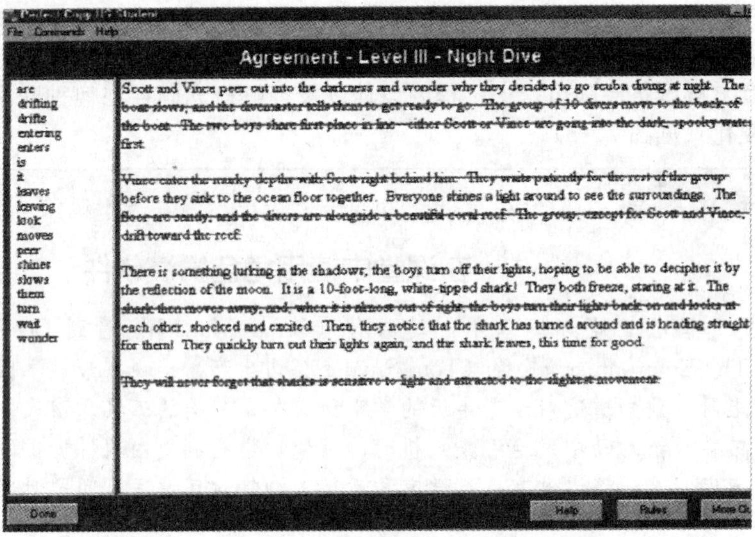

图 7—7　Perfect Copy 这一款软件通过高亮显示文章中的语法、拼写和词语错误，提高了学生的写作能力

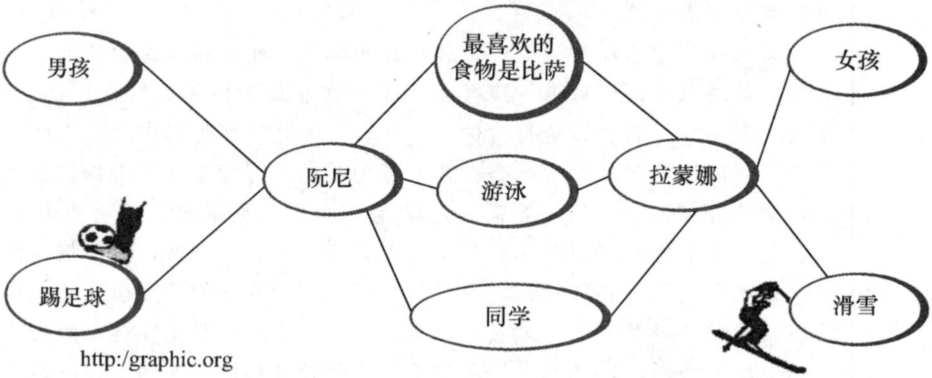

图 7—8　Inspiration 是一款概念图软件，它使得头脑风暴、计划和组织信息变得更加便利

互联网工具，如 HTML 编辑器，实现了各种工具软件的整合与共享。关于各种写作软件的各种创设性用途在第 8 章中会给予详细说明。教师同样可以利用这些高产软件来支持他们作为教师和学生信息管理者所做的各种努力。在第 16 章中会详细介绍作为一个课堂管理者，教师要如何利用各种软件。

辅导型软件

对种类的描述。辅导型软件最大的优点在于，它允许学习者在接触新知识的时候可以继续使用这些软件。优秀的辅导型软件允许学生个体自定步调，并能够在他们完全理解一个新概念后，按照自己的需求浏览材料，以快速定位到主题上。在教师教学之后及测验之前，辅导型软件可以为学生提供必要的练习。简短来说，利用辅导型软件需要一个完整的教学设计，这种教学设计是任何成功的课堂教学的必要因素，教师可以利用传统的方式呈现教学设计。面对课堂中不同的学习阶段和学习类型，教师可以利用辅导型软件进一步完善他们在教学中所作出的努力。辅导型软件为那些需要对某个主题实施附加教学的教师提供帮助，它促使概念的学习可以以较缓慢的速度开展。辅导型软件为小型的或乡村学校的学生提供了更为开放的机会。对于高等数学、自然科学或是某些语种的语言课，如果教师没有接受这些相关的培训，则学生可以利用辅导型软件补充和完善他们的学习内容。

网络软件

目前教师较为推崇的软件是网络软件，网络软件包括各种最新的网络技术，这些网络技术可以在各种光盘安装软件的基础上提供多样的服务。这些程序要求使用者在线使用，绝大多数程序都可以从各种网站上免费下载。使用网络软件通常需要从互联网上下载相关插件，下载网站上一般会给使用者提供下载及安装向导。教师可能会担心这些软件并没有明确的教育用途，不过，如果有一个清晰的计划指导，这些兼具教育及娱乐双重功能的游戏就可以有效地被应用。鉴于软件的使用意图和软件的供应商各不相同，教师必须发掘出将软件用于课堂的各层次的支持性建议。

图 7—9 列出了一些提供网络软件的网站。这是一个更新速度快的行业，因此鼓励教师自己去发掘那些最新的网络软件资源。

- Amazing-Space

  http://amazing-space. stsci. edu

  太空望远镜科学研究所的主要工作是监控哈勃太空望远镜，该研究所内有很多科学家和工程师，他们研究多种与太空相关的概念，主要开发交互性的网络课程。
- Clicking Anastasia

  www. lostsecrets. com

  学生通过阅读尼古拉·罗曼诺夫（Nicholas Romanov）的故事，了解到他曾经是俄罗斯帝国的沙皇，他的妻子亚历山德拉和他们的五个孩子都在十月革命中被处死。历史上的谜团是，沙皇遗留下来的数以亿计的珠宝和宝石藏匿何处。学生可以参与到交互式的问题解决活动中，或是通过电子邮件收发一些寻宝提示。
- Funschool

  www. funschool. com

  该网站提供超过 500 种的在线游戏，这些游戏是在教育理念的指导下，在一个安全、交互、娱乐性的环境中运行的，用户可以根据游戏适用的年级和游戏的类型进行查找。
- KidsPsych

  www. kidspsych. org

  该网站的设计意图是为了让家长帮助学生开发他们的认知思维和演绎推理能力，这个网站也可用于在课堂中开发学生的这些能力。
- Secrets at Sea

  www. secretsatsea. org

  七年级的学生可以参与到这个在线的海洋探险活动中，学生可以通过和食人鲸的亲密接触来训练自己在日常生活中无法锻炼的技能。
- Spywatch

  www. bbc. co. uk/education/lookandread

  该项目是 BBC 娱乐频道的一个系列节目，该网站建构了一个二战时期的小村庄。学生在组织人员撤离和查找间谍的过程中可以充分锻炼他们的拼写能力和写作能力。

图 7—9　网络软件

应用于手提电脑的教育软件

近年来，教育软件在手提电脑中的应用受到了广泛关注。教师和学生可以利用手提电脑绘制和新建概念图、搜集数据、使用试算表、阅读文档、进行问答比赛。极好的是，很多教育软件是免费提供给教育机构的（Topp & Hanquist，2002）。如Pocket Mobility公司推出的Quizzler软件能让教师在手提电脑上新建或使用小测试及教育游戏（www. pocket mobility. com/quizzler/index. html）。美国密歇根州立大学的高等教育交互计算机中心（www. handheld. hicedev. org）已经建立了一系列免费的教育项目，对这些项目在课堂中应用的有效性研究也在进行中。应用于手提电脑的各种游戏如Ayudame（一款西班牙字符处理软件）、Locker（一个帮助教师和学生管理日程表的工具）等。在试用测试期间，这些软件都可以免费下载获得。通过寻找手提电脑的兴趣点和资源，软件生产商可以推动市场的进一步发展，并使得更多的学校发现这些微型计算机的多样性功能。

教育软件的发展趋势

通过回望教育软件近几十年的发展，著名的教育软件专家朱迪·玛希斯·琼森（Judi Mathis Johnson，2003）作出了一些关于这个行业目前所处状态的评论。她指出：教育者与一种新的软件交互需要三年的时间，第一年学习该软件，第二年对软件进行测试，在第三年才开始真正的整合。事实上，软件工具的承诺所包含的不只是学生能学到什么，当教师使用高质量的课程时，他们所教的内容也是不同的。

教育软件市场在近几十年内发生了戏剧性的变化（Johnson，2003）。教师不仅能更清楚地意识到技术在教与学中的地位，而且要求软件能更突出相关的学习内容，同时在《不让一个孩子掉队法案》的要求下，目前软件公司必须证明这些研究如何呈现其产品的有效性，从而促使联邦政府在软件采购上投入资金。软件公司期待将其产品的发展和目前对软件有效性的研究紧密联系，从而形成更高效的产品。一些公司提倡一种具有吸引力的发展方向，即使程序成为“开源资源”，也就是说，教师可以修改实际的软件编码，从而使软件内容更好地满足学习者的需求或本地区的标准。这种对程序设计的自由修改补充也是导致很多静态的、商业化软件消失的原因之一。

随着电脑内存价格的不断下滑，游戏软件的功能将更有教育导向性。换句话说，在不久的将来，教育游戏软件很快就能与高端商业视频游戏软件相匹敌。

学校和学区层面上的技术使用计划

本章的主要内容是介绍技术使用的计划，但是如果不在高于课堂的层面上探讨技术使用的计划，这章的内容就是不完整的。那些影响教师在课堂中应用技术的有效性的决定和政策都是由学校和学区制定的。事实上，这个“技术计划”将会显示在学校或学区网站中的显著位置。计划的过程倾向于迅速购买技术，这会导致资金浪费，从而可能导致使用软件的计划过程不能有效地应用到学生的深层次学习中。

通常导致技术计划失败的因素包括：试图寻找最优的方式去购买和管理电脑，却并没有有效的利用机器；教师缺乏专业化的发展眼光；教师缺乏判断技术在课堂中扮演何种角色的眼光；错误理解了平等的含义（如为每个教师提供相同数量的计算机），却没有考虑到如何将资源最有效地进行分配（Fishman & Pinkard，2001）。如果某人想创建一个应用技术的计划，仅仅是草拟出一个计划表敷衍了事，那么他很可能遭受挫折，并且不能获得实施者的支持，最终导致计划的失败。

技术计划在技术计划委员会的作用下可以达到应用的最优化。技术计划委员会可以邀请学校中所有关键的实施者加入，这些人包括管理者、教师和家长。新入行的教师必须寻找机会介入各种类型的计划中，不仅因为这些潜在的计划影响着他们的日常行为，更因为他们的建议甚至是最新的技术经验都能很好地为计划的过程服务。无论委员会的体制如何，委员会都应该对本学区的管理者和教师提供支持；如果没有这些支持，该委员会出台的任何建议和政策要想应用到实践中，都会面临一定的困难。

在较高层面对技术应用制定计划并不是一时之功，而需要持续对应用作出计划和评价。计划委员会必须对学校中的技术应用有一个清晰的认识。

基于这种洞察力，委员会应该实施必要的评价以确定应购买何种技术，以及应制定何种政策来指导学校团体成员成功地使用技术。接着，委员会应制定一个计划和技术应用时刻表（Valdez，2003）。事实表明，如果购买计算机的目的仅仅是为了要持有它们，而完全没有考虑到如何应用它们，这个计划就是没有可行性的。当技术计划基于课程目标和预期的学习结果，并且可以获得学校的资源而被利用时，计划才是最具应用价值的。我们可以在图7—10中寻找指导技术计划制定的问题，这不仅为委员会在技术选取开始阶段的聚焦和定位提供了指导，更为持续的评价提供了一个参考的基准。一个包含小组委员会成员信息的计划将避免该计划沦为单独的预算，而是使其成为强调学习观点和满足组织的、技术的、教育的目标的计划（North Central Regional Technology in Education Consortium，2001）。

- 你的学习观念是什么？
- 你如何利用技术来支持你的学习观念？
- 你如何开发一个支持性的基础？
- 你将如何理解技术计划过程的背景？
- 你将如何实施你的计划？
- 你将如何评价你的技术计划的实施步骤？

图7—10 技术使用计划的指导性问题

资料来源：North Central Regional Technology in Education Consortium (2001). Guiding questions for technology planning. EPS Spectrum，30 (1)，16-22。

数据驱动的决策

学校管理者通过采取技术化管理和数据分析，将其计划的层面从学区和学校转变到了课堂（Olson，2002）。数据驱动的决策是基于对广泛搜集的数据的理解，这些数据既包括学生测验成绩，也包括入学前的信息。

研究这些数据将帮助教育者了解利用何种方法和实践更有效，以及在这些方法和实践中应格外注意哪些关键点。例如，如果四年级35%的学生未通过学年的期末写作测验，五年级的教师就可以利用这些数据来修改他们下一年的教学策略。如果中学里的绝大多数自然科学课教师都没有教授自然科学课的能力，这会使学区注意到在学习内容领域内考虑教师的能力和学生成绩中的潜在事项。这种注重数据的思维方式当然也能帮助教师和学区人员证实在2001年颁布的《不让一个孩子掉队法案》中推出的新联邦法规（www.nclb.gov），这当然也要求学区通过评价学生的成绩正确地给予检测。然而，尽管这项研究表明，学校和学区的这种行为高度依赖于利用数据来指导其教学实践，但是很多州和学区并没有适当地利用这个系统，在有意义的方式下搜集、组织和分析数据。教育者面临的挑战是要创设不仅面向学生，而且可以便利学校管理的科技信息丰富的学习环境（Fouts，2002）。

对技术整合有着清晰认识和想法的学校必定能更有效地使用技术（Hayes，Schuck，Dega，Dwyer，& McEwen，2001）。这些想法包括技术在教学和学习行为中担任的角色、教师专业化发展的程度，以及支持使教师和全世界范围内的同伴相联系以确保实现相互支持和互提建议的技术。

DVD/视频插图——百万美元项目

利用电子数据表、互联网和陈述式软件解决现实生活中的问题。这些现实生活中的情境是如何通过简单的操作教授学生独立使用技术，并改善自己的学习方法的？

学校趣事

在课程计划中应用软件

帕蒂·布莱克（Patty Black）在每个星期五的早晨制定每周课程计划时，一般都是简略地写一些数字或是写一些速记的句子，并为下一周的课程写下自己的理解。在她六年的教学生涯中，帕蒂第一次接收了一个实习教师卡拉·里维拉（Carla Rivera）以帮助她熟悉教学工作。卡拉·里维拉对新的教师角色热情高涨，整天一个接一个地提出问题。当卡拉问帕蒂为什么她从不阅读在课程计划书中提到的与技术相关的内容时，帕蒂的回答是她已经有了备用的答案。这些内容并没有必要写出来，因为他们只在空闲的时间才利用计算机工作，她会让学生自由选择教学游戏，或是利用文字处理器来记录他们此时的学习。但是卡拉提出的这个问题引发了帕蒂深层次的思考——她是否应该在学生使用计算机时加入更多的想象？这位新教师让她重新思考她利用技术的原因。

帕蒂选取了美国历史课的一个单元作为试验对象。那个晚上，她坐在计算机前，发现四个网站上都有适合她的学生的模块。于是她第一次将网站写进了她的计划书中，并在课堂目标和网站间画了一条线以表示它们的联系。她甚至决定尝试去年学区所购买的、为教师提供培训的课程计划软件。现在，那封通知培训的电子邮件在哪呢？

总　结

在科技信息含量丰富的课程中，要使学生的学习效果实现最优化的最佳方式是，让学生参加同样有意义的计划，并为制定其他高质量的课程计划做准备。这些在教学中相互关联的行为可以被描述成一个三步骤的教学序列：起始于计划阶段，经过实施阶段，结束于评价阶段。未能对课程进行适当的计划则可能导致课程的失败和无效，甚至有浪费宝贵教学时间之虞。一堂科技信息含量丰富的课程要求教师有大量的知识储备去理解如何最优化地利用与知识相关的技术资源，并具备教育学相关知识，可以选用最适合的方法来管理和组织技术的利用。课堂中技术的利用可被描述成四种类型：技术作为商业资源、技术作为学习科目、技术作为内容传递工具、技术作为教学支持。技术整合与课程的结构、教师个人的教学类型及教育思想是一致的。对技术利用的考虑应贯穿到其对基础课程制定计划的各个部分中。

技术当然也可以作为强大的工具在计划过程中为教育者提供帮助。在学校和学区层面上的技术计划会对课堂教师的技术利用原则和技术利用的有效性产生影响，并能为学校各层级部门的决策提供参考数据。

为确保能购买并高效利用高质量的教育资源，学区和学校必须制定和建立一个计划。无论是由一个委员会在学区层面上评价软件，还是由教师为专门的一节课选取最好的网站，都必须考虑到这些资源是否符合班级、学校、学区及全国的教育目标。

每个人对教育资源进行评估时都应该明白：所有的评估结果在很大程度上带有主观意见。拥有一套所有参与者都清楚的评审程序和标准形式将有助于使评审的结果在全国范围内具有可比性。

清单列表是用来记录软件和评论网站的优缺点的最常用方法。通常，评论者被要求回答一系列问题，这些问题既包括简短的“是”或“不是”的问题，也包括长语句的叙事性描述。清单的形式可以被修改，以便符合评价目标的特定需求。

教育软件使得教师可以将计算机作为多样化的教学辅助手段来满足学生的个性化需求。尽管了解软件类型的相关知识有助于制定计划，但教师还应该认识到：这些软件的种类趋向于重叠。学生通过使用操作型软件和教学游戏软件，可以了解他们之前已学习的知识，并获得即时的反馈来促进技术的熟练化。整合的教育系统提供了完整的、基于网络的教学、评价和管理板块。问题解决软件要求学生具有逻辑思维，并能预设出一组基础概念。促进逻辑思维的持续发展是问题解决软件的一个突出特点。参考软件将大量的事实组合到一起，并利用各种各样的媒介元素来证明它们，如图表、动画、视频和音频。

计算机模拟使得学生可以在课堂的安全环境里经历真实事件。工具软件并不像其他类型的软件那样只关注于特定的内容，这就意味着学生和教师在课程中可以利用这些工具软件管理各种类型的信息。操作型软件试图通过对教学和反馈的呈现以促进概念的发展。各种基于网络的新型教育软件大多都是免费的，它们在清晰的计划下为满足特定的需求而被有效地利用。大量用于手提电脑的程序使得学生和教师可以进行学习和教学。随着软件产品的发展与对其有效性的研究之间的联系更加紧密，教育者能获取的软件将具备更高的品质。

看看你能做什么！

1. 搜索一个不使用任何技术的课程计划。你可以用三种不同的技术使用方式来支持课堂教学吗？

2. 搜索一个使用某些技术的课程计划。你可以根据本章对于技术的四种分类，把这些技术进行分类吗？

3. 用五分钟的时间开展一个头脑风暴，尽可能想出更多可以利用的技术，然后将这些技术归入四种类型的技术分类中。为什么这种技术使用行为属于这种技术类型？你为什么这样认为？

4. 设定一个学习目标，根据 Hunter 的经典模型写一个课程计划，并在每个学习步骤中加入技术的使用。你认为技术使用的构想在实践中有多少可行性？是否还存在其他的非技术手段也可以同样有效地实现目标？

5. 在 http://webquest.org 网站上找一个你感兴趣的网络探究案例，并辨别其中的内容和技术标准是否与你所探究的目的相一致？

6. 将传统的 Hunter 的课程计划模型与实践单元相对比，在何种情境下，实践单元中的“情形”和“交互”可以与传统的模型相适应？

7. 在 www.lesson planit.net 网站上下载 LessonPlanZ 或是在 www.unicornsoftware.com/windows.html 网站上下载 LessonPlanZ，并在某一课程计划中使用它们。

8. 回顾学校所在学区的技术计划。其中包括哪些事项？这些政策是通过何种方式影响课堂中的教师的？

9. 浏览 DVD/视频插图：百万美元项目。列出三种可以支持该课程且科技信息含量丰富的行为，对于这些行为，需要你作出详尽的考虑并生成一个计划。在这个课程中找出符合面向学生的国家教育技术标准的各个行为。独立思考这些现实生活中的情境是如何通过简单的指导来使学生独立地使用技术，进而改善他们的学习的？

10. 选取教育系统中处于不同职位的三个人（如学生、家长、学校管理者，或是社区成员），让他们对某个软件进行评价。他们的评论有哪些相似点和不同点？

11. 在学生作为评价者时，本章所提供的软件审查表格需要进行哪些修改？选取某一个学生个体，列出你所作的改动，从而可以让学生利用表格独立地对软件实施评审。

12. 选取一个教育软件，书写一份完整的软件评价，并将该评价邮寄到教育技术期刊软件板块的编辑。

13. 和其他同件或是同事合作主办一个电子论坛，探讨当前教育软件的整体质量。鼓励参与者交流他们的意见，确保每个人都可以参与其中。论坛可以通过征集参与者对其见过或是使用过的软件的优势和缺陷的相关评论，保证论坛中讨论的长期开展。

14. 是否可以从所有使用者的角度出发，或是出于多种目的去评审一个电子化资源？关于这个问题请撰写一篇文章，讨论一般性的软件评价问题。

15. 查阅出版物的广告，列出那些吸引人的教育软件广告所具备的特征。这些特征是否反映了教育的真实声音，还是仅仅因为它是先进的软件而显得与众不同？

16. 对目前市场上广泛使用的软件进行筛选，选取可以应用在既定教学领域或是各年级层面的软件。请对你所在领域中的学生选取软件给予一些建议。

17. 以软件的某个板块为研究对象写一个课程计划，陈述你将如何将该软件整合到完整的教学序列中。确保计划中包含促进软件使用的教学或是其他准备工作，并且能够对学生如何利用软件持续开展实验进行预测。

18. 观看 DVD 视频小插图：百万美元项目。你对这个课程的看法和软件中陈述者的观点有哪些相似点和不同点？

19. 总结利用（不利用）教育软件对一个概念进行讲解的优点和缺陷所在。

20. 对开源软件进行网络搜索。你能找出这些软件的教育设置中蕴涵的含义吗?

我的实验学校

利用“技术文化”制定和开发课程

技术整合是从计划开始的。本段视频以向管理者提供硬件、软件、交流工具、技术支持和培训为特征，力图构建一种技术文化。

● 登录网站 www.mylabschool.com，在“Course”菜单下选择“Educational Technology”，进入“Access and Technical Assistance”视频链接，观看视频“Culture of Technology”。

你也可以在搜索栏中输入 ETV3 直接找到这个视频。

你如何界定技术的“有效使用”? 和我们共享你的看法。在课堂上大家可以自己作出一个关于“有效使用”的定义。

配套网上资源

登录网站 www.ablongman.com/bitter7e，获取本章的教学目标、实践测试、网站链接、词汇表、动画卡片以及本章完整的参考书目。

第8章

选择和整合网络资源，设计网络教学

焦点问题 ▶▶▶

■ 如何整合一个高质量的网上教育资源？

■ 要将网络资源和复杂的课程进度成功地进行整合，需要考虑哪些因素？

■ 在网络环境中，教师利用的资源和学生使用的资源有哪些区别？

■ 在实施网络教学之前，要制定哪些计划？

■ 要保存管理网站的相关文件，需要实施哪些策略？

■ 为什么高质量网站的日常维护很关键？

■ 为某个特定课程建立一个网站的最佳方法是什么？

■ 如果无法搜索到某个网站或是它的 URL 已被更改，你将使用哪些方法来找到它？

■ 如果需要你设计一个在线课程，请列出设计的步骤。

■ 你认为测量学生在线成绩的方法有哪些？

随着全球各地的学校通过互联网建立了联系，只有教师和学生可以熟练地在丰富、易得的信息中翱翔，互联网的教育内涵才能真正被人们所理解。网络是一个动态工具，它帮助教育者搜寻人们感兴趣的学习资源，并可以为任何学生在任何地点、任何时间提供教育（Ellsworth，1997）。学生可以获得那些在封闭的课堂中不可能获得的经验和信息。然而，网上的教学资源并不能被理解成教师的技能和直接经验的替代品，或被理解成可以替代传统教学方法的工具。事实上，适当地利用这些网络资源，是对整个教育计划的丰富和提高。

教育网站浏览方针

图 8—1 和表 8—1 提出了浏览教育网站的一些标准和指导原则。我们可以依据分数来划分教育网站的等级，这是因为网站的浏览群体通常都是教师，而在学区层面，这些条款可能仅仅被当做是一般性的指导原则。教师可以自由修改其中的某些条款以满足自己的特殊需求。

图 8—1 中的十项标准形成于 1991—1996 年，修订版本于 2003 年 7 月 19 日公

里奇曼（Richman，2006）提出的“十项标准”为评价互联网资源提供了参考，十项标准的具体内容如下：

1. 内容

这个网站所包含的内容有哪些？内容的标题和作者是否明确？这些内容合法吗？网站涉及的内容倾向于流行元素还是学术探究？其用词是讽刺的还是严肃的？这些文件或文章的日期明确吗？版本准确吗？你有最新版本吗？（这点重要吗?）你是如何得知的？

2. 可信度

作者是否明确且是可信的？内容可信吗？是权威的吗？这些信息发布的目的是什么？内容的用词是严肃的、挖苦的还是幽默的？该网站的网址后缀是. edu、. com、. gov 还是. org？你是如何得知这些出版商的信息的？

3. 批判性思考

你是如何用原有知识经验的批判性思维技能来评价网络资源的？你能用对待传统的出版资源的方法去分辨这个网站的作者、发行商、版本等信息吗？你会利用哪些标准来评价互联网资源？

4. 版权

尽管版权信息在这里并没有被很好地给予强调，但是某个文件、图表、声音或是图像的使用，以及网站利用的资源都应该被版权所约束。“公平使用”可以被简短地予以应用。材料通常被明确定位为属于“公共领域”。互联网的使用者和印刷媒体的使用者都应该遵守版权法。

5. 引用

引用网络资源必须有确切真实的出处，这样做不仅对作者的尊重，同时，也是为读者提供深层次研究的途径。标准的格式（纸质的和在线的）为如何引用互联网文件提供了一些实例，尽管这些格式并没有形成制度化的标准。

6. 持续性

这个网站是否经常进行维护和升级？它会一直提供免费服务吗？你是否信任这些提供更新信息服务的资源？一些网址后缀为 . edu 的优秀网站要更改成后缀为 . com 的商业网站，这个过程中可能会蕴涵一些经济情况的深意。另外一些网站则提供部分免费服务，并会为长期使用的人提供付费服务。

7. 核查制

你的讨论是否适当？这种讨论是否存在禁区？你的搜索引擎可以搜索所有词汇还是只限于某些词汇？它符合核查的制度吗？你所在的机构鉴于网站的任务、家长团体或是空间上的限制等考虑，是否对互联网的使用实施了限制措施？在使用互联网的时候我们应考虑核查的制度和用户的隐私问题。

8. 连通性

如果有多个使用者要浏览同一个网站，必须考虑每个使用者浏览和使用的目的。使用者是如何链接到互联网的？特定的资源需要何种类型的链接？链接到该资源需要一个易操作的用户界面吗？如果是需求量大的资源，是否可以在需要时及时获得？是否可以通过多种互联网工具获得？使用者是否只使用某一种互联网工具和应用程序？使用者能否熟练使用这些工具和程序？网站能否被所有的网络浏览者所登录？

9. 可比较性

这些互联网资源是否有一个可识别的印刷体或是 CD 光盘的数据存储库？这个网站是否有相对完整的信息？（例如，有些报纸有自己的门户网站，但在网站上并没有呈现全部的文本信息。）你是否需要比较那些随时间变化而变化的数据和统计表？你能区别各种资源，对不同时间段的数据进行比较吗？是否有必要对数据进行比较取决于你自己的计划。

10. 背景

你所做的研究的背景是什么？你能找到和你的主题相关的所有内容吗？你需要寻找详细的或是真实的信息、定义、研究成果或是文章吗？互联网上的信息是如何匹配于你研究的整个信息背景的？在你搜索之前，需要先对自己的研究背景和研究需求进行定义，再决定何种资源是最满足信息需求的，这样就不会导致数据负荷过多的状况发生。

图 8—1 浏览教育网站的标准

资料来源：Ten C's For Evaluating Internet Sources，www. uwec. edu/library/Guides/tencs. html＃content＃content。

布。你可以通过发送电子邮件至 richmoeb@uwec.edu 联系里奇蒙·贝兹（Betsy Richmond）教授获取更多的信息。

表 8—1　　浏览教育网站的指导原则

1. 文件及其可信度
● 网站站长的信息，包括姓名、联系方式都应提供给用户。
● 如有需要，网站站长应提供建立网站的凭据。
● 如有需要，网站的资源应当标示出来。
● 提供该网站的最新版本。
● 最新的信息应该高亮显示。
● 用户可以免费使用网站，并无须提供姓名。
2. 网站内容
● 网站的标题要与内容相关。
● 网站的目标要有清晰的定位。
● 网站中的内容可适用于多种学习风格和智力水平。
● 网站可以链接到其他相关的网站上。
● 信息是当前最新的信息并准确无误。
● 网站内容不受任何思维定式或是偏见的约束。
3. 网站对读者的吸引度和适用性
● 对网站内容的呈现方式可以吸引主体读者的目光。
● 网站的语言应适度开放以满足主体读者的需求。
● 网站中的文本和图表要适用于主体读者。
● 所链接的网站内容要适用于主体读者。
4. 网站中的导航、快捷操作及易获取性
● 使用者可以利用网站中的导航链接到其他内容中。
● 网站提供的帮助选项和网站地图容易获得并方便使用者进入。

- 网站中的信息具备较强的系统性。
- 网站的每个子页面都应有返回主页的链接。
- 链接到的其他网站都是有意义的。
- 所有的链接都是可用的。
- 减少大型图表的展示，这样会加快下载速度。
- 如果需要下载附件，网站会提供下载提示。
- 网站的功能可以在各个浏览器中实现。
- 网站也可以被残疾人利用。

5. 使用者的界面和设计

- 导航条中选项清晰、简单明了。
- 网站中内容的拼写及标点符号和语法的运用都是正确的。
- 网站中的文本可以用合适的字体加以呈现，以吸引潜在读者的注意。
- 媒介元素（如图表、视频、音频、动画、数据库、Java 语言）都是高质量的。
- 网站的设计可以创设一个激励性的环境。
- 网站的所有页面上都会提供媒介元素。
- 网站上可以嵌入广告，前提是不能干扰网站内容。

教育资源的种类框架

筛选网络资源的任务常使得那些有职业责任感的教师们感到力不从心。搜索有用的网络信息，并及时将这些信息整合到现有的课程中，这些都可以通过依据教育资源的种类框架去检测网站来实现。本章的目的是帮助教师搜索信息、应用信息、整合信息，并评价这些教育资源。本章所提供的这些建议并不复杂，建议的目的也并不仅仅是为了提倡技术整合的思想。

获取信息

教师出于教育目的利用互联网的动作有：单击一个按钮、搜寻一般的教育信息和教学内容信息、深入了解他人所经历的事件、对非限制的主题进行研究。尽管下面的每个例子都对应了一个种类，但很多网络资源可以划分为不同的种类。

门户网站

万维网的广袤是令人惊讶的。因此在很多时候，教师需要从一个安全的、知识覆盖面广的起点开始。门户网站提供了各种各样的教育资源链接，链接内容从一般资源到特殊的主题应有尽有（Kirlman，Frady，& Walz，2004）。任何人都可以在这些网站中进行搜索，这也就意味着你能方便地组织信息搜集。门户网站也可以链接到其他网站。

在这里，为教师和学生提供的工具必须区分开来。提供给教师的工具，包括课程计划、教师讨论区、其他支持性的材料以及大量其他信息的链接，在绝大多数情况下都不会提供给学生。在一堂没有技术参与的课程中，教师可以利用课程计划来组织和实施课程，而学生永远看不到真实的计划是怎样的。教师可以利用这些工具来发掘课程中的新点子，并能与其他教师联系，获取与课堂管理问题相关的建议以提高教师本身的专业发展。

- AOL@SCHOOL

www. aolatschool. com

AOL@SCHOOL 是一个免费的门户网站，它提供的在线产品侧重于便利性和易获取性，适合各个年龄段的学生的教育。它还提供最新的交流工具以及某些特殊的安全工具，从而使得教师和学生可以更好地使用互联网。

- BBC Teacher Center

www. bbc. co. uk/schools/teachers

它是英国最大的教师网站，由 BBC 公司运营。该网站附载了很多资源，包括各种教育课程和游戏。

- Cisco-Sponsored Free eLearning Web Portal

www. cisco. com/go/packetville

该网站的特点在于交互性强，并面向年龄在 8～14 岁的学生介绍互联网的丰富的教育资源，这些教育资源与解决数学、科学和现实问题以及与教师职位有关的事宜相关。

- Compu-Kiss Newsletter

www. compukiss. com

一个面向教育的网站。

- Discoveryschool. com

http://school. discovery. com

一个在网络上为教师、学生、家长提供最佳空间的网站。该网站不仅包括带有搜索功能的课程计划数据库和可下载的教学模板，还包括探索频道的节目和视频室，从而可以让使用者观看这些视频并使用简短的视频片段。

- Early Childhood Newsletter

www. education-world. com/a_earlychildhood

- Education World

www. education-world. com

Education World 网站自称有超过 5 万个教育资源搜索库（见图 8—2）。另外，该网站还包含每周课程计划的最新动态、及时更新的教育新闻、管理者发表的文章、课程中的新观念、各种教育丛书以及对在线教育资源的概述。

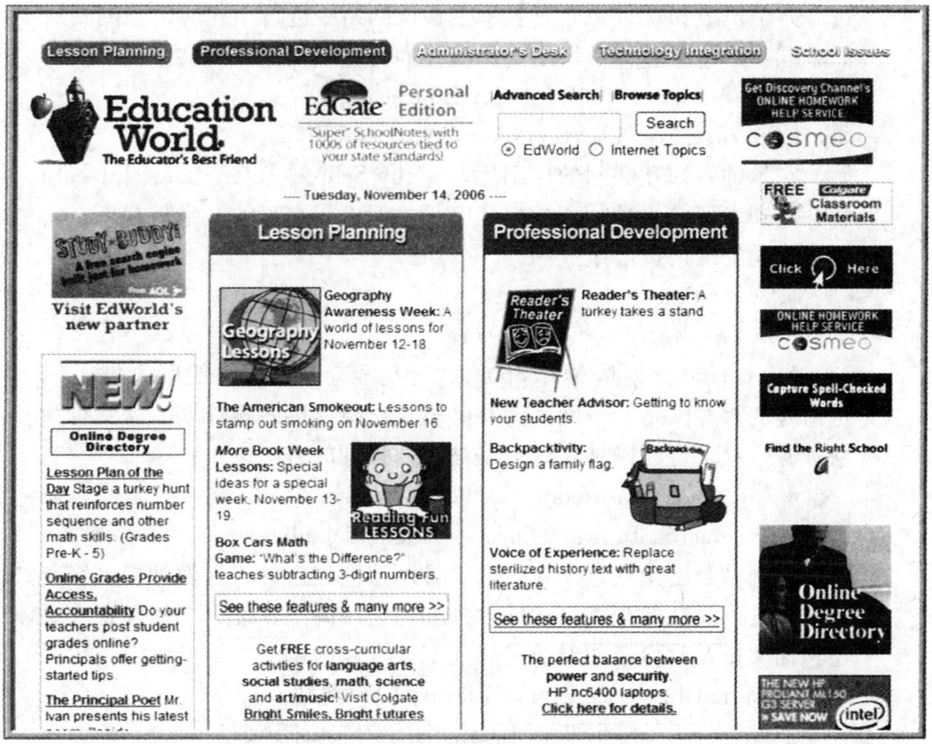

图 8—2　教育世界

● Edupuppy

www.edupuppy.com

这是一个面向儿童教育者的，用来寻找适用于特定年龄的信息、工具和资源且方便使用的网站。

● Eduhound Weekly Newsletter for Educators

www.eduhound.com/eduhoundweeklyarchives.cfm

● ENC Online

www.goenc.com

该网站为数学和科学任课教师提供资源。

● How Stuff Works

www.howstuffworks.com

该网站解释各种工作是如何运行的。这个优秀的网站通常被作为课堂教学和实施课堂行为的资源。

● Internet Archive

www.archive.org/index.php

该网站建立了互联网网站及其他文化和手工艺品的数字图书馆。和传统的书籍图书馆相似，它允许研究者和一般公众免费使用。该网站中还包含各种大型音乐会的档案，可为艺术家提供免费公演的音乐会记录。

● Internet Pals

www.epals.com

该网站为来自 100 个国家、使用 93 种不同语言的学校建立了联系。目前有超过1万个班级和接近100万名学生在该网站中进行了注册。该网站对不同国家学生的不同生活情况进行了展示，并为他们提供了交流的机会。

- Kathy Schrock's Guide for Educators

http://school.discovery.com/schrockGUIDE

在教师熟知互联网的作用后，Kathy Schrock's Guide for Educators 为教师所了解并逐渐发展成为教师、学生和家长之间进行交流的一个新起点。它是由一系列依逻辑分类的网络资源组成的。

- MarcoPolo

www.marcopolo-education.org

Marcopolo 计划是 Marcopolo 教育基金会和政府组织联合推出的，旨在生成特定内容的教育网站。该网站为基础教育班级提供课程计划、课堂行为和可查看的网络资源。寻求合作网站在这里是被突出强调的。

- Microsoft Classroom Teacher Network

www.microsoft.com/education/mctn/default.asp

该网站是由微软这个权威的软件制造商建立的、为教师提供服务的网站。网站内有大量创新性的观点，指导教师如何使用高产软件、如何整合多媒体工具，同时还包括大量及时更新的专业发展资源。

- National Science Digital Library 门户网站

http://nsdl.org/collection/ataglance/browseBySubject.html

National Science Digital Library（NSDL）门户网站为各种读者提供系统且可供选择的专业资源。这些读者可以用学历、学科、资源和数据类型或是其他的标签来分类。门户网站要以为多领域的使用者提供最好的有效资源支持为宗旨，呈现了建立NSDL的一个整体策略。NSDL 门户网站通过与各个组织和协会合作，已得到了进一步的发展和管理，在服务于门户网站的主体读者上有了一定的经验和特有的技术。NSDL 作为一个整体，拥有丰富的资源来支持各类读者群的学习。因此，很多使用者都获利于网站所提供的适当的资源和服务。门户网站的合作者则会选择适当的资源，为使用者提供服务，并扮演着其所在社区的公共图书馆的角色。这些合作者的重要作用不仅体现为它们可以强化 NSDL 的教育特征，也表现为它们可以在各种教育情境中证实 NSDL 的价值。

- Scholastic

http://teacher.scholastic.com

在 Scholastic 网站上特别标示出的语句都是与学校的书本相关的工具，如一个按姓名首字母排序的作者目录、线上作者的特征、写作研讨会以及研究的发起者所特有的行为观念和百科全书中的文章。该网站为在职的、刚从事教育工作的或是未来从事教育工作的人们提供各种专业资源，包括专家的建议和各种访问提示。

- Teachervision

www.teachervision.com

TeacherVision 网站是为教师建立的。网站确保使用者可以在主体图书馆内浏览课程计划，并可以快速地下载和打印这些计划。

- Teach-nology

www.teach-nology.com

这个全面的网站出售 19 000 个课程计划和 5 600 个可打印的工作表，并提供超过 20 万个可查看的网站链接，也包含各种文章、新闻和建议等。

● Thirteen Kids

www. thirteen. org/watch/digital3. html

该网站为教育者和孩子提供各种支持。

● U. S. Department of Education 网站

www. ed. gov/index. jsp

U. S. Department of Education 网站的首页一般发布关于国家教育现状的实时新闻，并对社会的热点问题给予解答。该网站还可以链接到其他政府机构网站，及时更新法律知识，为联邦奖助金提供实施信息等。《不让一个孩子掉队法案》中更新的信息在这里会突出显示。

● WWW 4 Teachers

www. 4teachers. org

该网站冠以“教师将技术整合到课程的在线空间”的名号，不仅拥有各种在线资源的链接，如每周网站点击排行，还包括一些高级的教师工具，如 Casa Notes，Notable Pics，rubric maker Rubistar。

教育材料，和其他大部分网络信息一样，可以免费获取，这也是互联网开放精神的一种体现。然而，随着网络发展的逐渐成熟，越来越多曾经免费的网站都已改造为收费网站。如果付费，教师会获得更多完备的资源，这些资源与各种标准相一致，并可以获得更好的支持。这些网站的费用很少附加到个体教师的头上；学校所在学区，有时甚至是学校本身，会购买这些订阅服务，从而使得它们的学生从这些服务中获益。如果要体验这些付费的门户网站的服务，很多网站都允许用户注册体验一个有期限的免费订阅服务（例如，www. classroom. com 网站提供的课堂链接）。

儿童间交流的网站，参考网站，搜索引擎。教师如果要学生去检测这些网络资源，我们建议应对网站进行预先审查，再将学生使用的那些网站放入收藏夹。然而，当学生需要自己寻找问题的答案时，则还需要花费一些时间。收藏网站的最佳方法是：为各个年龄段的孩子提供一个安全的平台进行信息搜索。要注意的是，这些网站并不是过滤器，让孩子从这些适合儿童的优良网站开始接触网络，并不能保证他们不会接触那些不恰当的资料。所以，教师谨慎而细致的管理也是在学生使用互联网时被反复强调的（Hodge & Herbert，2003）。

● Ask Jeeves for Kids

www. ajkids. com

它是广为人知的 Ask Jeeves 网站的合作网站之一，这个相对较低的网站版本是专门面向儿童的，它用一种友好交流的方式为儿童的问题寻找答案。儿童可以用自己的语言提问，并在网上找到便于自己理解的回答。

● Factmonster

www. factmonster. com/index. html

Factmonster 是为年龄在 8～14 岁的孩子提供参考的网站。娱乐资源和教育资源都被编入网站的索引中，用户可以搜索到百科全书、字典、地图以及儿童信息年鉴中的任意信息。

● KidsClick!

http://sunsite. berkeley. edu/KidsClick!

该网站是由图书馆创设的一个设计优良的参考网站。KidsClick! 网站已发展成一个用来指导学生如何使用那些内容丰富且适合不同年龄段学生的网站。

● Wordsmyth

www. wordsmyth. net

该网站是第一个专门为接受基础教育的儿童设计的网络词典。

● Yahooligans!

www. yahooligans. com

这是一个为7～12岁儿童设计的互联网图书馆网站，可浏览并具备搜索功能，教师可以对该网站进行核查。可以试着让学生做名为savvy surfing的测验，以检测他们对于网络安全实践知识的掌握程度。

教育内容资源

在万维网上，教育内容资源占教育资源中的绝大多数，这些最易和教学计划相融合的内容资源，是指那些可以提供各种类型的信息的网站。国家机关、研究机构甚至是互联网的个人用户，都对这些网站中所包含的一些特殊的主题内容产生了极大的兴趣。各个网站中信息的质量迥异，因此教师在要求学生使用之前，需要对这些网站进行彻底的预先审查。这些包含各种类型的内容的网站可以当做补充性的或强化性的资源，或当做课堂教学进程的储备支持。

同样，在这里我们也要再一次强调，在你准备将这些网站提供给学生使用时，必须谨慎小心，确保这些网站是适合学生的。你可以审查一些细微的方面，如字体的大小、阅读的难易程度，甚至背景颜色、使用的图表等，以判断它们是否可以作为学生或教师的工具，这些都可以作为网站选择的参考。对于任何教学资源，甚至包括那些指定为学生所使用的资源，都要确保它们是适合于特定的学生使用的，例如，要求阅读者具备七年级阅读水平的信息，对于一年级的学生就不适合。然而，网站中包含的或简单或复杂的内容，甚至是教师工具，如果可以起到满足特定教学目标的作用，都能在课堂中占有一席之地。例如，历史教师可能会在教学之前使用一个网站帮助学生温习已学的知识，利用历史性网站中清晰的图片来吸引学生的注意力。而在课堂中，网站可以被当做一个放映机或是教师用来解释某段复杂文本的工具，利用照片就是一个很好的选择，它可以呈现整堂课的教学内容。

语言艺术、阅读、文学网站

● Children's Literature Web Guide

www. acs. ucalgary. ca/～dkbrown

这里提供了儿童文学教育的完整资源。该网站也列示最新出版的儿童文学刊物，并将使用者导航到那些获得年度嘉奖的文学刊物列表中，如纽伯瑞（Newbery）和凯迪克（Caldecott）奖项。这里有讨论区域、其他儿童文学的在线链接、丰富的教师教学观点以及最新的儿童文学销售商名单。其中还有很多链接可以向使用者推荐一些书目、作家，以及与书本相关的电影，并能为教师、家长和学生提供更多的资源。

教学小窍门：在教室中创办一个读书俱乐部，从你允许阅读的书目中选取一本供学生阅读，并鼓励学生参与到对作品的讨论中。

- Edsitement

http://edsitement.neh.gov

该网站是由MarcoPolo公司和国家人文基金会联合创建的，该网站也是人类学资源、课程计划和课堂行为的网络中心。网站中相对独立的文化、外语、艺术、历史等板块在系统管理提供全面的信息选择功能。

教学小窍门：高中外语教师可以利用网站提供的资源开展教学，并能从课堂扩展到其他网站，为学习者提供一种独特的学习文化。

- ReadWriteThink

www.readwritethink.org

它是MarcoPolo最新合作的内容网站，ReadWriteThink整合了国际阅读协会（International Reading Association，IRA）和美国英语教师理事会（the National Council of Teachers of English，NCTE）的资源，为阅读教学和语言艺术教学提供基于网络的免费内容。这些内容根据标题、年级和日期的不同进行了分类。

教学小窍门：早期的阅读者在阅读一本书的过程中，可以利用文字向导进行词汇练习。

- Shakespeare Web

www.shakespeare.com

不论是用于丰富已有的课程还是用于激发个体的兴趣，各种有用的信息都可以在Shakespeare Web中找到。莎士比亚剧院或是关于莎士比亚的历史花边新闻在网站中都会被高亮显示。

教学小窍门：在初中的莎士比亚单元教学开始阶段使用这个网站，对该单元的历史背景进行研究。

其他语言艺术、阅读、文学网站

- Edit Avenue.com

www.editavenue.com

- eTeachers Portal.com

http://kotn.ntu.ac.uk/teachers

- Google Directory:Blog Publishing

http://directory.google.com/Top/Computers/Internet/On_the_Web/Weblogs/Tools/Publishers

- Inspirational Poetry Online:A Guide to Internet Resourcse

www.poetry-portal.com

- LitScene.com

www.litscene.com

- MagazineLaunch

www.magazinelaunch.com

- My Paradigm:Online Writing Community

http://my.powa.org

- NetRead:The Publishing Portal

www.netread.com

● Transitions Abroad

www. transitions-abroad. com/lisitngs/travel/travel_writing

● Writing_Portal. com Directory

http://writing-portal. com/portal/directory

● 旨在提高词汇掌握量的词语猜谜

http://www. vocabulary. com

数学网站

● Geometry Center

www. geom. uiuc. edu

Geometry Center 由国家科学基金会发起，旨在发展可以用于数学及其他相关科学教学的技术方法。该网站为学术和工业领域提供服务，能提供几何学习资源、软件、课程材料和远程学习资源的链接。目前所涉及的内容诸如航天器设计、太阳能系统形象和卫星星座形象的设计等。

教学小窍门：有中级数学水平的学生可以相互合作，利用几何原则设计一个空间站。教师要鼓励学生经常检查他们所建立的网站，从而证实他们的计算和推断是否准确。

● Centre for Innovation in Mathematics Teaching（CIMT）

www. cimt. plymouth. ac. uk/resources/links/default. htm

该网站为教师如何获得网上数学资源提供指导。

● Illuminations

http://illuminations. nctm. org

该网站由美国数学教师理事会（National Council of Teachers of Mathematics，NCTM）和 MarcoPolo 公司合作建成。Illuminations 网站提供了大量以美国数学教师理事会设定的标准为中心的交互式媒体课程、视频教学片段以及创新型的课程计划。

教学小窍门：利用数学交互式图表来寻找课堂中见到的三角形。鼓励学生在整个学校中寻找三角形的存在。

● Mega-Mathematics

www. c3. lanl. gov/mega-math

Mega-Mathematics，由洛斯·阿拉莫斯国家实验室（Los Alamos National Laboratory）出品，它用易于理解的、独创的方式向学生呈现了多种复杂的数学概念。诸如颜色、图表、无穷、运算法则等主题的课程都被完整地列出，以便教师进一步简化他们的课程。该网站提供的信息包括课堂行为、词汇、背景信息、关键概念、评价思想，以及美国数学教师理事会提出的相关标准、准备工作和资源及更深层次学习的指示。

教学小窍门：通过玩游戏“在学校的平常一天”，让学生组成小组进行独立学习。教师要鼓励每个小组在纸上记录下其成员的思考过程。学生小组可以在行为结束后与班上的其他同学通过聊天等方式分享他们的学习策略，如他们是如何准备这些学习策略的。

其他数学网站

● Allmath. com

www. allmath. com

- Calculus

www. calculus-help. com

- Cool Math

www. coolmath. com

- CuriousMath. com

www. curiousmath. com

- 有趣的数学资源和在线游戏

http://cemc. uwaterloo. ca/mathfrog/main. shtml

- 提供给教师的数学链接

www. ppsmath. portage. site. eboard. com

- 数学问题交互式解决和视频指导

www. SATMathPro. com

- 家长对孩子接受早期数学教育的指导性意见

www. pbs. org/parents/earlymath/about. html

科学网站

- AAAs Project 2061

www. project2061. org

该网站提供长期的 AAAS 创新行为，用来深化在科学、数学、技术领域中的文化。

- Cutting Edge Science Products

http://cnx. org

该网站为科学课教师提供优质的资源。

- EarthSLOT

www. earthslot. org

EarthSLOT 中有三维地理信息系统和地形模拟程序，这些使得科学家、资源管理者、教育者、公众可以更好地认识我们的星球，理解持续发展的地球科学。

- Explorelearning. com

http://explorelearning. com

这个探索学习网站以内置名为“小发明”的强制性多媒体为特色。它让学习者可以对各种数学和科学概念进行模拟，如多普勒转化模拟器就可以让学习者通过控制一个演讲者的语速来观察声波变化。

- Franklin Institute Online

http://sln. fi. edu/tfi/welcome. html

富兰克林研究所（Franklin Institute）的在线科学博物馆是一种实体资源，它不仅允许进入者可以从整体上大致参观整个博物馆，而且为教师和学生提供了丰富的学习行为。各课程单元的内容、热门的资源列表以及多媒体强化都包含在这些学习资源中（见图 8—3）。

教学小窍门：低年级学生学习基本的循环数，或是高年级学生学习人体解剖学和生理学时，可以使用学习资源板块中的“The Heart：An Online Exploration”资源。学生可以通过独立学习或是相互合作来阅读整个单元中的文本。教师要计划在整堂课开始之前播放一些照片来激发学生间的讨论。

图 8—3　**The Franklin Institute Online**

● Ology

http://ology.amnh.org

美国自然历史博物馆利用 Ology 这个网站来证实“每个人都想要知道点什么”这一观念。Ology 网站告诉孩子，如果他们对某事好奇，那他们就是“ologists”。该网站提供的高度交互的、丰富的资源将学生和科学家联系起来，使得学生可以参与到具体的事实调查中。

教学小窍门：让学生收集“ology 卡片”并进行分类，将它们与所探索到的更多特定内容进行比较，如在古生物展览中发现的恐龙的多样性问题。

● Seaworld/Busch Gardens Animal Information Database

www.seaworld.org

该网站是一个大型的网站，其宗旨在于为学生营造一种热情的、富于想象和智慧的激励性氛围。利用该网站，学习者可以获取到各种动物信息的列表，列表中的内容包括营救动物、动物园内的员工安排以及海龟、企鹅等的相关信息。教师可以借助由海洋世界教育部门提供的大量的课程资源和课程行为实施教学。最新的动物新闻和 Ask Shamu——一种关于动物的提问工具，其内容都是围绕着这些资源开展的。

教学小窍门：让低年级的学生自己选择一种动物，并和高年级的伙伴合作研究这种动物。学生在预习时可以利用网站中的图片作为研究向导。高年级的学生可以通过分析这些事实信息，设计一种让他们的同伴容易理解的形式。

● Volcanoworld

http://volcano.und.nodak.edu

我们可以从专家那里学习火山知识！在这个由美国国家航空航天局（NASA）支持的网站中，你可以搜寻到任何你想知道的火山信息（见图 8—4）。你可以在网站上发现最新的天文台、山川和火山爆发情况，以及关于这些主题的研究信息。学习者可以从网站中获取照片、视频、故事、游戏和相关信息，也可以直接与现实中的火山学家交流。教师可以从网站中获取大量的课程计划，如果火山出现了新的爆发，任何人都可以通过电子邮件来对网站内容进行相应的改变。

图 8—4　Volcanoworld

教学小窍门：利用邮件提示系统，让学生计划用一年的时间去检测火山的爆发情况。在地图上搜索火山爆发的地区，利用网页来研究火山爆发会发生在哪些国家，学生还可以利用网站中提供的详细信息，自己撰写一个精细的剧本来预测火山的爆发会对相关团体产生哪些影响。

其他科学网站

● SciGuides

http://sciguides.nsta.org

● NSTA

www.nsta.org

社会科学网站

● American Civil war Homepage

http://sunsite. utk. edu/civil-war/warweb. html

这个网站的主页提供了绝大多数与美国南北战争相关的电子文档的超文本链接。这些链接可以定位到时间轴线、照片、各次战役、原始文件（如信件和日记）、国家制定的信息、制定法律的团队以及其他有关南北战争的研究机构。

教学小窍门：学生可以从这个网站获取丰富的资源，利用这些资源来设计对南北战争这个单元的学习进程。经过几个小时的信息获取探险之后，教师可以让学生利用概念图扩展他们所了解的南北战争的情况，并鼓励学生探索如何用自己的理解去对这些概念的空白进行填补。

● Congress. org

http://congress. org

该网站为学习者提供政府法律机构的链接。这些链接中有对成员的说明、事件记录以及法律机构列表（见图 8—5）。

图 8—5 Congress. org

教学小窍门：初中生可以将这个网站的信息与其他网络新资源以及州政府的网络资源相对比，从而可以明确这些相同的事件有哪些不同的版本。

● Digital History

www. digitalhistory. uh. edu

该网站支持基础教育学校和学院对美国历史课的教学。这个网站令人印象深刻，其中包含一个交互式的时间线，例如对美国好莱坞的历史概述，并且网站通过世界上最全的美国历史文件来获取主要资源。该网站的一些特殊的交互性特征包括“超级历史学家每日一问”（见图 8—6）。

图 8—6　**Digital History**

● EconEdLink

www. econedlink. org

EconEdLink 网站是由美国经济教育委员会（the National Council on Economics Education）建立的，强调真实世界中建立的经济标准。该网站提供了真实的、随时更新的经济主题课程和财政数据，以及相关的经济类新闻。该网站也是 MacroPolo 的合作网站。

教学小窍门：采用网站上关于经济类的课程，通过鼓励学生跨越新闻中的定式思维来考虑事件中蕴涵的经济含义，从而丰富每周的最新事件。

● Eyewitness to History

www. eyewitnesstohistory. com

通过浏览该网站可以很好地了解从远古到现在的历史发展。

● Geography Zone

http://www. geographyzone. com/new/index. php

该网站提供了很多免费的在线练习、挑战和地理知识问答。

● American Immigration Law Foundation

www. ailf. org/pubed/tc_index. asp

这个教师中心包含一些教学资源和课程计划。

● Google Earth

www. googleearth. com

Google Earth 是一个免费的程序，它提供卫星的图像、地图，并具备强大的

Google 搜索能力，它可以将全世界的地理信息都呈现在你的指尖。用户可以在其中虚拟旅行，探索全世界的各种新奇消息。

- Nationalatlas. gov

http://nationalatlas. gov

该网站由一幅巨大的印刷地图组成。这种交互型的工具提高了民众对于国家地理的理解度。使用者可以在考虑多种环境和社会性细节的前提下，自我创建整个美国的地图。用户只需轻轻点击一下，就可以根据地图定位获取相关的数据。

- National Geographic Xpeditions

www. nationalgeographic. com/xpeditions

Xpeditions 利用各种创新方式将国家地理标准引入到人们的日常生活中，它发展了大部分的浸入式网页技术。学生利用这些地图集可以寻找自己在地球上的位置，并打印这些地区的详细地图。学生同时也可以寻找相关的网站来匹配这些地理标识，并利用这些网站，和家庭成员一起通过阅读、游戏以及虚拟的参观旅行对世界进行探索。通过参观这个展馆大厅中极逼真的虚拟世界，地理标识其实已经以一种引人注意的方式进入了我们的生活。Xpeditions 也是 MacroPolo 的合作网站（见图 8—7）。

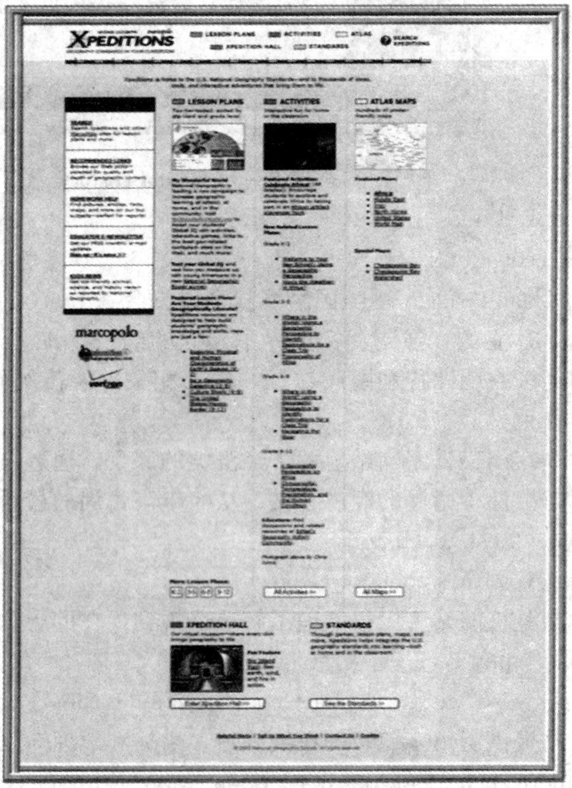

图 8—7　Xpeditions

教学小窍门：作为国际关系的一个单元，可以在整个课堂中推行 Goggles 文化。让学生预测各种新型文化是如何产生作用的。

其他社会科学网站

- 黑人历史

www. kn. packbell. com/wired/BHM/index. html

www. led. gov/free/bhm. html

www. gale. com/free_resources/_bhm

www. biography. com/black_history

www. historychannel. com/_black history

● 如何了解我们的总统

www. mountvernon. org

www. siec. k12. in. us/～west/proj/lincoln/index. html

www. nps. goc/abli/linchomj. gm

www. npg. si. edu/exh/travpres/index6/htm

www. whitehousekids. gov

http://members. aol. com/RVSNorton/Lincoln2. htm

● 犹太人历史

www. lib. unc. edu/apop

● 西班牙方案

www. spanishprograms. com

● 历史遗留问题（PIH）网

http://dp. crlt. indiana. edu/index. html? relocated＝yes

艺术网站

● ArtsEdge：国家艺术和教育信息网

http://artsedge. kennedy-center. org

该网站由肯尼迪表演艺术中心和全美艺术基金会共同管理，并受到美国教育部和 MacroPolo 公司的支持。这个大型网站的宗旨是帮助艺术家、教师和学生展开交流，从而支持基础教育课程中的艺术教学。网站中提出的实施计划、建议的行为以及对学习的指导都充分考虑了深层次的任务——实现中人与人之间的联系以及实现中人与信息和资源之间的对接，并能建立一个艺术和教育知识的新型基础（见图 8—8）。

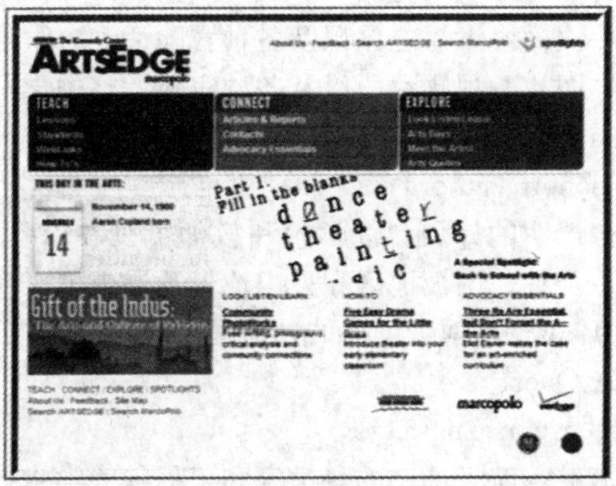

图 8—8　ArtsEdge：国家艺术和教育信息网

教学小窍门：这个网站并不是鼓励艺术系的学生创作新作品并把它们挂在走廊上，而是让学生可以和整个国家中从事相似项目的人进行交流。对不同地区的艺术家的技术进行比较，这对于发展艺术家的技能是很有价值的。

● Metropolitan Museum of Art

www.metmuseum.org

该网站是全世界最大、最广为人知的艺术博物馆，网站上展现了数以亿计的展品。展品的历史跨度从史前文化一直延续到最新的文化。该网站的特点在于，它提供了每件特定的展品及每场音乐会、讲座、电影和其他艺术展的详细日程表。

教学小窍门：为当前学习的内容准备一个展览，充分利用这个网站中富含智慧的资源。学生将不再受限于令人窒息的博物馆内容，而注重于个性化的展览风格、组织、资源以及其他策略，从而可以为自己学校的展览制定计划。

● Play Music

www.playmusic.org

该网站是由美国交响乐队创办的。在这个网站中，学生可以学习演奏一些管弦乐器，或是对任何乐器上的某一设备进行探究。学生可以拜访一些作曲家和音乐家，可以从著名的作曲家那里获取一些精辟的建议。他们同样也可以根据乐器的种类去拜访不同的指挥家。

教学小窍门：与音乐教师合作，让学生对特定的乐器进行研究。

试验模拟

在经费较少的时候，实地考察通常被认为是最奢侈的行为。因此，学生所处的阶段使其并没有足够的能力去感受真实的事物，更不用提让他们去感受世界的精彩和变化了。通过各种网上交流工具，学生可以间接感受到他们作为个体体验不到的经历。图片和故事可以将遥远的事件和世界各地的信息通过计算机屏幕生动地展现出来。

● Global Online Adventure Learning Site（GOALS）

www.goals.com

通过虚拟的实地考察，GOALS让学习者可以获取关于旅行、冒险、科学、技术和真实大自然的体验（见图8—9）。学生可以和来自美国的一位女士航海环游世界，开始第一次横渡大海之旅以及各种冒险活动。学生可以在参观现实展览的基础上，从报告、图片、视频片段以及各种实地考察中学习。

● The Jason Project

www.jasonproject.org

这个纪律严明的计划允许学生和教师可以在课堂之外与专家一起在偏远的地区，如海洋、雨林、两极地区和火山地带开展虚拟工作。该项目是由罗伯特·巴拉德（Robert Ballard）博士创办的，他是发现泰坦尼克号残骸的科学家之一。

● NASA Quest

http://quest.arc.nasa.gov

美国国家航空航天局中的科学家和工程师为学生提供了虚拟参与太空行走、穿梭飞行、探索外太空以及建立未来空间站培训的机会。该网站中包括专家的传记、实时网络广播和聊天、课程计划以及对学生问题的可检索的回答等内容。网站会定时检查日程表以确保未来事宜的顺利开展。

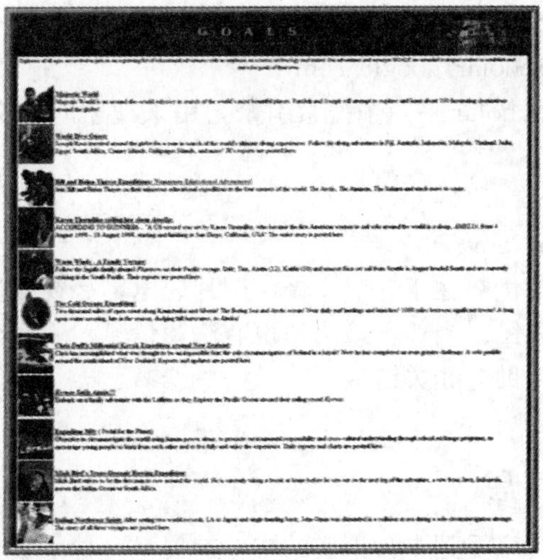

图 8—9　Global Online Adventure Learning Site（GOALS）

- The Quest Channel

http://quest.classroom.com

加入这个冒险团队，和他们一起解开世界的谜团。对专家的了解、与探险团队成员的会面，以及对相关知识的学习都是解开这些谜团所必需的。要熟知这些储备知识可能需要班级在网站中订阅相关服务。

研究工具

- Answers

www.answers.com

Answers.com 是一个免费网站，它提供了超过百万条课目定义和解释。其声明是 encyclodictionalmanacapedia（试着拼出这个读音!）。

- Educator's Reference Desk

www.eduref.org

该网站在为教育团队提供高质量的资源和服务方面有超过 25 年的经验。从锡拉丘兹（Syracuse）信息研究所公布的数据来看，网站中如链接到美国教育部教育资料中心网站（AskERIC）的内容、教育资料获取入口、虚拟教育资料、教育者相关教学资料等内容，都能及时地满足使用者的需求。此外，该网站还包括 2 000 多个课程计划、3 000 多个教育信息网络链接以及 200 多个题库（见图 8—10）。

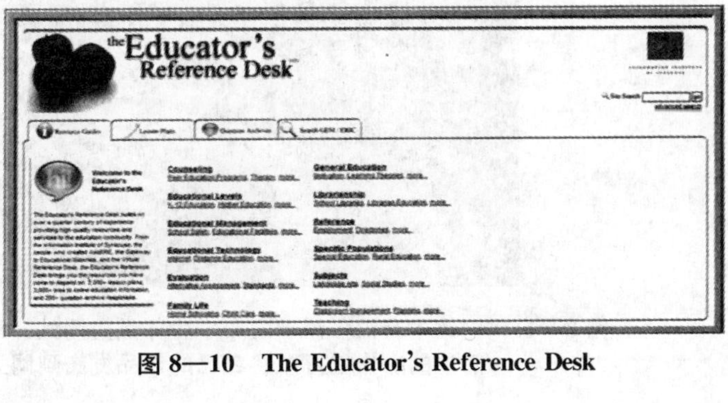

图 8—10　The Educator's Reference Desk

- Google Scholar

http://scholar.google.com

Google Scholar 是一个搜索引擎，用来搜索时事文章、摘要、学术文献、书籍以及其他信息。

- Library of Congress

www.loc.gov

该网站的优势在于它对文件、图片、电影、视频进行收集，并将收集到的素材分享给所有公民。当然，该网站也有法律信息、一些全国性展览、图书管理员和研究者的使用帮助等相关链接。

种植（发布）信息

可以最终享受到丰收果实的唯一前提是，种子被种植到土壤中了。互联网环境的主旨精神在于自由观念的交流，学生也可以通过种植他们自己的信息种子，实现在线资源的增殖，从而在种子新生的过程中获取成功。

学生渴望他们的学习拥有真实的观众。当他们学习到一些东西后，如果可以向其他人展示所学到的东西，那么他们对内容的理解会更加深刻。使用互联网后，学生除了可以将作品提供给班上同学和家庭成员阅读外，还可以轻易地在网上发布自己的成果，让世界各地的读者阅读。报道、故事、诗歌以及学校的期刊，都可以方便地发布在学校或学区的服务器上。

同样，网络中也有很多用于发布学生作品的网站（见图 8—11）。由于这些网站都较为成熟，学生只要按指示进行操作就可以发布一篇文章，通过简单的操作，学生也可以查看自己已发布的作品。

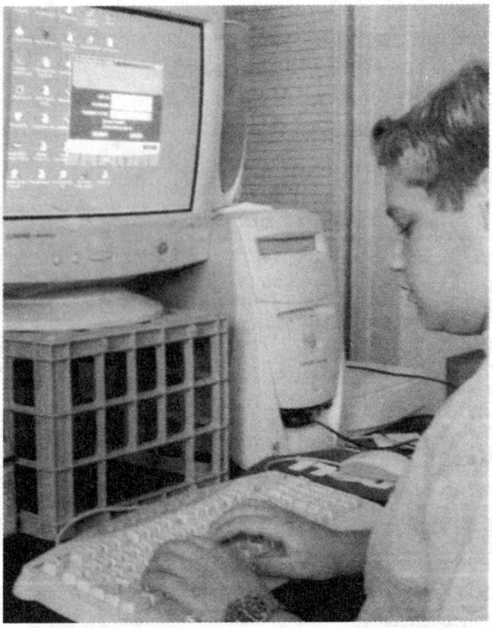

图 8—11　网络中有很多用于发布学生作品的网站，学生通过简单的操作就可以将自己的作品发布到网上

● Crunch

http://nces.ed.gov/nceskids/crunch

Crunch 是美国国家教育数据中心（National Center for Education Statistics，NCES）学生教室的一部分，它是一本在线杂志，其中包括各种有特色的文章、评论以及学生自己写的创新性文章。

● Cyberkids

www.cyberkids.com

该网站发布 7～12 岁学生的具有创造性的作品，包括故事、文章和诗歌。

● Fern's Poetry Club

http://pbskids.org/arthur/games/poetry

这是一个鼓励参与的地方，它是由亚瑟的朋友费恩在美国公共广播公司网站上主办的。网站创办的主旨是让儿童可以阅读到其他孩子的诗歌，并能与其他人分享自己的诗歌。学生可以直接从屏幕上阅读他们自己的诗歌。

● KidsCom

www.kidscom.com

该网站设有"写个故事给我"板块，其特点在于，它可以让学生在一个特定的情境中，每周写一个命题故事。该网站的员工会随机选出 5 篇由年龄在 11 岁以下的儿童所写的故事和 5 篇由年龄在 12 岁以上的儿童所写的故事，网站阅读者每周会对这些故事进行投票，胜出的作品将于下一周展出在网站上。

● Kids' Space

www.kids-space.org/story/story.html

Kids' Space 网站为儿童阅读和发表作品提供了一个安全的天地。孩子们可以自行递交故事，教师也可以帮助学生递交他们的故事。

● MidLink Magazine

www.ncsu.edu/midlink

MidLink Magazine 发表世界各地区课堂中的原创作品。教师可以选择其中某个主题，根据这个主题选择和编辑学生的作品，并在学校的网站上进行发布以供他人浏览。

● TeenLit.com

www.teenlit.com

TeenLit.com 为青少年提供免费的诗歌、散文、短文、书籍的在线发布。在这里，青少年可以发布他们的作品，并可以与其他阅读者进行在线交流。

● The Virtual Refrigerator Door

www.educationindex.com/weaselworld/fridge.html

该网站提供网络画廊服务，展示 2～18 岁孩子的艺术作品。作品是根据小作者的名字排列的。

● Weekly Reader Classroom Press

www.iuniverse.com/weeklyreader

为获取稿费，学生可以将作品寄发给 Weekly Reader Classroom Press，该网站会以商业书籍的格式出版这些作品。

培植（共享）信息

收获和种植保证了自然生命的循环得以继续，但这并不意味着它们是由某个单方面的努力构成的。互联网最具魅力的方面是学习者之间潜在的合作能力。处在不同地理环境中的学生可以通过整合他们的思想和才能来发现和学习新事物。电子邮件是能实现这种合作的一种方式（更多信息详见第3章中关于电子邮件在教育中应用的论述）。目前数量越来越多的网站为课堂教学与系统性的网上项目相融合提供了更多的机会。

很多类似的方案都是在现实情境中使用真实数据进行的，因此学生在参与时一般都要遵循方案内定的日期。通常，参与项目的学生的能力水平跨度很大，从几乎是文盲（只能够进行简单的阅读和发送信息）的学生，到那些可以通过阅读、理解以及与全世界其他同龄者交流实现全身心参与的学生，差异性很大。在学生参与这些项目之前，教师必须对项目的规模和持续时间进行深入考量。以下网站中收集了一些个性化的方案和项目，而它们更新的速度甚至比我们列出这些网站的速度还快。关注一些正在进行的项目可以让我们对在线合作的内涵形成一个大致的理解。

- Center for Improved Engineering and Science Education（CIESE）Online Classroom Projects

  http://k12science.ati.stevens-tech.edu/currichome.html
- Education World's Collaborative Projects

  www.education-world.com/projects/index.shtml
- Global SchoolNet Internet Projects Directory

  www.gsn.org/pr/_cfm/index.cfm
- Houghton Mifflin's Education Place Project Center

  www.eduplace.com/projects/index.html
- I*EARN

  www.iearn.org
- KIDPROJ

  www.kidlink.org/KIDPROJ

猜谜网站

以下这些网站都可以生成在课堂环境中使用的猜谜游戏。一些网站的谜题只限于某些内容，而另一些网站则没有内容限制。学生通常都很喜欢这些谜题，一些著名的猜谜网站还可以提供家庭作业、课后娱乐或是支持课程的相关行为。

- Animal Puzzles

  www.pbs.org/nwet/nature/fun/scramble_panda-flash.html
- Astronomy for Kids Puzzles

  www.dustbunny.com/afk/puzzles
- Big Picture

  http://lcweb2.loc.gov/learn/features/puzzle/puzintro.html
- Elliott Avedon Museum & Archive of Games: Puzzles

www. ahs. uwaterloo. ca/～museum/virtualexhibits/puzzles/index. html

- Fact Monster：The History of the Grossword Puzzle

www. factmonster. com/spot/crossword1. html

- Glencoe Vocabulary Puzzlemaker

www. glencoe. com/sec/science/vocpuzzle

- History of Jigsaw Puzzles

http:www. puzzlehistory. com

- iKnowthat. com

www. iknowthat. com

- Interactive Mathematics Miscellany and Puzzles

www. cut-the-knot. org/games/shtml

- Jigsaw Puzzle Lite

www. kraisoft. com/puzzle-games/jigsaw

- Jigzone. com

www. jigzone. com

- MaMaMedia Puzzles and Jumbles

www. mamamedia. com/areas/surprise

- Math Puzzle

www. mathpuzzle. com/index. html

- Puzzle Center

www. apte. com/puzzles

- Puzzlemaker

www. puzzlemaker. com

- Tangram Puzzles（NCTM）

http://standards. nctm. org/document/eexamples/chap4/4. 4

- theKidzpage. com

www. thekidzpage. com/onlinejigsawpuzzles/index. htm

网络教学

不同教学层次的教师都发现，利用万维网上的资源可以让学习更有意义，更为便利。学生和处于不同能力层次的其他人一起学习，相对于那些处在传统学习环境中的学生而言，更有可能利用网页作为真实的教学指导。网络教学通常能满足学生在传统课堂上无法满足的各种需求（Fox，2006）。教育者可以有更多的时间开展教学，并能更为清晰地认识到何种类型的交互式课程和交流可以利用网络资源。一旦教师意识到可以做些什么，他们就可以轻易地将自己的信息种子发布到网络环境中，这仅仅是时间问题。本部分将向读者介绍这些系统性的、富含意义的、基于网络的教学或是信息网站。请注意本部分仅仅是简单介绍，读者可以通过查阅其他资源，甚至是利用电子文件开设一个专项课程以成为一个精通网络资源创建的生产者。

网络教学的类型

网络教学资源的范围跨度从补充性设施——作为传统的面对面课程的补充，到远程教育的应用工具——学生与教学者分离，整个课程都是经由网络传递的。绝大多数网络教学资源的使用都处在这两个极端的中间阶段。但是，教师必须仔细考虑自己的教学目标，考虑花费时间和金钱创设在线学习资源的真正目的是什么。

网络教学作为一种补充。第7章中介绍了如何将网络教育资源整合到已有的课程中。目前软件的特性使得教师可以更方便地创设自己的网络资源。这些网络资源既可以是对学生学习的指导信息，也可以是提供给家长的相关信息。学生学习的程度取决于这些网络资源的教育目标。某个教师可能会利用课堂网站中的历史记录实施教学，提倡家长使用寻宝游戏去创建新的资源，或是鼓励学生在家中注册，从而获取家庭作业的相关信息。上述例子中，学生可以参与到学校的日常教学中，将网络教学材料当做对其他教学材料的补充来使用。可信任的网络形式应该建立在教育学的动机上；教师也必须注意到，如果非技术性的策略是更适合的，就没有必要承受在线发送重复资源的压力。

当前广为人们熟知的、系统化的网络教学形式是网络探究。道奇（Dodge，1995）将网络探究定义为“一个面向调查的行为，这种行为发生在学习者与来自互联网的其他信息交互时产生的部分或所有信息中”。这并不是说要学生无休止地在网上冲浪，而是指这些在线课程可以鼓励学习者从网页中获得所需的信息，进而对信息进行分析、综合，并在一些项目中使用这些信息。教师可以用以下步骤来设计网络探究：

- 介绍；
- 任务；
- 信息资源；
- 过程描述；
- 学习建议；
- 总结。

网络探究既可以设计成用于1～3节课的短期知识培训，也可以作为一个长期（1～2个月）的知识提炼行为。学生可以单独使用网络资源，或是将电子化的、纸质的和其他资源整合到一起使用。对于网络探究过程中的重点标题深层信息，可以浏览网络探究的主页 http://webquest.org，或是利用网页来搜索。网上存在足够的网络探究资源，教师可以轻易找到一个课程模型，直接使用或是根据自己的教学主题对其进行修改。

网络上的区域性信息。学区也有自己的信息网站，可以将资源公布给新入学学生的家长，也可以定期更新学校董事会的会议内容，并能获取各个年级学生的相关报告。这些网站为家长使用计算机提供了诸多便利，因为家长可以在任何时间、任何地点获得他们所提出的问题的答案。强制性使用网络并不是大多数学校所在学区的典型形式，因为家庭中计算机的使用并不能得到保证。因此，学区会以提供非电子化信息作为更多传统家长资源的补充。

远程教育

互联网资源的出现引发了传统教育形式的改变，为突破传统的教室物理空间的约束提供了一个新的发展空间。远程教育被定义为“将教育过程传递给不能与管理和构建教育过程的人们接触的接受者”（Lewis，Whitaker，& Julian，1995，p. 14)。远程教育以各种形式存在，通常用于服务那些处在乡村地区不能上学的学生，或是那些由于健康或举止原因不能进入传统学校学习的学生。

远程教育的通信模型通常作为标准的定义模型使用，在教师利用一般的电子邮件发送自己的课程材料时，通常都已经建立了这种模型。学生在接收到这些课程材料后，可以独立学习来完成这些任务并将自己的成果重新发送给教师，从而进行下一步的学习。在这种教育交流中，最常用的技术设备是电话，它为学生和教师讨论必须予以注意的主题提供了机会。尽管这种沟通允许学校可以与那些没有机会接受教育的学生进行沟通，但从本质上来说，这只是一种狭隘的教育传递，这种传递很少注重对学生内在学习兴趣的指导（Berge & Collins，1995）。

随着全球化网络通信时代的到来，远程教育具备了新的生命和发展潜力。远程教育不再是一个远离传统课堂的学习方式，而是发展了一个以学习者为中心的模式并为很多教育模型争相模仿。电子邮件和聊天室为教师和学生以及学生彼此之间的在线讨论提供了相互关联且内容丰富的支持性空间。远程学习者不再是单独坐在家中完成学习任务，而是成为了学习者合作团体的一部分，成为了班级的一分子。这种感觉被称作社会性存在（Mason，1994）。

当学生有更多的机会接触计算机硬件和使用互联网时，他们在不同地区学习的机会也在增加。那些身在小学区的学生通常被限制只能选择几种课程，但是通过远程教育他们可以从全世界任何地方的教育专家那里获得学习机会。那些参加成人教育的成年人必须使其所学课程在他们工作之后的业余时间开展。而选择在家教育孩子的家长则需要有一个富含学习内容和社会交际的环境，从而可以丰富孩子的学习环境。

从 20 世纪早期到 21 世纪初，对远程学习的研究清晰地证实了这样一种状况：远程学习的学生无论是利用陈旧的通信方式还是现代的网络学习，所达到的效果和在传统情境中的学习效果是相同的（Russell，1999）。高中生甚至更低年级的学生有机会开始虚拟学习，这是一个好消息。美国有 17 个州已具备或正在开展网络高中项目，并有约 7 个州准备建立具备网络特点的学校（*E-Defining Education*，2002）。其他州也开始通过在线方式对学生进行评测。

学习远程课程的学生既包括那些传统高中的学生，也包括那些在家学习的孩子（Doherty，2002）。大部分注册学生是为了学习那些传统学校不能提供的虚拟课程，而其他人则表示，可以方便获得的在线课程为他们在课外时间的学习提供了帮助。网络课程在不同种族、不同性别的团队中，以及在学生对待技术的态度等方面都表现出差异性；并不是所有学习在线课程的人都是计算机专家，因此网络教学的设计者必须把网络课程当做学习材料来设计。事实上，绝大多数学生表示，他们在学习在线课程的过程中，都曾面临过一些技术上的困难。

在 2002 年，有超过 1 600 名教师在基础教育课堂中使用在线课程（Blair，2002）。有 200 所学校参加了虚拟高中项目，它们同意让一名教师使用在线课堂教授20名学生，以使20名学生可以使用其他的在线课程（Trotter，2002）。在虚拟情境中的教学和在传统课堂中与学生面对面的教学是明显不同的。一些教师表示，由于有频繁的电子邮件对话，他们和学生的关系更加密切，而其他一些教师则表示，尽管人们努力在远距离的交流中建立一个社群，但传统的面对面的师生交流机会会被错过（Blair，2002）。教师这种孤独感不仅来自学生，也来自同事。很多教师并没有意识到让学生参与到学习中是一个艰巨的任务，因为他们没有理解，现实中的戏剧化情境是很难复制到网络情境中的。

美国各州在安装虚拟程序之前，必须考虑到远程教育学生参与的可行性。为了保证公平，以下这些摘自《电子化教育》（*E-Defining Education*，2002）的问题，都是应列入考虑之中的：

- 在线课程是否符合州的标准？
- 当学生学习在线课程时，谁应该负责满足学生的技术需求？
- 在线教师是否利用互联网进行了网络教学的有效培训？
- 在学生注册一门在线课程前，是否需要家长的支持？
- 学生在学习在线课程时，是否获得了与面对面课堂中相同的称赞？
- 各个州是如何保证其在线课程的教学质量的？尤其是当学生接受来自其他州或是其他国家教师的教学时，这种教学质量是如何得以保证的？

学生现在所学习的内容不再仅仅局限于从事某一项特定工作的个体知识。随着人们开始体验多种学习方式，通过互联网和远距离的师生交流，教育者可以更方便地利用网络世界，并可以将自己的力量贡献给网络世界，学习的知识结构也就毫无质疑地会发生改变。当前很多远程教育课程都被设计成和面对面教学非常相似的形式，新的学习理论也会被用来指导在线课程中新的学习方式。

创建一个网站

在脑海中构建一个计划

创建一个网站并不仅仅是添加很多HTML代码就可以完成任务。目前在网上可以获得大量有用的网站其实是令人质疑的。一些人表示很难使用这些网站中的导航，而另外一些人会被视觉所迷惑，仍有一些人会获得不精确的或是过时的信息。如果只是为了证明学校有建立网站的能力就匆匆赶制并发布一个过时的网站，这并不能为网络所提倡的信息合作提供任何帮助。其实，这只是在浪费学校或个人的时间。用户希望的是其所关注的教学网站会服务于他所设定的目标，并用一种特定的方式吸引并满足潜在用户。

在开始计划之前应该先问自己一些问题，这样做有助于确定使用教学网站的目标。哈里斯（Harris，1997）提出了以下问题：

- 谁会对开发网站感兴趣？
- 该网站中要呈现哪些类型的信息，从而可以引起不同浏览者的兴趣？
- 信息应该以何种方式呈现，从而可以最大化地帮助判定项目的参与者和浏览过该网站的人员？

读者。如果你要设计一个网站为学生提供学习的内容信息，该网站必须和那些要在学校公告上更新家长信息或其他校外团体成员信息的网站区分开来。你的网站如果是由幼儿园教师创建的，想展示学生的写作作品就必须有鲜明的特征，它应该区别于高二教师创建的网站。仔细考虑谁会经常浏览你的网站，这样你的计划才能更加有效地针对特定的读者。

信息的类型。创建一个网站的首要考虑应是所设计的网页呈现哪些内容。如果没有提前进行思考，所创建的网站就会是融合大量网页的大杂烩，而不再拥有广泛且坚实的建构基础（Tennant，1997）。一个课堂的主页可能会被家长或是其他对学生在课堂中学习状况感兴趣的人所浏览。这种类型的网页可能会展示对课程的描述、关于课堂事件的照片，或向家长提供学生在课外时间扩展学习的一些方法。如果课堂上需要花费一定的时间来回顾背景信息，或是查看课程所涉及的一些历史知识，利用网站就是最好的选择，它为课程提供了富含主旋律的开篇。浏览者对网站提出的看法，以及他们还想在网站上看到其他信息的提议，都会帮助你保持网站的更新，确保网站的存在更有意义。

在这里，必须要注意到未成年学生的隐私问题。各学区对于在线传送的学习信息要提供强制性建议。很多学区会在课堂网站上列出学生的名字，而不提供学生的姓。在父母同意的情况下，学生脸部的照片可以放在网站上。除非在一些特殊的情况下，如获得家长的同意或是这些包含个人信息的网页都受到了密码的保护，否则关于未成年学生的信息通常都不会被呈现。教师创建网络课堂材料时，其首要任务应是熟悉所在学区的隐私保护政策。

陈述策略。在一个网站上存放信息的方法是无穷的。浏览者可能要翻页来浏览大段的文字，或是通过网站链接浏览其他页的信息。有些时候，学生可能更希望可以自己来设定网页的内容。而在其他时候，提供一个已经编写好的引人注目的标题，并能链接到现有的其他网站则更加方便。

回答了以上关于计划的问题之后，你可以开始明确你将要设计的网站的目的。一个网站可以用多种呈现形式来满足个性化的需求。一种简易的班级主页形式是为学生家长提供信息。这种网页会设计一个可以随时将时事周刊发送到家庭邮箱的板块，周刊内容包括家庭作业和未来班级动向等事项。

除了这些基本内容外，网站也具备对网络资源进行归类的功能。所有学生的故事都可以刊登在网站上，与其他班级的合作项目也可以通过已建立的网站实现管理。你可能会设计一个教学网站为学生提供课堂上所需的内容信息，或提供一些主体信息让家长可以对学校发生的事件予以评价。参观旅行和其他经历都可以以照片的形式形成文件，或是写成反思文稿，以便与那些没有实施同样的考察行为，或是对你所在国家不熟悉的班级共享这些经历和反思。丰富的网络资源可以服务于学生，并由学生自行编译。

设计的过程

在建立一个网站之前，你需要在头脑中制定一个计划，同时对网站要以何种方式呈现给浏览者做一个设想，接下来你要做的是计划你想要设计的网站应以何种形式呈现给那些浏览者。如果你想跳过这个计划制定步骤，直接进入网页设计阶段是很方便的，但当你一边试图让自己的网站按照自己的想法呈现出来，一边又要编写各种网站程序时，你会发现，这样其实反而浪费很多时间。在构建网站之前先制定一个小的计划，不仅能节约时间，同时也能更为系统地构建网站，使得网站更易被使用者操作。

研究。首先要精确地审查你所浏览的其他网站。研究这些网站的设计者是如何规划文本和图表的位置的。网站的布局是依据人的视觉效果设计的还是仅仅将各种元素随机排列？网站内的图表是出于明显的教育意图而被使用还是仅仅是为了装饰？网站的字体和字号是否符合内容和读者的要求？你在不同网页间切换时，网站的导航功能是否具备很好的系统性？当你跳转到另一页时，是否可以轻易回到你开始的第一页？

打草稿。当你浏览其他网页时，在书写板或是电脑显示器上大致画出你想要的页面。要严格控制书写板的使用格式，它会告诉你文字要放在哪个部分，使用的文本字号和其他格式是怎样的，图表要整合到哪里，以及导航的路径要如何设计（见图8—12）。开始阶段可以设计一个简单清晰的网页布局，在该基础上再根据需要进一步复杂化。

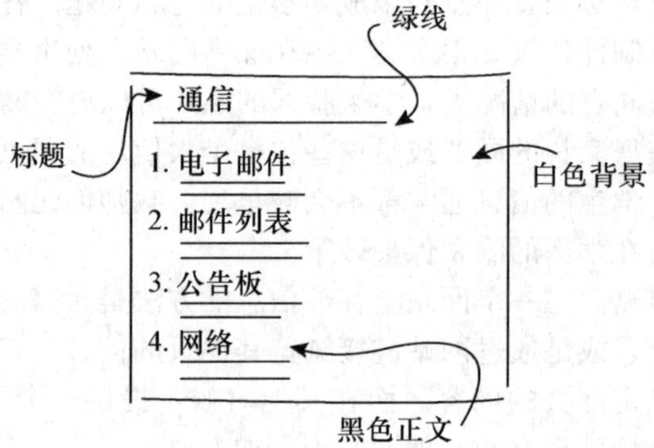

图8—12　在书写板上画出网页的草图

使用特殊的字体形式，如粗体或是斜体，都必须很谨慎。一个过度使用多种字体形式的网页是很难阅读的，阅读者可能会花费更多的时间来分辨文本的多样性，而不再关注网页所呈现的内容本身。同样，对图片的选择也要慎重。尺寸大的图片会浪费浏览者的下载时间，也会减缓网站的使用速度。要确保每张图片的用意都符合整个网站的布局和整体意图，而不是为了制造一种毫无意义的混乱状态。如果你可以统一所有网页的风格和外观，会使网页看起来更加系统，如使用相同的背景或是在整个网站中协调各个图表的格式和布局。

对导航设计作出计划。在你的书写板上写出你想创建的所有超级链接的网址。好的网页设计可以将链接无缝插入到文本中，而不是告诉使用者必须点击这里。这些链接可以丰富网站的信息，但是过多的链接可能会让用户偏离导航路径。这些链接的资源必须直接隶属于课程的目标或是这个信息板块。

当你开始创设其他外部资源的超级链接时，也要将主页链接到网站中的其他页面上。在你的书写板上用连线呈现网页之间的链接路径，以及使用者可能浏览的这些网页的情况（见图8—13）。计划一个简单的导航路径。你肯定不希望人们浏览你的网站时却在众多的网页中迷路。确保网站内的每个网页中都有回到主页的链接。在你的书写板上添加那些你计划要使用的颜色，这会帮助你确定这些颜色方案是否适合于潜在读者，从而让他们在浏览过程中产生愉悦感。背景颜色和图像必须与文本之间的色调有较大差异，如黑色背景上要高亮显示文本，或是在淡颜色背景上显示黑色的文字。如果学生只有费大力气才能弄明白网页所要表述的内容，他们就不太可能获得成功的网页学习经验。最后，要在网页的显著位置上标注你的姓名、学校名称和日期，这样浏览网页的人们就可以确定信息的精确度，并利用这些信息联系你，以提出各自的建议和相关问题。

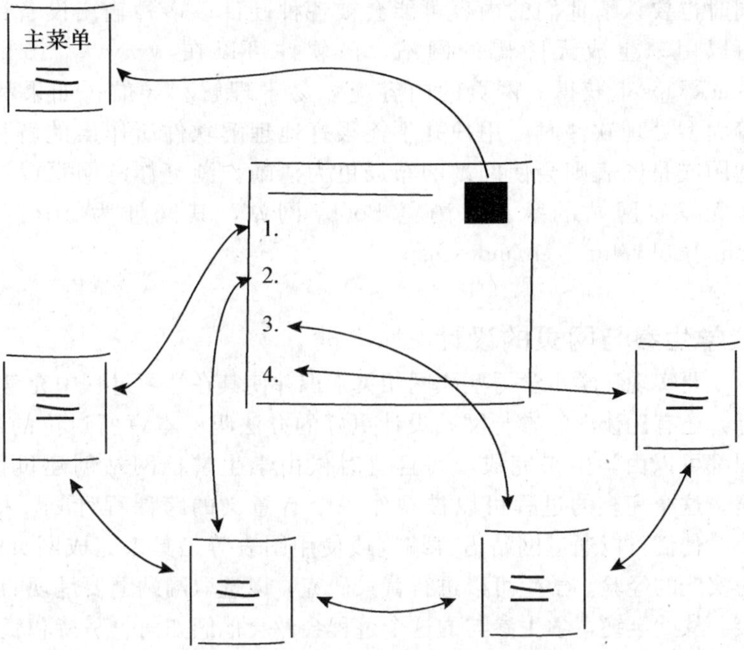

图 8—13　在书写板上用连线画出网站中网页的链接

系统的计划。为确保生成一个系统化且便于修改的网站，保留创建过程中的各种 HTML 文件的文件名是一个好习惯。卡弗拉和尼（Cafolla & Knee，1996—1997）认为，一个完整的记录应具备以下信息：

- 网页标题；
- 每个链接指向的资源和选择这个链接的原因；
- 图表来源；
- 图表的大小和类型；
- 水平线的宽度。

即使是在书写板上，也应简略地写下你计划在网站中使用的文件名。要确保文件名既简短又存在逻辑性，这样你通过文件名就可以轻易找到每个网页。通常这些小字号的文件名会让使用者更容易作为一个浏览者进入你的网站。网站的网址是区分大小写的，如果你的网站是 www. myhomepage. html，输入 www. MyHomepage. html 就不会显示你的网站。在你的计划中，以上这些信息应被整理成一个清单列表，以此来指导接下来的网页制作。如果要更新网站，你所制定的计划中提供的文件名和文件内容，会让网站更新工作流程更加精简。

无障碍网站的设计。在线学习的一个独特的属性是：无论是何种外表和具备什么才能，任何人都能在一起学习。在美国大概有 320 万名的残疾人，目前网络教育资源的开发必须确保这些网站能被所有的潜在学习者所使用，这些潜在的学习者包括残疾学生和那些交流速度较慢的群体。更重要的是，教育网站应可以使学习者“软性”地获得信息，也就是说，不应该存在物理的、感知上的限制或是技术上的障碍（Web Accessibility Initiative，1999，2006）。网页中的资源应该能在提供文本的同时，提供图表、视频、音频元素，使得视频转化设备（如屏幕阅读软件）可以为聋哑人或是盲人解释网页的内容。网页设计者同时也要认清他们的内容可能会被各种硬件以多种输出设备读出。“全速提示”可以用来生成无障碍的网站，该软件可以在 www. w3. org/WAI/References/QuickTips 上获得。网页的内容应该易于理解和导航；如果利用屏幕阅读软件等大型处理软件时，用户并不能很好地理解软件所作出的解释，那么使用网站地图或是图表则会使网站的布局更为清晰。浏览你的网页以检测自己是否作出了无障碍网站的承诺，浏览 Bobby 网站，其网址为 http://bobby. watchfire. com/bobby/html/en/index. jsp。

让学生参与网页的设计

要实现让学生学习互联网相关知识并使其在学习过程中充满骄傲和自信这一目标，还有比让学生参与网站设计更好的办法吗？本章所讨论的网站创建的各个方面都可以由学生来完成，而且有时候由学生掌控网站创建过程，效果会更加明显。这个完整的过程可以被视作一个有意义的跨课程计划。根据学生的能力大小，他们可以通过网站语言编制或使用图表等工具来完成网页的设计和布局以获得实践的经验。学生可以进行背景研究，以选取网站上要呈现的内容和要创建的链接。从始至终，学生参与的这个过程会教会他们如何去坚持和获得成功。有些学校甚至为学生提供了个人主页，使得他们可以在个人主页上发表自己的写作作品，供现实世界中的读者阅读。

开发网站的过程

现在你已经在大脑中产生了相关的概念，并制定了一个可行的计划，你已经准备好开始创建真实的文件，并将其组建成你的教学网站了。我们从第 3 章中可知，一个网页就是一个文本文档，它使用 HTML 编码告知浏览者其所使用的软件，以及应该如何查看该网页（见图 8—14）。

网页文件可以存储在光盘、硬盘或是其他地方，你可以使用最初在书写板上计划使用的文件名。使用一般的 . html 后缀存储文件，当文件存储在硬盘上时便可以在网页浏览器上查看。但是，网页设计者必须下载文件转化软件到网页服务器，这样其他人才可以在线浏览这些文件。

前段时期，创建基于网络的文件还只存在单一方式，即使用正确的 HTML 语言输写这些文本文件的编码。尽管这并不是一个困难的过程，但这个工作却是枯燥的、耗时的。现在，绝大多数提倡网站开发的纯粹主义者都意识到使用新型软件创建网页文件的优势。新型的创建工具大都具备提供某些类型的格式化文件、图片和其他符号的能力，并可以在网页中加入超文本链接、多媒体元素和更多的高级脚本。

网页编辑工具对网页的创建过程类似于计算器的计算过程，或是电子整合器的

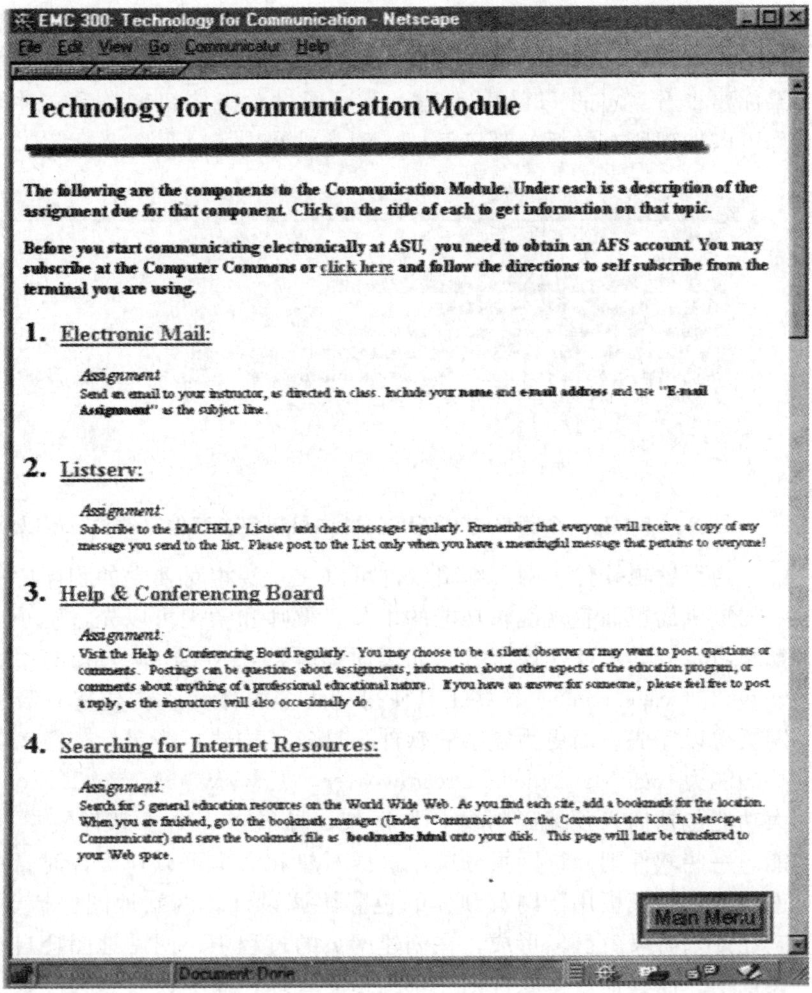

图 8—14　已完成的网页样式

整合过程。只需简单地使用这些工具，就可以快速地获取结果，尽管会有人说你所学的这些基础技能都已经过时了，并不能生成更现代、更智能化的网页。当 HTML 编辑软件刚开始进入市场时，它只能使用一些基本的编码格式而不能自动生成更为高级的格式。但是，随着软件的创新和改良，越来越多的编辑者可以编写更为复杂的 HTML 程序，甚至那些没有掌握 HTML 语言相关知识的人也可以自己动手创建网页。这对于那些想自己设计网络教学，却又由于繁忙的工作致使他们无法掌握一门复杂的代码语言的教师来说是一个好消息。

HTML 编辑器看起来很像文字处理器。WYSIWYG 标准，它是“所见即所得”这一短语的首字母缩写，基于这种标准，编写者可以进行简便的操作，而不再是只有看到大量标签（代码）后才能辨别各种格式，你可以在屏幕上立即看到实际的操作结果。如果你想以一个标题为中心，例如，这个要呈现的标题要放置在中间，在你还未意识到时，“<CENTER>,</CENTER>”标签已经被添加到真实的 HTML 文件中了。编辑器可以自动插入文件的格式，你也可以通过单击工具栏上的按钮对其他照片和符号的格式进行选定。通过单击图像按钮并选择你所需要的图像文件，图像便可以轻易地被插入到网页中。要创建文本的超级链接，通常需要高亮显示，这只需单击链接按钮，确定要链接的网址和所要链接的目标即可。如果你要查看真实的 HTML 编码，可以通过单击按钮来查看文件的资源，在这里你可以发现所有的标签都已经插入到文件当中了（见图 8—15）。

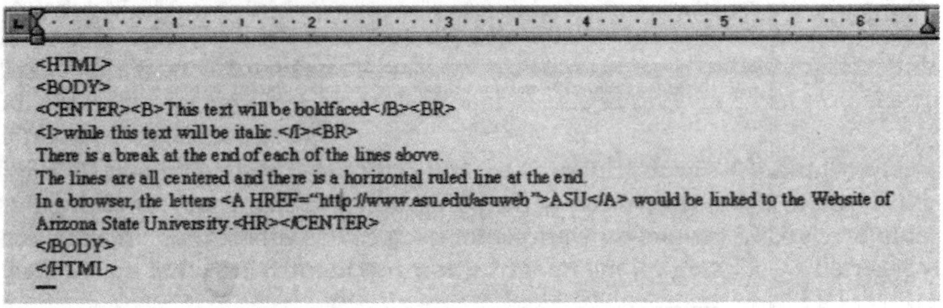

```
<HTML>
<BODY>
<CENTER><B>This text will be boldfaced</B><BR>
<I>while this text will be italic.</I><BR>
There is a break at the end of each of the lines above.
The lines are all centered and there is a horizontal ruled line at the end.
In a browser, the letters <A HREF="http://www.asu.edu/asuweb">ASU</A> would be linked to the Website of
Arizona State University.<HR></CENTER>
</BODY>
</HTML>
```

图 8—15 在一个简单的 HTML 文件中可以包含其他文件、段落以及超链接标签

网页编辑软件。网页编辑软件可以在一些相对独立的程序中使用。对于最基本的提供简单而直观编辑功能的工具，教师和学生可以先进行小范围的培训和短期学习，以学习使用该工具（如页面编排器，Netscape 公司的一款免费软件，见 www. netscape. com）。这些工具使得利用多媒体元素构建富有吸引力和高效率的网页得以完成。而更为复杂的软件则具备了构建更为灵活、覆盖范围更广的新网页的能力（如 Macromedia Dreamweaver，见 www. macromedia. com）。新增加的强大功能包括插入预编码对象，如框架、导航条、电子邮件链接和其他符号的功能。一些软件则允许网页分层，这样对象和文本可以在设计时自由移动。很多软件还提供了模板用于网页预先的色彩协调设计。网站地图保持了很好的系统性，它在计划阶段就已经形成，在创建网页的过程中，网站地图会自动链接到其他新文件中。而其他一些软件则注重网站的管理，而不仅仅是为个人提供创建网页的机会（如微软公司的 FrontPage，见 www. microsoft. com）。网站的创建和更新是一个整体，这为学校或是学区合作创建长久运行的网站提供了诸多便利（见图 8—16 和图8—17）。

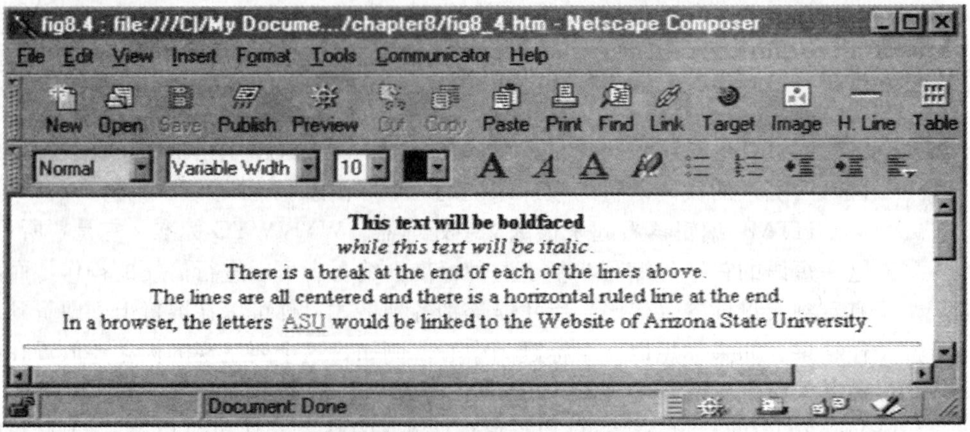

图 8—16 Netscape 编译器中显示的一个简单的 HTML 文件

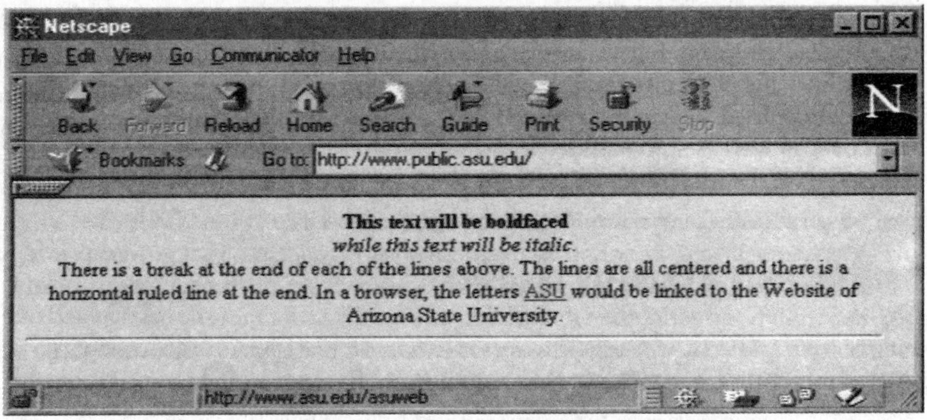

图 8—17　对文字标签的更改结果会直接显示在浏览器上

高产软件。很多新型的高产软件（如 Microsoft Office）提供了将文件存储为网页的选项。这就意味着教师可以立即着手两项工作：利用文字处理器生成资源用于课堂，同时在班级网站上用另一种版本存储同一资源。一个明显的优势是，那些只能勉强使用新型软件的教师，可以使用那些他们已经熟悉的软件为网络学习环境作贡献。

在线网页编辑器。令教师感受到的最令人兴奋的网页优势的工具是在线网页编辑器。这些工具（如 Yahoo！GeoCities，见 http://geocities. yahoo. com/home；Filamentality，见 www. kn. pacbell. com/wried/fil）通常都是免费提供给教师和学区的，前提是要在学校和学区的网页上添加一些广告。这些工具为教师创建网页提供了步骤化的指导，并且允许各种个性化的 HTML 标签存在。有些工具甚至会像更为高级的独立软件一样，允许你对对象进行拖拉，并提供大量的交互式工具，如客户名单、页面计数器、反馈表格以及流媒体等。最终，教师只要付出较少的努力，就可以添加和更新自己喜欢的链接，对照片实现上传操作。

课程管理软件。生成网络教学环境的最稳妥的方法是利用课程管理软件（如 WebCT，见 www. webct. com；电子白板，见 www. blackboard. com）。这些软件系统并不是任课教师的一般选择，但是电子白板却经常在基础教育课堂的开始阶段使用。课程管理软件既可以用作高质量的专业课程的补充材料，也可以将整个课程转化为在线的形式，以便于远程使用。教学者使用这些软件时，并不要求花费大量的时间、资源或是需要专业技能，他们可以使用设计模板来呈现学生的界面。交流工具（如电子邮件或讨论区）和管理型工具（如在线评价），可以帮助教师对学生发布的报告和作品进行管理。学生可以在自己的主页上对合适的交流工具、课程信息和任务、教育资源以及个人和学校的日程表进行订阅操作。

服务器存储

本地服务器空间。你所在的学区或学校可能已经建立了网站站点，甚至已经形成了管理单个课堂网络资源的一系列特定的指令。这个步骤可能要求你将自己的文件发送到学校管理委员会以便核查，或是发送给服务器管理员以上传文件。在你开始网页设计和开发之前，必须熟悉这些意见和政策，因为有些学区使用的网页软件和程序指令可能会影响你的能力的发挥。

主机服务器空间。大量的公共网站和教育网站都会提供免费的网页（如 Yahoo! GeoCities，见 http://geocities.yahoo.com/home），而其他一些网站提供的则是基于订阅的网页集合。尽管这些免费的网页听起来很诱人，但是有限的教学支持和大量的广告可能会让教师和学生感到沮丧。低成本且可供选择的主机服务器可以提供更好的服务和界面友好且信息丰富的网站资源。只要在网站上进行注册，这些网站就会在它们的服务器上为你提供足够的空间，以承载多个含有多媒体元素的网页。你可以向学生和家长提供访问的网址，并可通过 FTP 上传和下载文件，有时也可以在便于使用的程序的帮助下完成。

实施高质量的网站维护

如果你花费了很多时间来设计和创建一个网站，你肯定希望该网站是高质量的，并且这些网页可以一直保持着高质量状态。在自认为已经完成网站创建后，你可以为你的网站确定一个定期检查的时间，并为网站的定期更新和改良设定一个日程表。

审查你的网站

审查你的网站，审查内容包括网站的基本内容、普通的浏览者以及一些在网站中坦率地提出导航建议的浏览者。首先需要审查的是网站中的拼写和语法错误。将存在这种错误的网页放在互联网上是会遭到斥责的，这既反映出你作为一个网页设计者的不足之处，同样也表现出你所在的学校并不符合一个高质量教育机构的荣誉。你所需要审查的同样要包括所有的导航路径，以确保每个链接到达的地方与设计的目的一致，并且直接链接到目标的，可以方便地返回主页。这种审查可以在学生或是家长感到迷惑前，发现这些不存在的或是不精确的网址链接，这点是非常重要的。当然，对于网页的布局和颜色方案要广泛吸取外界的建议。如果你长期只做一个网页，你可能并没有意识到某个图表很难理解，或是字体的颜色在你所选择的背景上很难分辨。

更新你的网站

在网络世界中，信息瞬息万变，如果你固执地不加以改变，就会让你的网站变得过时。网站所固有的框架在互联网中显得不再那么至高无上，反应速度越来越慢的搜索引擎和人们对网络日益增长的沮丧感促使人们只对那些及时更新的信息感兴趣。在网站中所链接的网页可能今天还存在而明天却会消失。然而，如果不提供链接，学生的学习目标就难以实现。所以要经常检查网站中的链接，如有需要应对它们进行删除或是添加操作。如果网站中还包括内容信息，你需要时刻关注这个领域中任何新的发展并确保它们已经纳入你的选择中。公布新的研究或发现，可以保证网站的新颖性，并保持读者的积极性。如果课堂上关注的主题发生改变，则应改变你的网页以适应课堂的研究。任何时事性的数据，如最新事件公告或家庭作业提交日程发生改变时，应确保及时在网站上更新，从而将网站的功能发挥到最大。

改良你的网站

当你浏览其他网站时，你可能会关注它的设计风格和教学进程，你可能会进一步考虑将好的部分添加到自己网站的框架或是外观中。不要害怕发生改变，无论这种变化是潜移默化的还是突然产生的。例如，当你开始设计某个网站时，你可能选择的是绿色的背景，但这并不意味着现在你还必须固守这个选择。任何好的教学都应该对新观念给予足够的包容度。对网站的外观和内涵进行改良可以确保它的新奇性，并保证浏览者能够成为固定用户。

学校趣事

学生利用万维网参与一节基于项目的课程

某天早晨，佩斯先生询问三年级学生："你们中有多少人见过大海?"五六个人很快举手，少数几个人试探性地举起手。其他一些学生表示他们在电视上看到过大海，还有一些学生表示他们在书上的插图中见过大海。

"很好，我可以让你们在不离开课堂的前提下到达沙滩。"此时，整个课堂上都是学生不相信的声音，佩斯先生接着开始解释他的这个新项目。

他告诉学生，他在上个月的会议上遇见一位来自加州的教师。她教授的也是三年级学生，而她的学校刚好在海滩旁。这两位教师决定开展一个合作项目，学生在这个项目中可以针对各自的气候环境进行讨论交流——佩斯先生所带的班级陈述他们学校所在的山区气候，而格蕾西亚女士所带的班级陈述的是海边的气候。他们解释了每个班级需要研究的其他环境。通过使用来自万维网的信息或其他传统媒体，如书本、视频以及关于各自生活环境的研究报告等资料，班级内成员可以交换彼此的研究成果，并根据个人经验来更正这些研究成果。

佩斯先生通过让每个人列出自己想知道的海滩和海洋知识开展了一次头脑风暴，以此开始了一天的教学。学生们想法各异，如作为一个小孩，他们可以在海滩上玩什么，甚至考虑到了在海滩上可以穿哪些服饰。基于这些想法，佩斯先生利用下午的时间在网上搜索了与海滩相关的信息，并将这些适合于学生阅读和理解的网站添加到书签中。这些信息和他从图书馆搜集的书籍，以及从学区媒体中心预约到的两张光盘加在一起已足够丰富，佩斯先生准备好开始引导学生对海滩生活进行探索。

几个星期后，学生开始结伴对所提供的网页进行调查。他们选取其中的要点，讨论和争辩其中最重要的要点是什么。最后，学生分别整理出个人以及整个班级的观点，描述出他们想象的海滩边的生活情景是怎样的。学生完成自己的思考后，佩斯先生将他们的草稿文本上传到班级网站。

在佩斯先生的班级开始研究海滩边的生活情景时，格蕾西亚女士的班级正同样开展着对于山区生活情景的研究。现在两个班级在网上都已经有了初步的报告，此时其身份从研究者转变成了校对者。一个班级中的学生对另一个班级的网站进行详细的检查，针对其中的内容写出自己的建议和意见，并发送给他们的合作班级。每个班级的学生也可以收集关于他们周边环境的照片发送给另一个班级，为其最终研究报告的生成提供依据。这些建议可以以电子邮件的附件——图片文件夹发送。

在阅读格蕾西亚女士发送来的研究成果时，佩斯先生所在班级的学生们都是认真而充满求知欲的。他们发现，研究中的很多事实性的数据很精确，但是在格蕾西亚的班级所熟悉的海滩环境研究中，需要再添加一些特定情况的细节。他们所惊讶的是，尽管他们生活在完全不同的地区，却有着如此多的相似点。几天以后，佩斯先生的班级已经对网站进行了修改，并对其所研究的海滩边的生活有了一个清晰完整的理解。

学生利用技术研究居住地

泰伯女士所带的五年级学生和戈麦兹老师所带的一年级学生正在相邻的教室开展研究。在五周的时间里，每个班级都在开展居住地研究。现在他们准备在下周开展对博物馆的参观旅行。泰伯女士和戈麦兹小姐已经确定了研究方式，以使学生和学校其他班级的成员以及学生家长可以分享他们的旅行经验，即构建一个网站，将学生已知的和在博物馆中所见的细节内容放在网页上。他们计划在参观过程中带上数码相机，把他们在参观中拍摄的照片自动插入到网页中。

在相互交流之前，每个班级都必须独立地开展一次头脑风暴，列出其目前在居住地单元所学习到的内容。然后，两个班级可以阅读彼此的数据表，对其想要在网站上添加的内容作出决定。教师可以引导学生的讨论过程，允许来自两个班级的学生发表自己的观点。最后，通过多次讨论确定核心的学习内容。

现在开始设计网站。戈麦兹小姐利用班级电脑上的计划系统搜索到了一些有助于指导学生进行网页布局和颜色搭配的网站。班级成员对他们将使用何种类型的照片以及如何最优化呈现学生写作作品的方式进行了讨论。通过与伙伴的合作，学生可以在图纸上画出草稿，思考如何安排网页中各元素的位置。一次性完成设计是一个大型工程，但在开始实地考察前，班级已经将所有推荐的网页设计与自己所确定的最终布局进行了比较。当然，每个学生都会为整个项目上交一些自己的作品，一些学生还提供了关于居住地的艺术作品，这些可以扫描出来并存储到媒体中心中。

通过实地考察后，五年级的学生学会了如何使用 HTML 编辑程序。学生与泰伯女士一起创建了一个班级实践性网站，在其中记录了关于如何利用这个程序的自我感受。几周之后，五年级学生带领着一年级的小伙伴开始将他们的文字转变成 HTML 语言，并放置在自己的个人主页上。当网站完成后，两个班级都拥有了关于其参观活动的动态记录，同时，所有学生习得的内容都可以被查看，并可以被其他班级成员甚至家长所使用。

总　结

万维网是一种毫无限制的资源，它能在任何地方、任何时间为学生提供激动人心的学习机会。根据一种结构化的标准对可获得的网络资源进行分类能为人们制定一个更真实的任务计划提供依据。互联网可以被认为是一个信息环境，它和我们所生活的自然世界是相似的。学习者可以在各种包含潜在教育项目的网站中参与到对信息的获取、发布以及开发过程中。寻找到与学习目标相匹配的适当网站是需要一定的实践和努力的。

一旦教师能够熟练地将在线资源整合到传统的教学模型中，他们就可以开始准备探索要如何设计网络教学。制定计划可以确保网站服务于你为预定读者设定的目标。在书写板上绘出网站的草图有助于使网站外观直观化，并用视觉效果呈现管理过程。

使用 HTML 代码创建的网页文件为网页浏览者查看网页提供了指导。新型软件的出现为那些不熟知 HTML 的使用者创建网页提供了可能。网页编辑软件、高产软件、在线网页编辑器以及课程管理软件使在线资源的开发具备了诸多不同的特征。

要进一步完善网站需要持续的努力，以确保它们包含高质量的学习内容和信息工具。基于一般的标准，教师应对网站的精确性和功能进行审查，更新那些已经过时的信息或网站链接，并确定是否需要对网站进行改良。

看看你能做什么！

1. 利用图 8—1 中的标准审查一个教育网站，判断其是否适合你的使用目的。

2. 设计一个课程计划，要在其中整合至少两个网页的资源信息。

3. 浏览本章列出的内容网站。这些网站是如何建立的？教师要对网站实施多大程度的干预，才能让潜在的各个层次的学生能成功地利用每个网站？

4. 网页中的资源搜索是否可以搜索到内容信息？如何在你感兴趣的教学领域利用这些网站？

5. 浏览一份当前流行的教育技术期刊。该期刊会为教师提供哪些指导意见？是否可以提供无须修改的完整课程？其中有多少定制内容可以使得其他想法转化成实践？

6. 为你的学生寻找一个在线交互项目。这个项目需要教师何种程度的参与？要实施外部行为需要什么建议？

7. 来自两个不同领域的内容资源如何才能被整合？

8. 你是要从计划一门课程开始，并将它加入到万维网资源中，还是要从资源开始并且围绕这个资源来计划课程？你制定的每个策略都是适合的吗？

9. 何种类型的教师看起来不会轻易地进行在线资源整合？这些教师是如何确信这些高质量的资源是可以从网页上获得的？

10. 信息空间中的隐喻是如何使学生明白互联网是一种学习工具的？挑战你自己！

11. 为一节课创建一个简单的故事画板，其中至少要混合两种不同主题的网络资源。

12. 你所在学区的哪些学校会通过远程教育提供课程？这些独立的课程都可以获取到吗？通过远程教育最终可以获得学位吗？

13. 在网站上建立一个账户，提供在线网页编辑工具和免费的主机服务器，如 Yahoo! GeoCities，网址为 http://geocities. yahoo. com/home；或是 Filamentalit，网址为 www. kn. pacbell. com/wired/fil。

14. 利用实时通信功能，教师可以在课堂上将一些表格模板发送给学生家长，并创建一个电子化的实时通信网站。

15. 在万维网上搜索一个班级的主页。这个网页上包含了哪些类型的问题？它是如何构建起来的？其中是否包括高质量的教学内容，还是仅仅提供了一些信息？

16. 搜索一个教育网站。从你所在班级中选取两名对此感兴趣的学生，让他们学习网站中提供的所有教学内容。对学生的学习进程和建议进行实时记录。他们建议实施哪些改良？你觉得在他们所得结果的基础上，哪些改良可以采纳？

17. 对一组家长进行调查，看看如果孩子所在年级有一个信息课堂网站，有多少家长会利用这个网站。被调查者的反应是否和家长对于将技术整合进课堂的态度相吻合？

18. 熟悉你所在学校或是学区在主机服务器上的网页软件和网页。

19. 找出你所在学校将网页文件保存至网站服务器的步骤。

20. 在设计网络教学时，思考各个专家的建议。何种考虑会促使跨年级和跨主体的优质教学的形成？哪些特定的属性与你选择的教学层面或领域是相关的？

我的实验学校

资源整合

第一个视频主要针对基础教育课堂中的教师，为他们展示了来自弗吉尼亚州北部的乔治·梅森大学的教授所提供的技术指导。第二个视频则论述了技术如何整合到训练和练习中。

- 登录网站 www. mylabschool. com，在“Course”菜单下选择“Educational Technology”，进入“Mentorships”视频链接，观看视频“Fox and Bachman”。

你也可以在搜索栏中输入 ETV9 直接找到这个视频。

- 登录网站 www. mylabschool. com，在“Course”菜单下选择“Educational Technology”，进入“Teaching Content with Technology”视频链接，观看视频“Drill and Practice”。

你也可以在搜索栏中输入 ETV18 直接找到这个视频。

思考：如果使用指导型软件，哪些类型的信息是最易教授的？利用这些信息开发一堂整合性的课程。

配套网上资源

登录网站 www. ablongman. com/bitter7e，获取本章的教学目标、实践测试、网站链接、词汇表、动画卡片以及本章完整的参考书目。

第9章

儿童早期教育、特殊教育和多学科知识单元中教学内容与技术的整合

焦点问题

- 教师如何将技术有效地整合到教学内容中?
- 在技术与教学内容整合的过程中要重点考虑哪些因素?
- 技术与教学内容整合的益处何在?
- 思考在课堂教学中整合技术的五种创新方法。
- 思考如何在儿童早期教育中应用技术。
- 思考如何在特殊教育中应用技术。
- 设计一个技术整合的课程计划模板。
- 指出本章中每一类课程活动所对应的NETS教师标准。
- 指出本章中每一类课程活动所对应的NETS学生标准中的绩效参数。
- 技术整合能够为哪种类型的课程教学提供额外的学习经验?

第1章对具有技术素养的教师和学生进行了概述。当然，比较理想的状态是，在学生早期的学习过程中，教授他们一些必备的计算机基础知识以及相关的学习技术。学生学习的这些计算机基础知识可以为他们在未来的高中和成人教育中开展基于技术的学习奠定基础。

技术整合需要学校对计算机及其使用具有合作性的态度。来源于网站Seir-Tec Intensive Site Schools（www.seirtec.org/publications/lesson）的图9—1列举了将技术成功整合到教学中的一些经验。

1. 领导力是关键因素。
2. 如果你不知道该如何做，最好去请教他人。
3. 技术整合是一个长期的过程。
4. 不管有多少台计算机，或者有多少经过培训的教师，仍然有很多教师只是谈论这个话题，而不是亲自去实践。
5. 技术的有效使用需要教学的变革。与之相应，新教学策略的采用也是教学整合的催化剂。
6. 每个学校都需要与技术和教育领域的专家进行联系。
7. 对所有不熟悉技术的教育者来说，每个人都存在利用技术支持学习方面的困难，一些人也许会遇到其他方面的难题。
8. 评价是技术整合中最薄弱的环节。

图9—1 八条经验

资料来源：Seir-Tec Intensive Site Schools：www.seirtec.org/publications/lessons。

学生需要掌握的最重要的理念可能是：计算机是帮助其完成学习任务的功能强大的工具。通过在课程学习中使用计算机，学生开始体验到计算机在完成不同类型的任务时所具有的强大优势。计算机不再是一个仅能由科学家和数学家操作的技术谜团，学生也逐渐开始将计算机作为一种易于操作且功能完善的工具，如可以用计算机来写文章、写故事、开展社会学和自然科学研究、解决数学难题，甚至可以学习他们想要研究的任何领域的知识。

将技术作为一种促进学习的工具，而不只是作为传递信息的系统，并将其整合到教学中，通过设计这样的教学过程，可以强化学生对计算机的科学认识。然而，有些教师，他们或者是信息技术整合的新手，或者不适应在学科教学中开展基于技术的学习活动，所以对他们来说，技术整合是很难实现的。切记，整合的重点不在于去学习一种应用软件的使用，如 PowerPoint，而是研究如何利用技术来解决难题。本章将阐述数学、自然科学、语言艺术、社会学和特殊教育五大主要学科的学习活动实例。并概述了四种跨学科的课程。我们希望教师能够将这些活动实例作为其创新的起点。

规划学习活动

教师也许会发现，整合技术的学习活动的过程设计，与传统的课堂教学计划设计有很多相似之处，它们都必须考虑一些相同的基本因素，如学生们是利用电脑还是用书本笔纸来进行学习。在设计学习活动前，教师要尝试回答一系列问题：

- 这些活动适用于多大年龄的学生或哪个年级的学生？
- 开展这些活动的目的是什么？
- 完成这些活动后学生应该知道哪些知识或者学生能够做什么？开展这些活动需要哪些辅助材料的支持？
- 在活动中教师需要做哪些准备？学生需要做哪些准备？例如，为了使学生高效率地完成活动，学生需具备哪些知识、技能和概念？
- 在讲解某一知识点时，哪种活动最适合？
- 如何评估学生的学习活动？应该在何时评估？
- 为了强化和扩展学生在活动中所学的知识，需要做哪些额外的扩展工作？
- 哪些意见将有益于活动的成功开展？

在创新学习活动中，大部分教师都会倾向于考虑这些因素。是否进行基于技术的学习活动还有其他一些因素要考虑。教师还需要考虑以下一些因素：

- 为高效率地整合技术，课堂教学需要进行哪些改变或调整？
- 为满足教学目标的需求，应如何选择最合适的技术？
- 如何利用技术来优化学习过程？
- 计算机性能的哪些优势可使其成为一个可供使用的高效工具？在很大程度上，设计的活动要依据个别化教学的教室、学校和所在地可用的硬件和软件资源。
- 设计的活动如何满足课程标准和国家学生教育技术标准两方面的要求？
- 如果技术条件受限制该怎么办？如果只有教室中的教师能够控制学生使用计算机的时间，学生们能有机会使用教室中的计算机吗？
- 若要满足上述需求，有多少台计算机可供使用？
- 整个班级的学生能同时参加设计活动吗？或者学生需要轮班参与吗？
- 学生是独自学习、成对学习，还是以小组的形式学习？

● 如果中心实验室（如媒体中心）里的电脑可供学生使用的话，对学生使用电脑的时间有何限制？

● 学生是在正规课堂教学时间内，还是在课堂以外的时间使用计算机进行学习活动？

以上这些因素将决定针对某一特定班级的某一预定活动的实用性。

大部分教学软件是刻录在 CD-ROM 或 DVD 上的。通常，这些项目都是跨平台版本的，即 CD 或 DVD 可以在 Macintosh 或者个人电脑上运行。在你的计算机上尝试运行软件前，一定要认真阅读软件所要求的电脑配置信息。此外，一定要浏览光盘里的自述文件；要让软件的音频、视频和打印功能有效地工作，需要进行一些特殊的工作步骤。要切记一点：建议对 CD 或 DVD 的内容做一个备份，以防原始的 CD 或 DVD 盘丢失或者损坏。

使用软件还需要特别注意的地方就是，要求学生把作业或作品存在硬盘上。务必让学生两次保存他们的作业或者作品：第一次保存在他们自己的硬盘上，第二次保存在共享的网络文件夹中。要养成一个好习惯，即将文件在移动设备的共享网络文件夹（如 zip 磁盘或者 CD）里做备份。

课程创建相关资源

这里讲述的所有学习活动的一个特征是可以灵活应用。也就是说，它们可以根据教师或者班级的个别化需求予以调整。对年轻的或者没有经验的学生，教师通过在学习活动开始前提供或者输入数据就可以简化复杂的活动过程，而如果要求学生独自进行研究和探索学习活动，相对简单的活动也许会变得很有挑战性。教师可以通过改变活动主题根据个人的需要来定制各种活动。例如，研究科学家的学习活动也可以用来研究作家、历史任务、运动员等等。

本章讲述的学习活动的另一个特征是，这些活动的形式不统一，但都遵循 ISTE 面向学生的国家教育技术标准的要求（Thomas & Bitter，2000）。建议教师在设计学习活动时采用标准格式，这样做会有利于教师共享学习活动，从而便于其他教师在课堂教学中开展技术整合的相关活动。

学习活动的标准格式包括以下几个部分：

活动标题：活动的题目。

年级范围：年级范围指出了年龄和年级信息，活动要适合不同年级和不同年龄的学生。这应该成为一个设计指标，而不是一个硬性的规定。活动的难度层次要根据不同的年级和同一班级学生的不同能力层次加以调整。应该安排有天赋的学生以及计算机技能比较优秀的学生参与较高级别层次的学习活动，从而使其获得更大的成功。

活动目的：活动目的是对教学应该实现的一个或多个目标的陈述。

活动描述：活动描述是对学生将要做的事情的总结。当然，现实地讲，所有基于技术的课程都有一个共同的目标，即让学生轻松地使用技术工具，并具备一定的使用技术工具的技能。

活动准备：这一阶段列举在活动进行前所需的准备工作。教师需要决定是否能够获取足够的技术和学习资源来开展学习活动。

● 计算机是否有足够的存储空间来支持学习软件的运行？

● 软件或者数据媒体是否能够方便地使用？或是否需要重新制作？

● 活动是否需要一些工具和资源，如记事本、网页等等。此外还需考虑的关键问题是，是否有供学生完成活动所需要的资源数据。

● 学生是否能连接到网络数据库？或者在开始操作计算机前是否要求学生进行图书馆调研活动？

活动程序：这部分是对学生将要参与的活动步骤的详细描述。有时活动不需要学生在计算机前亲自实践，而是要求学生之间相互合作、研究和讨论。

工具和资源：这部分列举出所需要的软件、硬件、网站和其他支持学习活动的资料。

评估：这部分讨论对学生学习进行评价的相关内容。

建议：提出一些有助于活动成功的相关信息或建议，以改变活动使其适用于其他内容的课程、不同的学习小组或者不同层次的学生。此外，你也许会期望讲述一些指出潜在问题及其解决方案的特殊建议和评论。

下面在数学、自然科学、语言艺术、社会学和特殊教育五类学习内容中各给定两种活动。第一种活动适用于小学，第二种适用于中学。当然，教师可以根据教学需求适当调整活动的难度级别。例如，我们倾向于使用商业软件，但其他软件也应进行储备，以便在需要的时候可以随时使用。

数学类学习活动

由于具有运算速度快的特点，计算机可以作为数学教学的强大工具。现在市场上的很多数学软件都用来教学生一些数学原理。因此，教师在选择有效的数学教学软件包方面应该没有太大的困难。这部分的活动旨在使教师能够使用应用软件（电子制表软件）来解决数学难题，解决问题的方式就像一个商人使用电子制表软件进行商业预测和制定商业计划一样。

活动标题：艾弗里的滑板

年级范围：3～6 年级

活动目的：

在这个活动中学生要完成以下任务：

● 探究一系列评估策略；

● 应用电子制表软件解决问题；

● 创建公式以求解线性方程组；

● 列出电子制表软件解决问题的不同方法；

● 陈述出面向学生的国家教育技术标准的下列内容：3——技术绩效工具，4——技术交流工具，6——技术问题解决和决策制定工具。

活动描述：

学生利用所掌握的有关电子制表软件应用方面的知识来解决数学问题。学生使用电子制表软件来使思考问题的过程结构化。

活动准备：

● 创建解决问题的公式；

● 创建电子制表软件模板；

- 收集利用电子制表软件解决问题的案例；
- 准备一个对问题进行详细阐述的提纲；
- 邀请从事会计工作的学生家长到班级讲述其工作情况及其如何使用技术来解决问题的经验。

活动程序：

1. 在班级中复习并讨论关于电子制表软件的相关概念，如行、列和单元格。

2. 让主讲嘉宾介绍符合主题的内容以及与会计有关的单词和术语，如成本、储蓄、购买、预算、贷款和存款。讲演者通过描述工作中的现实问题实例，来阐述他如何思考问题的解决过程，以及工具的使用过程。

3. 向学生介绍其将要解决的问题：

- 每周艾弗里可以获得5美元的津贴；
- 艾弗里打算省下一部分津贴来购买滑板，滑板价值60美元。她还打算用部分津贴来购买糖果，用部分津贴来玩视频游戏，玩一次视频游戏花费25美分。
- 如果艾弗里每周要玩6次视频游戏并花1美元买糖果，她至少需要多少周才能省下足够的钱来购买滑板？
- 如果艾弗里每周不买糖果而只玩4次视频游戏，她至少需要多少周才能省下足够的钱来购买滑板？

4. 在班级教学中讨论各种具有计算功能的工具或策略。

5. 以三人或四人为一个小组，针对上述问题让学生提出一系列可能的解决方法，并鼓励学生经常解释其思维过程。

6. 小组成员与整个班级共享他们的计算和预测策略。

7. 小组成员利用电子制表软件来格式化工作表，并输入相关数据和公式。在学生开展活动的过程中，考查学生对电子制表软件的操作能力和理解能力。对需要帮助的学生可提供预先准备好的模板。

8. 小组成员与整个班级共享他们的电子制表软件。在他们展示研究结果和所使用的公式时，鼓励他们解释思维过程。

9. 将电子制表软件的应用策略与预选策略进行对比。

10. 要求学生自己发现一个相似的问题及其相应的解决方案。

11. 学生通过电子邮件将问题发给其他学生，并自主安排时间来讨论解决方案。

12. 在班级教学中，有时可以让学生开展关于电子制表软件的相关讨论，让学生共享一个他们在网上搜索到的例子及其使用的搜索策略。让学生通过询问其家人或者在网上查找等方式举出一些例子。

13. 对学生找到的电子制表软件进行可视化记录。

工具和资源：

所使用的软件

- 电子制表软件、演示软件。

相关网站

- 数学课堂教学的电子制表软件

www. ericdigests. org/2003-1/math. htm

- 电子制表软件相关图片

http://graphics. stanford. edu/papers/spreadsheets

其他工具和资源

- 向全班展示学生的电子制表软件作品时所需的演示设备（屏幕监视器、液晶显示器或与电脑相连接的电视机）。

评估：

分别观察学生在小组和个人学习中的表现。对学生解释其思维的过程进行记录。评价学生使用电子制表软件的能力、解决问题和阐述解决方案的能力以及讨论预选解决方案的能力。

建议：

对课堂教学进行有趣的改变，即将班级分成两组。一组学生应用电子制表软件来解决问题，另一组学生使用笔和纸来解决问题。这有助于学生体验利用计算机进行数学运算的惊人的速度。

活动标题：不稳定的石油价格

年级范围：7～12 年级

活动目的：

在这个活动中学生要完成以下任务：

- 使用不同的资源工具来搜集信息；
- 使用电子制表软件来组织数据；
- 探索数据模型；
- 利用图表呈现数据；
- 基于现有的石油价格数据对未来的石油价格趋势进行预测；
- 与其他学生讨论并为自己预测的观点辩护；
- 陈述出面向学生的国家教育技术标准的下列内容：3——技术绩效工具，4——技术交流工具，5——技术研究工具，6——技术问题解决和决策制定工具。

活动描述：

学生从多种渠道获取当前有关石油价格的信息，如纸质材料和网络媒体资料。学生将数据输入电子制表软件，并利用图表工具图形化显示所搜集的数据。然后他们检验石油价格的图形模型，并以此为依据预测石油价格的未来趋势。学生小组利用多媒体制作软件向班级演示其预测结果。

活动准备：

- 学生要熟悉电子制表软件的基本操作知识；
- 邀请主讲嘉宾来讲述他们在专业领域中如何运用电子制表软件来进行预测及作出决策；
- 创建一个网页来记录学生电子制表软件的历史使用情况，并添加有关电子制表软件的相关链接和数据分析实例；
- 创建一个有关专家的电子邮箱列表，这些专家愿意为学生解答问题并讨论学生的探索结果；
- 开发一个搜集数据的工作表。

活动程序：

1. 在活动概述部分介绍电子制表软件的历史发展概况：20 世纪 70 年代作为会计工具被发明，其后不断发展，应用范围不断扩大，如今已经成为一种趋势预测工具和决策工具。

2. 在班级中讨论目前电子制表软件广泛的应用领域，如商业领域、政府管理领域及科学研究。在讨论中和其他学科的课程学习相联系。

3. 让主讲嘉宾讲述他在商业、政府管理和科学研究中如何使用电子制表软件。

4. 介绍活动任务：讨论趋势和图表。邀请主讲嘉宾参与到讨论中。

5. 以三人或四人为一个小组，让学生从多种渠道获取当前有关石油价格的信息，如媒体资源中心（图书馆）、网络在线资源等。

6. 每一小组分别与班级其他成员或小组就其所搜集的数据和资源进行讨论。

7. 以六个月为一周期讨论石油价格模式。

8. 学生在电子制表软件里记录他们的数据结果。

9. 学生研究某一指定期间（六个月、一年或者五年）内的石油价格模式。使用电子制表软件中的制图工具，用各种图表呈现数据。

10. 学生评估石油价格的发展趋势。

11. 以三人或四人为一个小组，让学生共享他们的图表，讨论他们所探索的各种模式产生的原因。小组成员通过电子邮件将有关问题以及图表分析结论概要发送给专家，以期待反馈。

12. 学生使用电子制表软件来预测未来某一指定时期的石油价格，并推测这种趋势对未来汽油价格的影响。依据这些结果，学生制作价格趋势曲线图，进而写出合理的预测报告。

13. 以三人或四人为一个小组，让学生共享并讨论他们所做的预测和图表。

14. 小组成员综合分析他们的研究成果，从而做出小组的预测、阐述基本原理、制作相关图表。小组成员利用 PowerPoint 和 HyperStudio 等软件制作多媒体演示文档以在课堂上演示石油价格的未来趋势以及对未来趋势的合理解释。

15. 在课堂上讨论可用作预测和制定决策工具的电子制表软件的有效使用方法。

工具和资源：

所使用的软件

- 电子制表软件、图像处理软件、演示软件、多媒体课件制作软件（PowerPoint、HyperStudio）。

相关网站

- 原油和天然气价格

www. bloomberg. com/energy

- 地球趋势

http://materials. wri. org/topic_date_trends. cfm

- 石油价格的历史和分析

www. wtrg. com/prices. htm

- WTRG 经济学

www. wtrg. com/index/html

- Smithsonian 机构

www. smithsonianeducation. org

其他工具和资源

- 向全班展示学生的电子制表软件作品和图表时所需的演示设备（屏幕监视器、液晶显示器或与电脑相连接的电视机）；
- 对学生的图表进行打印的打印机；
- 搜集数据的工作表。

评估：

评估学生以下几个方面的能力：将数据制成图表，对所作预测的解释和辩护，小组学习中独立工作的能力等。制定一个对不同类型的电子表格、学生所作的预测结果、小组演示进行打分的标准。

建议：

学生可以通过万维网获取关于石油资源的更多信息，并将其制作成电子数据文档。课程也可以进行适当调整，其调整的内容涉及对主要石油生产国的部分研究学科，如地理学、政治学和经济学。

自然科学类学习活动

技术在自然科学实验室和课堂教学中有很多应用。事实上，最具有变革性的技术发展来自计算机，它起初主要应用在科学研究上。因此，自然科学学科的教师向学生讲述计算机在未来的科学研究活动中会发生巨大的促进作用的观点，也十分必要。

活动标题：天气预报

年级范围：2～5 年级

活动目的：

在这个活动中学生要完成以下任务：

- 计划并开展一个简单的调查活动；
- 对搜集的数据加以理解；
- 生成柱形图和饼形图；
- 收集并分析信息；
- 分析不同地理位置的天气状况的异同；
- 与小组成员共享研究结果；
- 满足面向学生的国家教育技术标准的下列内容：3——技术绩效工具，5——技术研究工具。

活动描述：

学生收集关于天气状况的信息，然后对本地区一个月内的天气进行观察，制成图表，并记录相关信息。小组成员综合他们的研究结果后，阐述天气与地理位置的关系。最后，小组成员将研究结果制作成多媒体演示文稿，并和其他人分享他们的项目成果。

活动准备：

- 学生要熟悉电子制表软件的基本操作知识，包括制作柱形图和饼形图；
- 学生要理解系统搜集数据的基本原理；

● 制作一个学生工作簿，列举出学生所观察的气候类型（阳光、雨水、云、雪、风等），记录每月观察气候的天数；

● 收集资源（利用书籍、地图、CD光盘、天气视频和互联网），邀请当地的气象学专家来讲述和讨论有关气候的概念，对本州地图进行大致的概括，对不同的气候类型（阳光、雨水、云、雪和风等）以及不同的地理特征（山脉、湖、峡谷、河流、平原、绿地、三角洲、沙漠、悬崖和雨林等）创建不同的标识符号。

活动程序：

1. 向学生介绍活动过程：让学生在一张大的州地图上标识出其居住地的位置。让学生识别出该州内的其他城市，然后递交天气情况报告并对项目加以阐述。

2. 提示学生观察天气情况，并在工作簿上记录相关数据。让学生为当天的天气情况选择合适的标识符，并在地图上标出。

3. 根据学生所在州将学生以三人或四人划分成一个小组。每周一次，让小组成员找出气候数据来源，以搜集他们所分配区域的数据。

4. 鼓励学生在家里记录周末的气候状况，并将这些数据添加到工作簿中。

5. 让学生搜集指定时间内（如一个月）的气象数据。

6. 在学生完成他们的数据工作簿后，协助学生将数据输入到图表项目中，在数据的基础上生成饼形图和柱形图，显示一个月内晴天、雨天、阴天、雪天和风天等的比例。

7. 在公告板上显示学生的图表，并加以比较。

8. 让每一组成员完成他们的小组工作簿记录，并将数据输入到电子制表软件中创建饼形图和柱形图，展示每一小组的图表。

9. 在班级中讨论不同州地理特征的不同。使用互联网资源来查找风景图片。让学生使用合适的地理标识物在州地图上做标记。

10. 在按所在州划分的小组里，学生讨论地区实际气候情况和所生成的图表之间的差别，以及产生这些差别的原因。然后，每个小组得出本月内关于气候模式的最终结论，并准备一个简短的演示文档在班级中演示。

11. 在小组演示后，就所得的结论开展集体讨论。使用互联网上的天气网站来显示国家和本地的气象模式。讨论气象学家如何使用计算机来搜集、计算和显示气象数据。让学生写一份关于他们所观察的气候模式的综述。

12. 邀请本地的气象学家与班级学生对话，并讲述一些利用计算机生成气象数据的实例。

13. 鼓励学生继续搜集较长时期内的气象数据，不断扩充数据内容。让学生选择其他城市，观察其气象模式。在班级的项目和研究工作中，互联网可以作为一种收集最新信息的强大工具。

工具和资源：

所使用的软件

● 图像制作软件（或者将数据输入到电子制表软件并使用制表工具）、演示软件。

相关网站

● 天气预测中心

www.cpc.ncep.noaa.gov

- 国家气象数据中心

www.ncdc.noaa.gov

- 国家气象服务主页

www.nws.noaa.gov

- 史密森研究所

www.smithsonianeducation.org

- 美国密歇根大学的气象站

http://cirrus.sprl.umich.edu/wxnet/wxcam/html

- 天气频道网站

www.weather.com/homepage/html

- 气候研究资源

www.exploratorium.edu/ti/resources/weather.html

- 气候：哪些因素影响着我们的气候？

www.learner.org/exhibits/weather

其他工具和资源

- 向全班展示学生的电子制表软件作品和图表时所需的演示设备（屏幕监视器、液晶显示器或与电脑相连接的电视机）；
- 对学生图表进行打印的打印机；
- 搜集数据的工作表。

评估：

比较学生的图表以及小组的图表。它们是否相似？如何解释它们之间的不同之处？制定评分标准对以下内容进行打分：个别化图表、搜集数据的工作簿、写作任务、小组演示文档和图表。

建议：

高年级学生也可以参与到活动中，尝试预测天气。学生可以与当地的国家气象服务中心网站联系，以获取本地区过去一年内的天气情况的记录。学生利用数据来进行天气预测，并通过对实际天气状况的观察来验证其预测的可靠性，也可以通过从本地电视台获取的信息来验证。利用天气广播收音机和液晶显示器，学生就有机会作为全班的气象预报员播放天气预报。

活动标题：自然科学殿堂的名人

年级范围：6～12 年级

活动目的：

在这个活动中学生要完成以下任务：

- 探究个体在自然科学领域中的贡献；
- 收集并总结相关信息；
- 应用他们所掌握的数据库知识；
- 满足面向学生的国家教育技术标准的下列内容：2——社会、道德和人文方面的要求，3——技术绩效工具，5——技术研究工具，6——技术问题解决和决策制定工具。

活动描述：

学生收集关于科学家使用不同类型资源的信息，并利用数据库来存储和组织关于科学家的信息。通过创建多媒体演示文稿与其他同学共享各自的信息。学生集体讨论科学家之间的关系，并通过创建概念图和时间线来阐述这些关系。

活动准备：

- 学生要熟悉数据库软件的基本操作知识；
- 向学生解释一些词汇术语，如模板、字段、记录和关键字；
- 对于低年级的学生，教师要为他们设计模板，模板内容包括名字、国籍、科技领域、出生日期、死亡日期、贡献；
- 高年级学生可以自己设计模板并从中有所收获，积累关于如何命名字段和设计关键字的经验。

活动程序：

1. 学生到图书馆或者利用互联网收集关于生物科学家的信息。
2. 学生要对重要的信息做记录，然后将这些记录输入到数据库中。
3. 将数据输入到数据库之后，学生可以进入数据库来共享他们所挖掘的信息或者创建一些小游戏。
4. 要求学生创建简短的演示文稿来介绍他们所研究的科学家。
5. 在班级教学中，讨论科学家之间的关系。是否可以找出一些证据证明某些科学家受过其他科学家的影响？
6. 利用概念图工具（如 Inspiration 软件）来创建一个按照贡献类别项进行分类的概念图。

工具和资源：

所使用的软件

- 数据库软件、演示软件、图像制作软件、概念图软件（Inspiration）。

相关网站

- 互联网科学史资料大全

www. fordham. edu/halsall/science/sciencesbook. html

- 科学与工程领域中的妇女和少数族裔

www. mills. edu/ACADI_INFO/MCS/SPETRUS/Gender/wom_and_min. html

- 科学奥德赛

www. pbs. org/wgbh/aso

- 人类的探索

www. pbs. org/wgbh/aso/databank/bioindex. html

其他工具和资源

- 向全班展示学生的电子制表软件作品和图表时所需的演示设备（屏幕监视器、液晶显示器或与电脑相连接的电视机）。

评估：

数据库中有多少条记录？通过哪些关键字可以获取记录？学生是否理解数据库的分类功能？使用量规对这些内容进行打分。量规标准的制定需要反映出多媒体演示和数据库的使用能力，而且要考虑到查找、收集和组织信息所使用的方法。

建议：

学生也许希望使用数据库来生成一个展示科学家的贡献和其他主要事件的时间线。

语言艺术类学习活动

在学科教学中也许会出现这种情况：语言艺术学科的教师认为计算机不能为学生提供帮助。幸运的是，这种状况已经有所改变。很多教师和学生已经发现计算机在培养读写能力上是一位极具耐心的辅导者。如今，市场上已经有了大量适合不同年龄学生的字处理软件和桌面发布程序，此外，还有很多辅助拼写、语法和字词选择的软件。

活动标题：编写故事

年级范围：学前至 5 年级

活动目的：

在这个活动中学生要完成以下任务：

- 与其他人合作编写小说；
- 展示短篇小说中的要素；
- 利用各种媒体和技术工具来表达观点；
- 满足面向学生的国家教育技术标准的下列内容：1——基本的操作和概念，2——社会、道德和人文方面的要求，3——技术绩效工具，4——技术交流工具。

活动描述：

学生使用字处理软件包或者写作软件程序的基本功能，如 Pajama Sam's One-Stop Fun Shop 软件，编写一部短篇小说。

活动准备：

- 建立一个以小说标题为名称的文档；
- 学生要具有键盘输入的基本操作能力；
- 学生要能理解小说的基本要素的含义：故事情节、背景和人物。

活动程序：

1. 通过大声朗读一部短篇小说并回顾小说的各个基本要素来介绍本次活动。
2. 向班级学生讲解短篇小说的写作项目。
3. 为了展示整个过程，写一个班级故事。通过输入故事的第一句话或者简短的导入语（如“曾几何时”）来开启整个故事。
4. 让每个学生添加一句话。
5. 当所有学生都添加完毕后，让所有人集体大声朗读完成的故事。
6. 学生打印出故事（每页 1～2 句话），阐述他们各自的贡献。让他们把这个课堂教学故事带回家，与家人分享。
7. 与其他人合作讨论并共享各自的观点。
8. 把学生分成三组，让各组创建一个短篇小说，并借助字处理软件、幻灯片播放软件或者写作软件完成整个过程。
9. 每个小组与班级其他成员共享其创作的短篇小说。

工具和资源：

所使用的软件

● 字处理软件、图形处理软件、演示软件、Pajama Sam's One-Stop Fun Shop、KidPix Studio、Easy Book、Kid Works Deluxe。

其他工具和资源

● 向全班展示学生的小说作品时所需的演示设备（屏幕监视器、液晶显示器或与电脑相连接的电视机）。

评估：

学生能清晰地表达和输入自己所要阐述的句子吗？他们对小说感兴趣吗？小说中是否具有基本要素如故事情节、背景和人物？评估学生与他人合作的能力，以及学生在编写短篇小说时的个人贡献。在活动进行前，按照州写作标准和小说基本要素编写量规评价表。

建议：

向低年级的学生提供一些能够激发他们创作火花的提示说明，给他们提供一些故事情节，这是一个很好的主意。对于这节课的一个有趣变动是，教师可以创建一个表格，学生在其中填写他们的名字和其他信息来创建一个关于他们自己的故事。大部分软件公司都有一些特殊的写作软件程序，让学生能编写并展示他们自己的小说。Key Caps 插件支持外国语言的小说创作。一些程序也支持第二外语。应该鼓励学生用他们自己的艺术创作来装饰文章的封面，例如给文章封面添加颜色和创新性的东西。Giant George 和 Ruby Robot，BIG 和 Little，也支持学生设计和发布不同尺寸的作品，最大尺寸可达 1.5 米高。Clifford 的 Big Book Publisher 为低年级学生创建他们自己的小说提供了图形制作、剪辑艺术和丰富的设计字体。其他相关软件程序包括 Print Shop Deluxe、Hyperstudio、Kids Works Deluxe、My Own Stories、Children's Writing and Publishing Center 以及 Multimedia Workshop。

活动标题：研究活动笔记

年级范围：6～12 年级

活动目的：

在这个活动中学生要完成以下任务：

● 开展关于某一主题的研究活动；

● 展示他们关于搜索策略的知识；

● 应用他们所掌握的数据库知识；

● 满足面向学生的国家教育技术标准的下列内容：1——基本的操作和概念，2——社会、道德和人文方面的要求，3——技术绩效工具，5——技术研究工具。

活动描述：

学生使用数据库来存储研究活动记录，并格式化参考书目。

活动准备：

● 学生要熟悉数据库的基本操作和应用；

● 学生要了解一些术语，如模板、字段、记录和关键字；

● 中学教师要为学生设计数据库模板，模板内容包括作者、标题、发布者、出版地、出版年份、主题和注释；

● 高中学生可以自己设计模板并从中有所收获，可让他们自己指定关键字，如作者、标题和主题。

活动程序：

1. 让学生学习一个共同的主题或者自己喜欢的主题，通过使用图书馆资源或者浏览互联网的资源进行研究活动。

2. 学生要将记录卡片或者字处理软件的文件信息输入到数据库中，在输入完成后，学生可以随时从数据库中获得信息或者打印出列表信息。

3. 利用数据库的格式设置功能，学生在正确的位置使用正确的标点符号对参考书目进行排版。

4. 学生使用标准的样式表编排参考书目。

5. 成立编辑小组，对学生的参考书目进行预审和修订。

6. 讨论利用数据库简化研究过程的其他方面，例如，让学生有机会在几分钟之内直接获得信息。

7. 探讨如何利用计算机来改变我们的研究方法。讨论针对具有相同数据而用途不同的各种报告进行排版的好处。

工具和资源：

所使用的软件

● 数据库、演示软件。

相关网站

● 现代语言协会（Modern Language Association，MLA）的研究性论文写作指南

http://webster.commnet.edu/mla.htm

● 美国心理学协会推荐的电子化参考文献格式

www.apastyle.org/elecref.html

● 现代语言协会

www.mla.org

● 网络书目

www.cs.columbia.edu/～hgs/netbib

● 研究论文

http://owl.english.purdue.edu/handouts/research/index.html

● 使用现代语言协会格式

http://owl.english.purdue.edu/handouts/research/r_mla.html

其他工具和资源

● 向全班展示学生的参考目录时所需的演示设备（屏幕监视器、液晶显示器或与电脑相连接的电视机）；

● 打印机以及参考书目的样式表，如 MLA 的 *Handbook for Writers of Theses and Dissertation*。

评估：

核对参考书目及其样式的正确性。分析在研究活动以及利用计算机加快研究的过程中学生学到了多少知识？学生如何评价资源？

建议：

这堂课可以作为学生撰写富有成效的研究报告的开始，因为学生在完成课程学

习的同时也完成了学习书目的创建。万维网提供了很多写作指南以及撰写报告的具体步骤。

社会学类学习活动

社会研究领域的各个学科已经大大受益于计算机的应用，如数据库和电子制表软件的应用，尤其是地理学和社会学这类涉及大量对理解人类行为有帮助的统计数据的学科。因此对教师和学生来说，计算机给他们的工作和学习提供了很大的便利。模拟项目能够将学生带到特定的历史环境中。社会学的教师可以从大量的计算机应用中选择一部分，来给学生创造新的学习挑战。伯森等人（Berson et al.，2006）的著作是有关社会研究网站的优秀资源。

活动标题：你将销售什么产品？——广告的多种形式

年级范围：3～5年级

活动目的：

在这个活动中学生要完成以下任务：

- 理解广告的含义以及它在商业界中所发挥的作用；
- 探讨各种媒体的哪些特性有利于提高针对某一特定群体的广告效益；
- 学习成为对广告有鉴别力的消费者的战略；
- 满足面向学生的国家教育技术标准的下列内容：3——技术绩效工具，4——技术交流工具，5——技术研究工具，6——技术问题解决和决策制定工具。

活动描述：

这种学习活动的持续时间较长，在该活动中，学生要探索广告媒体的作用。在班级教学中，学生使用关键问题法查看广告，并分析广告的属性、受众和影响。根据选择的媒体类型来划分小组，让学生使用关键问题法研究一种特殊的媒体。小组成员使用演示软件向全班展示他们的研究成果。然后再次设计并制作有关他们所研究的媒体类型的广告，他们还要开展市场分析，如广告成本。最后，小组成员依据讨论的关键问题向全班演示他们设计的广告。

活动准备：

- 让学生收集不同媒体形式的广告实例，如新闻报纸、杂志、收音机、电视或网站；
- 浏览与所找媒体相关的网站，收集并使用技术工具；
- 邀请一位参与过广告设计或者使用过广告来提高产品效益的专家；
- 邀请一些成年人或者不同年龄段的导师对学生的活动给予帮助。

活动程序：

1. 在班级教学中讨论广告的目的。

- 广告如何影响供需行为方式？
- 在广告中，事实与观点各起到什么作用？

2. 在班级教学中研究至少三种媒体类型的广告（可以从新闻报纸、杂志、收音机、电视和网站选择），然后讨论以下问题：

- 广告给你留下了什么印象？

- 你曾经因被广告所吸引而去购买过其产品吗？
- 你认为广告的目的是什么？
- 你认为目标顾客是谁？
- 广告的组成部分中有哪些是非常有效的？
- 这种产品是你所需要的吗？
- 对于某种特定的广告，媒体为什么会发挥很大作用？

3. 学生以小组的形式研究在各种不同媒体上的广告。每一组分别研究一种类型的媒体广告，如新闻报纸、杂志、收音机、电视或网站。

4. 每组在所研究的媒体中选择一种具有代表性的广告，讨论广告具有的属性，将关键属性列举出来。

5. 使用演示软件，每一小组向班级展示其分析结果。在班级教学中，讨论不同媒体类型的广告的异同以及各自的优势与弱势，讨论为什么每一种特定的媒体类型都有其特定的目标群体。

6. 小组成员再次集中，共同讨论如何利用他们所研究的媒体设计他们所选择产品的广告形式，小组成员选择他们所设计的广告所针对的目标客户，讨论这些消费者如何被媒体的某些属性所吸引。

7. 一些小组成员对他们所设计的广告进行市场调研，针对一个焦点问题在小组成员中征求意见。（提出一些能够定量化分析的问题是一个很有意义的数学任务。）学生所提出的关于产品的问题决定了其报告的结果。（是否使用等级量表？与其他类似产品比较情况如何？产品具有哪些属性？等等。）在市场调研开始阶段，与班级的其他小组、学校的其他学生、家庭成员或者本地社团等共享一些广告，然后让学生使用电子制表软件或者图形制作软件制作关于其研究结果的图表。

8. 在对广告进行进一步完善后，学生小组利用网络从目标客户、广告领域的专家、熟悉产品知识的人群中寻找有代表性的一组人并通过电子邮件将广告发送给这些人以方便开展进一步的讨论。

9. 小组成员联系新闻报社、杂志社、广播台、电视台，通过互联网研究广告的成本，进而调查利用媒体做广告的成本。讨论互联网对广告的影响，对广告的成本和潜在的收益进行比较，然后做出成本—效益分析。

10. 小组成员使用电子演示软件向班级同学演示他们的最终广告方案、市场调研结果以及成本—效益分析结果。

11. 小组成员反思小组工作的结果，讨论从不同的目标客户以及广告目的出发，哪一种媒体是最有效益的。

12. 需要进一步讨论的话题包括：

（1）不同消费群体的消费习惯。

（2）个人选择偏好对经济效益的影响。

（3）本地的广告如何与全国播放的广告比较？

工具和资源：

所使用的软件

- 字处理软件、图形处理软件、演示软件、电子制表软件和视频编辑软件。

所使用的硬件

- 音频播放器和视频摄像机。

相关网站

● 报纸

www. azcentral. com

www. denverpost. com

www. nytimes. com

www. latimes. com

● 杂志

http://pathfinder. com/people

www. time. com

www. usnews. com/usnews/home. htm

www. zdnet. com

● 广播电台

www. web-radio. fm

● 电视广告

www. clipland. net/index_tvc. shtml

www. usatvads. com

其他工具和资源

● 新闻报纸、杂志、收音机以及电视广告、万维网上的广告（在大部分商业网站中都能找到）。

评估：

制定一个量规评分标准来评价每一小组的广告。在活动进行的过程中，与班级共享量规评分标准。确保根据学生的合理建议不断调整评分标准。学生使用量规标准来评估其所在小组的广告。给出各种媒体类型的广告样本，让学生围绕活动开始时提出的焦点问题讨论广告。

建议：

许多教师发现，在此类学习活动中将小组和个人的工作成果结合起来，在满足所有学生需求方面效果会更好些。这一点尤其适用于课堂上有第二语言背景的学习者。广告中词汇的细微差别会使第二语言学习者产生误解。小组工作有利于学生在最终项目作业中找到许多语法和拼写错误。相比于传统工具，新技术的使用会使学生的项目作业更为成功。学生会对具有专业效果且外观完美的成果感到非常满意。

活动标题：职业生涯决策

年级范围：8～12年级

活动目的：

在这个活动中学生要完成以下任务：

● 获取有关研究主题的大量信息和资源；

● 在对策略进行选择和对数据进行比较分析的基础上制定决策；

● 根据对数据库的理解应用数据库；

● 满足面向学生的国家教育技术标准的下列内容：3——技术绩效工具，4——技术交流工具，5——技术研究工具，6——技术问题解决和决策制定工具。

活动描述：

学生通过对美国主要城市的研究，规划他们的职业生涯。

活动准备：

● 学生要熟悉数据库的基本操作，理解数据库的基本术语，尤其是模板、字段、记录和关键字；

● 中学教师要设计一个包含以下内容的模板：城市、州、人口、35 岁以下的人口总数、城市人均收入、失业率、平均气温、平均降水量、高校数量、医院数量、流动人口和教堂数量；

● 高中学生可以自己设计模板，模板中要包括他们自认为对选择职业有重要影响的因素。

活动程序：

1. 让学生假想他们已经毕业了，并准备进入他们所选择的职业领域。他们已经收到了来自 3 个城市的 3 个工作机会。在决定接受哪一个工作机会之前，他们要对 3 个城市作调查研究。

2. 让整个班级选择 3 个城市进行研究，或者让学生个体选择吸引他们的 3 个城市。

3. 鼓励学生选择一些大城市，因为这些城市有可供使用的现成数据。

4. 在学生对 3 个大城市进行研究后，协助他们将数据输入到数据库中，然后打印出数据列表进行比较。

5. 在学生浏览了数据列表后，让学生根据他们的研究结果选择其中一个职业。

6. 让学生列举影响他们决定的因素，并准备简短的演示文档。建议他们使用表格来呈现数据的对比情况。

7. 让学生撰写报告，解释他们的决定以及作出这个决定的主要考虑因素。

8. 讨论人们在选择工作地点时所考虑的不同影响因素，以及不同的人对这些因素的优先考虑情况。

工具和资源：

所使用的软件

● 数据库、演示软件。

相关网站

● 胡佛斯在线：业务网络

www. hoovers. com

● 地图

http://mapquest. com

● 旅游网

www. randmcnally. com/rmc/home. jsp

● 走进美国

www. understandingusa. com

● 美国城市连接工程

www. usacitylink. com

● 气象地图

www. weather. com/weather/maps

其他工具和资源

● 向全班展示学生的电子制表软件时所需的演示设备（屏幕监视器、液晶显示器、或与电脑相连接的电视机）。

评估：

学生能够查找出数据库中所需要的所有信息吗？学生是否能发现其特别之处？学生能够选择他们感觉满意的工作吗？

建议：

Broderbund公司开发的Carmen Sandiego系列软件可以用来创建一个有关国家、州和城市的课堂数据库。一些商业软件程序和万维网上的网站会提供地图和相关的信息。

特殊教育类学习活动

计算机在特殊教育的课堂中是一种极其有效的工具，因为它具有无限的耐心，而在开发特殊教育课程方面有很多因素要考虑（Adams，2006a）。学生可以在没有压力和紧迫感的情形下，以适合其自身的学习步骤进行个性化的学习。计算机还能鼓励学生复习课程和做练习，因此能强化巩固学生所学的知识。计算机能够给学生提供普通教师无法提供的持久的个性化关注。虽然市场上针对特殊教育的软件数量很有限，但是大部分教育软件可以经过修改来满足特殊教育课堂教学的需求。对包含创作功能的教育软件进行修改尤其容易，这样教师可以创建一些经过精心设计的与主题内容相关的问题。本章将讨论如何通过对现有的特殊教育类软件进行改进而使其更好地应用于特殊教育领域。

活动标题：Logic Builders

年级范围：由于Logic Builders（教育新媒体）支持学生从三种不同难度的游戏中进行选择，因此通过对游戏进行调整修改，可以使其适用于不同技能水平的学生。

活动目的：

在这个活动中学生要完成以下任务：

● 利用计算机的生成模式重新创建一个网络，进而提高学生执行操作的能力；

● 满足面向学生的国家教育技术标准的下列内容：1——基本的操作和概念，2——社会、道德和人文方面的要求，4——技术交流工具。

活动描述：

学生使用游戏软件Logic Builders创建图形。

活动准备：

● 学生掌握计算机基本操作以及基本的键盘输入能力；

● 教师要熟悉程序的加载方式以及从主菜单中选择合适的游戏。

活动程序：

1. 从Logic Builders的主菜单中选择“DRAW A WEB”。在屏幕上的辅助蛛网的提示下，让学生体验绘制蛛网图形的过程。

2. 学生玩“MATCH A WEB”游戏，这个游戏要求他们在屏幕右侧重新创建一个总体设计。

3. 更有挑战性的游戏是“RECALL A WEB”，这个游戏要求学生重新创建内存中的主网页。学生重新创建网页的操作步骤越少，得分越高。

4. 在学生获得分数后，他们将晋升到“大老板”级别。

5. 利用实时通信工具（如聊天软件），让学生共享他们关于游戏的想法和观点。

工具和资源：

所使用的软件

● Logic Builders、实时通信工具。

评估：

计算机打的分数可以作为学生绘制图片模型是否成功的参考标准。在获得一些软件使用经验后，考查学生是否愿意接受更高层次的挑战？在使用技术的过程中学生是否表现出积极的社会道德意识？

建议：

Factory、Oregon Trail 2、Lego TC Logo、Carmen Sandiego 系列和 Sim 系列软件都是可供这节课选择的软件。学生可以截取屏幕图片，将其复制、粘贴到绘图程序中，对它们进行颜色处理或者把这些图片设置为屏幕保护程序中的应用图片。

活动标题：娱乐和休闲

年级范围：8～12 年级

活动目的：

在这个活动中学生要完成以下任务：

● 找到并参与社团里的娱乐和休闲活动。

● 满足面向学生的国家教育技术标准的下列内容：1——基本的操作和概念，2——社会、道德和人文方面的要求，3——技术绩效工具，4——技术交流工具，5——技术研究工具。

活动描述：

学生使用数据库存储和组织他们的研究结果。

活动准备：

● 学生掌握数据库的基本操作以及基本的键盘输入能力；

● 学生能够熟练地从网上搜集数据；

● 设计一个包含下列内容的模板：活动、组织、地址、成本、服务机构、时间和胜任程度；

● 创建一个有关本地网站的书签；

● 在课程教学前格式化数据磁盘。

活动程序：

1. 学生为他们所喜欢的休闲娱乐活动创建一个列表。

2. 在课堂中，讨论本地社团中有哪些可以利用的资源。

3. 学生搜索在线资源，联系公立机构，探索社团提供的其他娱乐活动。

4. 在学生完成研究工作后，将研究结果输入到数据库中。这也是教学生从数据库中检索和分类数据的一个很好的练习机会。

5. 让学生打印出数据库的副本作为参考列表。

6. 让学生给朋友、同事或者亲属发送电子邮件，告知其可以在社团中参加的活动。

工具和资源：

所使用的软件

- 数据库软件（ClarisWorks，File maker，Microsoft Access，Inc.）。

其他工具和资源

- 关于当地的休闲和娱乐活动的参考资料。

评估：

学生是否发现了娱乐活动方面对他们有价值的信息？学生是否能容易、迅速地获取信息？是否有学生参与到创建数据库列表的活动中？

建议：

在开展班级教学活动的过程中，让学生提供一些有关新增活动和时间表变动的信息，以不断更新数据库。参与社团活动的学生向班级的其他同学讲述他们的经验。让学生利用数据库中的信息筹划一个班级短途旅游方案。之前课程已为向学生介绍常用的计算机应用程序提出了很多建议，这些应用程序包括字处理软件、数据库、图形制作软件、电子制表软件以及互联网和教育类软件。教师可以很容易地调整学习技术，使其适用于所有课程的学习。

多学科知识单元

下文的内容是陈述如何将技术整合到多学科知识单元的教学中。当开发技术整合的多学科知识单元时，教师需要考虑与前面所讲述的课程计划相同的一些因素。计算机硬件的可用性和使用模式将影响活动开展的方式以及学生的学习模式（是进行小组学习还是个别学习）。

在使用教育软件时，要阅读产品说明以使学生的学习经验最优化。在开展活动前最好仔细地浏览这些说明。

教师也可以与其他教师交流技术整合的经验并从中获益。例如，使用过教育软件进行课堂教学的教师，能够判断学生要想有效地操作程序需要掌握多少知识（包括计算机操作技能和呈现的主题知识），并判断程序中的错误是否会影响学生的学习。对学生来说，软件程序中的一些活动相比于其他程序是否更有趣、更有意义或更具有挑战性？有经验的软件使用者可以回答新手所面对的上述问题。学校应该建立资源中心，它是一个基于技术的学习活动的资源库，其中还包括教师的一些意见与评论。

计划是技术整合的关键。例如，如果当地没有可以利用的教育软件资源或者教学资源中心，就需要花几周的时间订购和获得教育软件。如果当地没有足够的审批资金去购买软件，教师可能要面临其他选择。有时可以以较低的价格在短时间内租用教育软件，而不用去花高价购买软件程序包。但是租用软件仍需要一定的计划和管理时间。因此，教师迫切地希望研究是否有其他可用的学习技术可以为所有领域的课程教学所利用。

多学科知识单元的教学实例要遵循 ISTE 的面向学生的国家教育技术标准——

在多学科知识单元的教学中将技术和课程整合的标准（Thomas & Bitter，2000）。它包括以下子标题：

- 单元标题；
- 活动；
- 工具和资源。

这些知识单元为建立多学科的学习活动提供很实用的主题，其中，每一单元都陈述了两个或者更多的学科内容标准以及面向学生的国家教育技术标准。

低年级（2年级以下）的多学科知识单元

单元标题：援助之手

援助之手活动考察的主题是学生的合作和团结意识。在这项活动中，给学生提供与同伴、家庭成员和其他团体成员合作学习的机会。学生要学会在小组中合作学习以及如何与他人互动。

在这一单元活动中，学生要践行面向学生的国家教育技术标准的下列内容：1——基本的操作和概念，2——社会、道德和人文方面的要求，3——技术绩效工具，4——技术交流工具。

活动：

1. 学生使用绘图软件绘制一个题名为“Helping Hands”的旗帜。给由2～3人组成的每个小组分配一个字母，在墙上或者公告版上展示他们绘制的旗帜。

2. 让每一个学生在纸上绘制自己的手，使用扫描仪将绘制的图片扫描到电脑中，使用绘图软件修饰图形，使用文本工具在自己的手型图片上编辑学生的名字。打印出图形，剪切并将其装饰在自己设计的旗帜上。

3. 学生使用数码相机拍摄集体照片（学生一起合作学习的照片）。

4. 学生使用交互式的CD盘来探索和学习关于社团帮助者的材料。

5. 以拍摄的集体照片为基础，让学生使用软件（如Big Book、Scholastic Super-Print Deluxe）创作一个以集体照片为背景的故事，并将其打印出来。

6. 学生使用绘图软件制作一个描述和记录他们合作过程的图片集。

7. 使用视频摄像机记录课堂教学活动。在班级中找出视频中所包含的合作行为和不合作行为的例子。

8. 在每一天的活动结束后，确定课堂活动的合作内容。在一张大图纸上记录合作内容，并将其挂在墙上。

9. 让学生使用电子制表软件或者绘图软件，使课堂讨论中的信息图形化。

10. 让学生与成年的家庭成员一起工作，学习邻里之间的守望相助，或者学习其他类型的社区活动，这些活动主要是为了给邻居提供彼此接触和互帮互助的机会。使用数码摄像机来拍摄邻里之间的照片。使用幻灯片软件，如Kid Pix Studio来创建有关邻里之间守望相助的演示文档。

11. 学生访问罗杰斯先生的邻里关系网站，学习有关家庭和邻居之间的帮助活动。

12. 让学生从个人列表中选择一个角色，与他的搭档一起扮演合作行为中的角色。

13. 实地考察当地的警察局。考察结束后，让学生给警察局发送一封感谢信。

14. 与本地的消防部门合作学习，设计一个家居安全图。让学生根据图表来调查他们家里的安全情况。

工具和资源：

所使用的软件

- KidPix Studio
- ClarisWorks for Kids
- Easy Book
- SuperPrint
- HyperStudio
- Kid Works Deluxe
- GraphPower
- Graph Club
- Richard Scarry's BusyTown
- Multimedia encyclopedia

所使用的硬件

- 彩色喷墨打印机
- 视频摄像机
- 数码摄像机
- 扫描仪
- 大型屏幕监视器、液晶显示器、与电脑相连接的电视机
- 录像机

相关网站

- 罗杰斯先生的邻里关系网站

http://pbskids.org/rogers

3~5 年级的多学科知识单元

单元标题：生态破坏者

生态破坏者单元强调美国巨大的自然资源消耗以及这种消耗对地球的影响。学生将学习矿物燃料和其他废物对地球的影响。

在这一单元活动中，学生要践行面向学生的国家教育技术标准的下列内容：1——基本的操作和概念，2——社会、道德和人文方面的要求，3——技术绩效工具，4——技术交流工具，5——技术研究工具，6——技术问题解决和决策制定工具。

活动：

1. 学生组成几个小组，列举出在他们的家里和教室里所发现的每一种垃圾。

2. 学生调查研究自然资源的无限制消费对地球、热带雨林、珊瑚礁以及大气的影响。

3. 学生制定一些方案，告知他们的父母、亲友和其他人如何减轻人类对地球造成的损害。

4. 学生在网站上发布他们的研究结果，并将其研究成果通过电子邮件或者寄件

发送给当地的新闻媒体。

5. 实地考察污水处理厂。讨论现有技术对污水处理的影响。利用数码摄像机把将污水处理为净水的整个过程拍摄下来。学生与成年人或者高年级学生合作开发一个小规模的多媒体程序，汇报他们所观察到的污水处理过程。此外，要向污水处理部门发一封电子邮件，感谢其提供的参观学习机会。

6. 实地考察垃圾回收厂。利用数码摄像机拍摄垃圾回收的整个过程。学生与成年人或者高年级学生合作开发一个小规模的多媒体程序，汇报他们所观察到的垃圾回收过程。此外，要向垃圾回收厂发一封电子邮件，感谢其提供的参观学习机会。

7. 让学生研究垃圾填埋处理方法对环境的影响。让学生学习研究本地区垃圾填埋现状、对垃圾填埋的相关规定以及随着时间的推移这些垃圾填埋厂对生态环境的影响。

8. 让学生使用可回收利用的材料创作一件艺术品。

9. 让学生上网收集各种倡导反对使用乙烯基塑料的组织机构。给这些组织机构发电子邮件询问相关的问题。

10. 让学生绘制过去10年与垃圾回收利用、垃圾填埋场地大小以及回收垃圾所耗费资金有关的统计图。

11. 让一组学生创建统计图，检验降解不同产品所需要的时间。学生制作多媒体演示文档与他人共享其研究成果。

12. 学生与其搭档共同创建有关垃圾回收的广告，目的在于鼓励其他同学进行垃圾的回收利用。尽量在广告中展示一些统计数据或者其他事实。

13. 小组成员共同学习，为如何使垃圾回收成为日常生活的一部分提出解决方案，并开展头脑风暴。

14. 让一组同学制作一个幻灯片或者多媒体演示文档，阐述将塑料瓶或者泡沫塑料杯进行回收利用和直接将这些垃圾送到垃圾填埋厂这两种处理方式对我们的环境会产生什么不同影响。

工具和资源：

所使用的软件

- 字处理软件
- 电子制表软件
- 图形制作软件
- HyperStudio
- 演示软件
- GraphPower
- Graph Club
- 网页创建工具
- 多媒体电子百科书

所使用的硬件

- 彩色喷墨打印机
- 视频摄像机
- 数码摄像机
- 扫描仪

- 大型屏幕监视器、液晶显示器、与电脑相连接的电视机
- 录像机

相关网站

- 国家环境信托基金会

www. envirotrust. org

- 绿色和平组织

www. greenpeaceceusa. org

所使用的教育视频（迪士尼教育产品中的可用资源）

- Bill Nye the Science Guy shows（Pollution Solutions，Garbage and the Water Cycle）
- Recycle Rex（stars animated recycling dinosaur）
- The Energy Savers（Stars Donald Duck，Mickey Mouse，and Goofy）
- Zort Sorts：A Story about Recycling
- The Great Search—Man's Need for Power and Energy

6～8 年级的多学科知识单元

单元标题：态度的塑造者

俗话说，一张图片胜过千言万语。很显然，企业和政府都非常注重在日常工作中，通过对图片和声音信息的认真筛选和传播，从而进行态度和思想的塑造，理解这一点对于学生而言是很重要的。

学生要对他们所找到的图片、音频、广告和其他媒体资料进行分析，并调查这些材料是否反映真相，分析这些材料是否与真实状况或广告产品相一致，以及如何利用这些资料来影响与塑造某一受众的态度和观点。

在这一单元活动中，学生要践行面向学生的国家教育技术标准的下列内容：1——基本的操作和概念，2——社会、道德和人文方面的要求，3——技术绩效工具，4——技术交流工具，5——技术研究工具，6——技术问题解决和决策制定工具。

活动：

1. 将学生分成几个小组，然后让他们选择其所见到的对事实真相进行扭曲的图片、音频、广告和其他媒体资料。

2. 学生调查所选的媒体资源及其背景信息，以演示文档和书面报告的形式对他们的研究结果进行汇总。

3. 学生探究内战期间的照片操纵情况。在班级教学中讨论产生这些不准确信息的原因，以及不真实媒体信息的发布者所获得的好处。

4. 论证企业和政府如何借助不同的技术手段轻易地操纵媒体信息。

5. 与小组成员合作，选择一些不真实的媒体信息，并给信息发布者发送邮件和信件，以表达对这些不真实信息的忧虑。

6. 乔治·奥威尔（George Orwell）在《一九八四》中曾指出："大规模的印刷公司拥有编辑人员、印刷工人和精细的设备工作室来进行照片的伪造工作"。让学生使用讨论板或者课堂名录讨论他们对此观点的看法。

7. 让学生调查具有轰动效应的经济学杂志，分析出版社是否为了获取利润而歪

曲事实？学生制作图表来演示几种类型的出版社和新闻节目的盈利模式。

8. 让学生调查媒体如何影响我们对战争的看法。将学生分成小组，然后每组选择一场战争。小组通过多媒体演示文档或者幻灯片来报告他们的研究结果。

9. 讨论英雄的优秀品质。让学生在下列英雄人物中选择一位，调查他们所选择的英雄人物的优秀品质以及所选战争的历史背景。学生根据所选英雄人物的品质特征来判断其行为的历史真实性和合理性。班级合作制作网站并在网站上发布他们的研究结果。

- 埃伦·雷普利与萨拉·康纳（Ellen Ripley/Sarah Connor）
- T. E. 劳伦斯（阿拉伯的劳伦斯）[T. E. Lawrence（Lawrence of Arabia）]
- 圣女贞德（Joan of Arc）
- 胡志明（Ho Chi Minh）
- 卢克·天行者（Luke Skywalker）
- 大卫与歌利亚（David/Goliath）
- 《荷马史诗》中的英雄——阿喀琉斯（Homeric heroes—Achilles）

10. 讨论琼·贝思克·埃尔斯恩（Jean Bethke Elshtain）的名言，“对战争的态度决定于我们所听过和看过的关于战争的历史故事”[参见她的著作《妇女与战争》（*Women and War*），32 页]。

工具和资源：

所使用的软件

- 字处理软件、演示软件、HyperStudio、电子制表软件、视频编辑软件、图像处理软件、网页创建工具。

所使用的硬件

- 彩色喷墨打印机
- 扫描仪
- 大型屏幕监视器、液晶显示器、与电脑相连接的电视机
- VCR
- 电影投影仪

相关网站

- 美国记忆收藏：记忆会永存吗？

memory. loc. gov/ammem/cwphtml/cwpcam/cwcam1. html

- 美国报业编辑协会

www. asne. org

- 媒体和公共事务中心

www. cmpa. com

- 凯茜·施罗克的批判性评价信息

http://school. discovery. com/schrockguide/eval/html

- 数码摄影：邦妮·梅尔泽的伦理问题

www. fno. org/may97/digital. html

- 盖洛普组织

www. gallup. com

- 米切尔·斯蒂芬斯对收缩原声的观点

www.cjr.org/year/96/5/soundbites.asp

- 皮尤研究中心：人民和新闻

www.people-press.org

- 照片证据、裸体儿童和过世名人：数字伪造和法律

www.thirdamendment.com/digital.html

- 摄影伦理：第六章

http://commfaculty.fullerton.edu/lester/writings/chapter6.html

- 卓越新闻项目

www.journalism.org

- 视觉素养书目

http://tc.eserver.org/15237.html

参考书目

- *The Eyes of Time*：*Photojournalism in America* by Estelle Jussim（Boston：Little，Brown，1989）
- *Photography and the American Scene* by Robert Taft（New York：MacMillan Co.，1938）
- *Fallen Soldiers*：*Reshaping the Memory of the World Wars* by George L. Mosse（New York：Oxford University Press，1990）
- *Women and War* by Jean Bethke Elshtain（New York：Basic Books，1987）
- *1984* by George Orwell（New York：Harcourt，Brace，1949）

推荐电影

- Thomas Doherty，*Projections of War*：*Hollywood*，*American Culture*，*and World War Two*（New York：Columbia University Press，1993）

9～12 年级的多学科知识单元

单元标题：熟悉你的提议

每年人们都要通过投票来制定新的法律。对这些新法律的需求主要来自人们的忧虑、政治议程、误解和历史事件。针对当前本地区的提议，学生去考察支持与反对这个提议的论据，以及执行或者不执行该提议的结果。学生必须有自己的立场，并用论据和事实来支持自己的立场。

这方面的专业网站数量很少，原因主要有以下几个：首先，查找关于提议的信息被认为是学习活动中居于次要地位的一个学习过程；其次，关于新提议的网站会随着投票的开始和结束而创建和取消，因此，任何建议性质的网站在提议通过之后都会被认为是无效的；再次，万维网搜索的信息会被人为地加以修改，以符合某些政治集团的利益。

在这一单元活动中，学生要践行面向学生的国家教育技术标准的下列内容：1——基本的操作和概念，2——社会、道德和人文方面的要求，3——技术绩效工具，4——技术交流工具，5——技术研究工具，6——技术问题解决和决策制定工具。

活动：

1. 学生利用网络或者其他资源搜索待投票的提议，根据选举数据和主题把它们列举出来。

2. 学生以小组的形式调查提议倡导者的个人背景、特殊兴趣以及如果提议通过，倡导者会获得哪些潜在利益。学会将这些信息存储到数据库中。

3. 让学生收集政府提议以及政府立场声明的副本信息，包括官方对提议支持与反对的言论。

4. 与搭档合作，共同研究公开的言论。

5. 与政府官员和利益集团就其对提议的立场开展对话。

6. 学生要有自己的立场，用论据和事实支持自己的决定，并用幻灯片演示自己的研究结果。

7. 讨论政府描述提议所使用的言语，考察政府的这些言语是否在试图隐瞒影响投票结果的事实。

8. 学生根据他们的研究结果起草不同的报告，并将其整合到小组报告中，这些报告将会发布在新闻媒体或者出版物中。

9. 小组成员计算提议的反对者或者支持者花费的资金数量，包括公共的和私营的。让学生撰写一份自己的提议，阐述如何更好地利用花费在提议上的资金。创建网页来发布他们的研究结果。

10. 在网站上发布班级讨论的研究结果。关于演示数据库中有关提议的分析信息的格式有如下建议：

提议序号

标题：
提倡者：
主要条款：
背景因素：
政治考虑：
财政影响：
州政府：
本地政府：
纳税者：
支持的言论：
反对的言论：

- 让学生给媒体、利益集团和政府官员发电子邮件，发送学生的研究结果以及邀请官员访问学生创建的网站的邀请函。
- 小组成员创建一个网络探究模式，以供其他年级学生使用。
- 让学生预测提议的结果并遵守选举结果。讨论预测的理由，并计算预测的准确性。

工具和资源：

所使用的软件

- HyperStudio

- 演示软件
- 数据库
- 电子制表软件
- 网页制作软件

所使用的硬件

- 彩色喷墨打印机
- 扫描仪
- 大型屏幕监视器、液晶显示器、与电脑相连接的电视机

儿童早期教育活动

目前，美国的很多州都有全日制幼儿园教育。技术应该而且能够在这个年龄的儿童教育中发挥作用，不同人对此有不同的看法。有很多支持学科教学的学前教育软件，尤其是数学和阅读领域。下面的内容将会阐述如何在课堂中整合技术。当设计儿童早期教育类技术整合的课程时，教师需要考虑前文讨论过的一些课程教学计划中的因素。计算机硬件的适用性以及位置会影响学生开展活动的方式以及学生是以个人还是兴趣小组的形式从事学习活动。当使用儿童早期教育软件时，要认真阅读产品说明书中关于学习经验最优化的建议。在开展活动前要预览这些建议。一些软件需要特殊的键盘以及语音设备。这些设备要在订购后的几周内才能收到。在课堂中使用它们之前要进行测试。

教师也可以与其他教师就早期儿童教育中技术整合的使用经验进行交流，并从中获益。例如，具有该类教育软件使用经验的教师能够判断出，为使学生熟练地操作计算机，学生要具备哪些计算机基础知识和相应的学科预备知识？为使学生完成指定的任务，是否需要设置一些预备知识的课程？是否有一些活动比其他活动更有趣、更有用或者更具有挑战性？有经验的软件使用者能够回答新手所面临的这样或那样的问题。教学设计是将技术整合到这类课程教学中的关键因素。尽管有些学生具有利用技术开展学习活动的经验，但不能因此认为所有技术都是智能的。我们强烈建议开展一些对技术自身的研究，以考察特定的软件是否适合某一年龄的学生以及它们是否会在课堂教学中发挥很好的作用。

儿童早期数学

活动标题：豆豆娃

在这个活动中，学生使用豆豆娃来计算数量，进行排序和分类，并通过合作完成项目。他们利用技术资源来进行计算、作记录，对问题解决技能和交流技能进行练习，陈述活动结果、对问题的思考以及个人观点。

在这一活动中要体现面向学生的国家教育技术标准的下列内容：1——基本的操作和概念，2——社会、道德和人文方面的要求，3——技术绩效工具，4——技术交流工具，5——技术研究工具，6——技术问题解决和决策制定工具。

活动描述：

这个活动需要发挥学生对豆豆娃的想象力。学生把他们自己的豆豆娃（或者其

他流行的玩具）带到学校，根据其所选择的类别来计算、分类、计分并制成图表，分类标准可以选择有无穿衣、具有羽毛还是毛皮、真实的还是假想的、颜色、腿的数量以及动物种属等。

学生利用自己的计算机来创建新的豆豆娃，从而进行数学比较分析和计算机学习探究活动。在学习活动结束后，学生与其他班级的学生联系，并发送豆豆娃实验数据与其他组进行比较。

注意：尽管这个活动是围绕豆豆娃这个主题来开展的，但在活动中也可以使用其他的季节性玩具或者流行玩具。

活动准备：

让学生把自己的豆豆娃带到班级，或者把自己的其他玩具带过来。

活动程序：

对活动程序进行调整以使其适合不同年龄的学生。让学生使用天平来称豆豆娃的重量，用尺子（标准度量）或者 Unifix cubes（非标准量度）测量豆豆娃。在数据库中记录数据并对其进行分析。

将豆豆娃与它们所对应的真实动物进行比较。让学生利用多媒体百科全书查找每一种真实动物的长度、重量和其他特征。在对真实动物进行比较后，学生依据真实动物的大小对豆豆娃进行排序和分类。

设计豆豆娃的几何图形。学生可以使用 Sunburst Communications 公司的 Shape Up 工具软件。这些样式化的豆豆娃为学生创造了使用集合语言和创意表达的机会，让学生给每种动物命名，并编写关于每种动物的故事。

利用电子邮件与其他班级联系，比较有关豆豆娃的数据，并分享各自的豆豆娃数据。查看豆豆娃网站的输入选项。使用搜索引擎去查找关于豆豆娃的其他资源。

选项：学生通过各种方式查找关于动物性格的知识，如 KidPix、在线游戏 Critter Characteristics，或让学生制作测试节目等。

评估：

在数据库中输入豆豆娃的性格特征数据，这将有助于提高学生识别特征、进行初步分类和根据特定标准排序的能力。

使用学生创建的图形，展示学生创建图形的能力，并解释数据比较的结果。观察学生在小组和个人学习中的表现。

记录学生阐述其思维的过程。评价学生阐述解决方案以及讨论观点和方法的能力。

建议：

学习活动的开展具有不同的形式，如使用玩具熊、玩具车和充气动物玩具等。豆豆娃和互联网的存在给这个项目增加了全新的特征。学生看到过他们的父母把购买豆豆娃作为投资项目，同时要让学生注意到网络上豆豆娃价值的逐步升高。年轻的学生也体验过豆豆娃增值的过程。一些教师要求学生绘制出特殊的豆豆娃的价格图，预测豆豆娃在一学年后能够出售的虚拟价格。让家长和辅助人员协助学生访问豆豆娃的相关网站，将会很有意义。

工具和资源：

所使用的软件

KidPix、网络数据库（如 Tabletop）、画图与绘图工具、图表工具（如 Tabletop、Graph Club、Graph Power)、几何图形工具(如 Sunburst Communications 公司的 Shape Up)、多媒体百科全书(如 Encarta)、关于动物的光盘资料(CD-ROMs)。

其他工具和资源

- 豆豆娃
- 天平
- 尺子
- Unifix cubes

相关网站

- 豆豆娃集生日花名册

www.ohio-usa.com/beaniebabies/birthday.html

- 寻找网友和项目合作伙伴;网友课堂交流

www.epals.com

- 全球学校

www.gsn.org

- 跨文化的课堂电子邮件联系

www.iecc.org

- 儿童空间

www.kids-space.org

- Ty 公司

www.ty.com

有关人士

艾奥瓦州斯宾塞市,斯宾塞公社校区,苏珊·诺韦尔(snothwehr@spencer.k12.ia.us)

伊利诺伊州埃文斯顿市,埃文斯顿(斯科基)校区,费拉达·博克瑟(frada@d65.k12.ia.us)

儿童早期语言艺术

活动标题:令人敬畏的作家

在这个活动中,学生使用口头、书面或视觉语言来进行有效的交流。此外,他们可以利用各种技术和信息资源来收集和整合信息,并创新和交流知识。

在这个活动中要体现面向学生的国家教育技术标准的下列内容:1——基本的操作和概念,2——社会、道德和人文方面的要求,3——技术绩效工具,4——技术交流工具,5——技术研究工具,6——技术问题解决和决策制定工具。

活动描述:

在这个活动中,学生以小组的形式学习故事情节发展过程(开头、中间和结尾)、人物性格构造过程、故事结构,以及编造类似故事的方法。要向学生介绍一些插图以及版权问题,然后让他们独立编写和陈述故事。学生编辑、修订并发布他们编写的故事。学生家长和其他学生去阅读他们发布的故事并给予反馈。学生可以制作针对作家的视频采访节目,并可询问作家一些问题。

活动准备：

对活动过程进行调整，以适合特定年龄的学生。

- 与学校图书馆的媒体专家见面，指定某一要研究的作家。
- 查找关于该作家的有用的资源（如视频、网站、打印资料、CD光盘、软件、磁带、激光唱盘）。
- 找出关于该作家的重要且有效的网站。
- 收集该作家出版的书籍列表，将其作为介绍部分的引言。
- 讨论插图画家和相应的插图。
- 指出该作家或插图画家的风格、作品等。

活动程序：

对活动过程进行调整，以适合特定年龄的学生。

1. 向班级介绍莫里斯·桑达克（Maurice Sendak）。在图书馆查找关于所选作家的书籍和其他媒体。让学生自己选择书籍，但要鼓励他们选择该作家书籍中的一本去阅读。

2. 对学生的阅读活动进行指导，并使学生熟悉作家的生活背景和写作特点。

3. 阅读所选作家的不同小说。学生以小组形式来分析故事情节和人物的性格特点。

4. 让学生开展头脑风暴，阐述他们所学到的关于作家的知识以及他们下一步想要学到的东西。记录学生所学到的关于作家的知识以及他们的学习过程情况。

5. 让学生上网研究莫里斯·桑达克。

6. 让学生从他们所阅读的小说中选择一个人物，并将这个人物纳入他们自己编写的小说中。学生使用电子发布软件编写与所选作家的小说结构相同的故事。让学生或者成年助手打印这些小说的副本分送给朋友、家庭成员和图书馆。

7. 把学生分成三人小组，让他们提出问题，并制定采访一位作家的计划。创设一个情景，让学生扮演一名著名作家。观看谈话节目或者售书签名节目。学生轮流扮演下列角色：被采访的作家、记者和摄像人员。摄像人员要保证拍摄角度正确以及采访过程能够完全记录在视频中（向其他成年人或年长的学生寻求帮助）。将所有视频编辑后刻录在录像带中，以发送给家长和亲友。

工具和资源：

所使用的软件

互联网、概念图工具（如Expression、Inspiration）、多媒体著作软件和演示软件（如HyperStudio、KidPix Studio）、桌面发布软件（如电子书、Kid Works Deluxe）。

最好为每一个儿童提供能够激发他们思维的图示，并为学生介绍一个情节连贯的小说。对教学很有趣的改变是，教师创建表格，学生在其中填写自己的名字和其他信息以编写自己的故事。大部分软件公司都开发了著作软件，这些软件支持学生编写他们自己的小说。Key Caps插件支持外国语言的小说创作。一些程序还支持第二外语。鼓励学生用他们自己的艺术创作来装饰他们图书作品的封面，例如给图书封面填涂颜色和创新性的东西。Giant George和Ruby Robot、BIG和Little，支持学生设计和发布不同的尺寸的作品，最大的尺寸可达1.5米高。Clifford公司发布的Big Book Publisher为低年级学生创建他们自己的小说提供了图形制作、剪辑艺术和丰富的设计字体。其他一些相关的软件程序还包括 Print Shop Deluxe、Hyper studio、Kids Works Deluxe、My Own Stories、Children's Writing and Publishing Center 以及 The Multimedia Workshop。

所使用的硬件

- 视频摄像机
- 电视机
- VCR

其他工具和资源

- 图书馆的参考资料，包括打印资料和非打印资料（书、视频、CD光盘）。

相关网站

- 亚伦·谢巴德的读者大舞台专栏

www. aaronshep. com/rt

- 网络作者和插图画家

www. acs. ucalgary. ca/～dkbrown/authors. html

- 卡罗尔·赫斯特的文学网站

www. carolhurst. com

- 汤美·德·保拉的庆祝文化

http://7-bars. arp. edu/library/cultures. html

- 儿童文学

www. childrenslit. com/home/htm

- 儿童和青少年作者及插图画家的网上索引

http://falcon. jmu. edu/～ramseyil/biochildhome. htm

- 纽约公共图书馆

www. nypl. org/chat

- 阅读网

www. readin. org

- 学术网络

http://teacher. scholastic. com

作家网站

- 莫里斯·桑达克

http://www. pbs. org/wnet/americanmasters/database/sendak_m. html

falcon. jmu. edu/～ramseyil/sendak. htm

其他作家网站

- 迈克·阿泰尔（Mike Artell）

www. mikearell. com

- 朱迪·布鲁姆（Judy Blume）

http://judyblume. com

- 简·布雷特（Jan Brett）

http://www. janbrett. com

- 马克·布朗（Marc Brown）

www. pbskids. org/arthur

● 艾瑞·卡尔（Eric Carle）
www.eric-carle.com
● 罗伯特·夸肯布什（Robert Quackenbush）
www.requackenbush.com
● 珍妮特·史蒂文斯（Janet Stevens）
www.janetstevens.com
● 苏斯博士（Dr. Seuss）
www.seussville.com

评估：

学生能够造出新的语句，并将其键入电脑吗？学生对小说感兴趣吗？小说具有基本的要素，如情节、背景和人物吗？

对学生进行以下方面的评价：

● 小组中合作学习的能力；
● 每一个人在编写小说中的贡献；
● 每一个人在与作家的视频访问中的参与和贡献情况。

制定评价学生所创作的故事的标准。标准应该包括与年龄水平相适合的技术技能、内容、语音、语法、拼写以及对著作软件和多媒体著作软件的有效使用。

建议：

团体的概念范围已经不再仅仅局限于邻居。学生把他们从网络、电视和计算机中获得的对世界的认知带到了学校。技术为学生与世界其他地区的具有不同文化的儿童的交流打开了便利之门。在本单元中，学生能够学到不同团体的很多优点，从认知他们的家庭开始逐渐接触一些更大的团体。之后学生能将世界范围内的其他儿童团体与自己的团体相比较。

相关人士：

● 蒙大拿州赫勒拿市，赫勒拿公立学校，芭芭拉·里奇韦（Bridgway@helena.k12.mt.us）

● 威斯康星州希博伊根市，希博伊根学区，琼·盖蒂克（jgadicke@sheboygan.k12.wi.us or jgadicke@excel.net）

DVD/视频插图——Bird Rap

学生使用不同的技术开展研究、收集数据以及对鸟类学的具体内容作报告。教师如何使用技术来支持教学内容的学习？

总　结

学科教师能够将基于技术的学习活动整合于传统课程中，这能够增加有技术经验的学习者的数量，还能提高教学中使用技术的机会。当基于技术的学习活动成为教学中的惯例时，这将成为未来学生专业学习的发展桥梁。将技术整合到课堂中的前提是能够开发有效的基于技术的学习活动。

通常，基于技术的学习活动与其他所有学习活动具有相同的考虑因素，如：

年级层次；

目的；

活动描述；

活动准备；

活动程序；

工具和资源；

评估。

在基于技术的学习活动中，还要考虑其他一些因素。这些因素与软硬件的可利用性有关。学生是否会受到连接到网络的计算机数量的限制？基于这一考虑，教师要对计算机的扩展使用进行筹划，而不是让学生在媒体中心教室里每两人组成一组，每个人使用电脑的时间不超过半个小时。此外，是否有可用的程序软件来解决活动的筹划问题？

本章讲述了一些学习活动实例。针对数学、自然科学、语言艺术、社会学和特殊教育五大学科各讲述了两个学习活动实例。我们希望教师将这些学习活动实例作为他们进行创新和开展有效的基于技术的学习活动的原动力。

当然，本章也讲述了四种多学科知识单元的教学。通过开展以学生为中心的多学科知识单元的活动进行学习，已经被证实是很有效的。多学科知识单元遵循的标准与ISTE面向学生的国家教育技术标准——将技术与课程整合相类似（Thomas & Bitter，2000）。格式的设计有利于教师对知识单元进行有效地计划、实施和评价。我们鼓励教师与其他教师讨论交流技术整合的经验。

每一个知识单元都提供了相关的多样化活动、技术、信息、工具和资源。此外，每一个知识单元都体现了两个或者更多学科的标准以及面向学生的国家教育技术标准。在设计多学科知识单元和课程活动时，教师应该反思如何利用技术较深入地讲解教学内容以及如何利用技术提高教学水平。

看看你能做什么！

1. 向你的同事演示本章所讲述的一个活动，并报告活动结果。

2. 浏览本章的DVD视频光盘。指出并列举本章所涉及的面向学生的国家教育技术标准。列举出课堂教学中的优点与不足。和班里的其他同学讨论你的演示结果。

3. 采用本章所讲述的格式，针对你所教的教学内容书写一个基于技术的学生活动报告。

4. 研究包含基于技术的学习活动内容的互联网、书籍和期刊。开发一个关于这些资源的参考目录网页。

5. 利用某一特定的软件程序，改编本章中所讲述的一种学习活动。

6. 针对低年级学生，改编本章中所讲述的一种学习活动。

7. 设计一类学习活动，创建一个主题式的学习环境，并将不同的学习内容整合起来。

8. 设计一类学习活动，让学生搜集万维网上的数据。

9. 将合作学习整合到学习活动中，在班级教学中开展这项活动。

10. 修改一类学习活动，其中包括对学生的学习过程进行评价的电子文件夹。

11. 区分下列术语的含义：学科内、跨学科、多学科。创建一个多媒体演示文档与班级其他人共享你的研究成果。

12. 按照本章实例的格式为某一个年级的学生准备一个多学科知识单元活动。

13. 为班级准备以下工具：存储软件、帮助手册和学生用的磁盘。

14. 修改本章中的一个多学科知识单元活动，使其适用于高年级或低年级学生。

15. 按照本章中的课程格式，创建一个有关本章中没有讲到的软件的新课程。

16. 国家数学教师委员会组织（www. nctm. org）、美国国家科学院学报（www. nas. edu）、国家社会学研究委员会（www. socialstudies. org/standards）以及国家英语教师委员会和国际阅读协会（www. ncte. org/about/over/standards）四个组织已经建立了课程标准。开发一个能够体现这些课程标准的多学科知识单元，并在其中整合技术。

17. 思考并陈述将技术整合到课堂教学中的一种创新方法。

18. 从本章中选择一个多学科知识单元并将评价的新方法整合到教学中，如电子文件夹。

19. 以 Smithsonian 教育网站为基础，编写一个多学科知识单元教学计划。

20. 与 EDUCASE 网站（www. educast. com）联系，研究分析网站上可用的资源。下载一些课程计划以供班级教学讨论。

21. 根据 Bird Rap 视频中的内容设计课程教学计划。

22. 找出一种常用技术在课堂中成功使用的方法，如 iPods、短消息、即时消息和 GPS 等。

23. 找出并描述将技术成功整合到课堂中的教学。

24. 思考一系列信息技术和课程整合的最佳实践方式。

25. 找出能够提供完整的信息技术和课程整合计划的十个网站。

26. 找出本章中每一个活动实例所对应的面向学生的国家教育技术标准中的绩效指标。

更多的学习资源

儿童早期教育

- Early Childhood Reading Program

www. aol. com/readysetread

- Studydog K-2 Early Reading Software

www. studydog. com

- Free Early Childhood Newsletter

www. educationworld. com/maillist. shtml＃childhood

特殊教育

- Parents Guide to Early Math

www. pbs. org/parents/earlymath/about. html

- Reach Every Child

www. reacheverychild. com

该网站由霍勒斯·曼（Horace Mann）创立并维护，网站包含教师和学生的相关资料。

- Special Kids

www. special-kids. com

该网站是一个有助于学生发展认知能力和学习能力的网站。它是专门为患有自闭症、唐氏综合征以及具有智力缺陷、诵读困难和其他学习障碍的特殊儿童成立的。

常用主题

- 1—1 Computing Programs

http://ubiqcomputing. org

- Absolute Web Graphics Archive

www. grsites. com/webgraphics

- Animated，Interactive，Web-Based Art Education

www. geeguides. com

- Ask Me a Question：How Teachers Use Inquiry in the Classroom

www. asbj. com/2001/05/0501research. html

- Awesome Library

www. awesomelibrary. org

该网站提供开发课程教学计划所需要的资源。

- BrainPOP

www. brainpop. com

BrainPOP 网站提供适合 8 年级以下学生教育标准的动画片。

- Global Heroes

www. globalheroes. com

该网站是加拿大著名的网站，提供在线阅读、交互性测验、活动设计和课程计划。

- Can Teach

www. canteach. ca

该网站提供适合小学教学的课堂教学资源、歌曲、诗歌、课堂教学观点和其他链接网站。

- Core Knowledge

www. coreknowledge. org

该网站提供了课堂教学计划。

- Developing Essential Questions

www. rainbowtech. org/workshops/Techlnt_WQ/DevEssQuest. htm

- Discovery Channel

http://school. discovery. com/lessonplans

该网站为课堂教学教师提供了丰富的资源。

- Education Planet

http://educationplanet. com

该网站倡导以项目为导向的学习方法，提供很多教育资源并支持教师创建自己的网站。

- Educator's Reference Desk

www.eduref.org

- Education World

www.educationworld.com/a_lesson/archives

该网站收集了所有学科的教学计划。

- Essential Questions

http://mathstar.nmsu.edu/exploration1/unit/content_questions.html

- Education World

www.educationworld.com

免费的教育网站，提供一学年中多样化的原创内容专栏。

- Futures Channel：Digital Video Resource Library

www.thefutureschannel.com/index.php

该网站发布时长为3～5分钟的描述真实世界的视频。

- Homeroom Teacher

www.homeroomteacher.com

- Inquiry-Based Learning

www.biopoint.com/inquiry/ibr.html

- Internet Pals

www.epals.com

该网站是一个提供不同国家生活状况信息的网站，并提供与不同国家的人进行交流的机会。

- Microsoft in Education

www.microsoft.com/Education

该网站提供了课堂练习、课程计划、常用教学软件的帮助文档。

- National Waste Prevention Coalition

www.metrokc.gov/dnrp/swd/nwpc

该网站链接了一些专业的项目，这些项目为保护环境作出了很有意义的努力。

- PBS Teacher Resources

www.pbs.org

- Project Interactive

www.shodor.org/interactive

- Project-Based Learning

http://pblchecklist.4teachers.org

该网站上有一些项目以提高多学科的综合能力为主要研究目的，包括数学、语言艺术、美术、地理、自然科学和技术。

- Puzzlemaker——Creating Essential Questions

www.galileo.org/tips/essential_questions.html

www.puzzlemaker.com

- Research Modules

www.fno.org/sept97/online.html

- Teacher Created

www. teachercreated. com

该网站提供了免费的课程计划和活动。

- Teachers. net

http://teachers. net/lessons

该网站是一个在线的课程计划仓库，并支持访问者提交自己的课程计划。

- Teacher Vision

www. teachervision. fen. com

该网站为教师提供便于其教学的教学计划、资源和素材。

- Teacher Matters

www. tminet. org

该网站是一个非营利的专业发展机构。

- The Question Is the Answer: Creating Research Programs for an Age of Information

http://questioning. org/Q6/question. html

- Summer Technology Institute: Essential Questions

www. washington. edu/uwired/outreach/teched/using/mod2less2quest. html

- World Book Online Reference Center

www. worldbook. com

语言艺术、阅读

- Essential Questions: Helping Readers Focus—Literacy Education

http://wilearns. state. wi. us/apps/default. asp? cid=128

- 与英语语言艺术相关的课程教学计划

www. atozteacherstuff. com/Lesson Plans/Language _ Arts/_ Grades _ 6-8/index. shtml

www. lessonplanspage. com/LA. htm

http://ofcn. org/cyber. serv/academy/ace/lang/inter. html

www. readwritethink. org

www. sdcoe. k12. ca. us/score/cy68/html

- Monster Exchange

www. monsterexchange. org/about/about_msd escription. htm

- Reading and Language Arts

http://readwritethink. org

该网站为国家英语教师委员会和国际阅读协会为教师和学生提供的关于阅读和语言艺术学的免费互联网资源。

教学计划

- Cool Lessons

www. coollessons. org

为美国基础教育的教师设计的资源，教师期望找到所有科目的高质量的教学单元知识和课程，并开发他们自己的教学单元计划。

- Discovery

http://school. discovery. com/lessonplans

● ESL Lesson Plans

www. esl-lounge. com

该网站提供 ESL 免费课程资源和 ESL 课程计划。

● The University of Illinois—Collaborative Lesson Archive

www. buildingrainbows. com/CA/ca. home. php

● Lesson Plan Central

http://lessonplancentral. com/lessons/Language_Arts

● Lesson Planning Page

www. lessonplanspage. com

● Lesson Plans in Different Subject Areas

www. educationworld. com/a_lesson

● Lesson Plans Page

www. lessonplanspage. com

● Lesson Planz

http://lessonplanz. com

适合所有年级和学科的课程教学数据库，该网站包含大量的子网站。

● Resources for Teacher Planning

http://seamonkey. ed. asu. edu/emc300/resources/k12sites. html

● Schoolzone

www. schoolzone. co. uk

● Webliography Lesson Plan Ideas

www. educationworld. com/a_lesson

数　学

● AllMath. com

www. allmath. com

● LEGO Education

www. legoeducation. com/Default. aspx? bhcp=1

该网站将 LEGO 教育背景优势与奖励软件和标准活动程序包相结合，并将技术整合到数学、自然科学的课堂实践项目中。

● Calculus

www. calculus-help. com

● CuriousMath. com

www. curiousmath. com

● Fun Mathematics Resources and Online Games

http://cemc. uwaterloo. ca/mathfrog/main. shtml

● Gersmarter. org

www. getsmarter. org

● Helpful Math Links for Teachers

www. ppsmath. portage. site. eboard. com

● Interactive Math Problems and Video Tutorial

www. SATMathPro. com

自然科学

- Blue Marble site—NASA Earth Observatory

http://earthobservatory. nasa. gov/Newsroom/BlueMarble

- 自然科学主题列表

www. teachersdomain. org

www. thinkport. org/default. tp

- Mars Student Imaging Project

http://msip. asu. edu

美国国家航空航天局和亚利桑那州立大学“火星教育”项目为全国的学生提供参与真实的火星研究项目的机会，让他们参与“火星学生绘图”项目（Mars Student Imaging Project，MSIP）。五年级的学生小组在大学的学习氛围中不断得到陶冶，将会有机会与科学家、任务筹划者和 THEMIS（为 NASA 的另一艘轨道船“火星奥德赛号”所发展的红外线摄像机）小组的教育者合作。

- 美国基础教育自然科学教育者的标准互联网资源

www. sciencenetlinks. com

- 多媒体模拟演示的关于生命和人类的课程

www. adam. com/Our_Products/School_and_Instruction/Educators/K-8/index/html

基于标准的资源

- Blue Web'N

www. kn. pacbell. com/wired/bluewebn

- Apple Learning Interchange（ALI）

www. ali. apple. com

- Arizona Learning Interchange（AZLI）

http://azli. asu. edu

- MarcoPolo

www. marcopolo-education. org

社会研究

- 本杰明·富兰克林门户网站

http://ben. clusty. com

该网站包括富兰克林的著作、名言和数以万计的数据空间。为纪念这位第一个国家公共图书馆的创建者，在他诞辰 300 周年纪念日之际，每个人都可以免费登录这个网站。

- 黑人历史资源

www. kn. packbell. com/wired/BHM/idnex. html

www. led. gov/free/bhm. html

www. gale. com/free_resources/_bhm

www. biography. com/black_history

www. historychannel. com/_blackhistory

- 地球岛项目网站

www. earthisland. org/projectdir/projectdir. html

- 教师地理信息系统技术课程

http://gis.esri.com/esripress/display/index.cfm?fuseaction=display&websiteID=29

- GIS 与地图软件

www.esri.com

- 犹太历史资源

www.lib.unc.edu/apop

- 民主党派

www.democrats.org

- 自由党

www.lp.org

- 共和党

www.gop.com

- 历史问题网站

http://dp.crit.indiana.edu/index.html?relocated=yes

- 西班牙介绍

www.spanishprograms.com

- 美国总统资源

www.mountvernon.org

www.siec.k12.in.us/~west/proj/lincoln/index.html

www.nps.goc/abli/linchomj.gm

www.nps.si.edu/exh/travpres/index6/htm

www.whitehousekids.gov

http://members.aol.com/RVSNorton/Lincoln2.htm

我的实验学校

技术在教学中的整合："Hands-On Science"

技术整合能够使学生与真实世界的场景联系起来。"Hands-On Science"展示了两个中学班级收集的关于河流的数据，班级学生把数据上传到了 GLOBE 网站上。

■ 登录网站 www.mylabschool.com，在"Course"菜单下选择"Educational Technology"，进入"GLOBE"视频链接，观看视频"Hands-On Science"。

你也可以在搜索栏中输入 ETV15 直接找到这个视频。

在观看视频后，调查你所在学区与真实世界联系的可能性，向班级汇报你的研究结果。

配套网上资源

登录网站 www.ablongman.com/bitter7e，获取本章的教学目标、实践测试、网站链接、词汇表、动画卡片以及本章完整的参考书目。

第10章

游戏和虚拟环境

焦点问题 ▶▶▶

- 教师是如何帮助学生使用游戏的？
- 计划实施虚拟环境行为时，教师需要考虑哪些因素？
- 在课堂中使用游戏有哪些益处？
- 在教育中使用虚拟环境有哪些益处？
- 分别列出五种应用于数学、语言文学、自然科学、社会学领域的计算机辅助游戏。
- 你将如何创建一个针对教育的游戏行为。
- 向家庭教师协会作一个简单的报告，陈述你在课堂中使用的游戏。
- 陈述5种可以在课堂中使用的虚拟环境。
- 建立一个课堂管理日程表，合理安排学生使用计算机游戏的时间。
- 你将如何组织课堂教学，以使其更好地介入合作性虚拟环境中？

游戏和虚拟环境都是浸入式技术，它们在全国的学校和课堂中越来越流行。游戏在现实世界和网络中都非常流行。这些游戏都极具新颖性，在全世界拥有大量玩家。这些游戏大都有一个虚拟的情境，通常都与虚拟现实相关。虚拟环境是由计算机生成的使用者交互环境。将虚拟环境整合进教育领域是一个相当长的过程。本章将对游戏和虚拟环境（虚拟现实）进行概述，并对教师如何将基于技术的行为整合到课堂中提供建议和相关资源。

游　戏

威廉·希金博特姆（William Higinbotham）被公认为是第一个发明计算机游戏的人，但他却并没有因此登上报纸头条，直到二十余年后的1981年3月13日，布鲁克海文·布鲁汀（*Brookhaven Bulletin*）发表了一则讲述其成就和荣誉的故事。拉尔夫·贝尔（Ralph Baer）被认为是第一个发明Odyssey视频游戏的人，该游戏出现在1972年。接着在20世纪70年代里，美国出现了流行的投币式游乐场游戏，20世纪70年代的10年通常被称作“游乐场游戏的黄金时期”。很多手持的电子化游戏则出现在70年代后期。1985年，任天堂娱乐公司发布了手持设备Game Boy。20世纪90年代后期，游戏中引入了复杂的3D图像。当今，发布一款游戏需要花费大量时间，因为要考虑所有的变量以及技能和知识层面。网络游戏可以同时有成千上万的人加入。这些游戏都运行在那些具备高级图像分辨力的高性能计算机上。让玩家必须进行体力运动的游戏已经变得很普遍了（Fry，2005）。军事和商业领域开始强调其训练行为的游戏化和模拟化，而且一些游戏设计也开始涉及教育领域。

何为计算机游戏？

阿尔西普和特罗利普（Alsip & Trollope，2001）将游戏定义为一种以竞争、规则以及输赢为特征的行为。电子化游戏中可以有一个或多个玩家参与。通常，玩家是与计算机或是电子化游戏设备竞争，而不是和其他人竞争。另外，很多模拟（见第 12 章）也可以当做是游戏。福尔曼（Foreman，2004）使用“可信的交互模拟”这个短语来形容那些无限接近于现实世界的游戏。例如，Madden NFL2006（参见 www. easports. com/madden06/home. jsp）真实地模拟了足球运动，它既可以认为是一款游戏，也可以当做是一种模拟。对现实问题的解决也可以成为一个交互游戏的内容。例如，很多取材于现实世界的游戏都可以用于很多专业领域中，如军事和法律领域。使用者（玩家）积极参与到游戏中，作出决策，并针对问题提出可行的解决办法。一般的在线计算机游戏和虚拟现实都是多用户域技术（MUD）、多用户维度技术（MOO）、生控体系统（CYBORG——人类和机器的一部分）、多用户虚拟环境（MUVE），以及多玩家在线游戏（MMOGs）。这些名称反映出游戏设计的用途和方式。目前存在很多手持游戏设备和大量的游戏软件。很多游戏允许玩家之间在互联网上进行竞争。在以计算机为导向的教学改革中也包括了游戏这一关注点（Foreman，2004）。学生玩视频游戏的设备通常会被老师没收。但是，如果使用得当，它们也可以成为关键的教学工具（Shreve，2005）。这些多玩家游戏的竞争实质引起了教师和家长的关注，由于游戏对参与者的影响较大，他们普遍担心竞争中失败者的情绪状态。但是玩家和计算机或是手持游戏设备竞争的游戏则很少受到关注，这是因为计算机没有人类的情感，而且游戏的结果只有玩家自己才知道。

互联网和美国生活研究项目公布，有 70％的大学生至少玩过一次计算机在线游戏，而被调查的 65％的大学生都是职业的游戏玩家。这些人数日益增长的玩家希望教师可以用吸引人的、易于参与的形式提供学习机会，并希望能够对自己的学习实施一定程度的自我控制和监管（Jones，2003；Bonk，2005；Prensky，2001）。教师必须认识到，游戏并不仅仅能为学习带来乐趣，它同样可以通过创造智能的情境来提高学生对学习的兴趣。

吉（Gee，2003）提出，优秀的计算机游戏不仅可以提供娱乐，它还能融合 36 项重要的学习原则。有些游戏是非常难的，可能需要花费 100 个小时才能取得最后的胜利。这些游戏鼓励使用者尝试各种不同的学习和思维方式，使用者在游戏中的经历可认为是对沮丧情感或是生活的体验。普伦斯基（Prensky，2001）提炼出可以提高计算机游戏参与度的 12 种要素，这些要素被列在表 10—1 中。尽管绝大多数复杂的游戏因价格太过昂贵而无法应用在课堂环境中，但有越来越多的小游戏开始发展成为受教师欢迎的课堂游戏。

表 10—1　　提高计算机游戏参与度的要素

计算机游戏的特征	这些特征是如何吸引玩家的
有趣	富含乐趣
使用	紧张而富有激情的干预
规则	结构化
竞争目标	竞争动机
交互性	参与（如开展行为）
结果和反馈	学习
适应性	流程
胜利	自我满足
冲突、竞争、挑战和反对意见	兴奋（肾上腺素分泌）
问题解决	灵感的闪现
交互性	社会性群组
游戏开始前的故事情境	情感

教育游戏

教育游戏的形式多种多样，包括反复的演练和实践、模拟、指导以及内容教学。教育游戏包含解方程式、赢取点数、猜谜、猜词、重复迭代，以及利用规则、竞争、冒险和幻想的情境来解决问题。

游戏网站

- 代数和数学游戏网站

www. mathstudio. com/product. html

www. funbrain. com/algebra

www. gamequarium. com/prealgebra. html

www. mathdork. com/mathgames. html

www. sheppardsoftware. com/contesta. htm

www. quia. com/jg/66054. html

www. discoverylearningconnection. com/public/homepage-3. cfm? gcid＝S17434x002-game_math&keyword＝algebra＋game&source＝O03A01538&psid＝algebra%20 game

mathforum. org/library/topics/basic_algebra

- Chaos game（几何学结构和数学思维）

math. bu. edu/DYSYS/applets/chaos-game. html

- 计算机代数学网站

centaur. maths. qmw. ac. uk/Computer_Algebra

- 计算机游戏文化网站

www. itu. dk/courses/DCSK/F2005

- 计算机游戏设计和成果网站（密歇根州立大学）

http://ai.eecs.umich.edu/soar/Classes/494

- 计算机游戏：Pyrosaurus

www.evryware.com/pyrosaurus

- 三维计算机动画角色创设网站

www.hash.com

- 在线计算机游戏设计网站

www.it-c.dk/courses/CGII/E2002/sessions.html

- 数字化游戏和模拟网站

http://learning.swc.hccs.edu/members/reni.abraham/Game1370SyllabusMW23860.htm

- 简单的斐波那契数列猜谜游戏网站

www.mcs.surrey.ac.uk/Personal/R.Knott/Fibonacci/fibpuzzles.html

- 英语游戏网站

www.evgschool.org/Language.html

www.dositey.com/home58.htm

www.gamequarium.com/languagearts.htm

www.esu3.org/districts/millard/centmidd/vertlib/lagames.html

quizhub.com/quiz/quizhub.cfm

- 英语、科学和数学游戏网站

www.educationcity.com/front/gate1/index.php

- 学习时间、数学、语言、阅读的教育游戏网站

www.micrograms.com

- 教育游戏网站

http://free.aol.com/tryaolfree/index3.asp? promo=771750&service=psnm

- 学习数学、科学、社会学和语言的教育游戏网站

www.tomsnyder.com/tour

- 模拟天气、选举和地震的教育游戏网站

www.ciconline.org/windward

- 游戏演示网站

www.free-games.com/Game_Demons/index.html

- 游戏存储网站

http://blakkatstation.com/games.htm

- 学习外语的教育游戏网站

http://www.eurotalk.com

- 游戏和梦想者：逐渐增长的计算机游戏文化

www.wfu.edu/~ylwong/courses/2005fall-fys100/syllabus.html

- 上传游戏的网站

http://home.comcast.net/~begallaway/simmons/gamesyllabus.htm

- 计算机游戏设计的历史（斯坦福大学）

http://www.stanford.edu/class/sts145/index.htm

- 图书馆长廊——交互性社会科学游戏网站

http://libertyarcade.org

- 乘法视频游戏网站

http://www.bigbrainz.com

- 美国数学教师委会会使用互联网获得数据的电子化事例

http://standards.nctm.org/document/eexamples/chap5/5.4

- 看字读音阅读游戏网站

www.helpme2learn.com

- Tailen的历史

http://retromud.org:3003/~talien/history.html

- 教学视频游戏开发网站

http://www.isupportlearning.com/home.htm

- 在教育中应用游戏的事例网站

http://darkwing.uoregon.edu/%7emoursund/Books/Games/games.html

- 视频游戏网站

www.brainwareforyou.com

教育中应用游戏的未来趋势

人们对游戏在教育中的未来应用的关注在不断增长，游戏将会成为日常课堂工具的一个重要部分。所要克服的主要障碍是一些普遍存在的观念，即认为计算机游戏仅仅是为教学提供乐趣而没有任何教育意义。因此，教育者和游戏开发者必须让游戏形式与基于学科标准和课程的内容相适用。随着计算机的速度和存储量的不断变快和增大，教育游戏的作用日益凸显。随着游戏变得更加流行，其教育导向也更加明显。针对某个游戏的教育性和补充性资源不断产生，课堂上对游戏的应用也开始成为课程的一部分。另外，游戏潜在的一些特征可以满足残疾学生的一些无障碍需求。最终，游戏产业应认识到：教育游戏存在一个巨大的潜在市场，未来的游戏将变成向学生传递教育内容的日常应用程序。

simSchool：为培训教师而设计的课程教学模拟游戏

simSchool游戏（参见http://simschool.org）可以让新教师体验到教授7～12年级学生的复杂性，因为这一阶段的学生具备了截然不同的学习特征和个性。这个游戏的设计目的是服务于一个虚拟的实习课程，该课程通过为教师的技能拓展提供支持，在教师获得真实课堂中的教学经验之前扩充教师的课堂资源准备。

simSchool被莎菲（Shaffer，2005）定义为一种知识游戏。玩家进入模拟的课堂时可能对教学实践只有有限的理解，通过重复体验决策生成、实验以及教学改进过程，玩家可以像一位教师一样思考，并能掌握一定的专业技能。因此simSchool向一些教学社区的未来教师介绍了“做、成为、关心和了解的方法”（Shaffer，2005）。

要在模拟课堂中进行体验，simSchool玩家必须事先分析学生的需求、制定教学决策，并能对学生的学习行为作出评价，这样才会在游戏中获得成功。

在获得基于计算机和网络的专家反馈后，simSchool可以为玩家提供了一种“模拟的学徒身份”。这种隐性过程、思维模式以及专家教授的专业技能都是成功教学所必备的要素，它们嵌套在游戏的结构、规则、选择和环境中；通过这种设计，该游戏可以指导玩家在游戏过程中使用反馈、提示以及脚手架——这些被研究者描述成一种认知的学徒教学途径（Lave & Wenger，1991；Collins，Hawkins，& Carver，1991）。随着玩家能力的不断提高，游戏的复杂程度也会逐渐加大，此时游戏会引导他们挑战新的任务，正如学徒制学习一样。

虚拟环境

维基百科将虚拟环境和虚拟现实（virtual reality，VR）定义为一种为使用者提供的与计算机模拟交互的环境。很多VR环境主要是虚拟的经历，一般反映在计算机屏幕上或通过一些特殊的立体设备呈现，但是有些模拟会包括额外的感官信息，如声音信息。一些高级的实验性系统还会包括有限的触觉信息，以便给予使用者真实的反馈。使用者既可以使用标准的输入设备如键盘和鼠标，也可以通过多式设备如有线手套、前后臂的三维扫描仪或是全方位心电图测量仪感知触觉信息。这种模拟环境可以与现实世界很接近，如模拟飞行或模拟战争，也可以与现实世界截然不同，如虚拟游戏。在实践中，很难创建一个高模拟度的虚拟现实，主要原因是在过程能量、图像革新以及交流带宽上存在诸多的技术限制。但是，未来最终会克服在处理器、图像以及数据交流上的技术限制，形成拥有更多功能并能有效利用时间的虚拟现实（参见 http://en.wikipedia.org/wiki/Virtual_reality，2006-11-09）。

虚拟现实通常包括3D图像和某些种类的追踪设备（如数据手套），这种设备可以让使用者在计算机生成的世界中指向并操作计算机生成的对象。虚拟现实通过追踪使用者的感觉并创设光、声音和触感，让使用者进入到虚拟世界中。

虚拟现实在很多领域是不可或缺的，它使得使用者可以不必从事那些很危险的工作。真实世界中对虚拟现实的使用在一些专业领域中发展的越来越普遍，如：

- 虚拟现实通常用于销售、设计、培训领域，并在教育中得以应用；
- 用于军事培训，虚拟使用一些设备，如坦克和飞机；
- 现实中的房地产机构运用虚拟现实，为顾客提供一个虚拟的房屋展示；
- 建筑师的常规使用工具，用于创建和设计一座房屋或建筑；
- 被汽车制造商用于创建、设计和检测他们开发的汽车；
- 在娱乐产业中用于生成虚拟事件；
- 应用于商业游戏领域，有很多来自世界各地的玩家在一个交互性的游戏环境中开展竞争，很多这样的游戏都是军事题材的；
- 应用于创设虚拟博物馆；
- 广泛应用于医学领域，模拟真实的手术器械会促使医学迈出重要的一步，医生可以在三维的虚拟空间中实施外科手术、结肠检查，心脏检查在虚拟现实的应用中也开始变得普遍起来，医生可以通过三维人工空间检查病人的内部器官，并能观察到射线是如何穿过病人的器官的。

虚拟现实在教育中的应用

将虚拟现实项目应用于教育的巨额经费限制了教育虚拟现实的创新和应用。我们开始发现教育导向的虚拟现实项目专门面向内容主题。这里有些常用的在线虚拟现实系统术语：

- 多用户域技术（MUD）；
- 多用户虚拟环境（MUVE）；
- 大型多人在线游戏（MMOG）；
- 多用户建构工具箱或多用户聊天室（MUCK）；
- Avatar（你可以选择一个代表自己的图像，通常为卡通形象）；
- 虚拟现实建模语言（VRML——一种用于网络的三维图像建模语言）。

现在比较流行的虚拟现实项目是大型多人在线游戏，其中一种适用于青少年和儿童玩的游戏是 Whyville（参见 www. whyville. net/smmk/nice）。Whyville 有 170 万名注册用户（玩家），他们来自不同的地方，而在 whyville 游戏中，他们一起学习、创新和分享快乐。Whyville 就是他们的世界。Whyville 游戏中有玩的地方、工作的场所，当然也有让大家欣赏的场所。Whyville 拥有自己的报纸、议会、海滩、博物馆、市政厅和乡村广场，拥有自己的城市郊区，甚至拥有自己的经济——玩家可以通过教育游戏获得积分。Whyville 中的玩家可以玩各种分类游戏，同样也可以通过工作来学习各种技能。教育是整个游戏的主旨所在。

River City 是一个多用户虚拟环境，在这里学生可以组成合作性的团队，在 19 世纪的城镇中对与水质相关的健康问题进行探索、分析和报道。这是在虚拟世界中问题导向的小组学习实例。

虚拟现实在教育中的应用趋势

日前，越来越多的人提倡将虚拟现实整合到课堂教学中。在实践中，很难创建一个高模拟度的虚拟现实，主要原因是不能获得高收益的计算机处理能力、高质量的图像革新、更快的数据传输以及更强的记忆存储能力。随着技术的革新，这些缺陷可以逐渐被克服，虚拟环境在教育中的应用会越来越普遍，虚拟环境的内容也可以涵盖任意一个教育课程主题。

学校趣事

虚拟现实：River City 科学探究项目

River City 是一个多用户教育虚拟环境，向初中生教授科学探究技能。River City 强调假设性的建构和设计实验的技能，并强调国家制定的标准及生物学和生态学上的相关评价内容。学生探索 River City 的主要目标是：探寻居民在这个虚拟城镇中为什么会生病（Nelson，Ketelhut，Clarke，Bowman，& Dede，2005）。

River City 这个虚拟世界将时间设定在 19 世纪，它是因穿过该城镇的河流命名的。River City 中有一条主干道，街道上有商店、图书馆、小学以及医院、大学、市政厅等机构（见图 10—1）。

进入这个城市后，学生可以与计算机生成的人物（城市中的居民）、数字对

图 10—1　River City

象（图像和视频片段）以及其他实体互动。在探索中，学生会遭遇很多视觉刺激（如肮脏的街道）和听觉刺激（如城镇居民的咳嗽声），这为学生怀疑居民可能生病提供了一个线索。右边的交互对话框中的内容为学生呈现了在这个虚拟环境中可能存在的想象和活动行为，如学生与某个计算机生成的人物的对话，并能提供一些关于这个城镇和居民的附加信息（见图 10—2）。

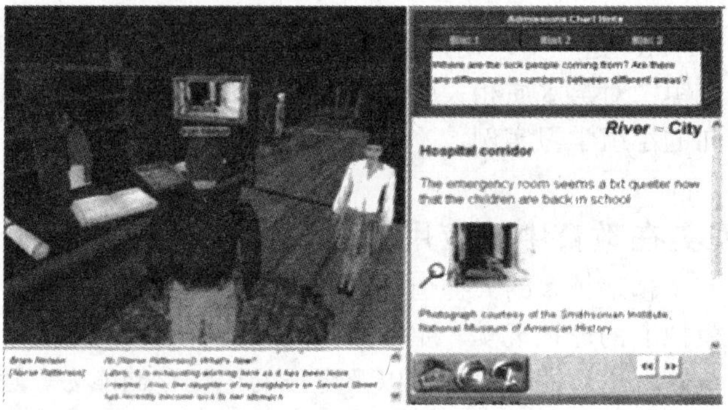

图 10—2　River City 界面

由 3～4 名学生组成的小组对居民已经生病的假设进行探索和验证。三种不同的疾病（水质污染疾病、空气污染疾病以及昆虫传染病）都涉及了历史、社会以及地理学的内容，这使得学生可以开发出他们的探究技能，并将技能应用于实践。这种技能要求学生能对一个复杂的环境中的多原因问题进行解答（Clarke，Dede，Ketelhut，& Nelson，2006；Ketelhut，Clarke，Dede，Nelson，& Bowman，2005）。在为期三周的课程教学之后，学生已经经历了 River City 中一年的虚拟时光。学生第一次进入 River City 的时间是 1878 年 10 月，以后每次进入 River City，学生都会发现这个虚拟世界中已经过去了 2～3 个月的时间。在项目结束时，学生可以将自己所在小组的研究成果与班上其他小组的研究成果相比较，并将各种潜在的假设和隐藏于虚拟环境中的各种因果关系进行综合。

River City 很巧妙地设计了具备一定复杂程度的项目，它提供了一个复杂的中间状态，这种状态介于基于课堂的“录音实验室”的简易性和在真实世界中进行科学探究的复杂性之间。通过探索 River City 的虚拟世界，学生也可以在支持探究、复杂状态管理以及模拟现实世界的科学探究过程中使用一些交互型工具。这些用于探究的工具包括水质取样工具、蚊蝇捕捉器、粪便测试器、寄生虫检测、环境健康监测仪以及通过改变虚拟世界中的元素来研究结果的特定工具（Nelson，Ketelhut，Clarke，& Dede，2006）。River City 科学探究项目的网址是 http://muve. gse. harvard. edu/rivercityproject。

虚拟环境和虚拟现实的相关网站

- 保罗·盖蒂博物馆网站
  www. getty. edu/museum
- 自由游戏网站
  http://libertyarcade. org
- 介绍虚拟现实的原则的网站
  www-vrl. umich. edu/Eng477
- River City 科学探究项目网站
  http://muve. gse. harvard. edu/rivercityproject
- 第二生命世界网站
  http://secondlife. com
- 虚拟现实主题网站
  www. cg. tuwien. ac. at/courses/SpecialTopicsVR/VU. html
- 第一代和第二代虚拟现实
  www. cvmt. auc. dk/～cbm/teaching/vr/vr. html
- 东卡罗来纳大学的虚拟现实课程（列表和链接）
  http://vr. coe. ecu. edu/vrclass. htm
- Pantelidis 的虚拟现实课程
  http://vr. coe. ecu. edu/6242/EDTC6240othcor. html
- 虚拟现实：地理学探究的新世界
  www. utexas. edu/depts/grg/eworks/wie/ludwig/earthwor. html
- 虚拟现实实例
  http://archive. ncsa. uiuc. edu/Cyberia/VETopLevels/VR. Overview. html
- 虚拟现实魔术——虚拟现实的开源工具资源
  www. vrjuggler. org/index. php
- 虚拟现实的首要原则和课程应用提纲
  http://vr. coe. ecu. edu/6242/EDTC6240syl. html
- Whyville 游戏网站
  www. whyville. net/smmk/nice

总　结

本章对游戏和虚拟现实进行了详细的介绍。当前的学生生活在一个游戏文化中。当前教育领域中利用计算机游戏开展学习已呈现高速发展趋势。如果家长和教师将游戏看作是一个教学工具而不仅仅是在空余时间获取乐趣的工具，那么游戏在基础教育中的发展会有一个美好的前景。虚拟现实能够培养教师在开展一节以学生为中心的交互性学习课时所需的才能。不过，其实施的障碍在于它需要使用多种类型的浸入式技术。虚拟现实可以支持教育性的、基于内容的有效学习环境的生成。

看看你能做什么！

1. 使用一个较流行的课堂游戏，自行加入一些元素来扩展这个游戏，加深学生对该游戏内容的理解。反思何种类型的游戏才能影响学生的思维和行为。详细描述你是如何计划为他们的学习提供帮助的。

2. 将合作学习整合到一个游戏探索行为中。分别在合作和非合作的条件下实施这个行为。最终决定最佳的实践方式，并提供关于学生背景、年级和其他相关变量的细节。

3. 在你的教学领域中用一个网络游戏探索一个问题。让学生来评定这个与教学内容相关的游戏。将学生评价游戏的结果和你在课程中发现的改变以报告的形式呈现出来。

4. 全面探究一个游戏后，在课堂讨论中提出一个问题，或是提供一系列合适的服务，促使学生对软件的程序和计算机系统中潜在的理论原则展开讨论。

5. 基于对教学目标和学习小组的描述，以及对学习背景的考虑，决定何种类型的游戏适合成为教学媒体。

6. 评价五种与教育相关的最新的虚拟现实硬件和软件产品。

7. 辨别并描述目前虚拟现实的硬件和软件在教育中应用的情况。

8. 为一个简单、免费的虚拟环境设计一个课程计划。

9. 辨别并描述虚拟现实在社会学、哲学以及心理学上的相关应用。

10. 分析和评价某个特定的教育游戏。

11. 描述电子化游戏的历史发展。

12. 使用一个当前流行的课堂虚拟环境，自行加入一些元素来扩展这个环境，加深学生对课程内容的理解。反思如何让这种虚拟环境影响学生的思维和行为。详细描述你将如何为学生的学习提供帮助。

13. 全面探究一个虚拟环境后，在课堂讨论中提出一个问题，或是提供一系列合适的服务，促使学生对软件的程序和计算机系统中潜在的理论原则展开讨论。

14. 为一个普通的免费游戏设计一个课程计划。

15. 描述游戏、虚拟环境以及模拟（见第 12 章）之间的不同点。

16. 计划实施虚拟现实行为时，教师必须要考虑哪些因素？

17. 在课堂中使用游戏有什么意义？

18. 在教育中使用虚拟环境有什么意义？

19. 分别列出五种应用于数学、语言文学、自然科学、社会学领域的计算机辅助游戏。

20. 你是如何构建面向游戏和教育的行为的？

21. 向家庭教师协会作一个简单的报告，陈述你在课堂中使用的游戏。

22. 陈述 5 种可以在课堂中使用的虚拟环境。

23. 建立一个课堂管理日程表，合理安排学生使用计算机游戏的时间。

24. 你将如何组织课堂教学，以使其更好地介入合作性虚拟环境中？

25. 在课堂上建立一个平等使用游戏的规则，这样可以回应那些认为游戏仅仅是娱乐的偏见，也避免了学生不使用游戏进行学习这种情况的发生。

我的实验学校

虚拟环境

虚拟课堂可以提供扩展的建议和服务，以满足学习水平较高的学习者的需求。在第一个视频“Options for Virtual Students”中，两个学生家庭在佛罗里达虚拟学校中畅谈了自己的体验。而第二个视频“AP Virtual Chemistry Labs”向我们展示了虚拟软件是如何整合到一节 AP 化学课程中的。

- 登录网站 www.mylabschool.com，在“Course”菜单下选择“Educational Technology”，进入“Florida Virtual School Part Ⅱ”视频链接，观看视频“Options for Virtual Students”。

你也可以在搜索栏中输入 ETV33 直接找到这个视频。

- 登录网站 www.mylabschool.com，在“Course”菜单下选择“Educational Technology”，进入“Virtual Chem Lab”视频链接，观看视频“AP Virtual Chemistry Labs”。

你也可以在搜索栏中输入 ETV27 直接找到这个视频。

对各种类型的教学开展自我反思。你从上面的视频中学到了什么？将你的感想写出来并与班级其他成员共享你的看法。

配套网上资源

登录网站 www.ablongman.com/bitter7e，获取本章的教学目标、实践测试、网站链接、词汇表、动画卡片以及本章完整的参考书目。

第11章

数学建模

焦点问题 ▶▶▶

- 如何在教学过程中应用数学建模?
- 如何组织使用电子制表软件的教学活动?
- 开展建模活动有哪些益处?
- 模拟和建模活动的区别在哪里? 每种方法在什么情形下更有效?
- 如何使用 LOGO 教学语言作为学习工具?
- 什么是机器人竞争?
- 什么是微观世界?
- 应用于课堂的最新的 LOGO 教学语言是什么?
- 列举几个数学建模的例子。
- 创建一个基于问题解决的数学建模情形。

本章将讨论数学建模、电子制表软件和 LOGO 教学语言的使用。随着新的数据分析工具和新类型数据问题的出现，我们需要新的模型来解决这些问题。这些模型包括在专家系统里基于规则而使用的知识表述、神经网络、基因算法、多元自适应回归算法、计算机密集型估算方法（如马尔可夫链）、蒙特卡洛方法（Monte Carlo methods）和统计数据库，这些模型就像数据立方体一样，需要人力操作和应用。

建模过程是一个不断深化的过程。这个过程总是会产生突发问题或者存在额外的因素，而这些问题和因素在第一个模型或者原型创建过程中难以被估计，它们会干扰预期的精确度。重复建模过程的各个步骤、改善对问题的界定、构建模型以及改进数据搜集方法，这一系列程序不仅能完善产品，也使得建模过程规范化。模型的完善可能是一个无止境的过程，如果使用的是尝试—错误的办法，仍只能实现一个无法预料的准确度。不过，在数据分析背后，一种极其精密的数据分析技术可以挖掘出数据中所隐含的信息，因而具备更强大的预测能力（参见第 12 章对数据分析和问题解决的介绍）。

当构建模型或者回答某个问题需要分析数据时，数据分析策略制定了一系列步骤、决策和程序以供遵循。一般来说，这些步骤包括：

- 定义问题；
- 提炼和识别最重要的因素；
- 构建一个模型，描述数据整理后的形态。

有效的程序称为“算法”。用来生动地描述算法的工具是流程图，它是对解决问题所必需的步骤的详细列示。如果一个问题没有相应的算法来解决，则此问题被视为不可解；如果一个决策问题没有相应的算法来作决策，则此决策问题被视为不可决策。

数学建模

我们有不同类型的模型。例如，用来研究设计特征的航空飞行器微型复制品是一个物理模型。该类型模型的例子可以在科学展览会上找到，在这种场合中你也会发现学生们用一个盒子展示太阳能系统，在盒子上面用绳子吊着不同颜色和大小的气球。另一种类型的模型，也可能是最有用的模型是概念模型。例如，用一个水循环的图表来描述水循环系统。当用数学语言来描述系统的行为时，一个数学模型就建立起来了。例如，把一个球体作为地球来研究，这个球体即是一个数学模型。在这个例子中，一般使用初等几何知识描述该体系。

无论是物理模型还是概念模型，都是用来解决问题的工具，因为它们很容易操作，也可以随着需要而改变。模型协助试验的目的是为了理解以及产出关于模型系统的新信息。在最初设定阶段，有些系统可能因为太过复杂或者太难以接近而很难探究。在商业和科学领域里，模型的设计和使用在规划和决策过程中具有决定性作用。建模的过程一般遵循以下步骤：

- 观察一个系统或者问题；
- 构建一个观念上的形象或者模型；
- 识别重要变量和常量（参数）；
- 确定关系；
- 建立方程，表达关系；
- 测试；
- 修订。

建模主要用在模拟研究方法不适合问题解决的情况下。建模活动可以用来演示变化过程。除此之外，建模是一种表达和解释的方式。

问题活动 1

数学建模可以在非数学问题情况下发生。建立一个有关“你计划如何阅读这本教科书”的数学模型。在小组中（不要超过 4 个人）分享你的模型。小组成员共同合作建立一个小组模型。使用图示或者制作一个流程图来展示小组的活动过程。想想如何让你所在的小组达成一致意见。

问题活动 2

考虑如下真实世界中的问题：

文盲给一个社区带来的代价是什么？在由 3～4 个人组成的小组里，头脑风暴是可能使用的方法，该方法一般运用头脑风暴工具（如 Inspiration）建立一个概念图。在搜集数据并形象地描述数据之后，通过建立一个表达变量和参数之间关系的方程来构建一个数学模型。在这里，使用不同的文盲定义会改变你的模型吗？

数学建模可以应用到其他解决现实问题的过程中。例如，预测野生动物种群、长途电话的费用、灌溉流量以及在杂货店里设计最快的结账流程。

在教育中，建模也很有用处。由于人口的不断变化和迁移，对于教育机构来说，预测短期以及长期需求很重要。根据人口普查信息和其他已知数据，多提出一些假设性问题，这样学区、学院和大学就可以为提供高质量的教学进行更充分的准备。在课堂教学中可以使用计算机提供的框架（如电子表格）创建概率情境的模型。创建一个电子表格模型，呈现它的特征；然后使用者向计算机提问“假设”，即如果某个特定值改变，结果会如何变化。这个特定值也可以改变成一个实际的数字，或者一个表示增加或降低的具体百分率。通过做各种概率试验，学生可以验证基本的概率理论。

电子制表软件

电子制表软件在建模活动中非常有用（Scaife &Wellington，1993）且迅速被用作程序开发环境（Carson，1997）。正如在第 2 章中提到的，电子表格会以一种易于读者理解的方式组织数据。因为输入表格的每一条数据都与其他数据有关系，所以表格里每一部分数据的改变都会影响整个数据表。随后，可以通过操作数据来反映数据表的任何一部分或所有部分的潜在变化或者“假设分析”的问题。这种功能使得电子表格成为探究数学变化的有用工具。让学生使用电子表格来建立图表，有利于他们形象地查看数据变化，也有利于他们了解不同图表呈现方式的优势与不足。

有关电子制表软件的更多内容：历史和使用

电子制表软件首次露面要追溯到 1979 年，两个哈佛大学经济学系的毕业生——丹尼尔·布里克林（Daniel Bricklin）和罗伯特·富兰克斯顿（Robert Frankston）开发了一个程序，他们把这个程序命名为 VisiCalc，它就是第一代电子制表软件程序的原型。

第二代电子制表软件是在 1982 年随着 Lotus 1-2-3 的引进而问世的。在第一代整合不同程序的软件中，这个软件是独一无二的。种种整合程序的软件混合了几种不同的程序，这样信息可以用不同的方式呈现。例如，图表支持使用者建立一个视觉辅助图形，如线形图、垂直和水平柱形图、饼形图。以这种方式，电子表格中的数据可以转换成图表，这样用户会很方便地通过观看数据图表来研究财经数据。

Lotus 1-2-3 的另一个功能是数据库管理功能。数据库是一个电子化的归档系统，其中存储并有序地组织了大量数据（信息）。例如，输入到数据库的姓名、地址、电话号码和账户号码是按照字母、数字或者其他一些符合用户使用习惯的方式排列的。在一个集成软件程序里，任何需要存储的信息都可以从数据库里检索到，然后插入到电子表格里。这样省下了查找数据和添加数据到电子表格里的时间，这些优势使得数据库管理系统成为电子制表软件家族里受欢迎的一员。

最新组件的整合和第三代电子制表软件发展的标志是具有扩展功能的集成软件

程序的问世。它增加了文字处理功能，增大了电子表格的尺寸，并支持不同计算机之间的通信。文字处理功能支持将文本添加到报告中，这样可以给电子表格中的数据或者图片增加文字说明，进而生成一个完整的财务报告。

电子制表软件的另一个进步是它潜在的数据规模。电子制表软件可以改变行数和列数，但是现在的数据规模要比最初提供的大得多。使用多少列和行，要取决于使用者的需求和计算机的存储能力。尽管计算机屏幕只会显示整个图片的一小部分，但是使用者可以通过移动电子表格来显示它的任何部分。

最新版本的电子制表软件增强了计算机之间的通信能力。由于远程通信技术的发展，处于不同地区的计算机可以通过电话线进行通信，并根据需要交换数据。整合了所有最新功能的软件有 AppleWorks 和 Microsoft Office。第 2 章探讨了电子制表软件在教育中的应用，接下来的内容将介绍其在问题解决和数据分析领域中的应用。

分析与预测

电子表格信息是分析一个组织的财务状况的必要条件。同时电子表格也使对统计信息的分析更容易操作，而且更快捷。所以，分析是电子表格重要的功能之一。一个精准的分析结果可用来预测未来。现在让我们看一看电子制表软件在下面两个领域里的应用价值。

在商业领域和其他机构里，分析是对数据进行检验和评价，以此来衡量它们对所服务的特定组织所产生的影响。电子表格提供了一个很好的比较数据的方法。在实施比较功能方面，电子表格可以将部分或者整体数据合并。通过确定单元格、行或者列的区域，可以检索到电子表格的任何部分，而且也可以把部分内容制成另一个表格。通过上述方法，我们可以使用比较法来呈现非常复杂的数据。

在教育领域，为其他公共和社会项目制定计划，主要依赖于我们针对某一社会变化所能够预想到的后果。例如，政治变化将会对生活中的各个领域产生的影响。教育领域将会与民营企业、工业一样，在使用电子表格的属性分析过程中得到益处。

以预测未来为目的，整合分析电子表格得出的信息，就有可能预测出未来将会发生的事情。预测就是基于我们所知道的已发生的事实，来预报将来所发生的事情。规划未来的基本形式有三种：操作型、策略型和战略型。规划过程必须要考虑的基本因素有两个，即开支和收入。

从开支方面考虑，操作型规划是最简单的，一次规划只需几个月的时间。它涉及日常运作，通常由低水平的管理者完成。很明显，这种类型的规划是短期的，所以它所需要的电子表格的信息比其他类型的简单得多。一个操作型规划的例子是调整教学人员和教室。

策略型规划是中级水平的规划，可能需要 1～3 年的时间。该类型规划的例子是修改学校财政预算案，以预测需要增加的招生人数。

战略型规划是对组织整体长期发展的最高水平的管理与陈述。战略型规划的例子是规划发展方向、课程开发和学校区域扩建。

从未来收入方面考虑，也需要学校部分行政人员参与规划和预测。例如，学校所发行的债券会导致收入预期的变化，规划中要包含这些变化。

对于更高层次的教育机构，管理者必须能够预测到学生人数的变化，并能够根据学费和其他费用预测收入。由于常常会出现这样或者那样的原因，规划未来对机构的顺利运作来说是至关重要的。

政府代理机构也有着相似的需求，它们需要依据人口、收入和社会需求对未来做出预测。典型的公共服务领域是运输业，如需要建设多少条高速公路？公共运输需要什么样的预测信息？这仅仅是州和地方、联邦政府机构公共服务的一个例子，所有的这些公共服务问题都可以通过运用电子表格工具来获得精确的分析结果。

学习活动

以学习小组形式查看你所在州的人口普查数据（浏览有关统计局人口普查数据的网站 http://factfinder. census. gov/home/saff/main. html 或者数据集网站 www. census. gov）。从犯罪与司法电子数据摘要网站（www. ojp. usdoj. gov/bjs/dtdata. htm）参看可利用的电子表格数据文件。选择下载一个数据集，比较电子表格与下载的文件。利用多种数学方法来验证模型。尝试不同的呈现方式，如地图或者图表。以探究的数据分析结果为基础，探究诸如这样的问题：xxx 与 yyy 之间有关系吗？写出一个表示这种关系的公式并测试这个公式。在数值发生变化时，结果将会发生什么变化？用图表表示出这种变化。创建假设问题来进一步探究变化。向全班同学展示你的发现，并讨论结果。

微观世界

“微观世界”是由麻省理工大学媒体实验室学习与常识研究小组（www. media. mit. edu）创建的术语。这个实验室把微观世界定义为：它是一个微小的世界，在这个世界里，学生可以选择性地进行探究、检验假设和发现真实世界中的事实（参见 www. umcs. maine. edu/～larry/microworlds/microworld. html）。它与模拟截然不同（参见第 12 章），因为它就是一个真实世界，而不是简单地认为它是对另一个世界的模拟。你能够识别出一些与数学相关的微观世界吗？

作为学习工具的 LOGO 教学语言

如前文所述，计算机文化的一个重要方面是，使学生熟悉计算机执行特定功能的程序的运行过程。20 世纪 60 年代，数学家西蒙·派珀特（Seymour Papert, 1980）与其团队合作创建了第一个版本的 LOGO 教学语言，这个 LOGO 教学语言在 1967 年获得成功。LOGO 基地（http:/el. media. mit. edu/logo-foundation）是关于 LOGO 教学语言的优秀的信息资源。随着 LOGO 教学语言的出现，即便是年轻的学生也可以开始讲授编程技术，计算机编程不再局限于只被专业的中级课程使用。

许多人发现，他们只需要把其他人编写的 LOGO 程序输入到计算机里，就可以学习到有关编程的大量知识。这个方法也可以应用到课堂中，学生键入一系列程序指令，然后观察计算机执行指令的过程，在这个过程中，他们具备了控制计算机的意识。学生会以这种方式逐渐理解一些基本原理。例如，他们明白计算机只执行那些已经编制好了的功能指令。他们了解计算机需要精确而简洁的指令，不允许存在任何错误。他们也开始意识到，只有当他们学会了如何与计算机交流时，计算机才会为他们工作。

机器人俱乐部帮助人们在发明、编程和构建竞争型机器人方面建立基本的共识。随着州和地方、联邦的竞争日趋激烈，学校机器人俱乐部变得越来越流行。戴维斯（Davis，2005）报道了卡尔海登高中如何成立了一个机器人俱乐部，然后在国家级竞争中获胜的消息（参见 www. wired. com/wired/archive/13. 04/robot. html）。乐高玩具公司举办了一场机器人竞赛，详见 www. usfirst. org/jrobtcs/flego. htm。

使用诸如 LOGO 这样的用户友好型语言开发程序是一个很好的选择。学生需要知道，计算机只能理解简单的英文命令，所以编程语言不能够包含那些复杂数字集或神秘的符号集。使用 LOGO 作为编程语言来设计活动是一个好的开始，因为对于学生来说，LOGO 语言容易习得且容易理解。其他的教学选择有微观世界（Microworld）、地理教学语言（Geo LOGO）或者乐高玩具公司的头脑风暴教育（LEGO MINDSTORMS Education）。

乐高头脑风暴教育 NXT 最近宣布了新一代教育机器人的产生。这项活动整合了乐高教育机器人和最新的技术，为 8 岁以上的学生提供学习活动。这个新系统的主要特征包括：

- 带有一个充电电池系统的 32 位 NXT 最新智能积木块；
- 包含了拥有 400 多个元件且功能强大的乐高技术构建系统；
- 最新的超音速稳定传感器，以及改进过的光线和触摸式传感器；
- 带有 3 个内置旋转传感器的互动电机；
- 可以让机器人与计算机、电话和手提电脑通信的蓝牙技术；
- 新开发的高度直观的编程软件具有一些新增功能；
- 在卡内基梅隆大学开发的课程、活动和资源。

有关公共领域程序方面的书籍已经大量出版，学生可以将这些程序键入电脑作为练习使用。其中一些程序可以用来解决基本的计算问题或者查询数字数据问题，而另一些则是游戏程序。有很简单的程序，也有很复杂的程序，可以采用不同难度的程序为不同年级和水平的学生提供练习。不是所有的程序都需要仔细地修改有问题的部分，然而，对此小心谨慎是很有必要的。如果学生花费大量的时间来打字和修改他们输入的指令，并且指令正确无误，但最后发现程序没有像预期的那样运行，他们可能会十分沮丧。那些具有强大编程能力的教师可以帮助他们的学生解决这些问题。在这一领域没有太多经验的教师可以在课堂使用程序之前，做好阅读相关资料的准备工作。

面向学生应用的另一个好的程序资源是广受欢迎的 LOGO 计算机期刊。其中一些文章比较规范而且描述了程序指令（也称代码）和文件的基础知识。许多学校图书馆都订阅了这些期刊，所以教师和学生能够很容易地获得这些材料。

下面的 LOGO 活动聚焦在数学领域。我们鼓励有天赋或者积极性很高的学生尝试着独立修改程序，运行程序的其他功能。这个活动的主要目的是将计算机作为问题解决工具，这方面的功能也是计算机的优势所在。我们建议教师可以以一种安全的方式把编程技能整合到跨学科的主题领域里，进而将编程尽早地引入课堂。特别值得一提的是，因为计算机是一个出色的数学工具，所以整合使用 LOGO 来传授和探究数学就变得很有意义。当学生正在掌握数学概念时，他们能够相对容易地学习编程技术。期望将 LOGO 引进课堂以探究数学问题的教师们可以进行如下活动。

教师应该独立地判断采用什么样的活动适合其所教年级的学生，以及如何把这些活动应用到他的学生中。学生在编程方面的表现与许多因素相关，包括预备经验、对计算机的态度，以及对编程技能所持有的价值观。在编程活动开展之前，导论性的班级讨论可以帮助教师发现和挖掘这些关键因素。

活动标题：使用 LOGO 解决问题

年级范围： 4～6 年级

目的：

在这项活动中，学生要

- 使用 LOGO 解决数学和几何问题；
- 研究对称概念；
- 体现面向学生的国家教育技术标准的下列内容：3——技术绩效工具，6——技术问题解决和决策制定工具。

活动准备：

- 学生需要熟练地掌握 LOGO 画图命令；
- 准备和拷贝活动单；
- 在纸上画几个简单的图形，然后使用镜子，向学生介绍映像概念。

活动过程：

1. 让学生编写能够生成活动单上图形映像的 LOGO 程序。
2. 学生测试他们的程序，检查程序运行状况。
3. 辅助学生完成程序调试，然后重新创建精确的图形。

工具和资源：

- 计算机；
- 兼容的 LOGO 软件；
- 活动单；
- 镜子。

评价：

学生开发的程序是否能够生成活动单上图形的映像？学生是否能够成功地查询和修改程序错误？

建议：

另一个有趣的实践活动是只给学生提供一个图形的一半，然后让他们完成整幅图片。可以使用一些简单的图形，如房子或者脸谱。

总　结

商业和教育领域以及政府和个人都已经使用计算机来组织和分析各种类型的信息。数学建模是一种用来呈现系统数据以解决问题的有效方法。在使用数据分析来处理财务和统计信息方面，电子制表软件是一个非常有用的工具。计算机处理制表工作一般被称为电子制表过程，这项技术已经成为新技术中有效节省时间的技术之一。

从 1979 年两个哈佛大学的学生创建电子制表软件的原型，到如今快速发展的整合软件包，电子制表软件慢慢地由一种应用工具发展为生活中不可缺少的一部分。它的发展影响着日常生活和工作的所有领域。

在教育领域，电子制表软件的应用方式也多种多样，包括教学（如会计、数学和科学课程）、维护学生的记录、制定学校预算以及学校内各种活动的开支、科研小组管理数据。

政府机构也是电子制表软件的大用户。政府机构管理和操作大量的数据，分析社会各个领域的变动以及为社区和国家的未来作规划。

作为个体用户的我们也从这种新的工具里获得了益处。我们使用电子制表软件来管理个人存款、安排家务、记录税务和编列预算。在真实的世界里，我们都直接或间接地受到广泛使用的电子制表软件的影响。也正因为如此，本章着重强调了电子制表软件的实践应用。为了操作电子制表软件，一个使用者必须熟悉相关术语、模型、命令、公式和功能。

一旦使用电子表格并输入数据，它就可以被用来分析所包含的数据，根据数据和其他信息对未来进行预测。条件假设（What-if）陈述可以用来建立理论条件，然后由电子表格计算隐含的结果。在没有数学错误的前提下，通过这种方法得到的即时答案节省了大量的劳动时间。

电子制表软件以多种形式为我们服务。在一些情况下，运用电子制表软件使我们的工作更加容易。在另一些情况下，我们可以从它们在商业领域、政府部门和教育领域的使用中获得益处。

本章准备了两个问题活动和一个学习活动来辅助教师使用计算机教授数学技能。正如之前所叙述的那样，即使年龄最小的学生也能够习得那些编写计算机指令所必需的技能。

这些活动只需要很少的改动就可以应用于不同年级水平的学生。所有这些活动的目的都是发展学生解决问题和分析数据的技能。大量的资源可供不同学科的教师使用，他们在学习活动中可以使用建模、电子制表软件或者 LOGO 教学语言。学生可以把在这些资源里找到的程序输入计算机，以检验这些程序的运行结果，通过这种方式，他们可以学习大量有关编程方面的知识。学生也可以通过修改简单的 LOGO 程序使之适合自己的需要来进行学习。教师应该查看图书馆和媒体中心，确保这些场所有涉及 LOGO 活动且可供参考的计算机期刊。

作为问题解决和决策制定的工具，建模、电子制表软件和 LOGO 教学语言可以用来提高班级讨论的效果或者获得进一步研究的方法。在使用 LOGO 时，学生自身也是很宝贵的创新源泉。鼓励学生寻找改进或者扩展程序的应用方法是一个不错的主意。毕竟，未来的程序员越具有创造力，我们的未来就越光明。

看看你能做什么！

1. 回顾 DVD 视频，观看第 7 章的百万美元项目（Million $ Project）。列出该课程项目所包括的面向学生的国家教育技术标准。罗列出这节课的优点与不足。把你的结果与同班同学的结果作比较。

2. 向同学展示本章的一个活动，然后写一个结果报告，包括适当的数据分析。

3. 查询一个电子表格指导手册，跟踪几堂课。评价电子表格在术语应用和使用方面的简易性，以及在时间和成绩方面的有效性。

4. 制作一个展示 LOGO 命令行的海报。

5. 寻找一个数学建模网站。选择一个练习，与同伴一起完成这个练习，然后向同班同学演示你的模型。

6. 从在线资源库里找出一个使用电子制表软件的数据分析活动。撰写活动评论，重点指出它的优势与不足。

7. 使用 LOGO 创建一个学习活动，教授数学概念。

8. 利用数学建模、电子制表软件或者 LOGO 设计一组活动来教授数学概念，教学活动过程要符合相关的数学教学标准。

9. LOGO 在教育领域有发展空间吗？为什么？结合课堂情境阐述你的观点。

10. 使用乐高教育机器人来开发一个课堂单元。

11. 找出 5 个关于 LOGO 应用于教育的网站。

12. 找出应用到 LOGO 国家数学教师委员会的数学标准。

13. 找出 5 个有关基于数学建模开发课程计划的网站。

14. 访问一个在当地高中或者大学修习过计算机编程课的学生。

15. 准备一个课堂单元，使用建模、电子制表软件和 LOGO 作为问题解决和决策制定工具。

16. 为你感兴趣的年级设计一个数学建模活动。

17. 什么是微观世界？

18. 自 20 世纪 60 年代发明 LOGO 后，LOGO 的发展状况如何？

19. 最新的 LOGO 教育产品是什么？

20. 提供一个创建 LOGO 竞赛的方案。

我的实验学校

数学建模

数学建模为学生提供了解决问题的经验。在“WebQuest and Cooperative Learning”视频中，你将会看到来自蒙大拿州立大学队的两名学生如何教导 5 年级学生使用由这个项目中的基础教育教师开发的 Lewis and Clark WebQuest。让学生在团队里工作并设计一艘适合 Lewis 和 Clark 探险的船。

- 登录网站 www.mylabschool.com，在“Course”菜单下选择“Educational Technology”，进入“Lewis and Clark Rediscovery”视频链接，观看视频“WebQuest and Coperative Learning”。

你也可以在搜索栏中输入 ETV12 直接找到这个视频。

在这个项目中，学生使用哪些问题解决策略？构思和撰写需要学生应用和发展问题解决技能的活动清单。

配套网上资源

登录网站 www.ablongman.com/bitter7e，获取本章的教学目标、实践测试、网站链接、词汇表、动画卡片以及本章完整的参考书目。

第12章

模拟和数据分析

焦点问题 ▶▶▶

- 教师如何培养学生的数据分析技能？
- 当设计有关数据分析的教学活动时，教师必须考虑哪些因素？
- 使用计算机模拟的好处是什么？
- 什么是模拟？
- 找出5个对教学有帮助的模拟例子。
- 找出若干有关学生数据分析任务的资源。
- 查找若干课堂模拟活动案例。
- 设计一个基于模拟的教学单元。
- 创建一个可以随学生的数据变化而更新的学生数据分析活动。
- 以国家数学教师委员会的数据分析和可用的标准为基础，准备某一领域的一系列课程。

第9章列举了几个学习活动，其中包括有关数据分析的活动。随着信息的大量涌现，学生想要成为见多识广的公民和明智的消费者，很有必要发展使用数据推理和制定基于统计学的决策的技能（NCTM，2000）。然而，教师不愿意教授数学分析的几个原因是：缺少时间、缺少技能和缺乏动机（Goodman Research Group，1998；Russell，1990）。引入模拟的应用将有助于减缓教师的抵触情绪。模拟有利于探讨和理解问题解决，特别是在数学领域。可以追溯到1972年，认知科学家使用模拟来协助发展学习理论并使学习理论得到证实（Newell&Simon，1972）。本章将让读者深入认识数据分析和模拟，并且在整合基于问题的查询方法和问题解决方法方面为教师提出建议、提供资源。

数据分析

数据分析这门学科是从统计学、计算机科学、模式识别、人工智能以及机器学习的整合过程中发展起来的。数据分析是把数据转化成信息的过程。同样地，在回答问题的过程中，信息来源于数据。所以，问题是整个过程的关键。计算机已经使将几个数据集整合到大型数据库中成为可能。尽管不断出现新问题（如存储问题），但当人们试图处理和操纵大量的数据集时，一定的时间投入一般都会促进新的软件工具的发展，其最终结果是挖掘的数据将有利于制定更完善的决策。

1970 年，统计学家开始质疑传统的数据分析范式。传统的数据分析一般是先简明陈述一个假设，然后搜集数据，最后检验假设。为了弥补传统数据分析过程的缺陷，统计学家开始使用开源数据的挖掘方法。来自普林斯顿大学以及美国电话电报公司贝尔实验室（AT&T Bell Labs）的约翰·图基（John W. Tukey）建立了一个称为“探索性数据分析”（exploratory data analysis）的新方法。图基（1977）指出，调查数据就像侦探调查犯罪现场一样，需要思路开阔，使用尽量少的假设。图基认为，数据分析是科学和艺术的结合。分析数据的过程包括对资源的创新性分类，也包括一个导航搜索的系统方法。探索性数据分析（EDA）的目的与传统的假设验证范例明显不同，它以“证实的数据分析”的美名著称。探索性数据分析寻求“有助于产生和完善假设的数据模式”（Behrens & Smith，1996，p. 952）。

计算机是解决问题的工具，它有助于探究活动方法的系统化。一些有价值的认知技能对于处在基础教育阶段的学生来说特别重要：

- 对问题进行分析并知道如何选择和使用绩效工具来解决问题的能力；
- 在使用软件程序解决个性化问题和专业学习中遇到的不同类型的问题时，理解相关理论背景知识的能力。

问题解决式活动有利于学生学习如何搜集、解释和呈现数据。长远来说，这些计算机辅助活动有助于学生对在商业、行政以及研究领域里使用数据分析来回答问题、解决问题和制定决策的深入理解。

国家数学教师委员会（NCTM）提倡让学生提出那些需要搜集和探究数据的问题。面向基础教育阶段的学生的 NCTM 数据分析和概率标准有 4 个目标：

- 使用数据来简明地陈述问题；然后搜集、组织和呈现相关数据，回答问题。
- 选择和使用适当的统计学方法来分析数据。
- 开发和评价基于数据的推论和预测。
- 理解和应用概率的基本概念。

除了重视培养各个年级学生的数据分析技能，NCTM 还强调要注重改进数据分析的概念和程序的复杂性。这样可以确保学生在高中毕业时具备坚实的统计学背景，并掌握了将计算机作为问题解决工具的相关知识。

模　拟

模拟是使用一系列数学公式模仿真实情境或者物体的活动。计算机模拟能够模仿天气状况、化学反应、核事故、医学技术、制作特殊设计所需要的开销、生物过程、座舱和航天器系统以及产品安全检测等等。创建某些情境或者物体有时会比较困难，通常可以把问题转化成数学数据和方程来加以简化。与情境交互是模拟过程不可分割的部分。当创建模拟时，一个重要的问题是如何清晰地定义情境或者物体，以及确定最重要的因素。模拟常常用来检验因果关系的理论。

教师将模拟有效地整合到课程中的关键任务就是合理地将模拟软件整合为课程

不可缺少的部分，而不是增加课程内容。这意味着学生使用模拟的时间增加了，他们可以使用模拟过程中涉及的思考技巧来从事拓展活动（Henderson，Klemes，& Eshet，2000）。计算机模拟可以用来完成以下任务（包含在其他活动中）：

- 将不可见的事物运作过程可视化；
- 操作变量、观察结果、得出结论；
- 使角色扮演简单化；
- 使用游戏方法；
- 模仿真实世界情境；
- 让大量的普通人有机会参与。

可以使用网页（HTML）、脚本语言、写作环境（Director 等）、动画制作环境（Flash 等）和编程语言（Java 等）来创建模拟。如 KidSim（参见 www. acypher. com/Publications/CACM/KidSimCACM. html）和 SimCalc（参见 http://edutechwiki. unige. ch/en/SimCalc）等商业软件程序支持学生自己创建模拟。学生创建的这些模拟在规则、外表和属性方面有着共同的特征。

统　计

模拟软件和数据分析活动有利于开发统计的核心元素。统计被定义为用来搜集、分析、呈现和解释数据的一系列方法。鉴于计算机拥有简化数据的功能，统计方法的重点在于对输出结果进行解释从而做出推断和预测。低年级学生可以从简单的班级人口普查数据开始学习。针对这个年龄，教师可以首先选择一个问题。例如，如果要为小学的学生制定早餐菜谱，那么可以从问题“孩子们喜欢什么早餐”开始，让学生搜集数据，回答这个问题。此时抽样调查的方法很难开展。然而，高年级的小学生和中学牛逐渐会对统计推论的概念有所理解。在学生中学毕业之前，他们应该知道统计的知识技能可以用来解决日常生活中的问题，并有助于人们作出正确的决定（NCTM，2000）。

软件程序和网站一样，可以用来创建课程单元、教育资源和学习活动。约和坦（Yeo & Tan，1999）推荐设计模拟来“为学习者提供动态的问题情境”，这样可以实现“通过对他们行动的直接反馈来对模拟环境里的交互达到理论上的理解”（p. 70）。可以通过鼓励三种反馈类型来使这个过程顺利得以完成，即个人反馈、同伴反馈和教师反馈。应该给学生提供时间来思考和记录他们的模拟经验，共享他们的结果（Tomlinson，2000）。学生需要理解设计计算机系统和软件程序执行具体工作的过程。这些数据分析软件程序有利于学生提高数据识别能力，以及选择最好的工具和方法来完成一项任务、解决一个问题或者基于当前数据制定决策的能力和知识。

以学生为主导的统计和数据分析软件程序应用的例子是 InspireData（参见 www. inspiration. com/productinfo/inspiredata/index. cfm），它重点关注学生数据识别能力的培养。InspireData 是 Inspiration 软件套装的一部分。这个软件程序允许学生组织和分析他们自己搜集的项目数据。当学生使用具有独特视觉效果的 InspireData 挖掘数据时，他们会发现数据搜集和分析的意义。这个软件拥有的功能包括建立数据库、使用多种类型的图（如维恩图、锥形图、饼形图和轴线图）形象地分析数据。学生使用 InspireData 的表格视图（见图 12—1）可以输入、导入和设定试验或者研究活动的数据。

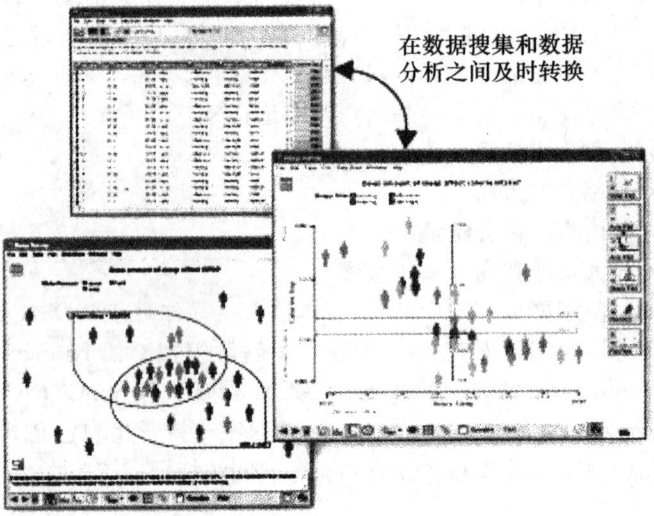

图 12—1 InspireData 表格视图

在 InspireData 表格视图里，使用者可以：

- 很方便地输入多种类型的数据，如数字、文本、列表、数组和公式；
- 从基于 InspireData 的 50＋课程的数据库开始；
- 从互联网或者其他数据库里导入数据；
- 使用调查问卷工具发起调查，指导数据搜集；
- 定制表格属性或者在数据库范围内创建表格；
- 给参考资源添加注释，并加以解释。

在图形视图里，使用者可以：

- 使用至少 3 个圈来创建维恩图以展示相似点与不同点；
- 创建锥形图来显示数值的分布情况，进一步使用锥形图选项，如平行锥形图来进行数据分析；
- 创建饼形图，通过图形能够很容易地识别出数据的关系模式或者能够在多种饼形图里细分数据；
- 创建轴线图，找出数据之间的相互关联并挖掘其具体的关系；
- 改变变量和参数来进一步挖掘数据之间的关系；
- 选择和改变轴的标签，使得不同的数据集能清晰可见；
- 隔离数据子集以集中调查研究；
- 观察数据随着时间变化而变化的趋势（使用动态的时间顺序）；
- 使用标签、颜色和特有的图标确定图形；
- 结合数据分类来探索未来的发展趋势；
- 执行计算和使用基本的统计工具，如平均、中位数和摘要计数，用来支持结论和总结的数据。

学生通过理解可视化的且随着时间改变而变化的动态数据，进而理解数据的含义。通过对时间的索引，学生可以创建一个图形，观看它的变化。这样可使数据分析过程成为一个动态的视觉演示过程（见图 12—2），那么制定策略和推断出基于数据的结论就是现实可行的。

哪些因素影响城市中每月的气温变化?

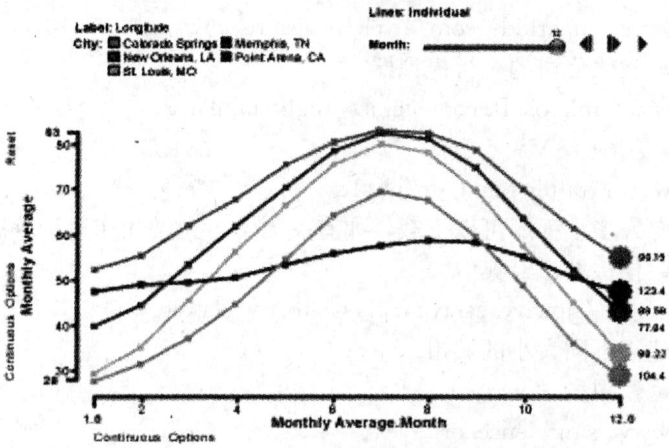

图 12—2　动态的视觉演示过程

当使用模拟和其他问题解决程序时，记住一定不要依赖软件来提高高级思维技能。学生需要教师为他们建立联结。当学生们协同工作时，鼓励他们阐述各自的观点。如 Inspiration、InspireData 这类头脑风暴工具有助于学生构建一个通过流程图解决问题所必需的策略，或者有利于学生通过创建概念图来探究问题。数据识别能力、分析技能和高级批判性思维是学生学习问题解决策略时必不可少的组成部分。

模拟网站和数据资源

模拟网站

- 生物实验室——青蛙

www. biolabsoftware. com/bls/frog. html

- 资本主义

www. enlight. com/capitalism2/

- 猫的实验室

www. emescience. com/bio-software-catbal. html

目的：熟悉遗传研究和遗传学的规律。学习者选择父母的性格特征，让小猫在几秒钟内出生。新出生的小猫可用来论证遗传规律怎样发挥作用。

- 化学模拟

http://ir. chem. cmu. edu/irProject

在卡内基梅隆大学，由美国国家科学基金会（National Science Foundation）创立的 IrbYdium 项目，创造了基于模拟的化学学习环境。

- 计算机交通模拟：图形版本

www. math. toronto. edu/mathnet/carcompet/simulation. html

提供一个交通流量的模型。

- 挖掘数据

http://exploringdata. cqu. edu. au

为教师的统计学入门提供了课程辅助材料。

- 未来实验室：物理科学电路

www. superkids. com/aweb/pages/reviews/science/10/circuits/merge/shtml

- 微软公司的飞行模拟器

www. microsoft. com/games/flightsimulator

- 物理 JAVA 小程序

www. walter-fendt. de/ph11e

有许多小程序可以下载，如有关力学、光学和相对论等的小程序。

- 模拟城市经典

http://simcity. ea. com/play/simcity_classic. php

建立不同大小的城市。

- 模拟科学

www. simscience. org

在科学领域，计算机模拟为最前沿的发现提供了技术支持；提供机会获得 4 种模拟：膜、液体流动、水坝决堤和决堤声响。

- 模拟地球

http://en. wikipedia. org/wiki/SimEarth

活动：设计地球的生存环境并分析其对人口影响。

- 模拟农场

http://compsimgames. about. com/od/simfarm

商业模拟。

- 模拟地表

http://storm. shodor. org/simsurf/simsurfinfo. html

一项为解决合理利用潜在资源的问题而设计的模拟，它使用模拟退火算法和松弛法等计算机技术。

- 统计

www. ruf. rice. edu/～lane/rvls. html

包括统计方面各种各样的主题和公式的模拟和示范。

- ThinkQuest

www. thinkquest. org/library

这是一个存储学生创建的 ThinkQuest 内容条目的网站。在搜索栏里输入“模拟”，找到模拟条目。

- 联合国模拟——电子化联合国

www. simulations. com/cont1. htm

在这个联合国模拟项目里，课堂变成了“课堂国”，可以与其他的“课堂国”进行交互。

活动实例

- 混乱游戏

http://math. bu. edu. /DYSYS/applets/chaos-game. html

设计在线游戏用来提高学生的几何直觉和代数思维能力。

- 简单的斐波那契数列猜谜游戏

www. mcs. surrey. ac. uk/Personal/R. knott/Fibonacci/fibpuzzles. html

这个活动提供一些难题以及斐波那契数列的答案。

- 使用互联网上可用数据集的 NCTM 电子化例子

http://standards. nctm. org/document/eexamples/chap5/5. 4

- NCTM 模拟实例

http://standards. nctm. org/document/eexamples/chap5/5. 2

3～5 年级学生使用模拟软件理解距离、速度和时间的关系。

- 迈克尔·邦尼（Mikael Bonnier）的静态范围

www. df. lth. se/～mikaelb/statiscope/statiscope-enu. shtml

这是一个总结数据和描述统计图表的交互环境。

- 统计学的教学活动

www. statcan. ca/english/kits/teach. htm

按年级分类，这个活动提供了重视数据分析和调查技能的交互练习。它主要由加拿大统计局开发和维护。

- 网络气流

http://asds. stsci. edu/packages/graphics/WebWinds. html

这是一个搜集、呈现和分析数据以及制定决策的交互数据系统。

其他在线资源和数据集

- 人口普查数据集——人口数据集

http://factfinder. census. gov/servlet/BasicFactsServlet

www. census. gov/main/www/access. html

这些都是综合性网站，收录了人口、住房、经济和地理的数据。

- 福布斯网站

http://www. forbes. com

这是一个商业数据资源网，其中包括对健康的益处和 401（k）计划的比较。

- 经典宪制的自由图书馆

www. constitution. org/liberlib. htm

这里收集了经典图书和其他从古至今的政府章程文件。

- 数学档案库

http://archives. math. utk. edu/software. html

这里收录了软件、摘要和评论。

- 国家教育统计中心（NCES）

http://nces. ed. gov

国家教育统计中心是主要负责搜集、分析和报道美国和其他国家教育数据的联邦机构。它要完成搜集、校对、分析和报告美国教育状况的完整统计数据的任务；分析这些统计数据的含义和影响，并发布报告和详细分析；协助州和地方的代理机构改善它们的统计系统；在其他国家复查和报告教育活动。借助全国合作性的教育统计系统，国家教育统计中心支持全国教育统计论坛活动和相关资源的发布。

- 国家健康统计中心

www. cdc. gov/nchs

联邦政府提供了指导行动的统计信息和改善美国人民健康的政策法规，参见 www. cdc. gov/nchs/datawh. htm。

- 国家教育统计论坛

http://nces. ed. gov/forum

国家教育统计论坛由一些机构的代表组建，这些机构包括州和地方的教育机构、美国教育部办事处、其他联邦机构以及对教育数据感兴趣的国家协会。它的任务是开发和推荐建立教育数据系统的策略，这个系统将会有利于州和地方、联邦努力改善国内的公立和私立教育。该论坛致力于提高小学和中学教育数据的质量、可比性和实用性。此外，数据的安全问题也一直是工作的重点。

- 美国联邦选举委员会

www. fec. gov

该网站提供了有关选举过程的全面细节信息。

问题活动 1：商业

这个活动给学生提供现实社会商业运作的体验。学生通过按比例扩张模拟的商业业务来发展他们的决策能力。让学生使用 www. coolmath4kids. com/lemonade 网址下的柠檬水地摊模拟，或者使用搜索引擎（如 google、yahoo!、Lycos 等），以“柠檬水地摊模拟”关键词搜索不同版本的模拟。给学生提供足够的时间来与模拟进行交互并反思他们的体验。然后让他们针对模拟学习过程中的问题进行分析，总结概念，并给出定义。如果有必要的话，帮助他们提出一个基于问题空间的难题。让他们通过扩大柠檬水业务的规模来探究解决方案。要求学生增加业务利润和整合标准的业务运作，包括详细目录、销售额、市场、税收、薪水账单、雇员福利和人事问题（如培训）。让学生探究采购和劳务支出之间的关系，分析消费者行为和经济趋势以帮助他们对操作程序和政策变化作出决策。比较结果，讨论他们的解决策略。确定哪些实践导致了高利润，并分析其原因。要求学生的股份公司给员工提供股票期权。让他们任命董事会成员，召开董事会议探讨业务运作。安排一个实地考察来参观当地医院或者公共事业控股公司的董事会议。让学生建立一个盈亏报告作为最终活动成果。最后，让他们讨论对于这次体验的反思。

问题活动 2：政治

这个活动给学生提供在现实社会中开展抽样调查和民意测验的经历。学生除了提出组织和管理数据的策略外，还要培养采样和对样本进行预测的技能。

创建一个儿童投票的选举模拟活动，选举活动可基于最新换届选举，或者当前美国国会参议院或其他立法机构的任何问题。让学生以“儿童选举结果”为关键词，使用搜索引擎（如 Google、Yahoo!、Lycos 等）进行搜索。让每一对学生使用指定时间的模拟。学生应该反省他们的经验，针对认定一个问题进行调查（如选民不平等）。他们应简明地阐述诸如“选票的设计是否影响投票的模式”这样的问题，根据当前美国在两个主要党派和任何第三方“想要参与者”之间的登记人数比率将学生分组。学生们开展争取选民的活动并开展拉票宣传活动，这些都将在课堂中展示。经过这个特定的时间，支持不同候选者和热点议题的被选学生代表需要发表演讲和举行“新闻发布会”。在最后阶段，将会产生选举结果。学生只能对竞选者进行投票，之后这些竞选者聚集在一起，竞争成为候选者的机会。学生设计他们自己的投票箱子并看护他们的选票，然后编写一个程序，在计算机里完成投票过程，使得整个过程自动化。接着，投票学生将会比较、评价结果和程序。教师或者评选委员会要对请求审查的程序作出裁决。在这个活动中学生会学到很多知识，如与当前选举相关的问题、第三党派参与的影响以及如何通过联合来进一步增进双方利益。

总　结

通过本章的学习，我们对数据分析和模拟有了深入的了解，并提供资源来支持教师对这些基于技术的需求和问题的解决方法进行整合。要想使学生成为见多识广的公民和有判断力的消费者，很有必要发展学生使用数据来推断和做出基于统计的决定等方面的技能（NCTM，2000）。对数据分析的简短介绍强调了一种名为“探索性数据分析”的新方法。接下来的部分介绍了使用计算机作为问题解决的工具、NCTM 数据分析、概率标准和 NCTM 为发展各个年级学生的数据分析技能提出的建议。为了帮助教师讲解数据分析技能，我们建议使用模拟方法。

模拟是使用一组数学公式模仿真实情境或者物体的过程。模拟应该被整合为课程的一个重要部分，而不是作为附加物。模拟可以用来：

- 使不可见的事物运作过程可视化；
- 操作变量、观察结果、得出结论；
- 使角色扮演简单化；
- 使用游戏方法；
- 模仿真实世界情境；
- 让大量的普通人有机会参与。

模拟软件和数据分析活动有利于开发统计的核心元素。统计是一系列用来搜集、分析、呈现和解释数据的方法。本章介绍了两个问题活动作为使用模拟和数据分析的例子。已经列出的有关模拟和数据集的免费网站将有助于教师设计和开发供课堂教学使用的学习活动和材料。

DVD/视频插图——解决逻辑推理问题

观察学生使用计算器解决逻辑推理问题，然后使用智能主板和文档相机演示他们的解决方案。如果没有这些技术，这节课能进行下去吗？

看看你能做什么！

1. 使用柠檬水地摊模拟设计可扩展的模拟活动，并以此来加深学生对数据分析的理解。思考计算机模拟如何影响学生的思维和行为。详细地描述你如何为学生的学习过程构建一个框架。

2. 登录 NCTM 网站，网址为 http://standards. nctm. org/document/eexam-

ples/chap5/5.2/index.htm#APPLET。按年级水平和你的偏好选择一个任务，按照规定完成任务。向下滚动页面找到名为“Additional Tasks and Questions”的部分。选择三个任务中的一个，然后按照规定完成任务。思考以下问题：当在活动中学习时，学生会学到关于功能和演示随时间变化而改变的哪些观点？

3. 在你所教的学科知识范围内，将数据分析活动整合到一个知识单元或者学习活动中。

4. 将合作学习整合到某个探究活动中。在有和没有合作学习两种条件下，分别尝试这个活动。确定能够提供有关学习内容、年级水平和其他相关变量的详细信息的最佳实践。

5. 设计一个基于网络的模拟活动来探究你所教的学科知识的问题。实地测试你的模拟。使用适当的数据分析工具和统计方法，根据你的分析结果，对模拟开展形成性评价，并不断完善这个评价过程。

6. 在开展模拟活动和数据资源探究活动之后，提供一个有关班级讨论区或者适当的邮件列表服务，评价软件程序和计算机系统的潜在理论方法。

7. 回顾本章的DVD/视频插图，解决逻辑推理问题。查找并列出涵盖整个课程的面向学生的国家教育技术标准。列出课程的优势与不足。把你的结果与同班其他同学的结果相比较。

8. 为DVD/视频插图撰写一个课程计划，解决逻辑推理问题。

9. 设计一个基于模拟的教学单元。

10. 创建一个可以不断更新的学生数据分析活动。

11. 依据国家数学教师委员会的数据分析和概率标准，准备某一领域的一系列课程。

12. 为每个年级的学生列出数据分析和概率内容的学习标准。

13. 搜索可以为不同年级学生所使用的技术资源。

14. 找出若干个用来演示教学数据且适合所教学生的制图程序。

15. 搜索适合你所教年级学生的最新的教学模拟活动案例。

16. 设计学生活动，让学生使用Inapire Data之类的软件。

17. 设计有关数据搜集和数据统计的课程，学生可以利用政府提供的数据。

18. 准备一个使用在线免费模拟资源的课程计划。

19. 设计一个使用某一模拟程序的教学活动。

20. 搜索五个可应用于课堂的模拟活动案例。

我的实验学校

模拟和数据分析

模拟和数据分析为学生提供了基于技术的调研机会和解决问题的经验。在“Using GIS Software”视频中，你将会了解高校学生如何在一个AIDS项目和一个社区地图项目里使用这个软件。

● 登录网站www.mylabschool.com，在“Course”菜单下选择“Educational Technology”，进入“GIS”视频链接，观看视频“Using GIS Software”。

你也可以在搜索栏中输入 ETV16 直接找到这个视频。

开发一个与你所教课程紧密相连的社区项目。列一个该项目所需资源的清单，与你的同事共享，然后向他们征求有关项目有效性的意见。

配套网上资源

登录网站 www.ablongman.com/bitter7e，获取本章的教学目标、实践测试、网站链接、词汇表、动画卡片以及本章完整的参考书目。

第13章

一对一的移动学习及其组织与管理

焦点问题

■ 教师应该在实验室中集中放置计算机，还是应该将它们分配到单个教室中？你做出判断的依据是什么？

■ 教师应如何与同事合作以促使更多的学生有机会使用技术？

■ 教室的物理条件、教师个人的教育观等因素可能对计算机的物理位置设置产生怎样的影响？

■ 教师如何才能最高效地利用现有计算机？

■ 教师要如何与家长、退休人员及学生合作以实现教学与技术的整合？

■ 多媒体实验室在学校中扮演何种角色？

■ 一对一的移动学习的目标是什么？

■ 在实施一对一的移动学习和创新时，教师要密切关注哪些重点？

■ 在实验室中集中使用计算机有哪些优点和缺点？

■ 在教室中配备单台计算机有哪些优点和缺点？

一对一的移动学习

一对一的移动学习，经常被称作一对一创新学习，它是大多数学校的教学目标。卡特（Cutter，2006）指出，在一个理想的学习环境中，每名学生都应有属于自己的计算机。学生能够在他们有意愿或需要时进行学习，他们可以在一起合作学习，并可以像使用其他学习工具（如铅笔或书）一样方便地使用计算机。显然，大多数学校还没有实现这样的目标。但目前也有几个州接近了这个目标。布赖恩特（Bryant，2006）指出，虽然当前已大量出版了有关一对一创新学习优势和成功案例的书籍，但是对于这种创新学习中技术协调者所要制定的实施策略，却很少有专门的书籍予以论述。显然，还有很多资源需要进一步完善才能达到以上的目标，其中就包括提供足够的帮助资源和连入互联网。

布赖恩特（2006）提出开展一对一的移动学习需要考虑的关键问题如下：

- 互联网连接是否稳定？
- 是否有足够的带宽以支持所有用户？

- 教师是否能够有效地监控和限制带宽?
- 是否有足够多的接入点以支持大量用户登录?
- 是否存在无线网络未覆盖到的学区?
- 是否能有效地监控笔记本电脑的操作?
- 是否能在计算机上远程安装软件?
- 学生能否获取所有可用的资源?
- 学生是否有权限去变更禁止改动的设置?
- 是否有一个系统为用户检测笔记本电脑提供帮助?
- 是否能够提供一个记载所有笔记本电脑详细信息的清单记录?
- 能否查找到每名学生使用笔记本电脑的记录?
- 是否有专业人员帮助用户解决问题?
- 如何进行笔记本电脑的日常维护?
- 是否有足够的技术人员?

开展一对一的移动学习前必须认真制定计划。提供用户帮助、互联网接入及人员、专家和教职员的培训；为了使创新学习获得成功，适当的软件和硬件支持也必须到位。当计算机变得不再昂贵时，一对一的移动学习在大多数学校就会得以落实（参见第 1 章）。在 www.convergemag.com/blueprint 网页上我们可以搜索到与学校或学区计划和开展一对一的移动学习相关的优秀资源。

课堂上的计算机与计算机实验室

在构建一个能让学生和教师都能使用计算机的可行性计划之前，你需要了解计算机在学校内的物理分布，计算机要如何安排布局才能为学生提供最有效、最能平等使用的技术接口，这个问题一直是教育家争论的焦点所在。有的专家提出了一个计算机分布模型，它打破了传统的计算机实验室的规范，而是将机器分布在各个教室中，这种观点强调，为了将技术真正整合到学习进程中，技术必须即时地与学习者接触。如果计算机被置于实验室中，可能意味着学生每星期只能接触一次机器，而且这种方式还是人为的、间断性的方式。定期使用计算机会使学生错误地认为计算机只是一个单一的个体，是他们每星期一次的观摩演示对象。与提倡计算机实验室这种观点截然不同的论点认为，每天使用计算机可以为学习者提供大量的研究帮助，是一种可以实现各种教学设想的学习工具模式。

反对将计算机分布在教室中的教育者，则指出了将所有计算机置于一个计算机实验室（通常是一个特定的教室或学校里其他的自由空间，见图 13—1）中的优势。几年前，当计算机刚刚被学校所接受时，这种布局安排是很普遍的。它对当下很多技术规划者来说仍最具意义，因为它符合成本效益原则，而且可以为所有年级的所有学生提供使用计算机的机会，这也意味着学生几乎可以每天都使用这些昂贵的机器。每个班级通常将学生能够一起去实验室开展计算机实验的时间列为每周的计算机课时间。如果一所学校有足够的资金和人力，它还可以配置一名全职或兼职的计算机教师教授相关的计算机技术，或是协助课堂教师教学，给予其思想或技术上的支持。

图 13—1 学校计算机实验室

不过，设置专门计算机实验室的支持者很快又指出，将所有计算机送入教室的计划会给自身造成麻烦。虽然小组的学生能够在教室里开展一个及时的活动，但整个班级不可能在同时学习同样的内容（Huffman et al.，2003）。由于每个小组要轮流在计算机上实践学习，教师可能不得不重复解释同一概念。计算机如果不集中放置在一个地方也会妨碍指定的技术教师讲授课程，这样它可能会需要课堂教师来承担大部分的技术指导。

在以上两个极端的争论之间，还存在着无数变化着的计算机分布形式。有时新的计算机会一并安排进实验室，以便所有的学生能够使用它们，而旧的计算机则发放到个别教室。随着学校中由少数计算机组合成的“小型实验室”数目的增加，现在许多学校正试图在课堂上采用分布式计算机布局，它们可能被 2～3 个年级共享。教师可以先了解这些布局的基本问题，再考虑你的学校会选择什么布局，思考并做出抉择，这些将有助于你为班级做出最明智的计算机使用计划。

在教室环境中组织学习

无论你的班级有一台还是几台计算机，你自己的想法都必须与你使用教室计算机的计划相一致。正如使用任何其他的学习工具一样，在教室里使用计算机的方式能反映出你个人的教学风格和教育思想。你对在教学中使用计算机重要与否的特定态度，在很大程度上决定了你的学生对其有用性的看法。如果计算机只是放在落满灰尘的角落里，或者操作计算机的时间只是花在玩游戏上，学生自然无法看到计算机在他们学习中的潜在重要性。相反，如果学生感受到你对技术的热情，如果他们看到你不畏学习新事物，而是把它作为工具来完成真实的目标时，他们就会被技术所吸引，并主动参与到对技术的学习和实践中，他们未来也必将成功。简言之，下文提供的建议主要适用于拥有多台计算机的教室，教师可以对这些建议进行修改，使其适合于你所掌握的技术和学生的特殊需求。

教室布局

对你的教室的布置也是你对学习过程的一种观念陈述，而如何将技术设备整合进教室的物理空间则是这些观念陈述的延伸。要认真地计划如何让你和你的学生使用计算机，而不是将它们推到一旁的角落里（Anderson，1996）。

如果你计划让一两个人使用计算机而剩下的班级成员进行其他活动，你最好把计算机放在教室的一侧。因为计算机显示器上的内容可能会吸引正在其他地方活动的学生，所以不要将计算机背对着墙放置，而应该使显示器远离班级大多数成员的视野。如有需要，也可以移动书架或其他物品以创造一个更加独立的计算机空间。当然，这会使你观察、监督学生的进度变得更加困难，所以要调整你的监督习惯以适应这种改变。

如果是安排小组使用计算机，则要确保有足够的空间放置几张椅子，并且可以方便进出其他小组的活动区域。如果你计划将计算机作为一系列学习的中心，并充当学生轮流学习的工作站，就要事先计划好整个计算机的运作模式。要确认即使有人坐在计算机前，学生也能轻松地绕过活动区域（Waddick，1997）。

你可能试图把教室里的计算机作为向全班进行演示的辅助工具。在这种情况下，你需要确保计算机处在一个可以轻松连接投影设备或是能够轻松移动的地方。

除了学习需求决定计算机的摆放位置外，我们还必须考虑到教室物理环境的实际情况。比如，计算机必须处在可以连接电源的区域内。应该避免强光直射显示器，以防学生看不清屏幕。承载计算机的设备也应给予关注。一些学校购置了特别设计的电脑桌，有些学校则巧妙地直接使计算机显示器成为桌子的一部分，允许学生通过一个坚固的防水玻璃顶观看屏幕，但是这样做就抛弃了平面的学习空间，而平面空间可以让学生能够轻易地观察和被观察（Bozzone，1997）。如果你的学校没有购买任何特别的设备，你可能就需要创造性地将现有的课桌和凳子手工拼接成个计算机工作站。花些时间使这个工作站尽可能在人体工程学意义上适合你的学生，比如升高或降低桌腿长度。这些准备工作将帮助你实现一个更具功能性的技术课堂（见图 13—2、图 13—3、图 13—4 和图 13—5）。

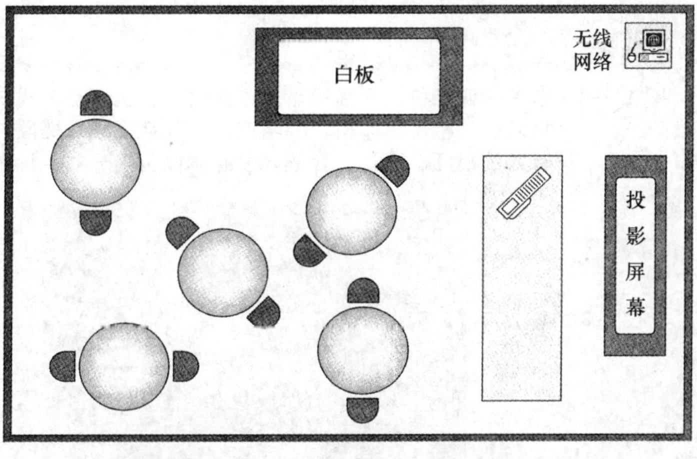

图 13—2　备有计算机和交互式白板、显示屏的一般性教室环境

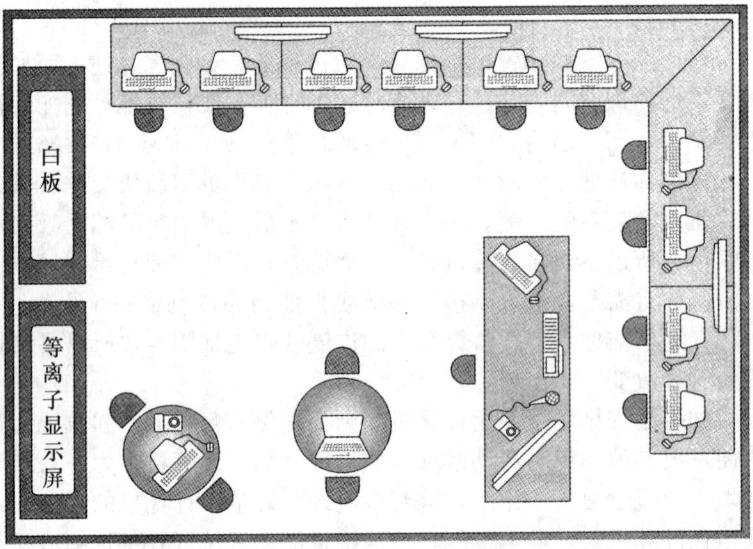

图 13—3　备有数码相机、无线投影仪、无线计算机、交互式白板或高清电视屏幕、打印机和多媒体设备的一对一计算机教室

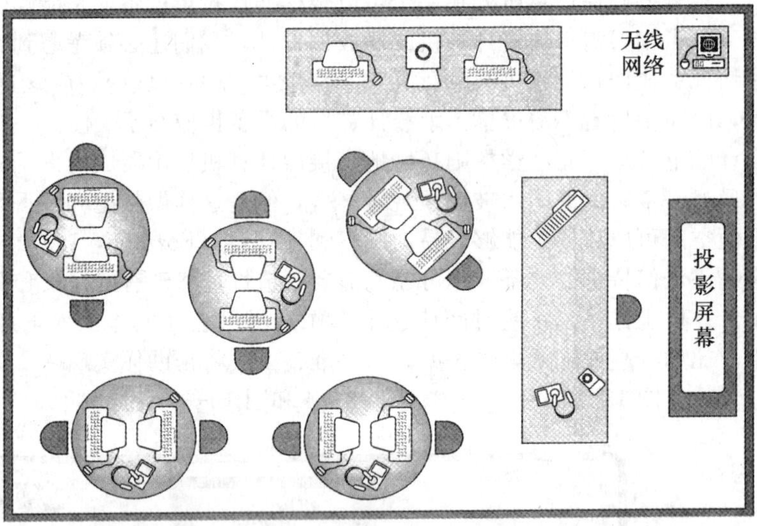

图 13—4　备有数码相机、无线投影仪、无线计算机、交互式白板或高清电视屏幕、打印机、相片打印机、网络广播、数字视频点播硬件和软件，以及完整有效的视频、图片、音频等多媒体设备的一对一计算机教室

图 13—5　教室计算机工作站

技术支持

当计算机放置到教室后，教师必须为日常的技术设备维护负起责任。尽管学校或学区会提供专门的技术专家，但你需要对基本的危机处理策略足够熟悉，以排除技术不熟练对学生学习造成的长期干扰。你需要花时间去学习怎样将线路连接到主机和其他外部设备（如显示器和打印机）上。将软件的桌面图标按固定顺序排列好，以使学生能够快速、轻松地找到他们所需要的应用程序，而不用求助于其他帮助程序。

对硬件和软件的适时维护可以防止一些潜在的问题出现。例如，每星期对主机和显示器进行除尘；确保软盘远离电磁设备和过热或过冷的环境。根据学生的年龄或能力水平，教师应教授他们掌握日常的操作和维护程序，比如安装一个新的光驱或向打印机中添加纸张。当出现技术问题或其他问题时，你可以一边思考，一边向你的学生说出你的解决方案，并演示你是如何解决问题的，这样就为学生提供了一个解决问题的真实案例。学生越能独立地操作教室中的计算机，他们就越有信心使用计算机。

安排学生使用计算机

学生有权知道你对他们使用计算机的要求，就像他们应该了解其他学习和行为习惯的要求一样。要让学生清楚什么时候适合使用计算机，什么时候应该关注自己的学习，这样将避免学生每次听到一个新的声音或在刚进入教室时就围在计算机旁。

无论你的教室中有几台计算机，你都应该通过巧妙的时间安排为学生的计算机学习设计出有效的策略，学生需要花时间用两种不同的方法来使用计算机。首先，最基本的是为学生提供时间去探索和学习如何使用计算机的硬件和软件。这可能是一次信息探索，或者是使学生用一种特殊技能或程序去学习的建构过程。其次，学生还必须花时间利用他们所学的技能完成课堂作业目标。应允许学生在个人学习时间使用技术去完成课堂作业或者处理个别项目，但同时必须要求学生有一个系统化的最终作品。

有许多不同的策略可以用来教授新的计算机技能。你可以选择用投影设备向整个班级一次性演示教学内容，如用 Word 软件处理文本或将文件保存在校园网上这样一些基本的操作技能。如果你有一个新软件，你可以先向一对学生演示，再让他们教下一对学生，以此类推从而完成软件的推广。你也可以写一些难度适中的指南，让学生自己去发现如何使用图像处理软件。不管用什么方法，在学生使用计算机解决现实问题之前，必须给学生时间去实践这些计算机技能。一旦学生有信心使用这些基本技能，他们就能应用所学的知识去完成其他的学习目标。

计算机使用时间申请表是教师组织学生使用计算机的一种工具。遗憾的是，如果学生只有在完成其他作业后才可以申请使用计算机，那么将只有少数出类拔萃的学生能获得正规的计算机经验。为计算机的使用新建一个每周计划表，将有助于强化学生在人机比例高的教室中获得平等使用计算机的机会。在教室里可以以 30 分钟为一个时间间隔将课堂时间分成几个时间段，教师要安排好学生使用计算机的顺序，以使每个学生既有时间实践新的技能，也能使用技术解决现实中的问题。最好能安排两个相对独立的学习时间，为学生提供实现高质量学习的最佳机会。让学生可以独立地学习计算机技能，而不耽误其他学习的时间。根据学生的经验等级和特殊需要让他们合作学习会比独立学习更加有效。教师应公布日程表以便让学生知道每周的上机时间和机房开放时间（见图 13—6）。根据日程表，学生可以计划各自使用计算机的时间，从而使学生在需要使用计算机时就有机会去写故事或创作图画，而不需要将任务延迟到每周一两次的上机操作来完成。日程表的公开化也能鼓励学生监督其他同学对计算机的使用。当一个学生的上机时间结束后，他能提醒名单上的下一个人，使得教师可以集中精力去指导其他学生的学习。

	Monday	Tuesday	Wednesday	Thursday	Friday
8:00-8:30	Raymond	Jenny	Maura	Mary	Donna
8:30-9:00	Jonathon			Gene	Jeffrey
9:00-9:30		Ally	Tonya	Winston	
9:30-10:00	Rachel	John	Robin		
10:00-10:30		David			
10:30-11:00	Alex	Elaine		Harmony	Vonny
11:00-11:30	LUNCH				
11:30-12:00	RECESS				
12:00-12:30	Tricia	Joshua		Greg	Tommy
12:30-1:00			Gina	James	Shawna
1:00-1:30			Troy		
1:30-2:00	Marisa	Gwen		Jimmy	
2:00-2:30	Whitney		Travis		
2:30-3:00					

图 13—6　每周上机时间表

协　助

一个运用多种技术设备的教室要想完美地发挥其功能，同时还需要一些资源的协助。有计算机经验的家长志愿者能够为教师提供所需的技术支持，而那些还是计算机新手的家长则可以在与学生一起学习的过程中给予学生鼓励和监督。那些能抽出时间的高年级学生能够详细地教授低年级学生使用一款新软件，或是帮助他们完成一些动手作业，比如在 Word 里键入文本。同龄人同样可以像教师一样帮助别人，共享独有的技能或一起合作来解决难题。他们经常能够填补教师不熟悉的专门技术的空白。

教师要引导学生利用他人所提供的各种帮助，以避免他们在学习上对教师的独有依赖。使用计算机教学是一门很难的课程，特别要考虑到由计算机日常使用所带来的固有技术难题。简单的打印机卡纸或是光驱故障都会致使计算机瞬间瘫痪而不能使用。学生的第一反应是想到教师一个人就能挽救状况，而且，的确有很多刚使用技术的教师都陷入了为解决各种不断出现的技术性的小毛病而疲于奔命的困境。如果任由这种习惯继续，那么教师将成为一个专门的技术问题解决者，从而浪费过多的时间。在你的教室中营造一种独立解决问题的氛围将有助于学生独立解决各种技术难题。

团队合作

正如教师需要对使用仅有的几台计算机而绞尽脑汁地安排时间表一样，要合理利用仅有的几台计算机仍存在相当的限制。与同事开展团队合作将是一个明智的选择，这对你的学生来说意义可能非常重大。最大程度地使用教室里的计算机的一个简单方法是同其他教师一起制定一个时间表，当他们的学生不使用计算机时，你的学生能够去使用；反之亦然。当学校内的计算机数量与学生人数的比值很低时，安排计算机使用的关键应该是使机器空闲时间最小化。

在单机环境中组织学习

单机环境并不是理想的情形。但是，只要有认真的计划、进取创新的精神，之前讨论过的意见都可以被修改以适应单机教室的计算机学习（Banaszerski，1997）。如果学生定期轮流使用一台计算机，那么学生将生成这种印象：那是别人的计算机，而学生没有机会去用它。

一个更出众的，也是潜在更为有效的做法是考虑与其他教师成立小组，将你们的单机放在一起创建成一个微型实验室。一位教师可以在教室的一角建一个实验室，并制定一个时间表使得班级的所有学生能够一起在投影仪或软件上学习。当各个地方的教师都在努力将技术有效整合到日常学习的经历中时，就必须对他们一起工作时可能产生的创新保持开放接受的态度。

在实验室环境中组织学习

如果学生大多数时间都是在计算机实验室中度过的，那么之前提到的考虑和计划的程序就能够成功实现这些技术的使用。在实验室环境中，许多计划和执行程序与之前讨论的计算机在教室中的应用是相似的，不同之处在于你在教室布置与日程安排上的自由度会减少。将整个班级的学生安排到计算机实验室中而却对将要做什么毫无计划，这只会将学生们的宝贵时间浪费在计算机上，并会让参与其中的每个人产生挫折感。要考虑以下各个因素，因为它们都与你所在学校的实际情况密切相关（Wodarz，2003）。

设　备

“时刻做好准备”是教师一生的座右铭。当提到“技术”这个词时，这句座右铭更应该成为金科玉律。你需要熟悉学生将要使用的设备以便能够有效地促进他们的学习。虽然这并不意味着你需要成为一名技术专家，但你必须至少对操作足够熟悉，以丰富学生的学习经验。

计算机技术是一个独特的领域，它引导教师重新认识到他们必须知道在课堂上所教的每一件事。事实上，学生可能对于某个软件或硬件比教师知道的更多，他们比教师更不惧怕探索未知。虽然教师有多种方式去鼓励学生施展这些个人长处，并引导他们对实验的渴望，但教师个人同时也应该努力达到熟悉新技术的水平。如果你在上课之前花时间走进计算机实验室使计算机的配置达到令人满意，那么在计算机实验室里的教学过程将会更加紧密地融入现行课程，并因此使学生获得更好的教育。

课前计划

为了最大程度地简化每周计算机实验室的实验，学生首先必须知道他们要做什么以及教师对他们的期望是什么。如果学生必须等到已经坐在实验室里才知道他们的时间将怎样度过，那么他们宝贵的时间将会白白流逝。教师应该在课程中安排合适的时间进行实验前的计划，并为学生提供他们所需的所有资源。例如，如果小组需要记笔记，那么他们手中应有纸和笔；如果他们要用制作工具去完成一项作业，比如用 Word 软件输入他们写好的故事，那么这样的工具软件应该在学生进入实验室前就准备好。如果可能，在学生进入实验室之前可以先进行教学并讨论学习策略，这样不仅可以最大化利用实验室的时间，也使得学生在学习时能有一种饱满连贯的精神状态，同时也会促使学生将在计算机实验室中所学的内容和在教室中所学的内容连通起来。这种策略反映了这样一种观点，即技术只是教学工具库中的一种工具，而不是特殊的、与课堂毫无关联的活动。

协　助

在课程中计划使用计算机实验室时，一个重要的考虑就是你能依靠的协助范围。如果你所在的学校或学区聘用了一名制定的技术教师，你要知道这名教师有多长时间能为你提供帮助。基于对特殊情况的考虑，一些技术专家可能会与你一起计划技术的教学整合，与你共同教学，甚至教授整节技术课。有时几所学校不得不共用一名技术教师，这就意味着这名教师为单个教师提供帮助的时间是有限的。不幸的是，由于缺少资金或教师兴趣不足，一些学区无法提供额外的技术帮助。这种情况无形中增加了教师实施技术课的负担。现在，大量的教育期刊发表的关于技术类的文章，为课堂教学和计划提供了最新且非常实用的建议。订阅一些这样的期刊会鼓励教师开展关于校内技术应该如何有效整合的讨论。无论如何，清楚自己期望何种类型的帮助将使你能有针对性地进行计划（见图 13—7）。Generation YES 项目（参见 http://genyes.com）为年轻人提供了这种机会，该项目通过提供必要的技术支持帮助教师用技术改进教育。此外，TechYES 还提供了一个名为 TechYES 的学生技术能力认证项目（参见 http://genyes.com/programs/techyes）。

图 13—7　一位家长用计算机辅助学生学习

团队合作与创新计划

在缺少额外帮助的情况下，或是打算利用合作的优势时，教师必须在他们的学校中找到与同事合作的机会。与同龄教师合作可以扩展思路、节省教学时间，但是即便如此，仍存在由技术带来的新的和潜在的浪费时间的可能性。没有必要为了利用计算机而每次重新做教学计划。与其他教师一起讨论你所面临的困难和挑战将激励你成长，这比教师的自我激励、自我探索将更加有益。

与同龄教师一起工作也要考虑到在计算机实验室中如何利用创新计划。如果每个班级每星期只有一次上机机会，那么可以考虑的是，如果两个班级在实验室一同学习就能得到两次上机机会。与搭档共用计算机进行学习通常是一个好的学习方法，而与此同时，学生也能从两个教师合作教授的专门技术中受益匪浅。如果一两个学生不能和班级一起去实验室，或者他们需要更多的时间去做一个项目，那么开展一个与其他教师的合作计划将允许他们在其他班级上机的时间里进行计算机操作。在学校环境中利用新型技术，能够让那些不愿意与其他人共享资源的教师认识到合作的诸多优势。

实验室基本规章

正如你的班级要靠基本的教室规章制度来维持秩序一样，学生们也应该熟悉一些规章制度，以使他们在计算机实验室中开展操作时更加顺畅。尽管大多数日常教室规章都可以应用到实验室，但计算机实验室的教学比较特殊，因为实验室是一个纯粹由机器堆起来的房间。由于实验室中摆放着很多设备，机箱后面的电缆和电线尤其多，因此对房间的重新布局可能具有挑战性甚至具有潜在的危险性。许多实验室将电脑桌沿房间的边墙摆放，这意味着学生只要坐着便能够直接看到任意一边的其他学生或与他们对话，但他们必须站起来才能与他人充分交流。桌子被排成长列的实验室会使室内的前后移动变得困难。将 4 台计算机放在一起组成小组显示出了对学生交流和活动的充分考虑。遗憾的是，尽管最好的安排可能已经考虑到了学生的需求和教师的教学理念，但这些类型的房间布置却不是由你决定的。教师使用公立学校实验室大多都要得到实验室最初建造者的允许。

放在桌子上的大显示器容易挡住学生的脸，这使监控学生或者与学生交流变得困难。一台计算机的小噪声可能不会打扰正常的对话，但是当你试图使房间里的某个人集中注意力时，一个摆满计算机的房间可能听起来像什么东西轰轰作响。此外，许多教育软件程序非常依赖音响效果，这使得房间可能会变成叮当作响的竞技场。最终，学生们可能只是过于热情地参与他们所做的互动学习以至于注意不到他们周围在发生些什么。教给学生一些简单的、适合他们的行为习惯和个人管理方式，将有利于在计算机实验室中营造一种更加良好的氛围。在启动计算机之前向学生解释一些需要遵守的原则，会鼓励他们采用并继续遵循这些习惯。

行为和沟通模式。要让学生建立起清晰的行为和沟通模式。要考虑到房间的规划，包括布线位置和学生活动区域的空间大小。要使学生能够安全地通过实验室并确保对其他正在学习的学生的干扰达到最小。确定学生在需要时能站起来并在房间里自由移动或者坐着就能直接和旁边的学生说话。制定规章制度约束学生在上课时的活动空间可以确保学生的安全及教室的秩序。

求助信号。有时很难在众多的计算机显示器中发现一只因求助而举起的小手，所以需要另一种能够吸引注意力的方法。一些实验室有标牌或其他物体，学生能够将它们放在显示器的顶部，以使教师可以及时看到有人需要帮助。提醒学生用这种方法而不是举手，这看似与他们在普通教室举手的习惯不同，但是总的来说，这比学生在需要帮助时大声嚷嚷要好得多。此外，它能让其他帮助者，如搭档或高年级的学生对其求助作出回应。

全体注意信号。由于在实验室环境下很难吸引学生的注意力，所以有一个抢眼的信号让学生知道你需要他们注意就显得至关重要。闪烁灯光是个好办法。在一个固定的地方发出注意信号，会帮助你更快地吸引学生的注意力。

离开时间。在实验室中时间似乎过得非常快，但准备离开所需要的时间可能很长。学生不仅需要到达一个合适的学习结束点，还需要保存文件、结束程序及关闭系统。在课程快结束时，给学生足够的提醒以便他们有时间准备结束，这将节省班级成员等待其他同学所浪费的时间，也避免与下一个进入实验室的班级发生冲突。

志愿帮助者。为了给学生提供最好的机会以在计算机实验室中获得成功，并减少他们坐在那里无所事事等待教室帮助的时间，应该在实验室申请额外帮助。除了理论教学外，学生在使用新的软件程序的过程中碰到一些经常出现的技术问题时也会寻求帮助。许多家长有使用计算机的经验或者愿意成为志愿者，尽管他们其实还缺少系统的计算机知识，但他们可以在自己熟悉的领域去帮助学生。其他有用的帮助可以来自高年级的学生，可以安排他们在你的实验室时间里提供帮助。你甚至可以用自己班级的学生作为技术监督者去服务其他同学，与同学合作解决难题，并在需要你时通知你。要确保无论由谁提供帮助，都要向全班介绍他，以使学生知道谁在帮助他们。如果你平时在班里不用外援，那么在学生们不再只是依赖你之前，要帮助他们建立起对外援的信任。各种帮助的结合能够在计算机实验室中创造良好的氛围。

文件存储

为了鼓励学生有成效地使用技术，教师经常要求他们参与几个阶段的课程，以学习处理事件的方法。因此，学生要能够通过使用一些存储方法来保存他们的作品以便下次再用。

如果学生每次在实验室中都坐在同一台计算机前，一种存储方案是让他们将作品保存在特定计算机硬盘的指定目录中。这样，所有使用实验室的教师和学生都需要接受一个共同的目录结构。每个学生都可以在他们使用的计算机上建立目录。学生需要得到关于在哪里以及如何保存作品的指导，以避免损坏硬盘上别人的文件或其他应用程序。

如果学校连接了局域网，学生的作品可以保存到网络硬盘上，并与其他学校的计算机链接。这样，学生每次在实验室中就可以坐在不同的位置，或是在校园内的任意一台计算机上编辑他们的作品。在网络上应该设计一个有组织的目录结构，比如在某一教师的名下为所属班级的所有学生建立目录。

如果没有建立网络，在实验室计算机的硬盘上保存作品会限制项目的未来开展。在这种情况下，学生可以将作品保存在磁盘上。每个学生应该学会如何插入和取出磁盘，如何保存它们，以及如何最好地保养它们。由于磁盘具有易碎性，你需要开发一个集体存放磁盘的地方，比如将所有贴好学生名字的磁盘放在一个方便带到实验室的盒子里。高年级的学生也许能保管好他们自己的磁盘，但也应该牢记一个观念：要给所有重要文件做备份（见图 13—8）。

图 13—8　把学生的 CD、DVD 和磁盘组织在一起

图书馆媒体中心的作用

充当信息的管理者、学生的帮助者以及知识的学习者，这是教师和媒体专家要担任的新角色。用多媒体技术学习可以使用于讨论、思考的时间最大化，并使对数据、问题及难题进行有远见的回答所用的时间最大化（Gold，2005）。

将数字化叙事作为一种教学策略既省时又高效（见第 14 章）。小学图书馆媒体中心经常充分利用这种策略，并为撰写书评、创作小品、讲故事等目的提供免费的借阅、浏览和阅读服务。浏览光盘上的电子图书、磁带上的故事、精彩的图书录影带、外文图书以及弹出的菜单和动画都是一种享受。

居住在“地球村”中，世界各国之间的物理障碍已经消除，与此同时，文化差异也凸显出来。图书馆媒体中心可以为学习者提供其所需要的各种形式的资料和资源（Hauser，2003）。一般的参考资料如百科全书（如格罗里埃电子出版社出版的《新格罗里埃多媒体百科全书》（The New Grolier Multimedia Encyclopedia））、年鉴、字典、辞典、地图、地球仪和图表都可以通过 CD、DVD 或光驱网络、互联网和网络服务器等获得。一个图书馆的数字管理系统和传统资源也可以包括海报、多媒体工具、录音带、电影、录像带、模型和缩微模型等。

可以在图书馆媒体中心里设置一个共享作品区让教员和学生去创作和展示自己的教学和学习资料。理想情况下，要给教员、学生和图书馆媒体专家提供 2～3 个工作区域。可以为工作区域提供扫描仪、数模转化器、复印机、打印机、集成互联网、网页制作工具、VCR、电视和数码相机、音响设备、CD 刻录机、网络服务器和计算机投影仪。软件可以包括桌面显示程序、文字和图像编辑程序、美术裁剪、字体和图形美化程序以及多媒体出版工具，如 Multimedia and Publishing and Teacher Productivity Tools、HyperStudio 以及 mPower。整合的工作区域还可以包括暗室设备，多站点计算机实验室和带有编辑设备的视听工作室。

媒体中心的相关区域应该包括 CD 和 DVD 播放机以方便提供更多格式的信息资源，应该有宽敞、灵活的空间以适应小型或大型的演示以及个人研究，还应该拥有在线电子网络、数据库服务以及电视会议能力。此外，还应具有大屏幕显示能力以及媒体资源交换机用于教学演示。一些相关区域包括为学生提供作品和直观教具的展示空间。除了 CD-ROM 或 DVD 播放器外，还可以装配一些方便抓屏、扫描和浏览的设备，以及手提设备的电源和输入输出源的固定点（Ferguson，2000）。

许多新建的图书馆媒体中心同时也下设一个相连的计算机实验室和一个数理实验中心，包括机器人学如 Robolab、计算机显微镜如 Intel Play QX3 计算机、一个包括在线数据库和模拟材料的条码天气收集设备及教育软件，此外还有计算机、打印机、扫描仪、数码相机和具备显示能力的图形计算器。使用真实生活中的模型、模式、数据和问题作为学习活动基础的教学实践正在发展之中。

可以使图书馆中心馆藏通过学校其他地方或网上的媒体管理系统和计算机终端为教员和学习者提供即时服务，并分享其他有效资源和资料，以此为教师提供提高或修改教学的能力。如果学校图书馆媒体中心与其他图书馆共享项目的资源，那么其资源的质量会更高。

能够灵活利用空间以及在媒体中心和学校以外获取电子化信息是设计或重建学校图书馆媒体中心时要考虑的两个关键因素（Maxwell，2000）。图书馆媒体中心必须收集、分配和传输所有格式的信息，以供成千上万的使用者同时使用。在 21 世纪的图书馆媒体中心里阅读、浏览、获取信息和学习都被看成是愉快的终身学习的典范。

学校趣事

学生在计算机实验室中准备幻灯片演示

沙鲁达和亚当一起坐在靠近教室门边的计算机前。这是他们这个星期的“学习时间”，这个星期的任务是学习贾沃斯卡女士上星期向他们演示的新软件PowerPoint。贾沃斯卡女士告诉学生可以使用 PowerPoint 演示他们的历史作业。

沙鲁达拿起一个名为“试试这个”的活动手册，这是贾沃斯卡女士为帮助他们完成接下来 30 分钟的作业而留在计算机旁的。沙鲁达向亚当大声读出第一项活动：“做一张新幻灯片”。

两个人按照活动手册做了第一张幻灯片样张。他们互相提醒对方贾沃斯卡女士是怎样演示这个程序的，并一起想办法做出她没有演示过的几张幻灯片。活动手册中的最后一个项目要求他们思考在现实情况中应用该程序的途径。

“我想我们能够做一些幻灯片展示我们在历史课上所学到的知识。”亚当说，“也许我们可以在屏幕上输入我们想说的话，然后当在家长面前演讲时，我们可以只对着屏幕读。如果我们忘记要说什么，我们只要看看屏幕就行了。”

“是的，”沙鲁达说，“我们还可以在里面放些图片以使它看起来更好些。我的幻灯片是有关殖民者的，所以我可以找一些关于‘五月花号’或那个年代的图片。但我不想等太久再去尝试。我认为我将在明天的创作时间或在计算机实验室里就做这些幻灯片。”

两个人在剩下的时间练习展示他们的幻灯片，试着像贾沃斯卡女士那样在不看屏幕的情况下进行讲解。

DVD/视频插图——解决一个逻辑推理问题

观察学生利用计算器解决一个逻辑推理问题的过程，然后让他们使用智能板和截屏程序演示他们的解决方案。在这种情况下，你会怎样管理和组织学生？

总　结

由于学区的资金不足使得学校无法为每个学生购买计算机，所以必须要对现有机器进行最佳的地域配置。学校可以选择将它们分布在单个教室里，或将它们一起放进计算机实验室，或在这两者之间做一些变化。两种极端的支持者之间的争论仍在进行中，但不管将它们放在哪，教师必须为使用技术教学制定一些策略。

对于放在教室里的计算机，学生以自发的、综合的方式使用电子工具。虽然只有一台计算机，但小组学生可以在任何时间学习。教师可能不得不多次教授同一概念以使每个人都有机会学习。对于安装在实验室里的计算机，所有学生可以同时学习同一事物，但是学校的所有学生每星期都只能接触一次计算机，这让技术变成一项与其他学习毫无关联的特殊活动。低成本计算机的出现使一对一的移动学习成为大多数学校和许多州的目标。

不管教室里有几台计算机或者计算机摆放在什么位置，教师必须制定出策略使教学效果达到最佳。计算机放在教室里时，教师应该认真规划计算机的位置以适应其使用意图。一个使用计算机的日程表可以确保学生平等地使用计算机。基础技术程序的指导可以使学生解决许多简单的技术问题。为了使在实验室中的学习恰当有效，教师需要做好准备并扩充自己的知识。提供给学生所需的信息，并确定学生在实验室时间里的学习目标，以使他们在进入实验室之前有一个适当的学习准备。应强调把实验所学与其他学习过程联系起来。在有多媒体计算机轰鸣的房间里，学习的特殊性在于：要求教师教给学生寻求帮助、集中注意力、确保安全和保存文件等特定行为。

向家长或高年级的学生求助，使得学生在任何环境中流畅地使用计算机成为可能。教师与同事间的创新性合作能够为学生创造更多的学习机会，从而将计算机作为努力学习的工具。

看看你能做什么！

1. 访问中小学校并与教师交谈。这些学校的计算机是怎样被组织使用的？教师是怎样使这种安排融入有效的学习环境中的？

2. 用一个真实的课堂周教学日程表作为向导，依据你的想法为学生排列一个周计算机使用日程表。在不使任何一名学生错过参与机会的情况下，每人每周使用教室计算机的时间有多长？在日程表上有多少空闲时间供学生自由使用？

3. 在实验室和教室中放置计算机各有何优缺点？

4. 为你的学生准备一份购买计算机的预算计划，在计划中要考虑当前零售计算机的大概价格，以及必要的电脑桌的价格。

5. 写一份有关“解决一个逻辑推理问题”的 DVD/视频插图的授课计划，以有效地与计算机实验室活动相结合为主要目的。计划中应包括相关的事先准备和后续活动，并阐述技术工具要如何使用才能融入环境。

6. 写一封致家长信，确认家长是否愿意花时间帮助学生使用技术。

7. 参观当地学校的计算机实验室。根据房间规划的特殊性，写出你认为需要注意的实验室安全组织规章制度。

8. 设计一个平面图以促进在单机教室或六机教室中计算机的有效使用。

9. 设计一个事件单元，使在单机教室或六机教室中可以有效整合计算机的使用。这个设计计划中应包括相关的事先准备和后续活动，以使技术工具的使用融入环境。

10. 在使用计算机时，计划团队合作的方法有哪些？在新团队中怎样鼓励成员间的合作？

11. 你对未来教室的设想是怎样的？现有的规章有多少能被保留并继续应用？

12. 复习“解决一个逻辑推理问题”的DVD/视频插图。确定并写出课程所涉及的面向学生的国家教育技术标准。写出该课程的优缺点。对比你和学生们的结果，思考这个课程是否有可能不需要使用技术。

13. 列出已经开展一对一的移动学习的州。列出各个州所实施的项目之间的差异。

14. 除了计算机以外，准备一对一的移动学习还要求有何种类型的技术支持？

15. 在学校或学区实施GenYES项目需要采取哪些步骤？

我的实验学校

组织和管理课堂中技术的应用

第一个视频——“Wireless WebQuest”呈现了一位实习教师探究教授高中语言艺术课时，在课堂中利用无线计算机实验室的情况。第二个视频——“Using Concept Mapping Software”则解释了技术是如何整合到计算机课堂中的。

- 登录网站www.mylabschool.com，在“Course”菜单下选择“Educational Technology”，进入“A University and Rural School Division Partnership”视频链接，观看视频“Wireless WebQuest”。

你也可以在搜索栏中输入ETV7直接找到这个视频。

- 登录网站www.mylabschool.com，在“Course”菜单下选择“Educational Technology”，进入“Methods to Classroom”视频链接，观看视频“Using Concept Mapping Software”。

你也可以在搜索栏中输入ETV19直接找到这个视频。

递交一篇论文，论述在课堂中促使学生利用技术的各种策略有哪些相似点和不同点。你是如何判定学生对技术利用的不同程度的？

配套网上资源

登录网站www.ablongman.com/bitter7e，获取本章的教学目标、实践测试、网站链接、词汇表、动画卡片以及本章完整的参考书目。

第14章 多媒体制作和演示——播客和数字化叙事

焦点问题 ▶▶▶

- 如何使多媒体作品指导教学设计过程？
- 哪些类型的媒体可以用来提高教学演示的效果？
- 在进行多媒体技术演示之前，需要做哪些准备工作？
- 数字化叙事在教学中有什么作用？
- 播客在教学中有什么作用？
- 如何将流媒体运用到课堂中？
- 在多媒体教学中，故事画片的作用是什么？
- 在编写和演示多媒体作品或者项目的时候，我们应该考虑哪些硬件问题？
- 在编写和演示多媒体作品或者项目的时候，我们应该考虑哪些软件问题？
- 如何查询有助于教师准备和讲授一堂课的流媒体素材？

当今的教育大力提倡真实的、基于项目的教学和评价，因此教育者和学生都可以利用技术的潜在优势实现新的教学目标。技术提供了一些令人惊叹的机会来编辑不同的、高质量的信息化产品，并且把这些产品以一种有意义的方式有效地呈现给具有不同需要的人。

多媒体作品之所以如此命名，是因为它们是通过整合不同类型的信息媒体（如文本、图表、影像、声音和动画等）设计而成的。与那种学习者被动地坐着，接受仅仅运用单一方式呈现信息的传统授课方式相反，如今的多媒体可以满足不同的学习和教学风格的需要。在传统的教学内容讲授过程中，信息陈述的顺序主要由教师控制，而利用多媒体终端设备可以改进传统的演示过程，而演示信息的顺序主要取决于演示者。在多媒体终端中，多媒体可以构建超媒体环境，使用者可以以此自由地决定探究的方式或者探究的方向。超媒体结构创造了一个没有文本学习材料的线性束缚环境。超媒体环境可以让使用者以任何他所期望的顺序获得信息。这个信息获得过程模拟了人类学习和考虑问题的知识结构，是一种自然的、非线性的方式。使用多媒体元素综合信息所具备的灵活性和交互性，可以创建一个与演示者和学习者的个体思考方式都相适应的感觉经验。

创建多媒体产品的过程反映了这样的哲学道理：在课堂里，教师和学生有时候都会扮演专家和学习者的双重角色，双方都可以使用技术来准备和呈现连贯的课程或者展示已经学到的单元知识。伴随着技术的使用，多媒体项目应该视为常规课堂上教学、学习和评价过程中的自然组成部分，而不是一些可以随意取舍的部分。本章将重点描述当使用技术来创作真实作品并且把它们展现给其他人时，教师和学生可以参考借鉴的实践过程。

规划和研究准备

界定目标

创建一个多媒体作品的过程不仅可以提供实时采集和利用技术的技巧，也为设想、规划和做出有目的的选择提供了实践的机会。在任何课程里，如果你在最开始就了解每个项目的不同目的，你和你的学生就可以做出最充分的准备并能明确这项技术的独特优势。如目标观众是谁？技术在创造和演示多媒体作品过程中发挥多大程度的作用？当需要为你所教班级的学生设计一堂关于你所在地区的恒温动物与冷血动物之间的差别的课程时，更需要不同的准备工作来说服学校委员会购买更新更安全的设备。下面是教师和学生都可以参考的各类多媒体项目设计示例。

课程：无论是由老师传授还是由同伴传授，都可以利用多样化的多媒体将新的概念演示给所有的学习者，以确保其进行有意义的学习。可以为整个班级、小组以及个别化辅导而备课。

研究项目或者报告书：收集资源和撰写报告，然后选择相关的多媒体技术按照主题和作者分类来编辑它们。这些项目可作为整体评价的唯一形式，或者用来对其他较传统的评估重新进行全面审视。

故事或者游戏：可以通过附加媒体元素并给使用者一些决策权来将由学生编写的简单故事转化成为一个交互项目，学生可以选择是对一个故事作些简单的文字处理，还是附带插入一些个人绘制的图片。

父母或者社区信息化工程：可以很好地结合文本和媒体元素以向其他人呈现法规、当前时事和政策。例如，通过播放连续的幻灯片，参与者仿佛进入一个房间或者独自开始户外自助旅游。

电子档案袋：正如艺术家们保存他们已经制作完成的样本那样，学生可以选择一些书面作品、扫描图像、照片和事件影片，将其集合到一起，并且以他们自己的观点录制一段旁白来描述每一作品的重要性。学生可以选择他们最想介绍的作品，甚至可以在老师、父母和同伴的面前对自己的选择进行阐述。电子档案袋反映出当前的教育理念是重视学生在积极地做些什么，而不是依靠静态分数来查看他们在整个教学过程中学到了什么。教师也可以为电子档案袋能记录教学并促进专业发展提供一些具有说服力的证明。

背景研究

与传统的项目一样，媒体项目需要可靠、精确的内容。学生和教师永远不要错误地认为音频剪辑和漂亮的图片可以弥补不充分的说明或欠缺的事实例证。如果你要给学生上一堂课，请设法确保你有明确的目标和真实可信的例子。学生应该遵循他们通常使用的研究技巧和创作过程，充分利用纸质的和电子的资源。笔记和其他文本可以在这个阶段作文字处理或者简单的手写处理。如果这个文本已经经过校正并且准备制成最终草案形式，这将有利于后续工作的开展。

故事画片

形象地规划一个项目的组织结构的重要性已经在第8章关于设计网络教学的内容中有所强调，而成功地创建其他电子项目也同样重要。你和你的学生应该列出项目最终草案的书面标题，并且把它们转成故事画片形式，例如对12.5cm×17.5cm样式的索引卡而言，可以很容易地对其进行排列，以生成可视化且合乎逻辑的信息流。创建故事画片可以使用不同数量的细节元素，这些细节元素有助于将草图制作成完美的图表。当然，也可以根据你的目的、时间限制和观众的知识水平重新确定这些细节元素。

屏幕设计

在计划阶段，考虑一些基本设计技巧有利于确保主题可以被清晰地演示。模仿那些供小学生使用的正反例子可以让学生对什么样的指导方针能够产生最清晰的演示作出个人判断。了解观众对演示或者教学的理解程度后，可以折中考虑所有人的建议。如果教学演示能充分利用非传统的文本或颜色搭配，那就应该尽可能地满足教学需求。无论你做出什么样的设计选择，切记保持一致性永远是重要的。随机设计将导致分散注意力的忙乱演示。图14—1列举了几条多媒体设计建议。

1. 限制每一张幻灯片上的文字数量。不同的学生观众可以处理不同数量的文本，但应在文本周围留些空白或者使用图表划分大的文本块。
2. 选择清晰易读的字体。一些字体在计算机显示器上或者投影到墙上显示时会很容易辨认。sans serif字体的特点是，其字母没有任何装饰，当这种字体的大小设定在18～24号时，从远距离最容易辨认。
3. 使用短语或者合理的关键词而不要进行完整的陈述。
4. 全部用大写字母书写的单词很难辨认。划线文本仅用于超级链接。
5. 使用适合主题和观众的颜色。确保文本颜色与背景颜色对比鲜明，例如在深色背景下使用浅色文本或者在浅色背景下使用深色文本。
6. 因实用的目的而使用图表或者其他媒体元素，而不是仅仅为了装饰。

图14—1 多媒体设计建议

制作多媒体元素

设计演示内容之后，你和你的学生就要开始考虑什么样的媒体元素能用来创建一个完整的学习过程。所包含的元素将取决于你所在学校可用设备的开放程度和质量，但是正如任何其他教学经验一样，机智和创造力将帮助你克服许多技术限制。

文　本

文本包括多媒体菜单、导航元素（如网站地图）和字符集。我们可以使用文字处理程序（如 Corel WordPerfect 或者 Microsoft Word）制作文本文件。当为多媒体创建文本时，需要确定在一张幻灯片上显示多少信息，以及相关页面或者链接将如何组织在一起。如果使用 Corel Presentations 或者 Microsoft PowerPoint（见图 14—2）放映幻灯片，所用的演示文本应该是重要的短语和含少量文本的短句。为了能有效地格式化信息，应注意下面的技巧：

● 把文本放在图表旁边。

● 把句子转化成一系列条目来进行列示。

● 使用空格来分开要点。

● 使用标题作为内容的总结。

● 把复杂的信息放进表格里。

● 字体。在免费的共享软件、CD-ROMs 以及 Corel DRAW 等应用软件里都有上百万种可使用的字体。这里有五种基本的字体样式：

serif。该种字体的大部分笔画的末端都有一个小圆点。Time New Roman 是最常见的 serif 字体。

san serif。san 意味着“无”，所以没有点盖住笔画。Helvetica 和 Arial 是最常见的 san serif 字体。

script。模仿书写的字体。Kaufman 和 Lucida Handwriting 是此种字体样式的例子。

novelty。有趣且浮华的字体不是为了大量的文本而设计的。这种类型的字体主要用来设计图标，一般情况下用于广告中特别是广告牌上。这类字体样式提供许多新颖字体，特别是那些专门为节假日准备的字体，例如 Bones、Snowcaps。

special purpose。满足特定需要的字体，如显示在银行账单底部的一组数字。它们主要用来满足技术的要求。

当选择字体颜色的时候，要注意使文本颜色和背景颜色有强烈的对比。例如，在浅色背景下使用深色文本或者在深色背景下使用浅色文本。如果需要投影显示演示文稿，一般使用浅色的文本和深色的背景，因为投影的颜色一般会比预先设定的颜色淡一些。

1. 熟知你的主题。确保你具有完备的事实依据。
2. 讲演时要富有感染力，并且态度诚恳。
3. 合理地组织你要演示的内容。在演讲开始时要告诉观众你所要讲的内容，最后要告诉他们你已经讲述了什么内容。其中要包括对细节的阐述。
4. 确保你的幻灯片看起来连贯并且色调一致。（使用模板）
5. 创建有意义的短标题。
6. 使用强调符号并且书写简单的陈述，使读者的注意力聚集到主要观点上。
7. 不要复述演示文稿的内容，而应谈论支持它们的细节。
8. 如果照片和图表有利于加深受众对你所讲内容的理解，可以使用它们来使你的阐述更为细致。
9. 适当地使用动态元素，如过渡和动画。
10. 提供幻灯片的打印稿。最好在授课开始的时候把它们分发出去，观众可能会做笔记。

图 14—2　PowerPoint 使用窍门

资料来源：Solomon（2004，June）. E-Communications 101. *Technology and Learning*，24（11），56。

选择的字体大小也依赖于视线距离。如果受众观看的是桌面显示器，可以使用一个 12～14 号字体，但是对于低龄儿童来说，应该使用更大点的字号。对于有一定距离观看大屏幕的小组来说，一般使用 22～28 号字体。不过，具体设置还要依赖于距离的远近。

图　解

图解可以包含任何视觉元素，甚至可以是艺术文本。演示文档的图解应该满足主要的教学目的而不仅仅是提供装饰或者偏离主题。图片可以表达文字隐含的概念，阐明那些仅仅用文本表达不清的内容。图解有若干来源，比如图片、绘画、图表和照片。

剪贴画。事先制作好的剪贴画图形可以从一个 CD 收藏夹或者其他项目的样本中剪切下来并放进自己的程序里。我们经常使用剪贴画，特别是对那些迟迟不敢尝试自己创作艺术作品的人来说，剪贴画是说明性内容的组成部分。当使用剪贴画时，要注意查阅版权信息。如果你正在使用一张 CD 光盘，版权信息会出现在图片目录前。一些收藏品的版权是免费的，没有任何使用限制，而有些则注明限制使用甚至禁止任意使用。

绘画。大部分整合软件包都包含图像处理程序，支持你创建自己的图片。Painting programs 提供了工具选择功能，允许你通过把不同的颜色分布到显示屏上来创建图片，这与你在帆布上使用颜料绘画很相似。这称为“电脑化制图”艺术。Drawing tool 支持通过用不同的线条组成不同的物体来创建插图，这些物体可以分别选取，并且可以随便移动到所需位置上（见图 14—3）。这样绘制的图形为“矢量手绘”图形。

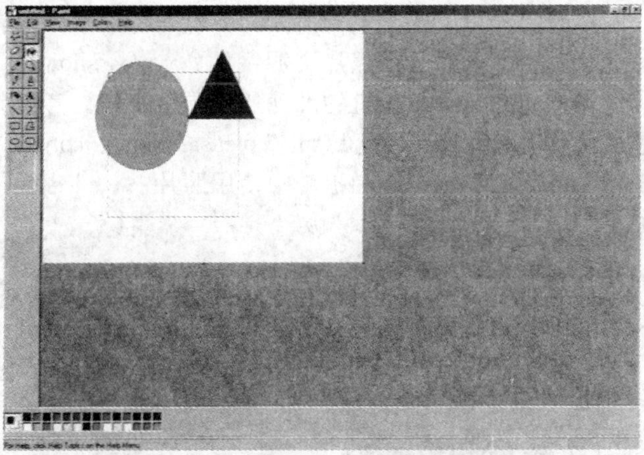

图 14—3　使用 Microsoft Windows 自带的绘图工具绘制的绘画作品

许多先进的计算机辅助设计软件使得喷气发动机、汽车部件、电路板、工具、桥梁和室内的设计具有更高的精确度。三维图像程序支持创建三维图像，许多三维制图工具不仅可以创造三维文本，还可以创造三维动画。三维建模工具支持将二维物体在一个虚拟的场景中显示。Mathematica 是一个集成技术运算系统，它整合了交互的计算结果（数字的和符号的）、形象化工具和一个完整的程序设计环境。

Mathematica 支持创建二维和三维图像。

屏幕捕获。屏幕捕获程序也是很实用的工具。大部分计算机拥有屏幕截图功能。例如，大部分计算机都有打印屏幕的选项，支持捕获在屏幕上看到的任何文本或者图片，并且可以把它保存为多种文件格式。我们可以非常容易地修改和编辑捕获到的图像。一些捕获程序支持你以各种方式编辑图像。你可以增加下拉阴影、创建一个按钮或者羽化边界。

扫描。扫描支持项目设计者将更大像素的图形元素添加进他们的演示过程。通过使用平台扫描仪，你可以把任何图片转换成数字格式，这样就可以将数字格式的图片添加到多媒体演示文档中（见图 14—4）。如写生和绘画、论文、杂志图片甚至照片等都可以被扫描到电脑中。如果使用有版权的图片来供学生学习，应该对材料原创者作适当的说明，并且如果你的演示拥有广大的潜在观众，应首先获得版权材料原创者的特许。

图 14—4 Viviscan DeskSaver 扫描仪

获取和编辑数字图片。数码相机可以像传统相机一样照相，但它不是把影像记录在胶片上，而是以数字化格式保存图像（见图 14—5）。当把数码相机连接到计算机上时，我们可以把图像下载到指定的硬盘上。一些照相机把图像存储在移动存储卡上。照片的内容可以是学生、家人、环境、特别事件或者其他令人感兴趣的事情。推荐一个比较优秀的数字照片资源网站：www. shortcourse. com。这个网站提供了有关选择和使用数码照相机的准确的指导性资料。考虑到价格因素，我们使用 Picasa 完成数字照片编辑（参见 http://picasa. google. com）。这款免费的 Google 软件支持学生在他们的演示文稿和报告中使用照片。

(a) 三星 SSC-410N 数码相机　　(b) 一台数码相机

图 14—5

视　频

摄像机的普及已经使视频制作者的工作空间延伸到工作室之外。视频片段可以用来叙述一件事或者一个过程，这样学习者才会有身临其境的感觉。在特殊设备的帮助下，我们可以很容易地将视频插入到多媒体演示文稿中。

利用视频剪辑。我们可以通过购买刻录在磁盘和 CD-ROM 上的视频来获得事先录制好的影像。此外，也可以通过搜索门户网站（如 http://Realguide. real. com、http://windowsmedia. com、http://broadcast. com。）来查找网上的视频材料。这些视频剪辑都是专业制作的，所以它们的质量通常很高。它们通常是免费的，所以可以用于教学目的。这些事先录制好的短片非常适用于介绍你不能亲自观察的主题，如野生动物或者历史事件。Google 图像是从网络中获取图片的很好站点，如果你比较关注版权问题，还有几个网站专门提供无版权的图片。PowerPoint 支持通过使用“插入”命令直接把视频嵌入 PowerPoint 幻灯片，这样使得视频可以无缝隙地组合在幻灯片中。流媒体是指在互联网上可以直接观看的视频（Ross，2005）。很多流媒体图书馆也包含与教育相关的内容（参见在配套网站 www. ablongman. com/bitter7e 内罗列的流媒体网站清单）。流媒体可以加强任何一节课的课堂教学或者课件演示的效果。

数字化预录视频。当从一个使用标准 VCR 或者摄像机录制的磁带中选取一段视频剪辑时，必须将它转换成数字格式，以便于将其整合到多媒体程序中。数字化应用程序能够用来完成这个过程并且可以按照指定的格式生成一段影片，包括 QuickTime 影片和 AVI 格式文件（见图 14—6）。你所使用的操作平台将决定你需要哪种影片格式。如果这个影片是数字信号格式的，你就可以使用数字视频编辑设备来编辑和保存它。视频数字化支持将个人经历（如一个家庭旅游或者一个学校事件）添加到演示过程中。个人电脑自带的 Moviemaker 程序和 Mac 的 iMovie 程序都是非常流行的视频编辑程序。

图 14—6　计算机视觉框架捕获

数码录制。数码摄像机直接以数字格式进行记录。尽管这些摄像机仍然相对比较昂贵，但是它们支持将视频直接添加到多媒体演示文档中，而不需要进行格式转换工作。

音　频

从录音到音效再到背景音乐，插入的音频元素在创设适合教学的学习环境方面会发挥很大作用。

运用音效和音乐。自然界或者其他环境的声音等数字化记录的音效在 CD-ROM 或者许多创作程序里很容易得到。以数字信号记录在 CD 上的常规音乐也可以使用。当计算机使用 CD-ROM 播放音乐时，简单的声音混合程序可以支持用户简单记录和编辑音乐片段。这类声音混合程序有些是与计算机的系统程序打包在一起的，有的则是 CD-ROM 音效程序包的一部分。做实验的时候，逼真的声音有利于确保学习者在界面友好的环境中学习。

录制声音。简单的录制程序需要你使用话筒来录制语音叙事或者阅读喜欢的故事，录制内容可以保存起来。你可以使用声音混合程序来操作整个过程（见图 14—7)，把你自己的声音加入到演示文档中，不但可以完全展示你想要表达的内容，还可以使你的演示更具个性化。

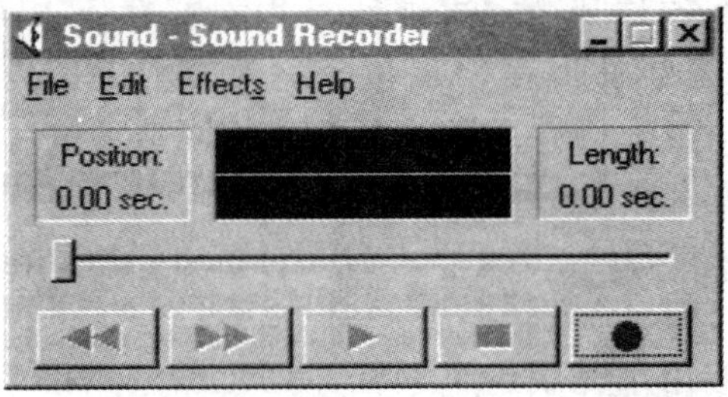

图 14—7　声音记录器编辑程序，在微软 Windows 中可以找到

创作声音。计算机音乐合成器可以把类似钢琴的键盘合成到音乐合成器和计算机软件中。当使用合成器来创建音乐时，音高、振幅、特效、速度、注解序列和持续时间等音乐问题，以及音乐的其他重要元素都可以被考虑进去。在作曲过程中以及完成作曲后，创作者可以使用计算机反复回放，甚至在某些情况下也可以使用立体扬声器重放。作品可以存储在磁带上，以便在任何时候都可以播放和检索。

动　画

动画能显示一系列细微不同的静态图片并将其持续快速地放映，给人一种连续活动的感觉，类似于迅速地翻开一叠纸的每一页，然后看到勾画出的形象开始移动。动画可以勾画出一些视频不能很好记录的事情，例如完整的水循环过程或者火山内部的活动。

利用预制动画。与前文提到的其他媒体一样，我们可以把已经制作好的动画适当地放在多媒体演示文件里，这种动画可以在 CD-ROM 上获得。制作动画是非常消耗时间的，因为成功地模拟一个动作需要很多图画。所以，寻找已准备好的动画来完成一个目标将会节省时间，而且那些没有动画制作经验的人也可以从使用这种媒体的过程中受益。

动画制作。现在许多优秀的创作程序和演示程序都提供工具来辅助动画制作。Macromedia 公司的 Flash 是一个非常流行的动画制作程序。它不需要使用者具有广泛的动画制作技术就能使静态图像运动起来。使用简单的 GIF 动画制作程序，就可以轻易地使静态的图像富有生命力。在万维网上可以免费获得许多这样的程序（参见 www. tucows. com 或 http://download. com? legacy=cnet)。我们希望这些程序的功能能够不断改进，这样即使是技术生疏的媒体设计者也可以用最少的精力创作出高质量的动画效果。

多媒体制作

在安排好内容、选择和准备好媒体元素之后，接下来就是制作的过程，这个过程把文本和媒体放进一个程序中。尽管一些程序在创建多媒体演示过程方面具有强大的功能，而另一些程序则擅长完成整个非线性超媒体程序，但是，所有这些程序都共同拥有一些需要用户了解的基本属性。下面的描述是比较简略的，但是这些过程适用于你能够获得的任何软件工具。

构造元件

我们通常很难理解利用技术能做到事情，所以与我们比较熟悉的其他事物进行类比常常用来作为一种解释的方法。多媒体项目通常建立在电子卡片或者幻灯片的基础之上。这种类比索引卡的幻灯片是经过深思熟虑的。你可以将需要演示的几条信息或者消息写在电子卡片上，并且把所有的卡片堆积在一起。然后我们可以移动这些卡片，也可以按照任意顺序排列它们，并根据演示目的和内容之间的关系进行重新排列。电子卡片和幻灯片可以在整个演示文稿中随意排列，这样就可提供一个可灵活编排的演示格式。

每一张电子卡片或者幻灯片都有特定颜色或者图案背景。在创作和演示程序时可以选择预设背景或者自定义背景图案。尽管设计者可以根据每个卡片的内容需要改变背景颜色或者背景图片，但是这些背景色调通常要在整个演示文稿中保持一致。那些需要在每张电子卡片或者幻灯片上都显示的文本，例如日期或者一个学校的 logo，就可以放在背景上。

对　象

一张卡片或者幻灯片可以插入任何数目的内容对象。这些对象可以是文本字段、图片，也可以是以按钮形式存在的其他媒体格式。把这些对象放置在卡片或者幻灯片中就像把信息写在传统的索引卡片上一样，除此之外，卡片或者幻灯片上的这些对象还可以移动，可以轻易地进行布局和编辑。当某张卡片或者幻灯片出现在演示过程中时，那些附载在这张卡片或者幻灯片上的信息将会在屏幕上显示（见图 14—8）。

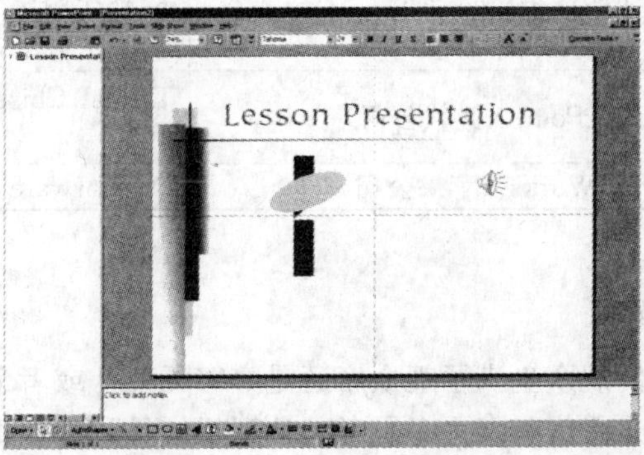

图14—8　PowerPoint 幻灯片中插入的一个对象

文本字段。为了把文本放在卡片或者幻灯片上，你首先必须创建文本字段。一个文本字段是一个矩形框，在这个矩形框里输入文本，或从一个字处理软件中导入文本，然后根据需要进行编辑。这个文本字段可以在卡片或者幻灯片上随便移动，并且可以重新定义文本文字的大小和格式。可以把文本安排在每张卡片或者幻灯片上的多个文本字段中。

图片。准备好的图片条目，包括剪贴画、扫描图像和数字化制作的图片，可以放在卡片或者幻灯片中的任何位置。可以移动它们的位置，改变它们的大小，或者修改叠放次序。

媒体按钮。其他媒体项目如声音、视频和动画可以放在任何一张卡片或者幻灯片上。在展示过程中，这些类型的对象可以通过点击一个图标或按钮来播放，或者可以设置为自动播放。

过　渡

在多媒体程序中，幻灯片之间的切换方式决定了幻灯片演示程序与超媒体程序的不同，这也是使用者选择一种类型的创作软件而不选择另一种的原因之一。包含一系列幻灯片的演示程序的主要目的是连续地呈现信息。演示者或者使用者可以通过单击鼠标或者预先设定定时自动播放功能按顺序观看幻灯片。在幻灯片程序中，前面的幻灯片可以回放，特定的幻灯片也可以通过菜单导航功能直接链接。当设计多媒体作品或者设计传统的教学课程时，你和你的学生可以选择使用一个幻灯片程序。

超媒体创作程序主要基于幻灯片非线性移动的概念。正如为了利用媒体元素可以把按钮添加到一张幻灯片上一样，按钮也可以用来为使用者提供切换到其他信息的选择项，项目制作者可以把按钮添加到一张幻灯片上并且分配动作按钮。某些动作定义了媒体的用法和其他功能，如幻灯片切换功能，使用者直接浏览特定幻灯片时不必了解这个幻灯片编号，而是可以插入一个直接通往演示文档中任何一张幻灯片的按钮。根据创作程序的复杂性和制作者的技术水平，这些按钮可以是已经定义好的按钮或者是使用特殊的脚本语言制作的按钮。超媒体创作程序为任何类型的研究项目、叙事和电子档案袋提供了无限制的交互设计风格。表格 14—1 罗列了几个流行的演示软件和超媒体程序。

表 14—1　　演示软件和超媒体程序工具举例

演示、幻灯片软件	超媒体创作系统
KidPix（学习公司）	HyperStudio（知识探索教育软件公司）
PowerPoint（微软公司）	Digital Chisel（Pierian Spring Software 公司）
AppleWorks（苹果公司）	Authorware（Macromedia 公司）

多媒体技术介绍

无论你的观众坐满了观众席还是寥寥无几，或者无论你的演示文稿是用来促进现场演示还是希望引发更多思考，计算机硬件和软件都有利于你清晰有效地介绍演讲内容。了解技术可能的呈现方式与传统呈现方法的不同将会使你和你的学生成为对各种类型的信息都有信心的演示者。

硬　件

使用计算机演示信息所需要的硬件视演示的目的而定。如果学生或者小组正在学习多媒体课程，标准的计算机监视器可以满足所有人的视觉需求。确保计算机放在一个有足够空间的地方，这个空间可以容纳足够所有学习者需要的椅子和其他所需的设备，如灯光设备，这样可以确保在屏幕上的每个元素都能够清楚准确地呈现。另一种选择是利用越来越流行的多媒体演示方式——交互白板。可以在远离讲台的地方控制交互白板。这对教师来说是一个很方便的工具，教师可以在整个教室里来回走动以保持与学生的交流，同时可以控制交互白板。

如果你的受众是整个班级，甚至是更大的群体，你将需要一个兼容的投影设备。一些教室里安装了能与计算机连接的电视机监视器，这样屏幕显示的内容可以在监视器上显示。AverKey 是一种廉价而且耐用的投影设备，它连接在计算机和电视监视器之间以显示计算机屏幕上的内容。液晶显示器是重量较轻的平面设备，可以将其放在投影仪上，并且连接到计算机，从而投影计算机屏幕上的影像。最清晰的图像是由连接在计算机上的投影设备投影完成的，而且它是直接投影到一个小房间甚至大报告厅的屏幕墙上。这需要教师对学校或者地区开放的可用资源以及电缆和适配器的物理布局非常熟悉，并熟练掌握这一系列的基本操作。教师应记录下任何所需要调整的屏幕分辨率设置条件，以便使图像可以在比较大的屏幕上呈现。如果条件允许，可以与你的学生多次尝试连接和切断终端设备，这样他们能够记住哪些准备工作对于成功的演示是必要的。许多选择项需要在计算机上正确设置，以配合投影设备在大的屏幕上投影它的图像，这样教师就不必在上课前一分钟做这些准备工作了（见图 14—9）。

图 14—9　连接和校正实践推进一个成功的演示

软　件

每一种演示软件或者多媒体软件都具有演示最终学习成果的特殊功能。应让学生逐渐熟悉这些功能，并且试用这些软件的所有功能。在正式演示之前，通过鼠标或者键盘浏览演示文档中的每一张幻灯片，就像在真实情境中一样。在小组成员面前进行授课或者演示，可以预先排练你将在课上讲授的内容。当学生使用应用程序完成独立学习时，检查演示文档中所有的按钮以确保学生执行正确的动作。Apple iMovie 软件是目前最流行和最容易使用的软件之一。Apple iMovie 支持通过简单的拖拽功能创建影片。学生创建的影片可以在许多场合下使用，例如“父母之夜”活动。

准备工作

给你和你的学生最好的建议是：当计划使用计算机来演示作品时，需要有一个备用方案。即使一个安排完美的演示过程也可能会因为没有预见到的技术问题而受到阻碍。如丢失了电缆适配器或者软件的某部分不兼容，这样的小问题也可能阻碍你进行成功地进行演示。如果要求教学必须在一定的时间内完成，那么你可以制作幻灯片并使用投影仪。如果可以使用其他方法进行教学或者在其他时间里完成这个教学过程，那么你应该在最后的时刻准备教学转换机制。尽管我们总是希望我们的安排可以顺利地完成，但是模拟这种类型的应变思维过程将能够使你的学生学到解决现实世界问题的有用技能。

数字化叙事

依据杰克斯（Jakes，2006）的说法，数字化叙事有利于学生探究他们自己的经验的意义，赋予经验一定的价值，并且与其他人交流不同层次的经验。这些故事可以涉及人物、地点、事物和不同事件。搜索是项目不可缺少的部分。纽（New，2006）认为：使用数字化叙事的人与那些依靠故事的强大力量来向评审团生动再现犯罪过程的律师或者寻求古文明的考古学家一样。她相信教师使用数字化叙事可以使学生理解抽象概念的真正含义。数字化叙事使用数字化视频、动画、音频、音乐和其他任何有助于叙事的媒体。另一个方法是图片故事叙述，它使用图片作为叙述故事的基础，一个包含数字化叙事的教育经历不仅可以促进终身学习者的发展，也能促进终身交流者的发展。下列网站的内容值得我们学习和借鉴。

- 数字化叙事在教育领域中的应用
  www. coe. uh. edu/digital-storytelling/introduction. htm
- 数字化叙事的元素
  www. inms. umn. edu/elements
- 数字化叙事：照片和视频
  www. adobe. com/education/digkids
- 图片故事
  www. hetq. am/eng/photostory
  www. microsoft. com/windowsxp/using/digitalphotography/photostory/default. mspx

播　客

播客在教育行业越来越受欢迎，并且已经出现在课堂和学校中。许多会议和课程提供事件的播客，包括演讲和会谈。维基百科把播客定义为：在互联网上分配多媒体文件（例如音频程序或者音乐视频）的一种方式，目的是为了可以在移动设备和个人计算机上重复放映这些多媒体文件。播客使用 RSS 或者 Atom（参见第 3 章）。播客几乎拥有任何主题的资料，包括电视新闻广播和大学课堂讲座。利用免费的互联网网站有助于你创建和发布播客。博尔哈（Borja，2005）提供了如下关于创建播客的操作步骤。

怎样创建一个播客

1. 记录声音请使用数字音频记录器或者带有录音功能的 MP3 播放器，或者你可以跳过这一步，通过使用计算机内置的录音设备直接将声音记录到计算机硬盘上。

2. 把声音从记录设备拷贝到计算机硬盘上。

3. 编辑声音并增加音乐、旁白或者其他音频元素，可以使用一些绩效软件完成这一过程，如索尼公司的 Acid Music Studio、苹果公司的 GarageBand，或者开源软件 Audacity。

4. 把已完成的作品压缩成 MP3 格式。

5. 在 Web 服务器上上传音频文件。

6. 创建一个站点摘要或者 RSS，使用在线服务如 www. libsyn. com 提供的音频，这样听众可以订阅播客。

7. 把你的播客提交到播客目录，如苹果公司的 iTunes Music Store 和 Podcast Alley。

以下提供更多关于播客的在线链接：

- http://edtech. ocde. us/learning/podcasting
- www. apple. com/education/podcasting
- www. edupodder. com
- www. podsafeaudio. com
- http://groups. yahoo. com/group/Podcasting-Education

以下是一些播客软件的在线链接：

- http://audacity. sourceforge. net
- www. applc. com/ilife/garageband
- www. sonymediasoftware. com

如何听播客

听众可以通过播客软件订阅播客，这个过程一般会使用到 RSS 技术。当新的播客出现时，订阅者的计算机会自动下载，然后订阅者可以在任何空闲时间把它转换成 MP3 播放器支持的格式。以下是美国基础教育播客的一些例子：

- “kids in the Coulee”
- “Buzzwords”
- “Radio Willow Web”
- “Music Appreciation Podcasts”

一些你可以找到并且可以订阅播客的网站链接如下：

- www. apple. com/itunes/podcasts
- www. podcasts. yahoo. com
- www. podcastalley. com
- www. odeo. com
- www. thepodcastnetwork. com

学校趣事

准备一个面向家长开放日的学生介绍

克莱顿和埃莉的幼儿园课程刚刚完成关于恐龙方面的学习，但是他们的老师没有准备以考试的形式评价学生的学习情况。相反，每个学生将在班级多媒体演示文稿里设计一个幻灯片，突出事实并且阐明他最喜欢的恐龙。这个幻灯片将在本学期的开放日里向学生家长展示，所以每个人都想做得最好。

克莱顿选择画一张剑龙图片。他使用画图程序勾画恐龙的基本轮廓，这个恐龙主要参考他的老师曾经让学生们阅读的一本书上的图片。他在画恐龙尾巴的时候遇到困难，所以他擦掉重新画。当这个图片完成时，他增加了一个文本框，输入所有他知道的有关恐龙的词语。他在计算机隔板上找到了麦克风，然后把它插入计算机相应的接口，开始记录他的幻灯片故事："这是我的剑龙。在这里它与整个页面一样大，但事实上它只有小树那么高。"当他完成了幻灯片制作后就把它保存在个人文件夹里，因为他的老师说过，当所有的人都完成后，她将会把所有的幻灯片整理到一起。

当天下午，埃莉开始制作她的恐龙幻灯片。她不知道应该选择哪种恐龙，所以她决定把她的幻灯片分成两个部分，展示食肉恐龙与食草恐龙的相同点与不同点。她根据上个星期在班上使用的CD-ROM里的恐龙图片，绘制了两个恐龙的详细图片。她查到了一本讲述食肉恐龙与食草恐龙的书，因为她不了解有关这方面的词汇，所以她慢慢地将书上的一些句子摘录到两个文本框里。吃饭的时间已到，但她还没有完成她想要做的幻灯片，于是她将没完成的作品保存在她自己的磁盘文件里，这样她明天可以继续制作。

当开放日晚上到来的时候，克莱顿和埃莉兴高采烈地进入教室，他们知道，教室中央的计算机正在一遍又一遍地播放幻灯片，即他们老师所说的"循环播放"。老师已经将所有学生的幻灯片放在一起演示，并且使用自动定时选项规划了整个幻灯片，因此，当家长进入教室的时候，他们可以轻松地观看整个演示。家长评论所有幻灯片的优缺点。当校长吉德娜女士探访开放日的进展情况时，她可以很快地了解到学生已经学到了哪些内容，以及技术如何促进不同年级水平学生的教学。

制作视频iPOD需要更多的努力，包括创作和制作视频。参考网站www.ablongman.com/bitter7e列举的相关入门知识。iPOD已经成为广受欢迎的个人工具，它除了具有娱乐功能外，还可以成为有意义的学习工具。视频iPOD具有任何地点任何时间都能随时学习的优势。

DVD/视频插图——标签导航

在这个视频摘要里，学生通过把视频和音频文件插入电子演示软件中来设计他们居住地附近的多媒体地图。思考在课堂上应用技术能取得的效果。

总　结

教师和学生都可以使用技术支持真实的教学和评价。通过把不同的媒体整合到教学或者信息理念中，我们可以创建基于各种目的的演示文档。数字化叙事和播客提供了可以呈现信息且很实用的教学环境，不过它们的潜力是有限的。高质量的多媒体作品制作过程必须以严谨的背景研究和规划开始。考虑一些细节问题（如和谐的屏幕布局和设计）将有利于学生的轻松学习。精确、全面的事实和实例将有助于完成整个演示。

文本、图片、视频、音频和动画是可以用来构建学习环境的多媒体元素。有一些文件格式可以用在多媒体设计中。我们可以从已经制作好的媒体收藏夹里获得这些格式的文件，也可以使用各种方法进行独立创作，这些媒体元素随后可以与文本一起添加到所制作的演示文档中。演示应用程序包括按顺序显示每张幻灯片，应用程序支持制作者将各张幻灯片上的信息与媒体进行非线性组合。至于选择哪种类型的制作最恰当，不仅要考虑到创作意图，还要考虑到观众的需求。

我们可以使用技术以多种方式呈现任何一种类型的制作，从面向小团队教学时使用常规的计算机显示器到在大屏幕上向许多人投影程序图像。计算机配置必须能与投影设备协同工作。在上课或者演示之前检查连接和配置将会有助于确保演示系统的正常运行。应准备一个备用方案，如跳过当前的内容，开始另一节课，或者使用透明的胶质幻灯片进行演示，这样对保持教学必要的灵活性来说非常重要，这也是熟练掌握技术增强型演示所必需的。

数字化叙事越来越受到教师们的欢迎，它把学生带入了使用数字媒体讲述故事的世界。播客在教育领域的应用越来越广泛。自 iPODS 普及之后，教育应用程序的数量已经显著增长。不久你将能够得到几乎关于任何事件或者新闻节目的音频或视频。不过，我们也必须看到，供教育行业使用的应用程序的数量仍是有限的。

看看你能做什么！

1. 找出你所在学校的计算机系统里有哪些创作程序可以使用。参考媒体制作的样本，熟悉某一种程序。

2. 简要写下使用创作软件进行多媒体设计的用法说明，包括适合初次接触创作概念的学生使用的特定参考资料。

3. 使用幻灯片演示程序来创建一个简单的幻灯片演示文档。尝试不同的颜色和过渡效果，以创造一个有效的演示环境。

4. 列出一个需要非线性演示的教学情境或者信息情境的清单，其中应包括使用幻灯片演示程序所能达到的最佳情形。

5. 回顾本章的 DVD/视频插图，寻找并列出其中涉及哪些面向学生的国家教育技术标准。把你得出的结果与学生们得出的结果作比较。在这样的课上使用技术的效果如何？

6. 列出 DVD/视频插图中的课程所需要的技术支持准备。准备一个备选方案以防当前这个技术方案失效。

7. 为课堂数字化叙事项目创建一个脚本。

8. 怎样使用多媒体项目来评价学生对你感兴趣领域的概念的理解程度？给出能够用来对理解程度进行判断的具体例子和标准。

9. 创造一个多媒体作品所需要的一系列步骤在本章中都已经列出。把列出的清单改编成能够适合你感兴趣的年级学生水平的具体方案。

10. 设计演示目的不同的三种屏幕布局样例，包括颜色、字号和位置，以及适合主题和受众需要的图片。

11. 找出剪贴画或者视频片段的商业收藏品。这个收藏品设计的收藏主题是什么？什么时候适合使用计算机自带的媒体元素，以及什么时候更适合应用原创作品？

12. 借用一台数码照相机或者数码摄像机。使用这个设备记录一件事，然后选择几张照片或者几段视频来演示这件事。思考这些数字化图片或者视频如何影响整个作品的编辑工作。当把这种设备用在你自己的教学过程中时，你需要从哪些方面进行考虑？

13. 准备一个列举了20种资源的清单，班级学生可以使用这些资源开发数字化的故事项目。

14. 申请一个可以与现有计算机兼容的投影设备。为了更好地运行这一设备，学习如何连接电缆和进行计算机配置。练习在不同大小的房间里和不同情境下投影。在准备演示的过程中，你需要花费多长时间来建立连接？列举出你认为可能遇到的各种技术问题。

15. 为班级的虚构数字化故事创建数字化故事课程计划。

16. 准备一个包含20个教育播客的清单，简要指出每个播客的教育优势与不足。与你的学生共享这个清单。

17. 准备一个关于如何准备音频播客的PowerPoint演示文稿。

18. 准备一个关于如何准备视频播客的PowerPoint演示文稿。

19. 列出你所能找到的所有种类的播客教育应用程序，包括每个播客的网址。

20. 播客如何用来支持一堂数字化叙事课程？

我的实验学校

“A Communication Exercise”和数字化技术

在这个视频中，学生使用录像带观看和评价他们的表现。他们把自己的评价与以前那些评委的评价作比较。

- 登录网站www.mylabschool.com，选择“Course”菜单下的“Educational Technology”，进入“Teaching Content with Technology”视频链接，观看视频“A Communication Exercise”。

你也可以在搜索栏中输入ETV18直接找到这个视频。

观看完视频后，你应该对一些在教学中整合其他相关技术的方法和问题有了感性的认识。

下一步，你将会访问“Educational Use of Digital Storytelling”网站，这是一个提供数字化技术相关信息和资源的网站。

- 通过网址 www. coe. uh. edu/digital-storytelling 进入该网站。

阅读网站上的介绍材料。你的任务是按照网站上所描述的四种方法，使用网站上的材料，并介绍你自己的数字化技术。

配套网上资源

登录网站 www. ablongman. com/bitter7e，获取本章的教学目标、实践测试、网站链接、词汇表、动画卡片以及本章完整的参考书目。

第15章

评估和评价——电子档案袋

焦点问题

- 技术在学生的学习评价方面发挥了什么作用？
- 技术资源如何支持数据收集和分析？
- 使用哪种评价方法来确定学生的技术使用情况？
- 什么样的评估方法适用于评价建构主义学习理论？
- 量规评价方法在课程评估方面发挥了什么作用？
- 常模参照和标准参照之间有什么区别？
- 过程性档案袋与反思性档案袋的区别是什么？
- 在电子档案袋中，我们可以设计和开发哪些媒体呈现形式？
- 你如何根据标准使用电子档案袋？
- 在课堂教学中，如何使用电子档案袋来提高学生的责任心？

了解你的学生对学习内容的掌握情况以及应用所学知识的实践能力有利于教师完成教学计划、教学实施和教学评价等教学活动。技术的使用可以使评价过程更加有效率，但是要想获得最有效的结果，你需要考虑以下问题：

- 你为什么以及以何种方式期望对学生的作品作出判断？
- 你正在尝试测评学生的哪些技能和能力？
- 技术如何支持你收集、记录、分析、交流测评数据？

这一章将首先定义一些基本的评估和评价术语，然后对测评的重点进行区别，最后，本章将针对技术使用来设计具体的策略以了解学生的进步情况。

测评的定义

为了了解技术在测评学生进步情况方面所起到的作用，首先了解我们倾向于做出何种类型的评价是很有帮助的。尽管评估和评价这类术语被频繁地交替使用，但是这两个词在过程方面是有区别的。评估是书面的、口头的、可观察到的以及性能测量的数据的汇集，这些资料为确定学生达到既定标准而需具有的能力和进步情况提供信息。评估可以采用两种形式：（1）定量的、数字化的测评形式，例如小测验；（2）定性的记录，例如非正式的教师观察、轶事笔记，或者在真实、复杂的环境下识别学习和行为的反映性评论。评价是对各种评估手段的组合使用，目的是对学生的能力作出判断以及对下一步的教学作出明智的决策。

教师出于不同的目的而不断地作出评估和评价。形成性评价是在教学过程中作出的评价，尝试回答“我们正在怎样进行”这样的问题。从形成性评价中收集信息对指导学习过程很重要。总结性评价主要是在教学单元的结束阶段回答“我们是如何完成的”这样的问题。其测评的目的是通过显示教学目标的最终掌握情况或者能力的呈现情况来测试教学的结果。区分这些概念有助于你考虑使用技术来帮助了解学生进步状况的最有效的方法。

技术为重点

关于技术的测评方法的选择，主要取决于对技术作用的理解，以及需要评价的信息类型。下面将会探讨在教育技术界占主导地位的观点，即当评价的焦点是学生学习内容的时候，技术只是一种教学和评价工具。首先，在强调技术的教育背景下，教师应该知道其他类型的技术评价。对这些观点的简要说明将有助于阐明教师的课堂参与程度。

技术已经成为联邦、州和地方范围内评估的重点，比如判断购买计算机是否是一种有利的投资。为了测评技术在学生学习方面产生的影响，立法者、区域管理者以及纳税人都期待测评能够包括以下几个部分：教室内计算机的数量，教师和学生使用计算机相互接触通常所花费的时间，教师和学生对于使用技术的态度，教师和学生的技术水平，以及使用技术的可能的背景条件。当学校和社区的股东们确定了定义成功所必需的绩效指标（Edyburn，2006；Sun，2000）且这些指标被整合到全面的技术应用方案中时，这些评估非常有意义。评估的结果最终要向股东们汇报，从而使他们可以合理地规划未来目标，例如举办专业的技术培训来满足教师技能的需要。

通常，技术测评主管、校长或者教师会经常收集用来回答技术使用相关问题的数据。当地的评估结果可以通过全国广泛认同的评估工具，如 CEO 论坛的 StaRChart（www. ceoforum. org/starchart. cfm）和衡量技术进步的 Milken Exchange's Seven Dimensions（www. mff. org/edtech）予以公布，其他来自个性化学习者的数据可进一步描述技术使用的习惯（Barnett，2000）。但是，这些个体数据一般情况下仅仅用于编辑学校或者地区的档案，而不是用来评价个体的能力（Sun，2000）。

为了测评一个学生操作计算机或者使用软件工具的能力，教师通常使用基于国家、州和地区的标准来有效地记录学生的能力和不足，如学生能够使用计算机做什么。这些评估可能在一种非正式的、可观察到的行为中或者在更加详细的绩效任务中进行。任课教师对于学生的学习能力和学习环境最熟悉，这就意味着他们最有资格描述教学技术的真实使用情况。

内容为重点

当技术被认为是教学传递、交流或者信息收集的工具时，对学生学习情况的衡量就主要依据其对内容目标的掌握情况而不是对技术使用的熟练情况。评价学生基于技术的学习及其学习的最终成果时，应当与评价基于传统教学方式的教学效果所使用的策略相一致，特别是当现有的策略已经满足了以学生为中心的、基于问题的跨学科学习等建构主义学习环境所具有的特征时。建构主义学习整合了训练、技能和策略，在这种情形下，学生可以形成他们自己的理解。这对教师产生了一种挑战：在评价学生的学习情况时除了运用已经成形的方法提供学生反馈信息来提醒学生开展进一步学习之外，还要以一种与学生获取信息紧密结合的方式来评价学生的学习。

学生在合作小组项目的学习中通常运用多媒体呈现技术等工具创作最终的作业成果，而使用传统的方法不能适当地评价这种学习成果。更多的在基于项目的整合学习活动中评价学生对知识内容的掌握情况的策略包括学生回忆、趣事记录和观察（Kumar & Bristor，1999）。**量规**可以强化这些评价。西姆金斯（Simkins，1999）将量规定义为“我们用来评价学生作品实例的一系列形式化指导，通常以二维矩阵呈现，矩阵的首行为绩效水平，左栏为绩效维度”（p. 23）。

精心设计的量规能协助教师对学生在复杂的学习和所创作的作品中表现的技能、素质、能力和态度作出判断（见表15—1）。教师应向学生介绍量规，如果学生预先知道教师在某个活动中期望他们做些什么的话，即使学习有困难的学生也能够更加有重点地开展学习（Jackson & Larkin，2002）。学生团队可以通过量规标准评价以及项目指标来加深他们对各自任务的理解。西姆金斯（1999）为建构有效的量规提供了如下建议：

- 不要建构具体任务的量规——更具通用性的量规可应用到其他方案中。
- 不要建构过于大众化的量规，因为这样会缺乏必要的特殊性来对不同情况加以适当区分。
- 避免过度细节化的标准，这样与其说它是量规指标，倒不如说它是清单列表。
- 为了明确项目中的主要学习内容，应使用有限数量的维度或主要的关注领域。
- 使用与项目中每个维度联系最密切的关键标准。
- 使用可辨认或者可以划分等级的可衡量标准。
- 选择那些能清晰描述应该在任务中表现出的特征的关键词。
- 应用适合你的任务且具有区分度的四种绩效层次，但不要太分散。
- 在绩效层次之间保持一个平等的差距，这样最高层次和次高层次之间的差距以及最低层次和次低层次之间的差距是平等的。
- 要让学生在创建量规的过程中积极参与，这样他们会清晰地理解教师的期望结果是什么，进而“引进”并使用它们。

表15—1　　评价量规的例子

	模范的	期望的	适当的	不适当的
内容	信息要按照一种合乎逻辑且直观的顺序呈现；信息要清晰、适当而且精确。	信息要按照一种合乎逻辑的顺序呈现；信息要基本清晰、适当和精确。	信息在某种程度上以合乎逻辑的顺序呈现；一部分信息混乱、信息不恰当或者不精确。	信息的呈现顺序不合逻辑而且混乱，信息不恰当或者不精确。

书面工作	具有清晰的重点和合乎逻辑的组织结构；语调符合读者的阅读习惯；运用丰富的支持性细节清晰传达复杂的观点；没有拼写错误或者语法错误。	有重点地呈现组织结构；运用支持性细节传达复杂的观点；有不多于两处的拼写错误和语法错误。	有重点，有组织结构，但是允许出现少许的不清晰点；恰当地表达了简单的观点，但是复杂的观点没有表达，没有支持性细节；有多处拼写错误和语法错误。	没有重点和清晰的组织结构；没有详细地、清晰地表达或者支持观点；有严重的拼写错误和语法错误。

很多量规的例子也能在http://school. discovery. com/schrockguide/assess. html等网站上找到。使用技术工具的实际评估策略将在本章后面的部分有所介绍。

数据收集工具

评审委员会仍然关注两种流行的教育趋势（即建构主义教学实践的增加和对在高风险测试中所表现的责任心需求的增长）如何在教育实践中寻得共存。现在，社会仍然希望学生的进步可以以多种形式量化、理解和比较。数据驱动式决策是教师在提高学校学术年度进度（AYP）方面的关注点（GambleRisley，2006）。标准化测试不仅要求学生愿意追求第二阶段学习，而且要求学生把每年的大部分时间花在基础教育的课堂上。虽然我们知道以学习者为中心的活动和问题解决式的活动都有利于学生了解世界，但是地方评价标准和课程仍然高度重视学生对离散数据的记忆和其他低级技能展示。所以，教育者理解功能强大的技术将如何对测试的组织和精确性作出贡献是很重要的，这些测试包括大到精确的大学入学考试，小到教师自己设计的、在课堂上应用于任何年龄段学生的简单测试和随堂测验。

目标测试用于评价可以用“对”或者“错”来回答的知识。数学计算问题或者对长篇著作的评价等不适合使用目标测试，也不适合使用电子评估方式。利用计算机进行测试提供了测试需求，包括使用多媒体设备来创建真实的测试情境，以及一个快速、精确地评分和报告结果（Straetmans & Eggen，1998）。教师可以根据这些信息快速地调整教学，而且可以在任何时候通过编辑和更新测试问题来反映教学的变化（Bushweller，2000）。

最先进的计算机测试——计算机自适应测试，具备足够的“智能”，能够对测试者的输入作出反应以改变其输出。传统的纸笔测试大多在同一水平上评价所有的学生，这意味着所有的学生必须参加较长时间的测试，包括所有水平的测试项目，这些测试项目有的太难，而有的又太过于简单。计算机自适应测试尝试通过调整适合每一个学习个体的测试难度来模仿人类考官（Straetmans & Eggen，1998）。在测试过程中，计算机会从一个题库里选择试题，然后把它们呈现给使用者。如果使用者反应正确，则会呈现更难的题目；如果不正确，则会呈现相对容易的题目。

采用这种方式的目的是在最快速的序列测试题目里精确地评价学生的知识掌握情况。计算机自适应测试的另一个优势是，它给每个测试者的测试是唯一的，因此减少了潜在的作弊现象（Center for Advanced Research on Language Acquisition，1999）。现在的毕业考试也正在使用计算机自适应测试形式（参见 GRE 网站：www. gre. com)。我们也可以获得为地方建立基于当地标准的计算机自适应测试所需的软件（例如，Northwest Evaluation Association，www. nwea. org/cat-int. htm)。

基于计算机的测试是与纸笔测试截然不同的电子化版本的测试。计算机之所以所具有吸引力是因为它能够简单而精确地给大量的测试结果打分，教师能省下很多时间来完成其他学术任务，如计划工作和教学工作。基于计算机的测试也使学生拥有一个激励性的测试模式，学生可以一次只针对一个焦点问题（Kingsbury，2002)，可以在任何地点、任何时间进行测试，可以收到个性化的及时反馈信息，也可以为了深入思考返回到以前的答案。

关于基于计算机的测试的有效性研究一直没有一个统一的结果，一些研究表明，基于计算机的测试结果要比纸笔测试的结果更加精确（例如，Bocij & Greasley，1999)，而其他研究表明计算机形式测试和标准形式测试的结果是相同的（Haaf，Duncan，SkarakisDoyle，Carew，& Kapitan，1999)。基于计算机的测试结果可能有利于非裔美国人和拉丁裔学生（Gallagher，Bridgeman，& Cahalan，2002)。对诸如散文写作这类比较主观性的试测进行计算机评价时，所得结果将会具有很大的不确定性。在研究生管理学入学考试（GMAT）中，文章分类软件评分与真人评分相比，能节省 50%的时间（Bushweller，2000)。这种类型的软件可以评价段落长度和拼写等，但是在评价文章技巧或者组织结构方面却不是很有效（参见 the Intelligent Essay Assessor，www. knowledge-technologies. com)。

在课堂上，无论是为了区分等级还是为了再检查，教师会发现，在创建他们自己的非正式电子考试和测试的过程中，计算机是非常有用的工具。教师可以通过在创建测试的软件里输入问题和答案建立电子测试（例如，Hotpotatoes，web. uvic. ca/hrd/halfbaked)。一些网站（例如，Web Assign，www. webassign. net）支持教师利用已经存在的测试，或者可以基于已给定的或在线的题库创建考试。其他网站允许教师自由地组织各种形式的考试和测验，如选择题或者短文，而且可以直接通过电子邮件将学生的测试结果发给他们的父母（例如，FunBrain's Quiz Lab，www. FunBrain. com，and Quia，www. quia. com)。这些网站以已经做好的测试数据库为基准，新的测试可以按照内容或者等级水平自动生成（见图 15—1)。一些人建议关

图 15—1　FunBrain. com

注安全问题以确保那些通过互联网收集或者存储的测试数据的可靠性（Shermis & Averitt，2002）。

记录、分析和交流的技术工具

教学成果是教师和学生共同努力的结果，教师和学生都希望的最终结果是学生学到一些新知识。教师几乎可以持续地得到各种形式的评价结论，这些结论能促进未来教学计划的形成并指导其发展。评价活动的记录结果可以采用多种形式，但是一般情况下主要分为两大类：定量的数据和定性的数据。课堂技术可以协助教师完成这两种类型的记录保存，并且使得冗长且容易出错的活动能被快速而精确地记录下来，这样有利于直接向父母报告进程。沃尔夫（Wolf，2006）指出，监控实时数据的能力将使教师成为数据的使用者而不是测试的代理人。移动技术可以通过即时的反馈来提供这些实时数据，从而强化评估过程（Brown，2006）。另外，在个性化教学中，技术工具在支持学生持续学习时所表现出来的价值是无法衡量的。

定量的记录保存

一般情况下，教师通过既定的公认评价标准来对学生进行评价。教师的等级手册里一般会记录全面的学生进步情况。

电子制表软件对教育数据的保存有很大的帮助。目前，除了学生的姓名靠手工输入外，其他的内容都可以很容易地自动输入。新生的记录可以按照字母表的顺序插入到正确的位置上，而不是直接放在列表的最后一行。如果学生重新提交作业，那么可以在表格中直接修改成绩，而不会产生因使用涂改液修改而留下的一团糟的痕迹和斑点。

使用电子制表软件来保存学生成绩的最大优势是软件具有对数据进行计算的能力，教师再也不需要花费时间在计算器中输入每个学生的成绩来计算平均分。选中一列成绩，然后点击一个快捷按钮，一个简单的平均计算结果将会出现在目标单元格里。教师还可以很容易地编辑公式进行比较复杂的计算，例如为不同的作业分配不同的权重。使用电子制表软件保存成绩使教师能够使用图和表的形式生动地描述和呈现学生成绩，这样方便对数据的理解和比较。为了让学生评价和反思他们的学习过程，理想的方法是可视化地追踪学生在学习过程中的表现。

设计大量程序的主要目的是记录和计算成绩、安排座位表和记录出席人数。你所在的校区很可能需要你完成上述某一任务［如分数（见图 15—2）］。在计算分数的时候，最常用的公式都已经编辑好了，在程序中很容易获得，而且以图表形式输出结果主要是为了汇报学生的进步情况。基于网络的成绩簿管理系统支持教师管理连接到互联网上的任何计算机里的分数，而且当分数更新时，可以通过电子邮件发给学生。父母可以输入他们孩子的学生证号码和个人识别码来获得他们孩子的实时进步情况、分数和出勤报告。

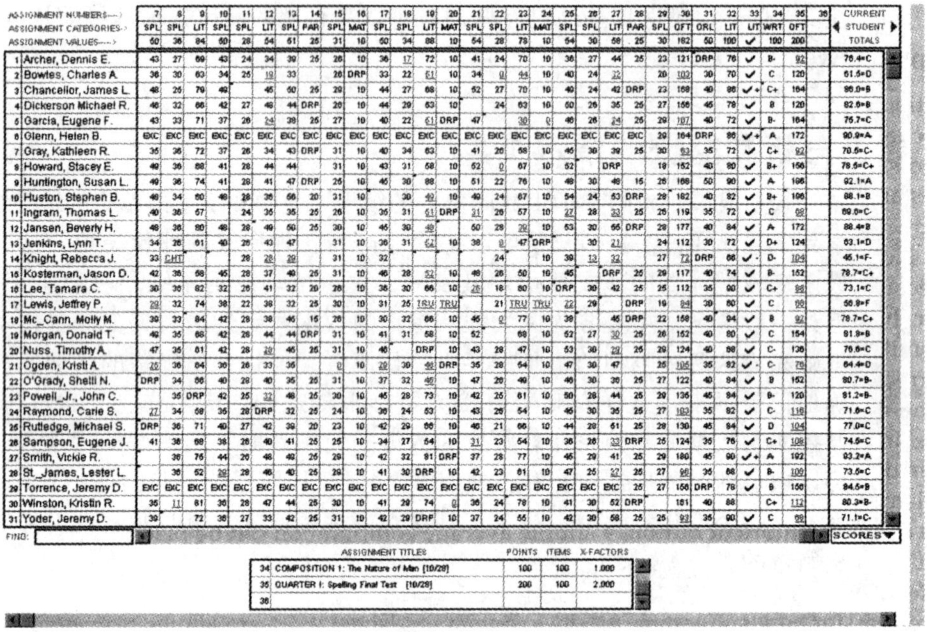

图 15—2　计算分数——成绩簿软件

定性的记录保存

教育原理要求学生有真实的机会来展示他们个性化的理解和能力。虽然关于哪些类型的信息能提供充足的学习指示的观点仍在不断改变，但我们坚信，数字可以告诉我们学习者的整个学习过程。而如今，这种观点正在被另一种共识所代替：教师在与学生的日常互动中所观察到的内容其实能够很好地说明学生的成长过程。的确，当教育者推崇这种包含趣事在内的新评价方法时，他们也在努力地探寻以文字的形式来连贯地、对比地报告学生的进步情况，而不是使用数字形式。在课堂技术的帮助下，这种挑战更加容易应对，而且可能更加富有意义。

当在已存在的数据库记录中为每个孩子增加一条记录时，教师可以在一个有组织的中心场所记录观察结果。甚至当向家长汇报情况的时候，文字处理记录能提供便利的进程提示器（见图 15—3）。这两种选择使教师有机会通过学生记录来查看学生以前的表现，以此跟踪教学或作出预测。尽管这种记录类型在本质上能够使用纸和笔来完成，但毕竟手写笔记是静态的文件。在数据库里的趣事记录文本可以通过关键字搜索到，这些趣事例如一个学生在课堂上回答问题有多少次，或一个学生与另一个学生的行为问题有多频繁。这些记录可以附加合并到文字处理文档中以便为家长创建即时的学生进步情况报告。

每当学生讨论或者做了某些事情时，教师就到计算机前将学生的表现录入数据库，这是不现实的，教师可以养成与保存电子记录相配合的笔录习惯。保存一个便利的记事簿可以方便教师快速地记下学生的名字和进步情况。这样，只有当教师需要花费时间来记录定量分数的时候，他才需要坐在计算机前，打开数据库应用程序，输入观察结果。语音识别技术支持教师记录他们的口头评论，并可以把它们自动转化成数字文本形式，以此加速教师记录观察结果这一进程。

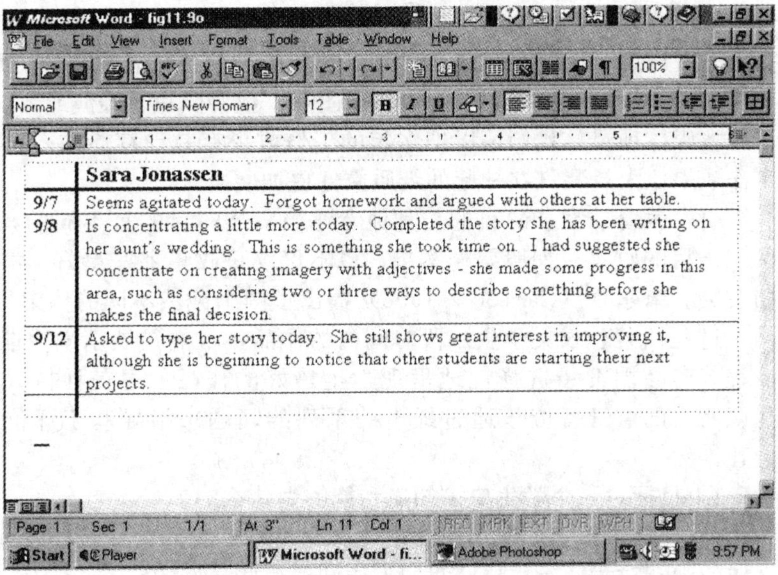

	Sara Jonassen
9/7	Seems agitated today. Forgot homework and argued with others at her table.
9/8	Is concentrating a little more today. Completed the story she has been writing on her aunt's wedding. This is something she took time on. I had suggested she concentrate on creating imagery with adjectives - she made some progress in this area, such as considering two or three ways to describe something before she makes the final decision.
9/12	Asked to type her story today. She still shows great interest in improving it, although she is beginning to notice that other students are starting their next projects.

图 15—3 叙事记录保存在文字处理器里

档案袋评价

档案袋是另一种可选择的评价方式，它常常被描述为教学和评价的中介。西北地区教育实验室（the Northwest Regional Educational Laboratory）将档案袋定义为“对学生作品的有目的收集，以表现学生的成绩和成长”（Arter，1995）。贝瑞特（Barrett，2000）丰富了档案袋的概念内涵，认为档案袋是“反映工具”。鉴于测试中给出的答案仅仅表明学生在给定时间的情况下对已知刺激（Kennedy，1999）作出的反应，档案袋可以作为通往学生心灵的一扇窗户，也可以作为描述学生长时段学习的工具。保尔森（Paulson）和他的同事们（1991）强调，一个强大的档案袋应该：

- 展现学生的自我反思活动，这样他可以了解自己的学习进展，并对自己的学习承担责任；
- 让学生参与档案袋作品的选择；
- 传达学生作品的原理、目的、内容、标准和意见；
- 呈现学生的成长历程；
- 在学生发展过程中而不是结束时提供不同的目标。

与传统测试相比，档案袋评价的明显优势在于学习的主动权和作品创作从教师身上转出（Wiggins，1989）。档案袋的发展反映了教师和学生共同协作的过程，这个过程需要复杂的讨论以及对学习的个性化评价。教育者应该努力在以学生为中心的档案袋和以教师为中心的档案袋之间寻找平衡。前者是由学生收集、选择和编排项目来展现个人的学习过程。而后者则由教师创建和管理档案袋，其中包含依据程序目标展现学习的题目（Barrett，1998）。一定要仔细地向学生介绍档案袋的概念以及选择题目和反映学习相关性的方法（Stone，1998）。然而，过于结构化的档案袋会降低学生的创造力（Mills，1997）。

传统的教育档案文件使用记事本、绳子甚至箱子收集，这些文件装满书架和文件柜。随着代替人工制品来呈现学习过程的数字产品的数量不断增长，电子档案袋提供了一种解决传统档案袋容量有限的方法。电子档案袋可以收藏文字处理的写作实例、电子表格、扫描的书面资料或图片、数字照片、表演或者动作视频、叙事录音等多媒体项目。我们可以把多年的工作成果有效地存储在CD-ROM里，这样的工作成果比大量装订在一起的纸质文件更加便携。

研发教育档案袋的目的与其他专业档案袋的目的是不同的，它不是对每一个单一条目的收集，如股票档案袋，也不仅仅只收集那些最好的实例，如艺术性的档案袋。卡尔森（Carlson，1998）提出了两个截然不同的档案袋概念：过程和产品。过程档案袋收集学生一段时间内的作品，目的是展示学生能力和态度的成长历程。产品档案袋选择性地呈现学生最好的作品。尼盖杜拉（Niguidula，1997）建议所有的监管者应该通过提出一系列的问题来指导基于评价系统的档案袋的创建。

1. 目标。一个学生应该知道和能够做什么？

2. 评估。学生如何实现学校的教育目标？我们为什么要收集学生的作品？什么样的观众对我们最重要？我们怎样知道哪些是好的？

3. 技术。我们需要哪些硬件、软件和网络连接？谁是设备的主要使用者？谁将支持这个系统的使用？

4. 统筹安排。什么时候需要将信息转化成数字化格式？谁将完成这一任务？谁将筛选作品？谁将反思作品？

5. 文化。学校常常讨论学生工作吗？（pp. 27−28）

如果上述因素都已经考虑进去了，贝瑞特（2000）提出了电子档案袋的发展阶段。

阶段1：确定档案袋的内容和目的。教育者应该考虑评价是如何发生的，学生应该满足什么样的标准，有哪些资源可利用，教师和学生拥有什么样的技术水平，以及谁是档案袋的目标观众。

阶段2：工作档案袋。这阶段的主要关注点是选择档案袋的条目类型，这是根据第一阶段建立的目标确定下来的。在收集作品的过程中，我们也应该考虑对存储器和软件的选择。

阶段3：反思档案袋。选择和判断学生作品的标准可以用量规法加以处理。学生对其将来的作品和写作目的的自我反思是决定档案袋质量的主要因素。

阶段4：连接档案袋。可以组织和连接学生作品，这样可以起到导航的作用，有利于确定学习者是否已经达到了学习目标。这样的连接也有利于课业评价以及制定以后的教学计划。

阶段5：演示档案袋。在这里必须考虑最终存储器的选择，这样作品可以保存下来，而且在某种程度上学生也共享了他们的档案袋，就像在由学生主导的会议里共享议题一样。

电子档案袋格式

电子档案袋可以采用多种形式，这要取决于创建者可利用的技术和技能水平。可以采用幻灯片软件（如PowerPoint）来创建最基本的作品集，它能够以线性结构和非线性结构呈现信息。简单的媒体软件（如HyperStudio）可以应用于作品样本的连接和显示，而更加先进的创作软件（如 Macromedia Authorware）可以应用于建立更加复杂的档案袋交互界面。电子档案袋也可以使用关系数据库（如 Access）来组织学生的作品样本，以此来不断地整理、聚集和比较样本数据。

基于网络的档案袋格式通过支持学生在演示和组织方面展现创造力来为不同的观众创建不同形式的作品（Watkins，1996），并通过轻松地在相关档案元素之间建立链接来进一步促进个性化发展（McKinney，1998）。在既是技术也是交互界面的网络环境中，学生对档案袋作品的收集具有最终的控制权，而且学生能够轻松地重新组织档案袋结构，同时，学生可以将叙事说明整合到学习评价资料之中以强调学习的相互关联性（Watkins，1996）。无论在局域网环境中，还是在学生、教师、同伴、奖学金评定委员会和潜在的雇主可以在任何时间、任何地点获得信息的网络空间里，学生都可以灵活地管理他们的档案袋。最后，电子档案袋的创建需要多种创作工具，我们常常会遇到软件和操作平台不兼容的情况，而基于网络的档案袋通过消减这种不兼容性，促使了其无缝地整合到学生的学习过程中（Mills，1997）。需要提醒的是，基于网络的在线档案袋必须设置密码来保护学生在互联网上的隐私，也需要根据实际条件考虑发布到网上的照片和视频所采用的格式。当然，大规模使用档案袋评估方法也存在不利方面，即档案袋比数值分数效率低、更不容易管理、更加耗费时间、不容易标准化，总之，其代价更大（Madaus & O'Dwyer，1999）。

监视剽窃的技术工具

互联网为学生提供了丰富的资源，但不幸的是，不恰当的技术应用使得互联网的巨大优势日趋减弱。使用互联网的学生已经对复制粘贴整页的文字到自己的文章里很熟练了，甚至不对原文加以阅读和修改。这的确很具有诱惑力——他们以数字化格式进行专业写作，他们的老师又如何能知道是否存在剽窃呢？更活跃的作弊表现是：学生可以从网上的“论文加工厂”获得完整的文章，有的地方免费提供论文，而有的地方则需要付费，事实上，教师布置的任何题目在网上都可以找到。

教师必须有意识地与这种互联网剽窃行为作斗争。首先，教师应该让学生意识到如果不正确地使用信息，将会出现什么样的结果。然后，通过让学生意识到教师会发现学生的剽窃行为，彻底打消学生完全抄袭互联网文本的念头。最后，让学生知道如何正确引用互联网信息也是非常重要的。通常，学生只是没有意识到抄袭别人文本行为的严重性，或者他们认为如果他们改变一两个词，就可以不算是抄袭了。而其他情况下，学生可能会为剽窃辩护，比如交作业的期限要到了，他们迫不得已才抄袭。

如果教师怀疑学生的作品是剽窃的，可以采用许多具体策略。最基本的是做一些传统的侦察工作。教师首先应该寻找一些线索来证明作品可能不是由提交者写的。如参考文献是当前的吗？是否有复制粘贴大块文本造成的格式变化？这个主题是否符合作业要求？本文的写作风格是否和该学生其他文章的写作风格一致？

为了在控制互联网剽窃行为方面保持持续的警觉，哈里斯（Harris，2002）推荐了以下更高级的策略：（1）把文章与课堂上完成的作业相比较；（2）要求特别标注以前文章里没有的成分和资源；（3）重视过程而不是结果；（4）只评估学生作业的一小部分，这样不至于过分强调最终结果；（5）使用学生真正感兴趣的主题；

(6) 教给学生有关剽窃方面的知识；(7) 证明网上的文章质量低劣（许多文章是由网站使用者创建的，所以即使是收费的文章也没有办法保证它的质量）。

如果仍然不能确定文章的来源，教师可以直接将文章里的一段文字复制或者键入到搜索引擎里，如 Google（http://google.com）或者 Alta Vista（http://altavista.com）。如果利用这些流行的搜索引擎查出这些原始材料存在于浩瀚的网络资源库中，那么可以肯定这篇文章至少是部分抄袭的。最后，如果仍然没有清晰的答案，可以订阅有效的剽窃监视网站，如 TurnItIn（www.turnitin.com），这个网站要求学生直接把作业上传到网站上，然后网站将文章与它们的在线论文数据库相匹配，其中也包括学生在以前的课程中所提交的论文，如果返回不同颜色的标记，那就说明所提交的这篇文章是抄袭的。

学校趣事

学生准备自己的反思日记

法国文化多媒体项目已接近尾声。来自利希特尼女士所教的 11 年级的一些学生正在利用最后几分钟时间进行演习，而在当天晚上，他们的父母将会听到他们的陈述。其他人也正在写项目反思，因为项目反思会与他们的项目一起提交到他们的电子档案里。

学生们的所有重大项目都要附加思考，以表明他们对作业的理解能力，也表明他们以后处理这些方面的问题时会有所不同。在最初的第一年里，这个过程对学生来说很困难，因为在这之前，他们从来不曾被要求思考他们自己的学习。最初，一些学生仅仅描述作业的完成情况，而不是考虑他们自己的成就和学习。在学生写自我思考之前，利希特尼女士经常与个别学生会面，问他们一些问题，这样学生们就会更好地对他们的学习进行思考。利希特尼女士读了学生的自我思考后，会更好地掌握每个学生的学习习惯，但是并不给他们评定等级。反思的目的是记录学生在完成作业期间的亲身体会。每隔 9 周，学生将会花费充足的时间回顾他们电子档案袋的全部内容，评价自己的学习情况和制定下一轮学习的目标。因为如果学生很久之后才回顾每次作业，那么他们将会忽略细节和相关有意义的内容。

总　结

如果对技术的作用和所评估信息的类型已经考虑周全，技术可以使评估过程更加有效。技术可以是大规模评估的重点，用来说明购买计算机的理由；而在掌握内容而不是技术使用的学生学习的基础上，技术是教学传递、交流或者信息搜索的工具。在评估整合活动的学习时，最好提供多种评估方法让学生选择，如学生会议、趣事记录和由量规指导的观察法。

教育者应该了解技术的强大优势以及它如何对测试的组织和准确性作出贡献。使用计算机可以更加容易而准确地记录大量的分数，教师因此可以节省时间和精力专心完成学术任务。先进的计算机自适应测试依据测试者的输入改变形式，其他基于计算机的测试实质上则直接模仿传统的纸笔测试。教育者在评估抄袭网上资源的文章时也应该提高警觉。

使用电子制表软件可以更加有效地管理定量的记录保存，通过使用数据库记录或者文字处理笔记可以使得对定性评估过程变得更加易于管理。电子档案袋可以结合各种电子化的学习方式，而且可以很容易地存储到光盘或者 CD-ROM 中。网络档案袋能够增强学生在收集、重新组织、叙述说明和管理学习作品方面的控制能力，同时也可以远程登录，支持不同的用户来查看。

看看你能做什么！

1. 调查你所在的州或者地区有关评价的技术资源。

2. 使用关键字如 portfolios 和 technology 搜索网络资源。你能搜索到哪些类型的档案袋的例子？

3. 为一个课程活动设计一个四级量规评价，你需要在短期内完成这项任务。使用量规驱动评价方法评价你的作业分数。

4. 一个班级如何由使用档案袋过渡到使用电子档案袋？写一个简短的方案，包括简单的策略和比较复杂的策略。

5. 使用 CEO 论坛的标准表（参见 www. ceoforum. org）评价你所在学校的技术配备情况。

6. 在网上搜索适合学生的技术技能标准。有没有其他需要涵盖的技能？如何使用这样的标准来评价学生的技术熟练程度？

7. 使用电子制表软件为一个假想的班级设计一个简单的成绩簿，包括集体作业的分数和计算最终分数的公式。

8. 使用轶事记录的研究是什么样的？一些有经验的教师使用哪些方法来记录不同类型的观察结果？

9. 为每个学生设计一个记录定性的轶事记录的电子表格。保持这些记录更新的最好方法是什么？

10. 使用 FunBrain's Quiz Lab（参见 www. FunBrain. com）来设计一个在线的小测验。让三个好朋友参加这个测试并通过电子邮件把结果发给你。从开始到结束，整个过程花费了你多长时间？如果没有技术测试，这些活动能顺利完成吗？

我的实验学校

评估、评价和档案袋

数字化教学档案袋是教师在教学前和教学过程中用来展现其知识和技能的具有说服力的专业工具。阅读下面的小册子可以学到档案袋的相关知识、教师使用档案袋的方法与建议，以及如何建立档案袋。

- 在 MyLabSchool 资源标签的指引下，导航到 WETSKA 作品发布区，阅读题为“What Every Teacher Should Know about Creating Digital Teaching Portfolios”的小册子。

你也可以在搜索栏中输入 WETSKA6 直接找到这个小册子。

数字化教学档案袋将是 21 世纪教育领域必备的评价工具，你同意这个观点吗？在数字化档案袋的发展过程中，技术整合发挥着怎样的作用？以小组为单位，讨论这些问题，或者记录你的想法。

配套网上资源

登录网站 www.ablongman.com/bitter7e，获取本章的教学目标、实践测试、网站链接、词汇表、动画卡片以及本章完整的参考书目。

第16章

课堂管理、教师专业化发展与实践

焦点问题 ▶▶▶

■ 如何利用基本的技术工具促使基于纸质材料的学习交流变得更加便利?

■ 什么类型的计划和安排可以促进技术的使用?

■ 什么类型的软件可以提高教师的教学效益?

■ 教师如何利用技术开展和保持远程的学术联系?

■ 从网上可以获得何种关于申请教育基金的信息?

■ 如何利用技术帮助教师成为终身学习者?

■ 确定你可能会加入的专业成员组织,并回答你为什么要选择这些组织。

■ 对教师专业发展所面临的机遇进行探讨。你认为其中哪种机遇最能实现课堂上的教师发展?

■ 写一封向家长介绍课程内容的信件,信中可以对课堂中使用的技术给予解释。

■ 列举20个你可以向其申请研发基金的基金申请机构。你需要申请基金支持的创新点是什么?

如何描述教师工作这一话题,很少被大学教师当做准备工作来讨论,人们只是将教师当做课堂上的管理者。很多新老师在他们的第一节课上准备担当的是“教授”的角色,而没有发现其实他们并没有准备好去管理日复一日喧闹的课堂活动。如今的教师仅仅充当教学者的角色,这是不切实际的。事实上,教师本身所必需的管理职责要求他们必须遵循在专业领域中被绝大多数领导者所奉行的宗旨。教师每天对非教学行为的处理占据了工作的绝大部分时间,而这些日常的职责又很容易占用日常教学的时间分配。尽管教师们通常会考虑到学生可能会从利用技术的学习中获利,但他们有时候并不理解技术是如何帮助他们完成管理者的职责的(Office of Technology Assessment,1995)。技术可以帮助教师更加有效地对日常管理的任务时间进行分配,当然,毫无疑问,技术也使得教师与受教育者以及年轻的学习者有更多的时间进行有意义的交流。

计算机化管理这些基础事件,会形成比手动管理方法更加长久和更为精确的管理系统，同时会产生更多较为民主的课堂关系模式。教师发现，各个年龄段的学生都会对他们周围的，或是类似课堂的学习环境里的日常任务有某种程度的责任感。这种认知上可能发生的改变，一般是在从以教师为导向的情境转变为高效的、以孩子为中心的学习情境的过程中产生的。技术通过提供可靠的、可预期的组织系统使得学生的参与更加便利（Jakes，2006）。

通过在教育学和系统化的角度上进行反思和模式化，本章将探讨一些激进的思想和试验过程，这些内容主要探讨教师是如何最优化地利用技术来巩固他们所做出的努力，并使之更加快速和有效的。这里的观点不会呈现得很复杂，我们也不认为每个观点在信息时代都是促使课堂管理成功的重要因素。教师个人的管理风格和在每堂课上的行为习惯都会在一定程度上决定何种技术可能会更合理地管理教学任务。

本章在呈现软件工具的操作，例如利用文字处理器新建一个文件或是利用电子数据表制定一个规则时，并不会去研究逐个教学步骤。当前，熟练掌握一般的高绩效工具在任何专业领域都已被当做一门基础技能（见第2章中关于字处理软件、电子制表软件以及教育数据库的使用概述）。本章的主旨在于，为实施一个系统化的、技术性的计划创造一个良好的开端。本章将根据管理者的目标，为那些可能会最优化利用到各个任务中的软件使用提供一些建议。在大部分计算机中经常使用的软件工具都是本章重点讨论的对象，这是因为教师通常都习惯于在他们的课堂上使用这些基本软件工具。而那些具有特殊用途的工具可以应用于特定的管理职责。

交　流

课堂上教师所扮演的角色需要与多个群体交流：家长、管理者、学生、其他班级的教师和学生以及社团成员。值得一提的是，有组织的策略可以消除那些反对公众活动的交流。第3章中提到的电子邮件是很多教育者选择的交流模式，然而，基于纸质材料的交流形式目前仍然是教师交流的重要形式。教师并不能确保班级的所有成员都有能力利用电子材料进行交流，而在电子材料交流中也要考虑很多因素，如要征得家长同意，或是需要家长书面签名等。绝大多数教师所使用的基础性高效工具可以防止交流工作沦落成一个机械重复的噩梦。以下的建议可能看似只适用于计算机技术，但其实它们都是建立一个坚实的通信平台的基础。

获取学生信息

与学生的家庭保持联系会使更新学生记录变得简单。学校通常会为教师提供包含学生信息的打印清单，但是这些纸张只是对这些信息的静态呈现。如果某个家庭更改了电话号码或是家长获得了新的工作要重新安排自己的工作时间，则这种纸质的清单只能通过手写来修改，这会导致记录系统变得混乱。

在课堂中为所有学生建立一个数据库记录，需要一个整洁且易于升级的填写系统。在数据库中要充分考虑到学生和应用情境等信息的特殊性。如一个多数学生都会乘坐校车的班级的数据库，应该需要一个专门的板块来区分校车的车牌号。而中学生的数据库可能还会包含学生毕业后的工作号码。更大的文本输入框可能会用于添加学校趣事或是成员建议。数据库的建立不仅实现了学生信息持续性、便利化的编制，同时也能搜索和存储这些信息。例如，如果有亲戚关系的学生都进入了同一所学校，并且希望可以相互联系，那么数据库中的“家庭其他成员”的选项就被分类出来，并可以进行检索。学生的信息可由教师输入到数据库中，或者从学校中心系统获得这些数据。该数据库可以在计算机显示器上显示。拿一个学生的记录作例子，家长在学期开始时接受“教师家访”，就可以在数据库中填写自己孩子的数据。这种行为不仅减少了教师的工作量，同时也向家长证实了技术可以以多种方式应用于课堂中。

信 件

不论是对一个学期工作的总结还是对某个知识的简要概述，给家长写信都是很多从事高中以下教育工作的教师的必要工作之一。如果教师在日常工作中很少有时间可以坐下来写一封易读的信，那么文字处理器就是很有用的。利用文字处理器写信可以比手写更快捷，在课堂上使用计算机时这种优势更为突出。如果有一封写好的信作为范本，那么写其他的信时就只需要根据当前情况对样本进行适当的修改，这样就可以节省教师更多的时间。很多文字处理器程序都包含预设的范本或是帮助用户书写信件的向导。

寄送给家长的信件会被自动保存，以防止家长没有收到信件或是对信中的相关内容提问。系统会检查信件的拼写和语法问题、格式的匹配度以及信件中的不同选项，并且某个班级或学校的标志可以自动插入到一封专业化的信件中。家长会仔细阅读这类易读的信件并认真地给予回复。和手写的、人性化的信件相比，一封过于死板的签名信会给人一种不好的暗示，它降低了信件在家长眼中的重要性，使家长不再过多地关注信件中的内容，而是把它作为一封垃圾邮件来处理。文字处理器同时也用于生成感谢语句和向其他教师、社团成员、专家请求帮助的语句。

文字处理器的这种自动组合功能使得将信发送给大量家庭的过程变得更加合理化。你可以利用它从其他文件中获取信息并将其插入信件中，如将学生在数据库中的信息插入到信件中。在手写一封信的时间里，你可以将包含各个学生姓名和其他信息的大量信件分别发送到各个家庭。这种自动组合的功能同样可以打印出地址标签，从而更好地辅助教师的工作。

时事周刊

让家长了解课堂和学校中所发生的事情对保证一个有效的“家—校”网络是极其重要的，而每周出版的时事周刊就可以完成这项工作。让学生利用文字处理器或是其他文件编排软件在班级中的计算机上出版一份较为专业的报纸，是完全可能的。

根据学生年龄和阅读能力的不同，班级报道者会如实写出时事周刊的报道内容。这给学生提供了一个真实的写作机会，学生的参与也保证了时事周刊的个性化和多样性。很多班级的时事周刊会选取吸引眼球的新颖标题，并搜索或构建一些相关的图表以生成个性化的成果。基本的编排可以保存为样板，这样可以反复利用，减少不必要的时间花费，从而确保每周加入新信息的过程更加简化。

公务信函

学生使用计算机是需要获得家长同意的。新建、打印和复制这些类型的学生信息并将其发送给家长，然后利用家长的回信可以形成标准的、专业化的家长反馈记录。尽管很多学校甚至学区，对这些信函都提供了标准的格式，但是，如果这些信函并没有发挥其应有的作用，如只是告知家长将学生课堂上用于实验的宠物带回家，或是通知家长来观看期末的独奏会等，信函的效能就会大打折扣。教师必须确保发送给学生家长的任何形式的信息都是易于理解的，同时能提供给家长足够的反馈空间。

计　划

不论每个教师的教学风格和人生观如何，他们创设不同类型的计划都是以实现各种短期和长期的教学目标为目的的。在纸上列出的计划草稿经过多次修改后，可能会显得逻辑混乱和难以阅读。高效的软件可以节省教师的时间，并生成高质量且具有多种功能的终极产品，从而帮助计划行为的实现。

课程计划

当一位刚刚获得教师资格的教师第一次进入教师教学支持库时，他所选择的第一个产品通常是与教师计划相关的书籍。这些书在“每周记事”板块预留了空白，在每页的左侧为教师提供了可以更改的空间，并且在每页的顶端都明确标出了跨度为半个小时的时间线。如果特定行为的计划表和课堂时间都已经在每学期开学的前几天明确标出，那么再对已有记录的周期性进行更改和增删就会破坏整本计划书的整洁性。在手写的计划表上，可以进行划除、擦除和更改操作。甚至是在每周的计划都已经拟定到日常的计划表中后，日常的行为还需要加入到该计划书中。这些日常的计划行为必须重复写入。而在很多时候，行为的实施又会超过计划所预计的时间，这样又导致了后面的计划实施必须延期。周而复始，手写的计划书开始变得又脏又破、文字冗长，通常并不能被教师有效利用。

文字处理器或是电子数据表可以使这种混乱的局势得到改观。教师可以方便地列出一个每周或是每日的常规计划。如果教学行为出现变化，教师就可以方便地实施删除或移动操作。在每天或是每周计划内可以预览的课程都能方便地拷贝到下一个单元以备使用。那些需要有更多空间来计划课程的教师，可以自己设计具体板块，为书写计划预留更多的空白。实验性的计划可以按每天、每周或是计划模板的形式打印出来，其中可以插入用来解释重复行为的草图，并能为学习板块预留出空白，这样打印出来的计划就能更好地适应教师手写的需求（见图 16—1）。

代课教师的每日计划同样也能实现简单化操作。定制的计划表为代课教师提供了所有学生的精确信息以及日常工作的安排情况，让代课教师可以提前计划从而缓解由于正式教师缺席而造成的慌乱状态。这些定制的计划表中包含了多种不同的教学类型和教学课程。

长期的教学计划同样也可以通过软件工具来完成。每月的计划通常可以利用电子数据表来完成，很多字处理软件中都提供了模板或是导航帮助，我们甚至可以利用那些专门用于制定日程的软件来完成每月的教学计划。整个学年的时间分配可以提前制定，从而可以预先了解各个主题单元之间的内在联系，并能确定在这些分配

	Monday
8:00-8:15	Opening (Attendance, Lunch Count, Calendar)
8:15-9:30	Language (Literature, Writing)
9:30-10:00	Music
10:00-11:30	Math
11:30-12:15	Lunch
12:15-1:30	Science/Social Studies
1:30-1:50	Recess
1:50-2:30	Group Work
2:30-3:00	Journals, Storytime

图 16—1　用文字处理器设计的一个简单的课程计划网页

好的教学时间里需要匹配哪些课程元素。当计划发生改变时，日程可以进行相应更改。在线工具允许教师将任务发布到网络日程上，学生可以在任何地方浏览它们（如“一日计划”，详见 http://assignaday.4teachers.org）。

视觉辅助计划同样也可以使得技术的利用更加便利。对于教师而言，在同一时间对大量相关的课程领域作计划是很常见的。通常教师会让学生输入数据，利用网络中的图表可以让这些主题或行为之间的联系清晰显示。利用一个简单的画图程序，教师就可以标出主题单元或是整个学期的计划，从而可以对组织教学的过程有一个概览。特定的概念图软件（如 www.inspiration.com 网站上的 Inspiration 软件，参见第 2 章）就可以利用预设好的图标和相关的指示器来简化整个计划过程。

新一代课程计划软件的目的是帮助教育者对整个教学阶段实施计划、编辑或对复合型课程实施管理（如 www.isdsoftwaredesign.com/edu.htm 上课程的专业化管理）。这种软件可以提供文字处理、数据库工具以及标准化的课程样式，并能在课程和单元中进行拖放操作，为一堂课的图解说明制定时间线，提供各种日程制定工具（见图 16—2）。很多网站都提供这种软件的免费下载服务，该软件在手持设备上也可以加以应用。

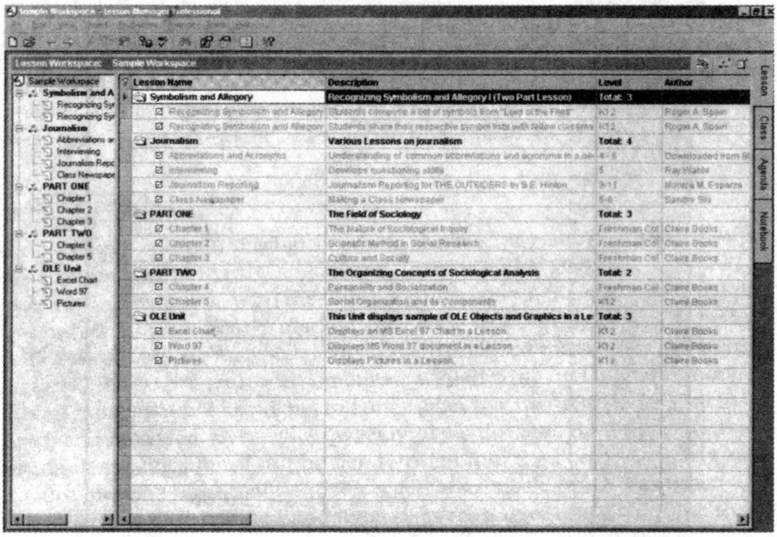

图 16—2　课程专业化管理

为学生个体的需求制定计划

当教师为了达成长期和短期的目标而作出计划时，要让这些计划满足学生个体的教育需求，也可以通过连接学生个体所关注的数据库而实现便利化。是否向学生信息的主数据库中加入信息；是否有必要为学生的学习特点新建一个单独的文件；是否要针对学生的学习特点为有特殊需求的课堂教学提供一些建议，以使这些课堂的教师们可以记录并简化计划来满足学生的需求。如果某三个学生要在每星期二下午一点合作准备一个关于病理学的演讲，那么可以在其他时间安排演讲嘉宾的演讲，从而使得这些学生可以参与其中。如果只是围绕一个或两个学生的日程安排教学，或是为他们的学习设计最优化的计划，这在没有计算机协助的情况下也是可能实现的。但是，如果是安排 30 个学生的日程计划，或是 200 个教师对不同班级的教学计划，人工操作就显得较为麻烦。为实现上述目标而建立的数据库则可以通过帮助教师管理每个学生的个性特征来缩短计划和教学的时间。

设计课堂布局

班级中多媒体设备的摆放位置反映了教师的个性作风和教学风格。课桌和书架的摆放位置不仅能呈现出不同的审美氛围，它同时也决定了教室使用的功能类型。相对于按规定的成列摆设，课桌按小组摆放会更有益于不同学习者间学习经验的交流。不论教师是否已经确定了学习氛围，制图软件都会起到很大的帮助作用。利用制图软件，各种有效的设备都可以被标识和移动。学生的名字可以写在课桌或是实验台上，这种混合的搭配可以有效地实现对不同的个性和学习风格的整合。这些可修改的座位图表类型为代课教师熟悉学生提供了很大帮助（见图 16—3）。

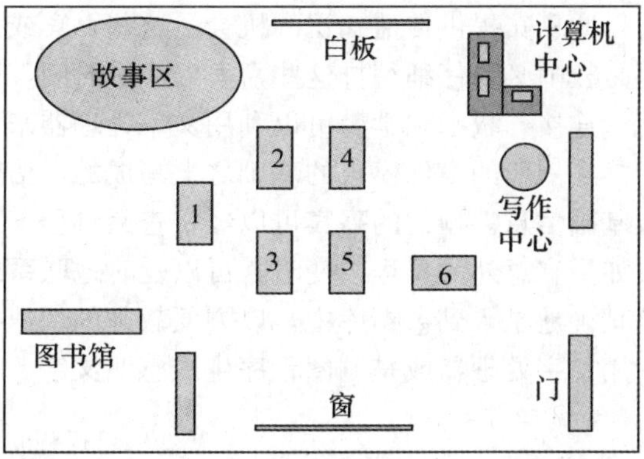

图6—3　利用制图软件设计一个课堂课桌摆设方案

日程安排

在高质量的教学环境中实施教育计划的同时，还要更多地关注教学行为和其他基础性的日程安排。经费预算、预约特邀发言人以及安排实地考察等的各种程序，都可以通过使用课堂软件进一步得到简化。

经费预算

要管理一个班级，通常涉及计划、收集、审计和分配经费。实地考察可能会增加学校的经费，为了达到某个教学目标也会使用经费。如果学生手中有令人烦恼的账单和零乱的硬币，那么使用一个层次分明的经费管理系统是极其必要的。电子数据表的特征在于其可以实现最佳的预算经费管理。表格可以清楚地列出谁使用了多少经费，并且具备计算出总花销的功能。确认财政支出所需的时间是可以计划的，这依赖于对那些财务进账的预期收入的估算。对于学生而言，电子数据表是一个有助于学习的优秀管理系统（见图 16—4）。

Total Cost for Field Trip to Mexico				
Cost per student X	**# of Students =**		**Total Cost**	
$900.00	27		$24,300.00	
Candy Sale			$14,000.00	
Car Washes			$2,500.00	
Bake Sales			$800.00	
Remaining Personal Contributions			$7,000.00	

图 16—4　利用电子数据表管理班级的经费花销

预约课堂上来访的嘉宾

尽管人们对教室的感觉大都是四面围墙的封闭体，然而事实上，很多教师会在课堂内外为一些嘉宾提供传播知识的机会。这些嘉宾或是家长志愿者，或是社区中的专家，但是教师必须仔细编排这些嘉宾的演讲时间，这样才能使其实现和课堂学习进程的无缝连接。教师和学生可以利用文字处理器来编写邀请函邀请嘉宾。这些邀请函可能是在一般的信件模板的基础之上写成的，信件中会包括一个拜访者所须了解的班级基础信息。预约的嘉宾可以经常查阅日程安排，教师要留意那些即将前来的嘉宾，如果有意外的日程改变时，可以及时地联系或重新预约嘉宾。嘉宾的联系方式应该精确地录入到数据库中，以方便教师的快速搜索和查询。在邀请函的最后，可以利用文字处理器或是制图程序生成感谢文字。

生成文件

无论教授何种科目和何年龄段的学生，教师每天都要书写教学文件。尽管教师会极力遵守课程打包的流程，但文件中仍然可能会有大量商业化的附加材料。教师应该要熟知学生自主学习和合作学习的能力大小，学生的学习进程和学习环境，以及课本内容的页数、记录单、小测验、试卷、小故事，乃至其他各种各样需要创设的材料。教师仓促赶制出的潦草的手写测验试卷只会给学生增添麻烦，让学生陷入辨认手写试卷的问题中。当学生可以阅读并能理解这些手写的试卷时，他们可能仍然不会尽自己最大努力地去答题，因为他们会认为教师并没有努力去创设任务本身。由文字处理器生成的文件本身是专业化的、整洁的，并且是根据用户需求定制的。某个时刻突然想到的主题可以直接加入到已经存在的文件中，并在试卷上为学生预留合适的空间供学生书写。我们可以为课堂中所实施的任何特定的分阶段任务生成一个定制化的文件。

一些网站为教师提供了大量简易的操作软件，以便生成有趣的、合适的并且是免费的教学活动，这些教学行为适用于各个年龄段的学生。例如，Quia 网站（www. quia. com）可以在几乎毫无限制的选择下新建在线游戏，网站中的游戏有字词搭配、单词拼写、Concentration 益智游戏、词组搜索、pop-ups 游戏、Hangman 和寻宝游戏等。教育中的微软软件（参见 www. microsoft. com/education/? ID=ClassCorner）为教师提供了可以利用该公司出产的各种高效工具的建议，并能根据每周最新发生的事件发行时事通讯。只要网络上公布了新的消息，微软所提供的时事通讯也会相应地更新。教师可以快速学习并使用其他的学习工具，这些工具包括已经使用的和准备使用的，利用网络搜索即可获得（参见第 3、第 7、第 8、第 9、第 10 章，包括每章中的配套网上资源，网址为 www. ablongman. com/bitter7e）。

另一个利用技术为课堂生成学习材料的优点是可以简化教师共享思想的途径。一般而言，如果教师想使用其他老师的讲稿，则只需要复制这份文件，这些文件中也包括那些和自己课堂不相关的内容，教师只需剪切和粘贴文件中的部分内容来满足某些特定的需求。利用文字处理器处理这些文件则是最好的选择，因为它可以在硬盘或是网络上实现共享，易修改，因而可以更好地满足课堂需求。

专业的教育者

教师在休息室疲惫的姿态使他们有理由推开调解学生与家长以及管理者之间冲突的责任，从而可以获得片刻的安静。在传统的教师交流模型中，仅仅存在着的是教师与成人之间的交流，而其他的大部分时间里，教师只能以隔离的状态面对着教室的四面墙壁，这种孤立的状态致使教师的交流模式难以发展，同时也间接导致了教师没有充分的机会可以与其他教师共享他们所获得的知识。

技术可以为教师提供与远程资源、同事、专家发生接触这种原先无法获取的机会，促使教师可以打破原来的既定模式让他们可以在网上获得如纸质日报上的信息这类传统资源，以及如邮件清单服务器这样的完全电子化的资源。借助网络可以广泛获取各种教师专业信息，同时也为开发和提升教师专业技能提供了机会。各种专业组织、学区、社会都提倡对教师专业内容和教育学方面的内容实施长期培训，甚至可以说，教师可以被理解为终身学习的专家（McNabb，2006）。

该部分将介绍网络上教师专业信息的广泛分类。首先讨论在线学术交流的资源和策略，接着介绍跨国教师专业组织的相关信息。其中会对用来支持课堂实施方案的各种类型的在线资源进行综述，这个部分还会为读者提供一些在线的专业发展资源。

教师同行间的交流

目前比较优秀的专业教育网站都可以提供视频交流服务。教师可以在其中讨论教育发展趋势，共享专业领域中的创新，并能为各种挑战性的情境提出建议（见图16—5中列举的网站。请注意，目前很多网站都要求用户注册为会员。其中一些网站只要求填写一些简单的网上表格即可免费注册为会员，而另外一些网站则可能需

- 教师连接
  http://connectedteacher.classroom.com/home.asp
- 教育世界
  www.education-world.com/boards/wwwthreads.pl
- 英语教师论坛
  www.eltforum.com/home.html
- ESL 教师论坛
  http://teachers.englishclub.com/forum
- 教师对教师的数学论坛
  http://mathforum.org/t2t
- 微软教室教师网络中的新教师园地
  www.microsoft.com/education/?ID=TeacherDiaryArchive
- TAPPED IN 网站中的课后在线（ASO）
  www.tappedin.org
- 教师焦点
  www.teacherfocus.com/phpBB2/faq.php
- 教师交流
  www.teaching.com/ttalk
- Teachnet.com 网站中的教师对教师
  www.teachnet.com/t2t

图 16—5 在线教师写作网站

要填写更多详细的用户信息）。教师可以在网站上发布他们最喜欢的课程计划或是他们对学生或同事的抱怨。一些网站利用电子邮件将教师与其他课堂上的同伴进行配对合作，而另一些网站则邀请专家作为嘉宾参与到活动中。主办教师或许只能代表某一个特定领域或是某个年级，他们对于这种在线交流的方式并不反对，尽管其中的对话可能是被公开的。教师可以针对那些传统的技术辅助行为相互交流，以前这些经过实践证明的策略仅仅存在于教师专家的思想中，而现在却可以通过互联网实现广泛的共享，最终实现学生利益的最大化。

电子化讨论区域为同事间的交流提供了一条便利的途径，它允许教师在任何时间与同事交流。一位教师可能在下午 2:45 的休息时间上传一份在线提问以寻找是否有其他人也存在着同样的问题，或是在参加完校董事会会议后登录网站，看其他人是否也面对着与管理者相关的挑战。一些网站会为刚开始工作的教师提供其他教师的交流信息，让新教师可以从中寻找更多丰富的信息，使其在通常较难胜任的第一年教学中与处在同一个水平上的教师进行交流。

这些电子化交流方式的优势在相反的两端之间得以显现。从全球化的视角来看，这些建议和观点反映了整个国家甚至是整个世界的教学传统，教师不再只能从他们学校中的教师那里获得建议。与此同时，教师通常会惊讶于他们的同行就在他们身边，和自己处于同一个州甚至是同一个学区。根据新的州立标准或地方性法规进行分类，我们可以看出，这些区域性的看法是具有深刻含义的。教师进入网络论坛的便利性和登录的时间弹性，可以与课堂教师完成教学目标的专业需求相匹配。如果想获知更多的在线教师资源，可见第 3 章和第 8 章中列出的门户网站，以及每章中的配套网上资源，网址为 www.ablongman.com/bitter7e。

教师专业协会

教师专业协会将整个教学领域中具有不同思想的教育家召集到一起，共享他们的研究思想和成果。教师专业协会的网站提供了完美的交流媒介，可以将这些教育家在任何地区、任何时间集合在一起。专业协会贯彻“取自大众，用于大众”的精神，从专家到初学者，从成果丰富的学者到生硬的评论者，都可以向同行介绍“相近的思想”。对于任何阶段的教育，从早期儿童教育到初中教育，不论是研究者还是从业者，都可以参与到交流中。那些在不同领域中工作的教师，可以和他们的同伴进行即时的交流，如一个在外语部工作的德语教师，或是学校中的语言专家，都可以在专业协会中寻找到有共同兴趣点的同事。对这些日常教学行为的交流促使教师们提高了自身的理论水平，增加了彼此研究方面的联系，同时也帮助研究者可以真正接触到课堂的真实环境。如果教师不能以个人的身份参与到由这些专业协会举办的全国会议中，那么在线共享彼此的兴趣和观点也可以帮助教师以代理者的身份体验那些面对面的聚会。新教师在他们开始工作时就被鼓励参与到这些专业协会中；教师从专业知识逐渐增长的过程中所获得的满足感支持着他们继续从事这个职业。图 16—6 中列出了一些教师专业协会网站，利用网络搜索获得的新网站在这里没有被列出。

- 美国科学发展协会（AAAS）
  www. aaas. org
- 美国弦乐教师协会（ASTA）
  www. astaweb. com
- 国际阅读协会（IRA）
  www. reading. org
- 国际教育技术协会（ISTE）
  www. iste. org
- 美国双语教育协会（NABE）
  www. nabe. org
- 美国生物教师协会（NABT）
  www. nabt. org
- 美国教育与经济中心（NCEE）
  www. ncee. org
- 美国英语教师委员会（NCTE）
  www. ncte. org
- 美国社会科审议会（NCSS）
  www. ncss. org
- 美国数学教师委员会（NCTM）
  www. nctm. org
- 美国教育协会（NEA）
  www. nea. org
- 美国国家人文基金会（NEH）
  www. neh. gov
- 美国家长协会
  www. pta. org
- 美国学校董事会协会（NSBA）
  www. nsba. org
- 美国科学教师协会（NSTA）
  www. nsta. org
- 学校科学与数学杂志（SSMA）
  http://oregonstate. edu/pubs/ssm

图 16—6　教师专业协会网站

申请教育基金

可以将学校所在地区面临的财政难题生成一份书面文件。教师通常会用自己的钱去积极购买他们所认为的学生学习必备的设施。很多教师在整个教师生涯中都没有认识到这一事实：很多组织、基金会和机构存在的目的就是为了投资有个性的、富含创造性的教育计划。因此，网络服务可以被当做一个重要的信息资源库。目前，联邦政府和各州的计划中取消了对学校董事会层面的基金资助，而专业协会的基金投资计划仍然是与它的任务和目标相关联的。服务于学区和课堂计划的私人基金会符合州政府的目标和宗旨，此外，国家和地方企业中的捐赠者也很支持教育创新。教师在具备良好的教学能力的同时，为了有利于学生的成长，还必须能够很好地扮演搜寻这些外部资金支持来源的角色。

绝大多数用于教育的经费通常都是以竞争的形式获得的，而在这个领域中，基于网络的信息是最有效的。起草经费申请是一个耗费时间和精力的过程。经费供给机构的网站上会为申请者提供申请的最新动态、申请的流程、申请表格以及申请须知等信息。图 16—7 列出了一些在线申请教育基金的资源；其他的一些网站是已经公布的资源。

- 公募基金会中心
  http://fdncenter.org/grantmaker/index.html
- 美国教育协会改善基础教育中心
  www.nfie.org
- 美国国家人文基金会
  www.neh.gov
- TeacherGrants. org
  www.teachergrants.org/bulletins/current.html
- 美国信息教育津贴部
  www.ed.gov/fund

图 16—7　申请教育基金的资源

教师的专业发展

学校所在学区提供了丰富且持续的在线课程来开发和保持教师的技能，并激发他们开展新颖且富含创新的教学实践。良好的专业发展优于那些一成不变的专业标准，这种优越性体现在教师对工作持续的实践、反思，以及基于个人目标和前期经验的课堂实施上。提供有效的专业实践的难点在于：要提供个性化的培训以满足教师的需求，但初学者是否信服这些高级指令？而经验丰富的教师是否必须强迫经历这些基本流程？如果是使用传统的培训方法，这些问题的答案通常都是肯定的。然而，网络培训会给那些只会使用一种在线学习方式的教师提供各种不同的选择，从而可以更好地契合教师的需求。

很多学区都在试验利用自己的在线研讨会和培训子系统为教师和职员提供培训，培训的主题范围涉及从内容规范到自主选择培训。一些在专业发展过程中起步较早的教育专家常将自己的成果出售给其他学区。以营利为目的的专业发展网站内容涉及各个层面，它为教师提供了各个领域的专家教学实例。事实证明，教育者对持续改善其自身能力的需求不断增加，这促使了更多免费培训网站的出现。除了这些商业网站，很多大学都提供课程、申请证书的计划，甚至是在线攻读学位服务。图 16—8 列出了一些基于网络的教师专业发展选择的例子，作为网络资源，这些选择都是持续变化的。利用一个简单的网页搜索引擎就可以呈现所有地区或远程学院和大学在网络上提供的资源。

- 苹果学习交流方案
  http://ali. apple. com
- 课堂链接大学
  http://cu. classroom. com/info. asp
- 迪士尼同伴学习计划
  http://disney. go. com/disneylearning
- 美国广播公司教师热线
  http://teacherline. pbs. org/teacherline
- 皮尔森专业发展
  www. skylightedu. com
- 教师生存指南
  www. ed. gov/teachers/become/about/survivalguide
- 教师语言
  http://education. indiana. edu/cas/tt/tthmpg. html
- 教师诀窍
  www. eduscapes. com/tap
- 教师空间
  www. riverdeep. net/teacheruniverse
- 技术中的学习与研究
  http://tblr. ed. asu. edu

图 16—8　在线教师专业发展网站

学校趣事

代课教师计划

玛格丽特·安德森（Margaret Anderson）打开今天她要代课的六年级教室的门。作为该学区一名普通的代课教师，她必须应对教学中的各种情境，并能衔接好正规任课教师所设定的课程进度。她在每天代课的过程中所接收的信息量之大是难以预计的。

玛格丽特像往常一样阅读放在讲台上的每日计划。在阅读完后，她立刻了解了这一天的大致情况。这个计划是以十分清晰的文字形式叙述的。这看起来像是一个日常的教师计划，但是这类计划通常会被更改以增加一些注释，尤其是当一些人并不熟悉日常的课堂日程时。例如，这类计划在说明课程是开始于早上 8 点时，会在旁边增加“你会发现学生正在某棵大树旁列队站好”的注释。

这些有用的细节遍布于整个计划中：

“记住在 10:35 将课堂演讲稿发送给詹森。”

“在自助餐厅的西门接送学生吃午饭。”

“我们的特邀嘉宾赫尔南德兹女士将在下午 2:10 进行一个关于她在国家法院工作的演讲。她已经知道今天由你代课，而且她自己会准备她所需的一切东西。”

玛格丽特认为，教师不仅仅要熟练地组织这些活动，还必须非常机智才能应对这些问题。正规的任课教师不仅要提供一个手写的指导说明，这样即使一个陌生人也可以保证课堂的正常运行，她还必须用一些中肯的词句对已有的计划做一些更改。这会让玛格丽特更觉得自信，因为她拥有足够的信息可以让学生和自己度过快乐的一天。

在学生进入教室后，她对教师利用技术保证良好的课堂管理有了更深的理解。一名女生打开了门边的计算机，并启动了数据库程序。她在数据库中找到了自己的姓名，开始签到。这种方式促使整个六年级的学生在经过这道门时都可以利用他们自己的登录指令独立地使用计算机。玛格丽特所做的就是确保这些名单都已经通过邮件传递到教学办公室。我们可以看出，有越来越多的教师在利用技术来增加自身的优势，促使自己的教学进程更加流畅和有效。

总　结

技术让教师能够更便利地获取远距离的专业资源，更快捷地与原来无法轻易联系的同事和专家接触。专业教育网站可以提供视频交流服务，在这里教师们可以在一天中的任何时间里讨论教育未来的发展趋势、共享教学创新，并对当前的学校教学环境提出自己的建议。这些建议和看法反映了整个州甚至是全球的教育习惯。专业协会可以将那些有共同兴趣，但研究理念和成果不同的教育者集合到一起，而且这些教育者通常都有一个独立的个人网页。一个专业的教育家所承担的职责应包括申请教育基金，利用基于网络的信息和工具可以在激烈的竞争中为教育谋取利益。最后，基于网络的培训为教师提供了不断更新的教学资源，从而可以更好地满足他们的个性化需求。

这里所呈现的一些思想仅仅是一个开端，并没有具体讨论要如何利用技术辅助教师管理课堂。一旦教师可以克服他们最初认为技术只是增加其工作量的恐惧，他们就开始理解技术是如何真正实现了自由（Sandholtz，Ringstaff，& Dwyer，1997）。软件的功能不断更新，自动化性能的加入可以替代那些人工操作。教师必须知道他们可以从学校获得哪些软件，并必须时刻考虑利用技术的何种新手段可以使他们的工作更加简化和系统化。

教师除了要对教学任务负责外，还必须兼任课堂上的日常管理者。基础的软件工具使得教师可以更方便地创造持续的、专业的、精确的产品用于交流、计划、安排和生成管理任务。

除了诸如电子邮件的电子化交流外，教师仍然有很多场合需要通过纸质印刷品进行交流。文字处理程序可以用于快速发送类似纸质印刷品形式的信件，软件程序也可以生成时事刊物和感谢文字。教师可以利用一种模板样式书写信件，并将完成后的作品保存以便以后使用。在数据库应用程序中，可以实现教师、学生、学生家庭以及其他社区成员信息的输入和管理。

在为短期的课程目标和长期的课程框架做计划时，可以使用文字处理器或是电子数据表。通常情况下，可预测的行为被自动日程化，学生的个人日程也已计划完整。利用一个制图程序设计出的图表可以确保整个课堂布局功能的发挥，也可以用来通知嘉宾教师演讲的具体时间。

教师需要为各种不同的问题计划日程，而电子数据表的应用可以很好地保证数据记录的精确度。用于特定行为或是实地考察的经费必须统计和核实。课堂嘉宾和辅助者必须预设好教学日程并以此为中心作出计划。

不论教授的主题是什么，教师使用的教学材料，包括练习题和小测试都会被频繁地使用。文字处理程序和制表程序会处理各种类型的专业材料，而且这些文件可以被同事便利共享并可随意修改以满足教师的个性化需求。

看看你能做什么！

1. 在你所在的学区中调查你感兴趣的团体。如果没有你感兴趣的团体，研究在学区内为有共同兴趣的教师建立一个邮件清单服务器的可能性。

2. 选取至少两个本章中列出的网站，并对其中的交流板块进行研究。你发现哪个网站的交流板块更易使用？在哪个交流板块中，对话是最积极的？

3. 浏览一个和你的学习内容或兴趣相关的专业网站。在网站中订阅网络信息或出版物，探讨你的学校是否有资金实现学校订阅服务？

4. 针对你参与的或是想开发的项目，在网上申请一个地区或国家教育基金支持，了解网站给予申请者的建议。

5. 加入一个对申请教育基金感兴趣的教师团队。搜索一个申请教育基金的在线辅导，并利用该在线辅导与团队成员合作，或是通过电子邮件实现协作。

6. 调查你所在的学区是否获取了本地公司的基金资助。然后通过该公司网站了解该公司，以及公司的业务、公司和学区合作的原则。找出这些详细信息，探讨这些资源是否会考虑为课堂计划提供资金支持。

7. 将在线课程和某个地区大学的课程进行对比。它们在价格、课程选择以及总体质量上有何不同？

8. 你所在的学区或是你感兴趣的学区是如何提供教师的专业发展培训的？教师是否有在线培训的机会？

9. 进入美国教育部网站，在其中寻找申请基金支持的机会。在这些网页上做书签标记，为以后的申请提供帮助。

10. 利用本章所提供的某个网站，搜寻本国内一个可以和你的学生结为同伴的班级。

11. 列出你在文字处理器中经常使用的模板，并对在线获取的模板进行审查。在教师准备管理任务时，这些程序被使用的可能性有多大？

12. 寻找一个提供教学工具或是游戏的网站。定制并打印一个适合你的学习主题的学习工具。制作该工具你花费了多长时间？比较使用该工具和不使用工具的自主学习在学习效果上有何不同？

13. 列出你计划让学生充当班级管理者的各种方式。

14. 打开一个数据库程序并试着新建一个学生信息数据库。要保证学生信息的完整，你认为需要建立哪些类别？

15. 利用一个模板或是一个空白页，为你的班级设计一个时事周刊。周刊中应包含一个表述通顺的标题和一系列图表，以及各种不同的版式。你会从日常生活中选用何种类型的信息加入其中？周刊中有多少内容是由学生自己组织和撰写的？

16. 对一本已使用过几个月的教师计划书进行研究。计划书上列出的各种教学行为，以及所利用的场所、计划教授的课程有多少被改动或是在已做出计划的基础上进行了变动。你将如何利用软件来设计传统的课程计划？

17. 为邀请课堂嘉宾和其他特定行为的长期计划制定一个日程表。对所有你可以邀请到课堂上的人进行头脑风暴，包括那些可以经常到访的或是可能只来一次的嘉宾。

18. 利用一个制图程序考虑一下教室的布局。查看一个你任教的教室，检测各种教室设备的使用情况以及它们是如何被系统化使用的。根据教学模式和教学领域的不同，作出不同的教室布局计划。

19. 利用一个数据库新建一个文件，并给家长写封信。利用邮件将文字处理器的功能嵌入到传统的信件中。

20. 下载一个试用版的概念图软件，并利用该软件编写一个基于内容的课程计划。

21. 选定一个你想参加的专业成员组织。论述你选择这个组织的理由。

22. 评论那些为教师专业发展而提供的机会。何种机会对于一个课堂教师来说是最有帮助的？

23. 开始第一节课前给家长写封信，向家长阐述你会在课堂中如何使用技术。

24. 列举 20 个你可以向其申请研发基金的授权机构。你要申请基金支持何种教学行为？

25. 阐明教师利用教师合作网站的一些方法。

我的实验学校

专业发展

教师的专业发展通常被课堂教学和评价的管理任务所限制。在“Tools for Tracking Students”和“Classroom Management Software”视频中，你会理解那些用来帮助教师专业发展的网络报道工具和易于获得的在线工具。

- 登录网站 www.mylabschool.com，在“Course”菜单下选择“Educational Technology”，进入“Microsoft's Background”视频链接，观看视频“Tools for Tracking Students”。

你也可以在搜索栏中输入 ETV26 直接找到这个视频。

- 登录网站 www.mylabschool.com，在“Course”菜单下选择“Educational Technology”，进入“Microsoft's Background”视频链接，观看视频“Classroom Management Software”。

你也可以在搜索栏中输入 ETV26 直接找到这个视频。

在观看视频的过程中，请关注你所学习的内容，并在小组讨论时，利用自己学习到的内容讨论你使用了何种技术来支持学习课程和保存记录。

配套网上资源

登录网站 www.ablongman.com/bitter7e，获取本章的教学目标、实践测试、网站链接、词汇表、动画卡片以及本章完整的参考书目。

译后记

本书的翻译工作从2008年夏持续到2011年，经历了近三年的时间，在这三年里，我们从学生转变成职场工作者，从美丽的象牙塔融入到社会大环境。这本书记录了我们的成长与蜕变，承载了诸位老师和同学的殷切期望，付梓之际，心中满怀感激却又忐忑不安。

本书以教育技术国际协会（ISTE）制定的面向教师的国家教育技术标准（NETS-T）为基准，强调基于支持的教学和学习，并着重探究了信息技术对教育和教育者的影响，介绍了大量新型的课堂辅助技术及其未来发展趋势，阐述了美国教育技术计划并讨论了美国的技术应用建议。

本书由我、刘娜、上海浦东教育发展研究院王其冰老师三人共同完成。全书共有16章，具体分工如下：刘娜负责第1章、第11章、第12章、第14章、第15章的翻译与整理工作；王其冰负责第2章、第3章、第9章的翻译与整理工作；本人负责第4章、第5章、第6章、第7章、第8章、第10章、第13章、第16章的翻译与整理工作。

本书在翻译和出版过程中得到了众多学者、领导、同学和朋友的帮助与指导。首先要感谢我们的硕士生导师马和民教授的大力引荐，让我们有机会负责此书的翻译与整理工作。从本书筹划到成稿，马和民教授为本书提供了宝贵的资料及诸多有价值的建议。其次要感谢工作单位的各位领导，感谢郭强主任、谢忠新主任对我们翻译工作的支持，他们为此书的定稿提供了很多便利和支持。同时要感谢曾经帮助过我们的各位同学和朋友，他们在我们最需要帮助和鼓励的时候给予了我们最温暖的力量。感谢应吴硕、朱晶对文字校对的大力帮助；感谢康婧、黄元昌花费了大量时间协助我们对书稿进行修改。正是各位领导、老师、同学和朋友的厚爱与支持，感染并激励着我们一路前行。

最后要感谢中国人民大学出版社的所有工作人员，他们细致、负责的工作，使得本书得以顺利出版。

期冀本书能为一线的学校管理者和教师提供有益的借鉴和启示，使他们能够在实际的教学中将本书的思想转化为行动，真正实现技术的有效应用。这也是本书作者的最大心愿。由于译者水平有限，书中难免有不周之处，敬请读者批评指正！

余　泰

2011年5月

于第二军医大学

图书在版编目（CIP）数据

课堂中的技术应用：第7版/(美）比特，（美）莱格西著；余泰，刘娜，王其冰译. —北京：中国人民大学出版社，2011.10
（教育学经典译丛）
ISBN 978-7-300-14634-8

Ⅰ.①课… Ⅱ.①比…②莱…③余…④刘…⑤王… Ⅲ.①课堂教学-教育技术 Ⅳ.①G424.21

中国版本图书馆CIP数据核字（2011）第217719号

教育学经典译丛
课堂中的技术应用（第七版）
［美］加里·G·比特 简·M·莱格西 著
余 泰 刘 娜 王其冰 译
Ketangzhong de Jishu Yingyong

出版发行	中国人民大学出版社		
社　　址	北京中关村大街31号	**邮政编码**	100080
电　　话	010－62511242（总编室）		010－62511398（质管部）
	010－82501766（邮购部）		010－62514148（门市部）
	010－62515195（发行公司）		010－62515275（盗版举报）
网　　址	http://www.crup.com.cn		
	http://www.ttrnet.com（人大教研网）		
经　　销	新华书店		
印　　刷	涿州市星河印刷有限公司		
规　　格	185 mm×260 mm　16开本	**版　　次**	2011年11月第1版
印　　张	21.75 插页2	**印　　次**	2011年11月第1次印刷
字　　数	503 000	**定　　价**	48.00元

PEARSON

北京培生信息中心
北京市东城区北三环东路 36 号
北京环球贸易中心 D 座 1208 室
邮政编码：100013
电话：(8610)57355171/57355169/57355176
传真：(8610)58257961

Beijing Pearson Education
Information Centre
Suit 1208，Tower D，Beijing Global Trade Centre，
36 North Third Ring Road East，
DongchengDistrict，Beijing，China100013
TEL：(8610)57355171/57355169/57355176
FAX：(8610)58257961

尊敬的老师：

您好！

为了确保您及时有效地申请教辅资源，请您务必完整填写如下教辅申请表，加盖学院的公章后传真给我们，我们将会在 2～3 个工作日内为您开通属于您个人的唯一账号以供您下载与教材配套的教师资源。

请填写所需教辅的开课信息：

请填写所需教辅的开课信息：

采用教材			□中文版 □英文版 □双语版
作　　者		出版社	
版　　次		ISBN	
课程时间	始于　　年　月　日	学生人数	
	止于　　年　月　日	学生年级	□专科　□本科 1/2 年级 □研究生　□本科 3/4 年级

请填写您的个人信息：

学　　校			
院系/专业			
姓　　名		职　　称	□助教 □讲师 □副教授 □教授
通信地址/邮编			
手　　机		电　　话	
传　　真			
official email(必填) (eg:xxx@ruc.edu.cn)		email (eg:xxx@163.com)	
是否愿意接受我们定期的新书讯息通知：		□是　□否	

系/院主任：__________(签字)

(系/院办公室章)

______年______月______日

Please send this form to：Service.CN@pearson.com

Website：www.pearsonhighered.com/educator